YES MAN

Danny Wallace

# Yes Man

H&W

Van Holkema & Warendorf
Unieboek BV, Houten/Antwerpen

Dit boek is eerder verschenen onder de titel *Ja*

Oorspronkelijke titel: *Yes Man*
Opmaak: ZetSpiegel, Best
Foto p. 12: Matthew Wharmy
Vertaling: Willeke Lempens
Vertaling verlenging: Unieboek BV

www.unieboek.nl
www.dannywallace.com

ISBN 978 90 475 0804 5 / NUR 320

Voor mijn pa en ma
en voor Sammy

Een wijze man ziet een zandkorrel en stelt zich daarbij een heel universum voor. Een domme man gaat op een berg zeewier liggen, rolt er wat doorheen, staat op en roept: 'Kijk: Spinazieman!'

Jack Handey

# Proloog

## Waarin het toneel wordt opgebouwd

Over twintig minuten was het middernacht. Ik stond in de regen bij het huis van een rijke bankier in Las Vegas.

Ik controleerde de inhoud van mijn zakken. Ik had alles wat ik nodig had: de foto's, de autosleutels, het zilveren zakhorloge. En het allerbelangrijkste: het wapen.

Er was me namelijk gevraagd iemand te vermoorden.

En ik had ja gezegd.

Ahum. Dat was me niet echt gevraagd. En ik had ook niet ja gezegd. Immers, wanneer is jou voor het laatst gevraagd iemand te vermoorden? Mij overkomt zoiets uiterst zelden. En als ik heel eerlijk ben, weet ik niet eens of ik het wel zou kunnen. Als jij me nu zou vragen, of ik iemand voor je zou willen vermoorden, zou ik dat vermoedelijk botweg weigeren. Zelfs als ik nog naar de bijzonderheden zou informeren, zou ik waarschijnlijk besluiten het niet te doen. 'Nee,' zou ik zeggen. 'Je problemen met deze man zijn toch wel op een andere manier op te lossen?'

En dan zou jij inzien dat ik gelijk had en aarzelend ja zeggen. Ik zou nog opperen dat je hem in plaats daarvan met schaken kon verslaan; waarop jij, onder de indruk van mijn wijsheid, met de staart tussen de benen zou afnokken.

Nee, ik kan eerlijk zeggen dat ik nog nooit iemand heb vermoord – althans, niet met opzet. En de enige reden dat ik jou even in de waan liet dat ik op het punt stond een vuile huurmoord in Las Vegas te begaan, was om je een idee te geven van hoe mijn leven hád kunnen lopen; hoe dit verhaal hád kunnen beginnen: ik, in de stromende regen, met een gruwelijke, duistere missie, een wapen in de hand...

Maar ik bedoel, ik háát regen; ik zou er belachelijk uitzien met een wapen; ik zou me rond middernacht in Las Vegas niet eens alleen buiten durven vertonen; ik sta behoorlijk afwijzend tegenover moord; en ik weet al helemaal niet wat een zilveren zakhorloge met dit alles te maken zou kunnen hebben...

Dus gelukkig begint het echte verhaal níét zo. Maar het echte verhaal heeft me wel op vreemde plaatsen met vreemde mensen vreemde dingen laten doen. Het echte verhaal speelt over een aantal maanden, nog niet eens zo lang geleden. Maanden die niet alleen mijn leven hebben veranderd, maar ook mijn hele manier van leven en mijn kijk op het leven.

Eigenlijk zou ik al die mensen, over wie ik in de volgende paar honderd pagina's schrijf, moeten bedanken. Alle namen zijn echt – op een paar gevallen na, waar ik een naam of detail heb veranderd, om niemand in verlegenheid te brengen; of, in het geval van een nogal belangrijk personage, omdat diegene dat wel cool vond en er zelf om heeft gevraagd. Ik vrees dat ik bovendien hier en daar een voorval naar een iets ander tijdstip of een andere plaats heb gesleept. Maar dat heb ik voor jóúw bestwil gedaan: ik zou niet willen dat je bij het lezen van dit boek in slaap valt, want ik heb nogal wat belangrijks te melden.

Ik heb dit boek geschreven aan de hand van een door mijzelf bijgehouden dagboek. Over sommige delen daarvan heb ik meer geschreven dan over andere; sommige zijn helemaal niet in het boek terechtgekomen; andere zijn er woord voor woord in opgenomen. Ik kan iedereen aanbevelen een dagboek bij te houden; dagboeken zijn cool.

Ten slotte: doe me een lol en bedenk tijdens het lezen van dit boek – hoe lang je er ook over doet of waar je het ook leest – hoe vaak jij ergens ja op had kunnen zeggen, en waar dat dan toe had kunnen leiden. Dat kan je later nog wel eens van pas komen.

O, enne: je ziet er vandaag geweldig uit!

Danny Wallace
St. Petersburg, januari 2005

**12 januari**

Ik ben met dit dagboek begonnen om alles wat er in mijn leven gebeurt te kunnen vastleggen – al die dingen waarvan ik op een dag blij zal zijn dat ik ze voor het nageslacht heb vastgelegd. Ben je een geschiedkundige uit de toekomst? Bedank me dan alsjeblieft niet: besteed je tijd liever aan het bestuderen van mijn gedachten en levensvisie.

Welnu, met mijn pen in de hand zeg ik tot jou, Leven: ik ben er klaar voor! Werp me maar toe wat je goeddunkt!

**19 januari**

Nog niks.

# 1

## Waarin het verhaal begint

Het is verbijsterend hoe een bus – een simpele, rode, Londense stadsbus –
je hele leven kan veranderen.

Er waren natuurlijk nog wel andere redenen waarom het gebeurde uiteindelijk ook is gebeurd; ik zeg niet dat het enkel om die bus draait. Maar
die bus staat wel behoorlijk hoog op de lijst. Of preciezer: de man die in
de bus naast me zat.

Daar zit hij. Hij bladert door zijn *Evening Standard*, kijkt op zijn goedkope, zwarte horloge – luttele seconden nadat hij die ene zin heeft uitgesproken, die (zonder dat hij daar weet van heeft) een geheel onvoorzien
effect op mij heeft gehad. Als in een film, waarbij de argeloze idioot een
totale openbaring ondergaat, ondergedompeld in een gouden licht van
boven, zijn gezicht één en al verlichting, het enige geluid een koor van
duizend engelen...

Maar natuurlijk gaat het in het echte leven heel anders. Om te beginnen zit ik in een overvolle bus in het Londense East End, zodat het enige waar ík in word ondergedompeld, een onaangenaam waas van zweet en gekuch is.

Maar toch: een openbaring. Ik glimlach nog steeds over wat ik zojuist heb gehoord en geleerd. Ik vraag me af of er nóg iemand zich voelt zoals ik. Dus kijk ik even stiekem om me heen, om te zien of een van mijn medepassagiers eveneens door de eenvoudige boodschap van de man is geraakt – een boodschap van hoop en optimisme, en al die dingen waarvan ik niet eens wist dat ik ze uit het oog aan het verliezen was.

Maar nee, niemand lijkt iets te hebben gehoord. Althans, voorzover ik kan zien. Maar dat geeft ook niet: zij hebben de tijd.

Want deze man naast mij... die heeft álles anders gemaakt.

'Misschien was het Jezus wel,' zei Ian, zijn bierglas met een klap op tafel zettend.

We zaten samen in The Yorkshire Grey; Ian was al een beetje aangeschoten.

'Of Boeddha! Die zou ik best wel eens willen ontmoeten: hij ziet eruit alsof je met hem kan lachen. Hoe zag die gozer van jou er eigenlijk uit? Als hij een baard had, was het waarschijnlijk Jezus; als hij een buik had, waarschijnlijk Boeddha.'

'Hij had wel een baard, maar niet zo eentje als Jezus.'

'En een buik?' vroeg Ian, bijna hoopvol. 'Had hij ook een boeddhabuik?'

'Ian, ik weet zo goed als zeker dat het ook Boeddha niet was. Het was een Indische kerel: hij heette Medhi of zoiets.'

'Medhi? Dat lijkt wel wat op Jezus!'

'Echt niet! Het was Jezus niet; wat zou die nou in Bethnal Green moeten?'

'Daar zitten anders een paar hele leuke, goedkope winkeltjes.'

'Jezus is de zoon van God: die zit echt niet om een paar centen verlegen.'

'Goh, moet je je toch eens voorstellen hoeveel zakgeld je krijgt, als je de zoon van God bent...'

'Ian... ik probeer je te vertellen over het moment dat mijn leven heeft veranderd, en jij zit maar te bazelen over Jezus in een discount!'

'Sorry, ga door. Dus vorige week zat er een gozer naast je in de bus, die geen godheid noch de zoon van een god was... en dan was er ook nog iets met een dagboek?'

Ja, dan was er ook nog eens mijn dagboek – hoog op de lijst, vlak onder die bus. Een document waar ik ooit aan was begonnen, omdat ik bang was dat ik anders al die fantastische dingen die ik deed, zou vergeten: al die verbazende, dwaze, wazige gebeurtenissen; die luchtige tijd, die gewichtige tijd, die tijd waar ik later op zou terugkijken als de tijd van mijn leven...

Pas bij het doorbladeren ervan besefte ik dat er niets te vergeten wás. Of beter: dat er niets was dat de moeite van het onthouden waard was.

Vorig jaar was dat nog heel anders geweest. Vorig jaar was een jaar vol avontuur, vol plezier, vol vrienden. Maar langzaamaan was ik gaan beseffen dat, terwijl het 'nieuwe' jaar alweer half om was, al mijn verhalen nog over het vorige gingen, net als al mijn herinneringen. Ik was blijven hangen bij voorbije glorie, blijven bazuinen over betere tijden.

Nee, dat is niet helemaal waar. Dat is helemaal niet waar. Ik had helemaal niets rondgebazuind: ik had thuis zitten zwijgen.

Een paar maanden had ik geleefd in de veronderstelling dat alles prima ging. Dat ik een vrijgezel van in de twintig was, in een van de spannendste steden ter wereld. Maar ik was eigenlijk een vrijgezel die in zijn onderbroek op de bank hing.

Het was me al eens eerder overkomen, dat vreemde gevoel van een soort midtwintigcrisis, maar dat kwam toen doordat ik niet wist waar ik naartoe ging. Dat wist ik nu wel, beter dan ooit zelfs: ik ging bergafwaarts.

In mijn hoofd was ik een jonge, dynamische inwoner van Londen: altijd onderweg, altijd ergens verwacht, altijd met mijn neus overal bovenop. Ik zag mezelf als zo'n snelle jongen uit een reclamespotje (misschien dacht ik zelfs dat ik een scooter bezat).

Ik zat er echter afschuwelijk naast (met name wat die scooter betrof).

En dat was dus wat ik me eindelijk realiseerde, toen ik thuiskwam na dat gesprek met die man in die bus.

Ik was puur toevallig met hem in gesprek gekomen.

Tot op dat moment was het een doodgewone werkdag in West End geweest, gevolgd door een doodgewoon sprintje naar de metro, in een doodgewone, zinloze poging de spits vóór te zijn en mijn appartement te bereiken, zonder een uur lang staand in een overvolle trein te hoeven doorbrengen, met mijn gezicht tegen de tepels van een onbekende, sneetjes in mijn wangen oplopend wanneer deze een bladzijde van zijn boek omsloeg...

We — de bewuste man en ik — stonden te wachten op de trein van Central Line, die ons van Holborn naar East End zou brengen, toen er een bericht door de intercom werd gebrabbeld, waarin ons werd verzocht het station te verlaten: onze thuisreis was zojuist met een uur verlengd. Buiten zouden we in pendelbussen worden gepropt en naar onze respectievelijke woningen worden afgevoerd – uiterst traag, vanwege de spits en de regenachtigheid van deze Londense avond.

De man en ik hadden onze wenkbrauwen naar elkaar opgetrokken en geglimlacht van waar-moet-het-toch-naartoe-met-deze-wereld, maar hadden verder geen woord tegen elkaar gezegd. We waren gewoon de trap op geklommen en het station uit gelopen, als ouderwets brave Britse burgers. 'Lekker weertje!' riep de man, toen we door de stromende regen renden en de buschauffeur ons treinkaartje lieten zien. Ik riep: 'Ha-ha' (misschien een tikje te ha-hard) en toen voegden we ons bij de kolkende menigte in de bus.

Tien minuten en drie haltes verder kregen we een zitplaats naast elkaar. Nog eens tien minuten later begonnen we te kletsen.

'Waar moet u heen?' vroeg ik.

'Aldgate,' antwoordde hij.

Hij bleek leraar te zijn.

En hij stond op het punt míj iets te leren.

'Wat heeft hij je dan geleerd?' vroeg Ian.

'Daar kom ik zo op.'

'Vertel het nu maar! Ik ben benieuwd wat voor wijsheid die vent jou heeft bijgebracht, en waarvoor je mij hier vandaag hebt ontboden.'

'Ik heb jou helemaal niet "ontboden", man!'

'Nee, hoor: je stuurde een mailtje, waarin stond dat je hele leven was veranderd en dat je me vaker wilde zien.'

'Dat is toch geen ontbieden? Ik vroeg gewoon of je zin een biertje had.'

'Ja, lekker.'

Met een zucht stond ik op om het volgende rondje te halen.

Nu ik er zo eens over nadenk, is mijn neerwaartse spiraal waarschijnlijk begonnen nadat ik in het najaar door mijn vriendin was gedumpt. Dat was echt een flinke schok voor mijn gestel; een zware slag, die alles op zijn kop zette.

Nu moet je niet denken dat ik zo iemand ben die bezeten is van zijn ex. Dit wordt echt niet zo'n verhaal van obsessie, spijt en proberen-het-weer-goed-te-maken. Ik zou om te beginnen nooit een goede stalker zijn: daarvoor mis ik zowel de benodigde energie als een fatsoenlijke verrekijker.

Maar onverwacht gedumpt worden, zet alles wel ineens in het juiste perspectief. En daarmee bedoel ik niet dat mijn drie jaar met Hanne één grote tijdverspilling zijn geweest, want dat is niet waar: het was een geweldige, warme, liefdevolle tijd. Ik bedoel alleen dat je aan het eind van elke relatie altijd goed naar de voorbije jaren kijkt en je afvraagt: 'En nu?' Dus werd ik in twee weken tijd drie jaar volwassener. Ik keerde terug naar de freelance-wereld als radiomedewerker van de BBC, nam een hypotheek en een pensioenregeling, ging winkelen bij de Habitat en de Ikea, experimenteerde met nieuwe, spannende pastagerechten, kocht een vergiet, een luchtverfrisser en een vulpen, leerde mezelf strijken en kocht zelfs een plant.

Het waren vooral kleine veranderingen. Maar al snel, eigenlijk zonder dat ik het zelf in de gaten had, begon ik een zekere voorliefde voor thuisblijven te ontwikkelen; voor rondscharrelen en aanklungelen, op de bank hangen, dutten en zappen. En algauw was dat het enige wat ik nog wilde, en werd ik de man die zich onder elke afspraak wist uit te wurmen; die altijd een smoes achter de hand had – de man die altijd nee zei.

Ik was volkomen gelukkig: met mezelf, met wie ik was, en mijn stapel strijkwas. Volkomen gelukkig – tot die avond in die bus naast die man.

'Oké, er was dus een man,' zei Ian. 'Waar jij naast zat. Tot dusver is het nog niet wat je noemt de klassieke anekdote.'

'Maar wat hij zei, Ian: dáár draait het om.'

'Dat zal dan wel, ja. Maar wat zei hij dan? Wat heeft die kerel gezegd, dat alles voor jou veranderde? Want ík weet op dit moment niet meer dan dat een man íéts tegen jou heeft gezegd...'

'Geduld.'

'Zei hij dat? "Geduld"?'

'Nee, dat zeg ík. Wat híj zei, was iets veel belangrijkers.'

'Maar wát dan?'

Mijn vrienden merkten het 't eerst. Zij merkten dat ik was veranderd, dat ik niet zo vaak meer meeging, dat ik veel vaker nee zei.

Natuurlijk, ik zat nog wel eens een avond met ze in de kroeg, en ik was het er dan ook altijd mee eens dat we zoiets vaker moesten doen. Maar het leek gewoon nooit de juiste avond: ik was te moe, er kwam iets op tv dat ik wilde zien, of ik was gewoon liever alleen.

Ik wist niet precies wat het was, maar het gekke was ook dat ik me er niet eens zorgen over maakte. Althans, nog niet. Ik begon me er pas zorgen over te maken, toen ik me bewust werd van het effect dat mijn laksheid op mijn vriendschappen had; op alle vrienden die ik liet zakken, irriteerde, teleurstelde of zelfs kwijtraakte.

Maar in die periode zelf merkte ik niets. Nee zeggen was een gewoonte voor me geworden.

'Aha! Ik wíst het!' riep Ian, zijn wijsvinger iets te dicht voor mijn gezicht zwaaiend. 'Ik wíst wel dat je uitvluchten verzon!'
'Dat klopt. En daar heb ik nu spijt van.'
'Die avond dat je zei dat je niet kon, omdat je een ontmoeting met Lionel Richie had gewonnen, was dat een smoes?'
'Ja.'
'En die keer dat je niet kon, omdat je zei dat je per ongeluk al je broekspijpen binnenstebuiten had gekeerd?'
'Dat was natuurlijk ook een leugen, sorry. Maar nu komen er geen smoezen meer. Echt, Ian, ik ben veranderd.'
'Jemig, Dan... en die avond dat ik Hanne naar je huis stuurde, deed je helemaal beledigd toen zij suggereerde dat je alleen nog maar uitvluchten bedacht!'

Ian zat ermee dat ik niet vaak genoeg meer de deur uit kwam. Dus besloot hij de zaak in eigen hand te nemen: elke paar dagen kwam hij met een nieuw plan, een uitnodiging of een voorstel voor een avondje uit; hij mailde, sms'te me of sprak knorrig iets in op mijn antwoordapparaat.
'Danny,' zei hij dan. 'Ik weet dat je thuis bent! En weet je hoe ik dat weet? Omdat je altíjd thuis bent. Je neemt alleen niet op, omdat je bang bent dat ik je dan weer meevraag. Maar dat doe ik toch wel: wij zitten vanaf acht uur in de kroeg. Ik wacht op jouw standaard-sms'je: dat je het helaas niet redt en dat het je spijt, maar dat we maar veel plezier zónder jou moeten maken... Ajuus!'
En dan sms'te ik hem verontwaardigd: IK ZIT HELEMAAL NIET THUIS, IK BEN UIT! MAAR IK RED HET INDERDAAD NIET EN DAT SPIJT ME OOK ZEER. VEEL PLEZIER.
Waarna ik me blozend realiseerde dat hij dat bericht op mijn vaste telefoon had ingesproken, en ik het dus niet kon hebben gehoord als ik niet thuis was...
Vervolgens sms'te Ian nog een keer terug, om me een mietje te noemen.
Op een avond was hij echter tegen Hanne op gebotst, en had zijn zorgen met haar gedeeld – waarna zij die vrijdag om een uur of negen onaangekondigd met een fles wijn voor mijn deur stond.
'Zo, wat is hier nou precies aan de hand?' vroeg ze, terwijl ze wat verdroogde rijstkorrels van de bank veegde en ging zitten.
'Hoe bedoel je?'

'Met jou; wat is er met jou gebeurd?'

Ze schonk twee glazen vol, terwijl ik over haar vraag nadacht. Ik wist echt niet wat ze bedoelde. Ik wierp een snelle blik in de spiegel, om te kijken wat er met me kon zijn gebeurd: misschien had iemand een tijgerkop op mijn gezicht geschilderd of ballonnen aan mijn oren geknoopt...

'Er is helemaal niks met mij gebeurd, Hanne.'

'Dat geloof ik ook, ja.'

'Hè?'

'Ik bedoel, Dan, dat er inderdaad helemaal niets met jou is gebeurd – niet méér blijkbaar. Je vrienden maken zich zorgen over je! Waar heb jij het afgelopen halfjaar gezeten?'

'Hier,' zei ik beduusd. 'Ik zat gewoon hier!'

'Precies: jij zat hier. Maar waar was je bijvoorbeeld op Steves verjaardag?'

'Toen... had ik het te druk!' loog ik, wanhopig in mijn herinnering gravend naar de smoes die ik toen had gebruikt. 'Toen ben ik naar de tentoonstelling Vrouwen & Oorlog geweest.'

(Ik heb nooit beweerd dat mijn smoezen ergens op sloegen...)

'Oké. En waar was je, toen iedereen op Toms vrijgezellenfuif was?'

'Opnieuw: te druk. Ik heb het heel druk, Hanne. Moet je me zien!' Ik weet niet waarom ik dat laatste zei. Ik zag er niet ongewoon gestrest uit of zo; ik was gewoon een man in zijn eigen woonkamer.

'Jij hebt het heus niet drukker dan je vrienden! We hebben allemaal een baan, Dan. Maar we maken ook allemaal tijd voor andere dingen. Jij hebt jezelf van de buitenwereld afgesloten en daar maken wij ons zorgen over. Jij hebt geen lol meer in je leven.'

'Welles! Ik heb lol zat! En ik heb zat leuke, nieuwe hobby's!'

'Zoals?'

Ik zocht vertwijfeld naar een antwoord. Natuurlijk had ik lol, zeker weten! Ik kon alleen even geen voorbeeld bedenken. Ik werd nu ineens voor het blok gezet, daar kwam het door. Maar er was heus wel iets waar ik van genoot. 'Ik eh... geniet erg van tosti's eten,' zei ik.

'Tosti's,' herhaalde Hanne, die de dingen graag nuchter bekijkt – ze is Noors.

'Ja, maar dat niet alleen,' verdedigde ik mezelf. 'Er zijn nog wel meer dingen waar ik van geniet.'

'Zoals?'

Mijn gedachten buitelden over elkaar heen. Wat vond ik nog meer leuk?

'Pretparken.'

'Juist,' zei Hanne. 'Dus jij hebt tosti's zitten eten en pretparken bezocht.'

'Ja.'

'Een halfjaar lang.'

'Af en toe.'

'Maar je haat pretparken,' zei ze. 'Welke dan?'

'Watte?'

'Naar welke pretparken ben je dan geweest?'

Ik denk dat ze me doorhad. Ik keek de kamer rond, op zoek naar inspiratie. 'Naar Plank... Avontuur.'

'Pardon?'

Ik schraapte mijn keel. 'PlankAvontuur.'

'PlánkAvontuur?'

'Jep.'

Hanne nam een slokje van haar wijn; ik ook (van mijn eigen wijn, niet van die van haar; dat zou de sfeer pas echt hebben vergald).

'En welke nog meer?' vroeg ze ten slotte. Ik zag aan haar dat ze het heerlijk vond om me klem te zetten. 'Of is PlankAvontuur het enige pretpark waar je naartoe bent geweest?'

'Dus PlankAvontuur was ook een verzinsel! Ik wíst het wel!' riep Ian uit.

'Natúúrlijk was dat een verzinsel! Hoeveel avonturen kun je beleven met een plank?'

'Ik kon er op internet al niks over vinden! En Hanne wist heus ook wel dat je toen loog, hoor.'

'Dat dacht ik al, ja,' zei ik.

'En toen?'

'Gaat dit eigenlijk om ons, Dan?' vroeg Hanne, toen ze in de hal haar jas stond aan te trekken. 'Omdat we uit elkaar zijn?'

Ik wist niet wat ik moest zeggen. Dus zei ik maar niets.

'Het lijkt namelijk alsof je nu ineens alle dingen doet die ik altijd zo graag van je wilde: meer werken, een hypotheek nemen, vaker thuisblijven... Je doet het toch niet... voor míj, hè?'

Ik glimlachte vriendelijk. 'Nee, Hanne, maak je maar geen zorgen.'

'Want je weet toch dat je nu het uit is, al die dingen kunt doen waar ik me zo aan ergerde: dronken thuiskomen wanneer je maar wilt, zoveel StommeJongensProjecten doen als je maar wilt...'

'Nee, het heeft niets met ons te maken, Hanne.'

'Want je weet toch ook dat, mócht je zijn veranderd, dat niet wil zeggen dat het gewoon weer goed komt, hè?'

'Ja-ja, weet ik.'

'Ook al heb je zeep voor op de wc gekocht.'

'Ik weet het,' zei ik.

'En je kunt een relatie ook niet herstellen met een knoflookpers.'

'Is dat een Noors gezegde?'

'Nee, ik bedoel die nieuwe knoflookpers in de keuken.'

'O, is dat een knoflookpers! Ja, ik wéét dat je een relatie niet kunt goedmaken met een knoflookpers. Eerlijk gezegd weet ik niet eens hoe je er knoflook mee perst.'

'Goed dan,' zei Hanne. Ze opende de voordeur. 'Maar luister: je moet wel beter je best gaan doen. Het wordt tijd dat je je weer buiten de deur vertoont; dat je stopt met uitvluchten verzinnen en nee zeggen tegen alles en iedereen. Want daarmee zeg je niet alleen nee tegen je vrienden, maar ook tegen jezelf...'

Ik wachtte even met mijn commentaar om het citaat te kunnen plaatsen.

'Komt dat uit *Dawson's Creek?*'

'Jep,' zei Hanne.

'Zeg, Dan,' zei Ian. 'Ga je me nou nog vertellen wat die gozer in de bus tegen je heeft gezegd, of moeten we soms een nieuwe afspraak maken?'

'Oké, ik zal het je vertellen.'

Ik zette mijn bierglas neer en keek hem recht in de ogen. 'Hij zei: "Zeg vaker ja."'

En ik pakte mijn bierglas, nam een flinke slok, en trok mijn wenkbrauwen hoog naar hem op, om aan te geven dat hij nu maar beter onder de indruk kon zijn. Maar om de een of andere reden leek hij nog steeds ergens op te wachten. Dat heb je met die MTV-generatie: nooit tevreden.

'Is dat het?' zei hij. 'Zeg vaker ja?'

'Jep,' zei ik grijnzend. 'Dat is het.'

De zin was van de lippen van de man in de bus gerold, alsof hij hem zijn hele leven al uitsprak.

'Zeg vaker ja,' had hij gezegd.

'Zeg vaker ja,' had ik herhaald. Drie woordjes maar... met zoveel kracht.

'Zij die altijd nee zeggen, zullen nooit passie kennen,' vervolgde hij, waarna ik hem verbluft aankeek.

'Maar het gelukkigst zijn zij, die begrijpen dat goede dingen je enkel overkomen wanneer je ze in je leven toelaat.'

En dat was dat.

Meer was er niet voor nodig om mijn hele leven op zijn kop te zetten — een paar welgekozen zinnen van een volslagen vreemde, een vreemde in de bus; een bebaarde vreemde ook nog. Het druiste in tegen alles wat ik wist: als er als kind één les bij me in was gehamerd, was het wel dat je nooit moest luisteren naar een vreemde vent met een baard.

Het was echt een behoorlijk aparte ervaring; ik voelde me net de Karate Kid en Mister Miyagi. Het ene moment zaten we nog te kletsen over ditjes en datjes, en wat we die week hadden gedaan; het moment erop dropte die magere baardmans zijn filosofische bom.

Ik kwam er niet uit of het allemaal slechts een bizarre samenloop van omstandigheden was: of zijn woorden exclusief voor mij waren bedoeld, voortvloeiend uit ons gesprek, of dat het ging om het oppervlakkige gebazel van een gozer in de bus.

In een andere bui had ik er misschien om geglimlacht, mijn hoofd achter mijn krant verstopt of de man anderszins beleefd genegeerd. Maar door het feit dat mijn vrienden zich zorgen over me maakten, en wat er de laatste tijd allemaal was gebeurd (of beter: níet gebeurd), kregen zijn woorden merkwaardig veel gewicht.

*Zeg vaker ja.*

Een openbaring voor mij.


'Dat is verdorie het allerstomste wat ik jou ooit heb horen zeggen,' zei Ian, diplomatiek als hij is. 'Een zatlap in de bus mompelt wat... en jij beweert dat dat je leven heeft veranderd? Gelul! Naar mij luister je ook nooit als ik dronken ben!'

'Nee, want als jij dronken bent, roep je meestal dat wij een caravan moeten kopen en samen in Dorset moeten gaan wonen.'

'Maar dat moeten we ook. Denk je eens in hoe...'

'En trouwens: hij wás helemaal niet dronken. We hebben het gehad over wat wij de afgelopen week hadden gedaan en hij leek zeer geïnteresseerd.'

'Wat heb je hem dan verteld?'

'Dat ik voornamelijk thuis had gezeten, waar ik weinig had uitgevreten en meestal vroeg mijn nest in was gedoken.'

'Dat was alles?'

'Zo'n beetje.'

Dat klopte. De waarheid was echter dat die man vermoedelijk geen idee had wat voor impact zijn verhaal op mij had gehad. Waarschijnlijk wílde ik al veranderen, de knoop doorhakken, en fungeerden zijn woorden slechts als katalysator, waardoor ik met een schok in beweging was gezet. Ik zou graag zeggen dat deze man een soort sjamaan of een andere spirituele figuur was, die op een bepaald tijdstip mijn leven in was gestuurd om me over de streep te trekken. Maar hoe graag ik dat ook wilde geloven, hij was vast niet meer dan een doodgewone gozer in de bus. Zoals elke andere gozer, waar je toevallig naast komt te zitten – maar dan vrij spraakzaam, en wijs.

'Ik vind hem niet erg als Jezus klinken,' zei Ian. 'Op die baard na dan.'

'Ik beweer toch ook niet dat het Jezus was!'

'Of Boeddha, wat dat aangaat. Die zou waarschijnlijk vooral veel hebben geglimlacht... of je hebben meegenomen naar een leuk restaurantje. Dat heb je met Boeddha: die weet je wel op te vrolijken.'

'Luister, Ian, het was Jezus niet, het was Boeddha niet; het was gewoon een gozer in de bus.'

'Maar waarom doe jij er dan zo serieus over?'

'Omdat hij gelijk had! En jij, en Hanne... Maar jullie weten geen van allen hoevéél!'

'Wat wil je nu precies zeggen? Dat je vaker ja gaat zeggen? Nou en?'

'Nee: dat ik óveral ja op ga zeggen.'

'Op alles? Hoe bedoel je?'

'Ik bedoel, dat ik vanaf dit moment overal ja op zeg.'

Hij keek me geschokt aan. 'En wanneer begin je daarmee?'

'Dat is het 'm nu juist.' Ik dronk mijn glas leeg en keek hem recht in de ogen. 'Ik ben al begonnen.'

# 2

## *Waarin Daniel steeds uitgelatener wordt*

Dit was het! Dit was hét, verdorie.

En al wist ik nog niet wat 'het' precies was... mijn god, dit was het. En dat was voor mij genoeg.

Het was tien minuten na die wijze woorden van de man in de bus. Ik voelde me opgetogen, geïnspireerd. En lichtelijk buiten adem, want soms als ik opgetogen en geïnspireerd ben, loop ik met grote sprongen de trap op, terwijl ik me eigenlijk zou moeten realiseren dat ik op de vierde verdieping woon en zo'n grote inspanning niets voor mij is.

Maar dat ik knalrood werd en een kletsnat voorhoofd kreeg, maakte me nu niet uit. Want wat die man in de bus tegen me had gezegd, had een gevoelige snaar geraakt. Sterker nog: het sloeg de spijker recht op zijn kop. Ik weet dat het gek klinkt, en het zegt jou misschien helemaal niets, maar mij déden die drie woorden echt wat: ze maakten iets bij me los, betekenden iets voor me. Alsof die man mij kende zoals ik mezelf niet eens kende. Wat een nogal verontrustend idee is – tenzij het natuurlijk om iets fascinerends gaat, zoals dat je in een vorig leven stierenvechter was of een stel slaven hebt bevrijd, want dan zul je degene die je hierop wijst best dankbaar zijn. Maar wat deze man mij over mezelf leerde, was bepaald niet fascinerend. Het was zorgwekkend, iets wat ik moest zien te veranderen. Gelukkig had hij me ook getoond hoe ik dat kon doen. Hij had me een aangenaam, puur inzicht geschonken.

Ik glimlachte. En nog steeds glimlachend opende ik de deur van mijn appartement, zette de waterkoker aan en pakte een mok. Als ik een vrouw was geweest, had ik er misschien zelfs een huppeltje bij gemaakt (hoewel ik dan vast net zo verstandig was als nu, en zoiets zeker niet zou doen met kokend water in mijn hand, en mijn theemok dus eerst zou neerzetten).

IJsberend door de keuken probeerde ik na te denken over de gebeurtenissen van die avond. En net voordat de waterkoker afsloeg, besefte ik iets. Ik zag.

Niet alleen alle dingen om me heen. Maar ook de fouten die ik had gemaakt. En hoe ik alles weer ten goede kon keren. Ik zag ineens hoe mijn leven eruit móést zien.

Ik stond op de grens van een grote verandering. Maar soms moet je eerst terugkijken, om vooruit te kunnen kijken. Dus pakte ik mijn agenda erbij. En hoewel ik het al had verwacht, schrok ik toch van wat ik zag.

Ik zag... niets.

Nou ja, zo goed als: niets dan gemiste kansen, lege plekken, dingen die ik had doorgekrast, waar ik niet naartoe was gegaan, of waarvan ik had gezegd dat ik het niet redde; massa's wit, massa's leugentjes om bestwil.

Ik had verjaardagen gemist, barbecues, allerlei feestjes, etentjes met vrienden, avonden in de kroeg, Toms vrijgezellenfuif...

Mijn god, ik wed dat die legendarisch is geweest. Ik wed dat ze er allemaal waren, en dat ze zijn ballen blauw hadden geschilderd en hem met handboeien aan de restauratiewagen van een trein hadden geketend. En opeens wilde ík dat ook: mannelijke geslachtsdelen blauw verven en aan restauratiewagens vastmaken!

Maar dat niet alleen... Ik wilde ál die dingen inhalen die ik had gemist. Ik wilde de klok terugdraaien en JA! roepen tegen al die dingen waar ik 'Neuh...' op had gemompeld. En niet alleen de grote feesten, belangrijke gebeurtenissen en doldwaze festiviteiten, maar ook de kleine dingen, de doodgewone; de dingen die er eigenlijk nog het meest toe doen.

Ik bladerde door mijn agenda – van voor naar achter en weer terug. Hanne had gelijk gehad, Ian had gelijk gehad, iedereen had gelijk gehad – behalve ik. Terwijl ik door de voorbij gevlogen maanden bladerde, moest ik tot mijn afschuw concluderen dat waarschijnlijk het spannendste dat ik had beleefd, op 18 april had plaatsgevonden, toen ik voor een nieuwe printercartridge naar de PC World was gegaan...

En opeens leek het niet genoeg. Ik bedoel, als het móést, kon ik daar nog wel een korte anekdote van brouwen, maar... niet echt een herinnering die je voor je kleinkinderen bewaart, wel?

Ho even... wélke kleinkinderen? Ik was inmiddels zesentwintig en er zat nog geen vleugje kleinkind in de pijplijn! Aan wie moest ik al mijn verhalen vertellen als ik oud was; wie moest ik imponeren met mijn anekdote over een saaie wandeling naar de PC World, tijdens welke ik had lopen tobben of ze het juiste type printercartridge wel op voorraad zouden hebben, maar dat het uiteindelijk allemaal goed was gekomen, omdat ze gewoon bleken te hebben wat ik nodig had?

En van wie zou ik eigenlijk kleinkinderen kríjgen? Van mijn eigen kind natuurlijk. En wie zou me er zo eentje schenken? Misschien had ik zelfs de vrouw van mijn dromen al gemist! Misschien was ze er wel geweest en had ze lang op me zitten wachten... tot ze zich was gaan vervelen en haar heil elders had gezocht. Misschien werkte ze wel in die restauratiewagen, die avond dat ze Toms ballen blauw hadden geschilderd! Ik had haar in ieder geval niet bij de PC World gezien...

Mijn inspiratie was nu omgeslagen in paniek. Wie weet wat ik allemaal al had gemist in mijn leven? Ik zou nooit weten wat er allemaal hád kunnen gebeuren, wie ik hád kunnen tegenkomen, wat ik hád kunnen doen, waar ik hád kunnen belanden, hoe anders mijn leven hád kunnen zijn. En mijn vrienden: hoeveel relaties had ik al verspeeld, hoeveel lui waren er al aan gewend dat ik er nooit meer bij was, hoeveel van hen hadden mij al opgegeven?

Ik was vreselijk kwaad op mezelf: ik had een half jaar verprutst, voorgoed verloren, weggesmeten, verruild voor tosti's en avondjes voor de tv. Het stond allemaal (níét) te lezen in mijn agenda, zwart op wit (en blauw en rood); elke suffe notitie als een harde klap in mijn gezicht.

Ik moest er weer uit! Ik moest weer gaan leven, in plaats van te vegeteren.

En ik wist nu ook hoe.

*Zeg vaker ja.*

Ik ging vaker ja zeggen. Dát zou me uit deze sleur halen, mijn liefde voor het leven weer doen oplaaien, mijn oude ik terughalen – de ik die een beetje was gestorven, die dag dat Hanne me had gedumpt.

Ik had maar een klein duwtje nodig, een beetje plezier, de kans een volledig ander leven te leiden. Ik zou het als een experiment kunnen beschouwen, een studie naar mijn eigen gedrag, naar positiviteit, mogelijkheden en kansen.

Dit was ernst; dit ging veel verder dan wat Hanne een 'StomJongens-Project' zou noemen. Ditmaal ging het om een geheel nieuwe Manier van Leven. Mijn brein maakte overuren. Het zou best eens kunnen werken, maar hoe moest ik het precies aanpakken? Hoe zei ik vaker ja?

Ik besloot het probleem snel en doeltreffend aan te pakken. Als ik er een etmaal aan wijdde, moest dat toch genoeg zijn? Ik ging gewoon ergens heen, bleef hangen bij wie daar maar zin in had, en liet me door het leven leiden. Vierentwintig uur lang zou ik me helemaal overgeven, overal ja op zeggen, en me door alle mogelijkheden en kansen uit deze rottige midtwintigcrisis laten schoppen!

Ik maakte me op om naar bed te gaan. Een dag, ja: één dag vol nietaflatende positiviteit. Wat kon dat voor kwaad? Een dag lang alleen maar ja zeggen – op alles, letterlijk alles. Eén dag jaknikker.

Ja!

'Hallo, kan ik meneer Wallace spreken, alstublieft?'

'Ja!'

'Dag, meneer Wallace. Ik ben van Mark-1 Dubbele Beglazing uit Londen. Heeft u misschien even wat tijd, meneer, om het met mij te hebben over dubbele beglazing?'

'Ja.'

'Heeft u er wel eens over gedacht uw huis of appartement te laten voorzien van dubbele beglazing?'

'Ja.'

'En bent u in het verleden wellicht geschrokken van de hoge prijzen?'

'Jazeker.'

'Mag ik u dan vragen, meneer Wallace, of u geïnteresseerd zou zijn in een geheel kosteloze en vrijblijvende offerte voor de aanleg van dubbele beglazing in uw woning?'

'Ja.'

'Oké, dan sturen we een van onze vertegenwoordigers naar u toe. Is er een dag of tijdstip die u het beste uitkomt?'

'Ja.'

'Mm-mm... en wanneer zou dat dan zijn?'

'Stelt ú maar eens iets voor.'

'Juist... Wat denkt u van dinsdag, meneer Wallace?'

'Dinsdag... ja.'

'Om twee uur?'

'Ja.'

'Goed, noteer ik dat even: dat is dus aanstaande dinsdag om...'

'Eh... misschien moet ik u even waarschuwen... maar ik héb al dubbele beglazing.'

'U zei, meneer?'

'Ik héb al dubbele beglazing... in mijn hele appartement.'

'Juist, dus eh... Sorry, maar ik geloof niet...'

'Ik zei, dat ik al voldoende dubbele beglazing heb. Maar daar hoeft u zich natuurlijk niet door laten afschrikken; het leven draait immers om het benutten van kansen. Al het goede wat ons overkomt, gebeurt doordat wij ergens ja op hebben gezegd – zo heb ik toevallig net van een man in de bus geleerd.'

'Maar... waarom zou u dan nog een offerte willen?'

'Pardon?'

'Waarom wilt u een offerte voor het aanbrengen van dubbele beglazing, als uw hele woning al is voorzien?'

'Tja, omdat u het me vroeg...'

'Dat lijkt me anders voor alle betrokken partijen een behoorlijke verspilling van tijd, meneer Wallace...'

'Ach, ik dacht gewoon dat het misschien wel gezellig was als u bij mij thuis kwam vertellen wat u van míjn dubbele beglazing vindt. Kopje thee erbij... En dan mag u me zelfs een offerte geven, als u dat zo graag wilt.'

'Ik denk dat ik nu maar ophang, meneer Wallace. Vindt u dat goed?'

'Ja.'

En zo begon dus mijn ja-experiment: door een telemarketeer te overdonderen met mijn onthutsend verlangen alle voors en tegens van dubbele beglazing met hem te willen bespreken.


Ik was nog niet zo lang wakker en lag in bed, met een grijns op mijn gezicht en een hoofd vol vragen. Wat moest ik doen, waar moest ik heen, waar moest ik beginnen? Maar dat was niet aan mij – niets van dat alles. Ik moest gewoon zien hoe de dingen liepen; me laten meevoeren op de stroom.

Ik stond op en zette meteen mijn computer aan, voor al die kansen die ik een dag eerder nog had afgeslagen. Ik had een paar nieuwe e-mails, waar ik snel even naar keek.

Er was er eentje van Hanne: of we konden praten. Ja.

En eentje van mijn goede vriend Wag: of ik een biertje met hem wilde pikken. Ja.

En dan nog eentje van een volslagen onbekende: of ik een grotere penis wilde. J... Ho even! Van wie was dit?

*Wilt u ook een grotere penis? Dankzij onze nieuwste PenisCorrectieTechniek kunnen nu duizenden mannen zoals u...*

O, spam! Gelukkig was het geen hint van een ex... De cursor hing al boven de delete-knop (een reflex als gevolg van duizenden van dit soort ongevraagde mailtjes), toen ik me plotseling realiseerde dat dat niet de juiste reactie was; zo werd het spel niet gespeeld.

Dus antwoordde ik vrolijk ja, klikte op de link, vulde mijn creditcardgegevens in en bestelde zo HetPenisCorrectiePakketMetDirectResultaat. Ach, wat kon het voor kwaad? Als je dat ding maar niet verkeerd omdeed.

Ik vulde de waterkoker en zocht in de keukenkastjes naar iets eetbaars. Tot mijn grote vreugde vond ik nog een totaal vergeten doosje Chocopops.

Toen liep ik terug naar mijn computer, hopend dat sinds mijn reply vijf minuten geleden, Hanne en Wag me al een voorstel voor tijd en plaats hadden gestuurd. Maar nee. Dus besloot ik zelf het heft maar in handen te nemen.

Ik ging zitten en begon een nieuw bericht te schrijven. Toen het af was, stuurde ik het naar elke vriend die ik dacht te hebben teleurgesteld, aan wie ik te vaak nee had verkocht of die ik te lang niet had gezien.

**Aan: Vrienden**
**Van: Danny**
**Onderwerp: Ik, jij, wij**
**Hoi,**
**Luister eens, het is veel te lang geleden. Dat is mijn schuld en dat spijt me. Maar ik ben veranderd; ik wil weer mijn oude ik worden. Dus als het je leuk lijkt weer eens af te spreken, mail me dan.**
**Je vriend (hoop ik),**
**Danny**

Ik voelde me op een merkwaardige manier gezuiverd. Toch besloot ik de inzet nog wat te verhogen. Ik belde Hanne.

'Hoi, Hanne, met Danny.'

'Hoi, Dan. Heb je mijn mailtje gelezen?'

'Ja, en ik zou het hartstikke leuk vinden om jou weer eens te zien.'

'Oké dan... bakkie doen in de stad? Vanmiddag?'

'Goed.'

'Uurtje of vier?'

'Prima.'

'Dan wacht ik op je bij de metro van Covent Garden, is dat wat?'

'Absoluut! Zie ik je daar!'

Fantastisch, dat ging makkelijk! Ik had zojuist een afspraakje met mijn ex-vriendin gemaakt. Als de Padvinderij voor Volwassenen bestond, gaven die me daar vast een insigne voor.

Toen belde ik Wag.

'Wag, Waggle, Wagamama!'

Treurig genoeg was ík niet degene die dat riep: zo beantwoordt Wag soms zijn telefoon...

'Ha, die Wag... Ik heb je mailtje ontvangen. Enne... ik zou er best wel weer eens eentje met jou willen vatten. Zeg maar waar en wanneer.'

'Top! Wat dacht je van vandaag nog?'

'Oké.'

Ho even: ik besefte ineens dat blindelings overal ja op zeggen ook zijn complicaties kon hebben. Want wat deed ik als Wag kwam met: om vier uur koffiedrinken in Covent Garden?

'Wat dacht je van zeven uur in The Horse & Groom?'

Godzijdank was Wag een kerel.

'Genoteerd,' zei ik.

Het liep allemaal prima; van een leien dakje.

Met mijn dag ingedeeld, kuierde ik op mijn gemak naar het winkeltje op de hoek, voor een pak melk en een paar kranten. Ik voelde me echt al een nieuw mens – wat vast ook verklaart dat ik tevens een pot biologische yoghurt en wat vers sinaasappelsap kocht.

Ik kende dit gevoel: het eindigde meestal met erover denken naar de sportschool te gaan, een hond te nemen om flinke einden mee te wandelen, of van die andere dingen die van die jongens uit de bladen altijd doen. Het was een gevoel dat ik allang niet meer had gehad.

Terug in mijn appartement ging ik zitten met mijn mok thee en mijn kranten, en wierp een blik op de klok: twaalf uur. Nog vier uur voor ik ergens werd verwacht. Ik kon rustig aan doen.

Het probleem was alleen dat ik niet rustig aan wílde doen: ik wilde opschieten, vaker ja gaan zeggen. Maar er was tijd genoeg.

Ik begon door *The Guardian* te bladeren, tot ik besefte dat ik mezelf voor de gek hield en gauw *The Sun* pakte. Heus, ik wou dat ik het soort persoon was dat *The Guardian* kon lezen, voordat hij *The Sun* had ingezien, maar zelfs als kind at ik al liever eerst mijn chocolademousse, voor ik me aan het gezonde spul waagde.

Ik vermaakte me met een artikel over een jonge Schot, die in een storm was gaan vliegeren en ruim een kilometer de lucht in was geslingerd. Toen ik daarna de pagina omsloeg, las ik in een kadertje bovenaan: IETS UITGEVONDEN?

Ik tintelde meteen van opwinding. Nee, technisch gesproken had ik niets uitgevonden, absoluut niet. Maar deze oproep was wel een kans; een kans iets nieuws uit te proberen: ik kon iets gaan uitvinden! Misschien was dát wel mijn levenstaak: uitvinder zijn!

Ik scheurde het stukje uit en las het nog eens door. Het was geplaatst door het Amerikaans Instituut voor Octrooien en Handelsmerken. Dit bood nieuwe uitvinders ondersteuning bij het van de grond krijgen van hun briljante vindingen. Bingo! Het enige wat ik hoefde te doen, was bellen voor een informatiepakket.

Vijf minuten later had ik ervoor gezorgd dat dat pakket naar me onderweg was. Ik kon weer relaxen.

Ik las mijn exemplaar van *The Sun* uit en pakte toen *The Guardian*. Ik legde hem echter ook meteen weer neer. Ik besloot iets eerder de stad in te gaan. Kon ik onderweg altijd nog *The Mirror* kopen.

Het zonnetje scheen, de stad voelde ineens anders: Londen was fris en kleurrijk. Zelfs mijn wandeling naar het metrostation – onder oorverdovende spoorviaducten door, via steegjes vol dor onkruid en geplaveid met fluimen – had een zekere schoonheid over zich. Daar liep ik dan, van Leicester Square naar Covent Garden, best trots op het feit dat dit míjn stad was.

Sinds ik de deur van mijn appartement achter me had dichtgetrokken, hadden zich nog geen ja-momenten voorgedaan, maar ik zou er zo weer eentje tegenkomen.

'Een thee, alstublieft,' zei ik tegen de man in het café.

'Suiker?' vroeg hij.

'Nee, dank u.'

'Vijftig *pence*, alstublieft,' zei hij, en hij zette een plastic bekertje voor me neer.

Ik begon al in mijn kleingeld te zoeken, toen ik besefte dat ik een enorme fout had gemaakt – eentje die me hopelijk wordt vergeven, aangezien hij voortvloeit uit een ruim twintigjarige theedrinktraditie.

'Sorry... u vroeg of ik suiker wilde...'

'Ja,' zei de man. 'En daar zei u nee op.'

'Dat weet ik, maar eh... zou u me dat nóg eens willen vragen?' Ik schoof de thee naar hem terug.

'Hè?'

'Wilt u mij alstublieft nog een keer vragen of ik suiker wil?'

Hij fronste even, maar gaf me toen mijn zin. Hij pakte het bekertje en zei: 'Suiker?'

Ik schraapte mijn keel. 'Ja, graag.'

'Hoeveel schepjes?'

Nu was het mijn beurt om te fronsen. 'Dat weet ik niet: ik doe nooit suiker in mijn thee...'

Toen fronsten we allebei tegelijk.

'Doe maar gewoon wat ú redelijk vindt,' zei ik schouderophalend.

De man pakte een lepel en gooide, zonder het oogcontact te verbreken, langzaam en zorgvuldig drie volle theelepels suiker in mijn thee. 'Zo goed?' vroeg hij toen.

'Ja,' zei ik. 'Heel erg bedankt.'

Ik weet heus wel dat dit verhaal waarschijnlijk een nieuw dieptepunt voor de hedendaagse Europese verhaalkunst betekent; dat jij als lezer vast geneigd bent een paar bladzijden terug te bladeren, om nog eens te genieten van een giller als die PC World-anekdote... Maar voor mij betekende het werkelijk iets. Ik dronk al heel lang thee, en veel ook. En dit was voor het allereerst, dat ik bewust mijn thee met suiker dronk. Dit voorval leerde me heel veel, namelijk dat ik blijkbaar bereid was zelfs de meest fundamentele en ingesleten aspecten van mijn dagelijks leven te veranderen – een ontdekking waar ik behoorlijk opgewonden van werd.

Ik liep met de beker zoete thee in mijn hand naar buiten en slenterde verder richting Covent Garden. Ik stopte pas toen ik een jongleur zijn ballen zag laten vallen, waarna een kind er bijna met eentje vandoor ging. En terwijl ik hierdoor even was afgeleid, werd ik besprongen.

'Pardon meneer, heeft u even?'

'Jazeker,' antwoordde ik meteen blijmoedig.

Ik draaide me om en zag een kleine vrouw met rossig krulhaar en een knalgroene kiel. Ze had een klembord onder haar arm en keek me vreselijk kwiek aan. 'Geweldig! Mag ik u dan wat vertellen over Help Onze Ouderen?'

Tien minuten later had ik met haar een aardig, informatief gesprekje over bejaarden gevoerd. En had ik getekend voor hun actie 'Adopteer een grootje', waardoor maandelijks enkele ponden van mijn inkomen aan het levensonderhoud van een lief, oud vrouwtje zouden worden gespendeerd. Dit kwam hoofdzakelijk doordat de vrouw al haar zinnen was begonnen met de woorden: 'Zou u het prettig vinden om...' en ik maar ja bleef zeggen. Maar ik vond het niet erg. Nu zou dankzij mij één omaatje minder zich zorgen hoeven maken over waar het volgende zakje pepermunt vandaan moest komen.

Ik zei de kleine, kwieke, rossige dame gedag en liep verder richting de metro. Het was bijna tijd voor mijn afspraakje met Hanne, en ik wilde daarvoor nog even wat rondneuzen in een paar van die leuke winkeltjes in Covent Garden.

Maar toen hoorde ik ineens rechts van me een stem. 'Pardon, meneer, heeft u even?'

Ik wist zeker dat ik die tekst eerder had gehoord – nog niet eens zo lang geleden. Toen ik me omdraaide, zag ik een grote man met een lange neus en een knalgroene kiel met ADOPTEER EEN GROOTJE.

'Eh, ja... maar...'

'Geweldig! Mag ik u dan wat vertellen over Help Onze Ouderen?'

En dat mocht hij.

'Je bent dus te laat, omdat...'

'... ik een paar grootjes heb geadopteerd.'

'Ik hád het kunnen weten...' zei Hanne, terwijl we koers zetten naar een café. 'Da's tenslotte wat de meeste lui tegenwoordig ophoudt. Maar goed, leuk om je weer eens te zien! Dat is alweer veel te lang geleden!'

Na het beëindigen van onze relatie – beter gezegd: nadat ze mij gedumpt had – waren Hanne en ik vrienden gebleven. We begonnen met eens in de week samen lunchen, soms snel even de kroeg in, maar de laatste tijd zagen we elkaar een stuk minder vaak. Dat was ook niet zo vreemd, redeneerde ik: tenslotte had Hanne zich flink op haar carrière gestort, en had ik flink wat tosti's zitten eten.

'Hoe is het met Lizzie?' vroeg ze.

Ik glimlachte. Sinds onze breuk hadden noch Hanne, noch ikzelf weer een nieuwe relatie aangeknoopt. Ik was er echter wel heel dichtbij gekomen, met een meisje genaamd Lizzie, een fantastische meid. Maar ja, die was alweer uit beeld verdwenen, niet omdat we elkaar niet leuk meer vonden, maar omdat zij na tien dagen weer terug moest naar waar ze vandaan kwam: Australië (kon het nóg verder weg?). We hielden nog steeds e-mailcontact en belden elkaar zo nu en dan, maar we wisten allebei, hoe goed het ook had geklikt, dat het een onmogelijke situatie was.

'Je mocht haar nogal, hè?' zei Hanne.

'Ja,' zei ik. 'Heel erg. Lizzie was echt cool.'

Hanne was een fantastische vriendin geweest, en een zelfs nog betere ex-vriendin. Toen ik haar over Lizzie vertelde, had ze me aan alle kanten gesteund. En, nog fijner: ze had míj nog niet in dezelfde positie geplaatst.

Na het verbreken van elke relatie komt er een moment waarop je oprecht hoopt dat de ander zo'n moeite heeft jou te vergeten, dat hij of zij bij het dichtstbijzijnde klooster aanklopt... Zo ver was Hanne niet gegaan, maar ze had tot op heden ook nog niet de jaloerse ex-vriend in me naar boven gebracht.

'Ik weet dat het met jou en Lizzie eigenlijk nooit echt iets is geworden,' zei ze. 'Maar ik geloof dat jij dat wel had gewild, of niet?'

'Eh, ja...' zei ik. Wat aardig dat ze zich zo om mij bekommerde.

'En jij en ik zijn al best lang uit elkaar, toch?'

'Ja... best wel.'

Opeens overviel me het gevoel dat Hanne hier niet zomaar over begon; dat ze een bruggetje probeerde te maken... Ja, ik wíst het zelfs zeker: ze begon met haar servet te spelen en durfde me niet meer aan te kijken. Mocht je ooit met Hanne gaan eten, let dan op die signalen, want dat kán betekenen dat je het toetje niet haalt... Maar waar wilde ze naartoe?

'Ik weet wel dat ik jou dit niet hoef te vragen, Dan, maar eh... wij zijn toch best lang een stel geweest enne... het voelt gewoon beter om je dit te vertellen... om open kaart te spelen, snap je...'

O jee. Ineens snapte ik het: ze ging me vragen of ik haar terug wilde!

'Enne... mijn god, wat stom... ik weet ook niet waarom het me zo nerveus maakt je dit te vragen...'

Ik had gelijk! Ze ging me echt vragen of we weer een stel konden worden! Wat moest ik daarop zeggen? Hoe dácht ik daar eigenlijk over?

'Ik weet eigenlijk al wat je antwoord zal zijn, Dan, maar toch wil ik het uit jouw mond horen...'

Ik zag ineens ware liefde in haar ogen... Jazeker, ze probeerde het nog voor me te verbergen, maar dat was vast wat ze ook zo in mij waardeerde: dat ik dit soort dingen gewoon aanvoelde.

'... en ik wil beslist dat je volkomen eerlijk tegen me bent...'

Mijn god, wat moest dit zwaar voor haar zijn: te moeten toegeven dat ze de grootste vergissing van haar jonge leven had begaan; dat ze me nu moest smeken bij haar terug te komen. Ik moest hier heel voorzichtig mee omgaan...

'Al goed, Hanne,' zei ik. 'Je weet toch dat je alles tegen mij kunt zeggen.'

Ze gaf een kneepje in mijn hand. 'Zou jij het erg vinden,' vervolgde ze, 'als ik iets met een ander kreeg?'

O.

'Daar dan: het is eruit!' zei ze, en leunde glimlachend achterover.

Ik wist niet wat ik moest zeggen. Hanne had iemand op het oog. Wat kón ik daarop zeggen? Ik moest natuurlijk teruglachen en zeggen: *Wat fijn voor je!* Maar, mijn god... ze vroeg om mijn zegen! Het meisje dat drie jaar lang mijn vriendin was geweest, dat míj had gedumpt, vroeg nu om mijn zegen. Het eind van een tijdperk!

Wie had ze dan ontmoet? Of was het al veel verder? Nee toch? Misschien was ze al verloofd, misschien nog zwanger ook. En het was vast een fantastische gozer, een baron of zo. Miljonair ook nog, wed ik. Altijd geweten dat Hanne een miljonair aan de haak zou slaan; een zwierige miljonair met een kasteel – die, als hij op een feestje een PenisCorrectiePakket aangeboden zou krijgen, daar slechts smakelijk om zou lachen, alsof het idee alleen al het vreemdste was dat hij ooit had gehoord. Ik haatte hem nu al, die zak.

'Danny?' zei Hanne. 'Waar denk je aan?'

Met een schok keerde ik terug naar de werkelijkheid. 'Ik vroeg me af of het een baron is.'

Ze glimlachte. 'Nee, dat is hij niet.'

Het mag misschien gek klinken, maar ik was echt opgelucht.

'Het is gewoon iemand van mijn werk. Ik vind hem erg leuk; hij doet me een beetje aan jou denken – alleen minder... ingewikkeld.'

'Goh, dat is...'

'Ik weet het: jij vindt het allemaal best. En waarom ook niet.'

Dat klopte nog ook: ik vond het echt wel best. En hoe meer Hanne over hem vertelde, hoe beter ik het begon te vinden. Als dit ja-gedoe betekende dat ik helemaal opnieuw moest beginnen, dan was dit natuurlijk een van de beste dingen die me konden overkomen; het stond voor: weg met mijn oude leven, welkom nieuw leven!

'Danny? Je bent zo stil,' zei Hanne, met een bezorgde blik. 'Vind je het soms toch vervelend, dat ik iets met een ander wil?'

Ik wilde al met mijn hoofd schudden en grijnzend zeggen: *Doe niet zo raar, joh! Hup, ga die gozer versieren!* Maar toen besefte ik wat ze had gezegd – of beter: hoe – en mijn maag draaide zich om. 'Sorry?' zei ik, om tijd te winnen, maar het was al te laat.

'Ik zei: je vindt het toch niet vervelend, dat ik een oogje op iemand anders heb, of wel?' Ze glimlachte er lief bij. Maar dat zou niet lang meer duren.

'Ja.'

Hanne kneep haar ogen tot spleetjes. 'Wat: ja?'

'Ja, op wat je net zei.'

'Vind je het wel of niet vervelend?'

Ik denk dat ik intussen een beetje angstig keek. 'Ja.'

Haar mond viel open. 'Ja, je vindt het wél vervelend dat ik iets met een ander wil?'

O, mijn god.

'Ja.' Dat was duidelijk het stomste antwoord dat ik kon geven. En het feit dat zij haar vraag maar bleef herhalen, en ik maar ja bleef zeggen, hielp ook al niet.

Hanne keek geschokt. 'Ik ben geschokt,' bevestigde ze mijn waarneming.

'Ik probeer gewoon wat positiever te zijn, weet je,' begon ik.

'Maar dit is toch helemaal niet positief! Dit is negatief, heel negatief! Hoe kun je dat zeggen? Hoe kun je nou beweren dat je dat vervelend vindt, terwijl ik zo gewoon deed over jou en Lizzie?'

'Tja... het hangt er gewoon vanaf hóé je het vraagt, weet je. Als je nou had gezegd: "Heb ik jouw zegen om die gozer te versieren?" dan had ik beslist ja gezegd...'

'O... dus ik heb jouw zegen nodig? Juist, het draait dus om macht! Ik heb jouw zegen nodig voor ik met deze jongen uit mag. Is dat wat je wilt zeggen, Danny?'

'Toe, Hanne, hou op met al die vragen...'

'Ik heb jouw zegen helemaal nérgens voor nodig! Begrepen?'

Aha, een uitweg!

'Ja! Begrepen!'

'En dat accepteer je ook?'

'Ja, absoluut! Dat kan ik alleen maar beamen.'

'Mooi zo. Dan vraag ik het je nog één keer,' zei ze toen. 'Heb jij er bezwaar tegen dat ik met deze man uitga?'

Ik haalde diep adem. 'Ja.'


Nee, die ontmoeting met Hanne ging niet zo goed als ik had gewild. Ik kon me zo voorstellen dat als de VolwassenenPadvinders echt bestonden, ze hun insigne nu terug zouden eisen – hoewel we zonder twijfel de eerste prijs zouden hebben bemachtigd, als er zoiets bestond als De Meest Woedende Vrouw van Engeland.

Ik wilde dat ik mijn project wat had verfijnd. Ja zeggen op alles wat me werd gevraagd leek ineens vragen om problemen. En niets loslaten over wat ik in mijn schild voerde, had ook zijn nadelen – hoewel lang niet zo erg als die ik zou krijgen, als mijn ja-project algemeen bekend werd, maar dan nog...

Ik begon nogal zin in een biertje te krijgen en belde Wag. 'Luister eens,' zei ik. 'Zouden we misschien wat eerder kunnen afspreken?'

'Wanneer dan?' zei Wag.

'Over een uurtje?'

'Tot zo!'

'Nou-nou,' zei Wag en hij zette zijn bierglas op tafel. 'Jij bent laat!'
'Sorry,' zei ik, terwijl ik lichtelijk buiten adem ging zitten.
Ik was inderdaad twintig minuten te laat. Toen ik het metrostation uit
kwam, zat er namelijk een man op de trap die vroeg of ik soms wat kleingeld kon missen; ik zei ja en gaf hem alles wat ik kon missen. Vijf minuten later kwam ik langs een andere man, die me hetzelfde vroeg. Maar
omdat ik de eerste man al mijn munten had gegeven, moest ik eerst naar
een pinautomaat en daarna snel naar een winkel om wat te kopen, zodat
ik voor de tweede man wat kleingeld 'te missen' had. En net toen ik dat
alles had gedaan, botste ik weer tegen de eerste man op – die me niet
herkende en opnieuw vroeg of ik wat kleingeld kon missen...
Wag staarde me aan. 'Waarom zei je niet gewoon nee?'
Goeie vraag. Ik probeerde gauw van onderwerp te veranderen. 'Mooie
stropdas.'
'Ik heb helemaal geen das om, man.'
Er viel een ongemakkelijke stilte.
'Had je al een biertje voor me gehaald?' vroeg ik.
'Ja,' zei Wag. 'Maar dat heb ik zelf maar opgedronken.'
'O.'
'Nu ben jij aan de beurt.'
'Juist.' Dus ging ik maar biertjes halen.
We zaten in een hoek van The Horse & Groom stilletjes aan ons bier te
slurpen. Wag is een goede vriend van me, met wie ik mijn voorliefde
voor tafelvoetbal en intellectueel geouwehoer deel. Ik heb hem een paar
jaar geleden op een bruiloft ontmoet en sinds die tijd zijn we vaak in el-
kaars gezelschap te vinden.
Ik had met Wag al van alles besproken, waaronder zijn opbloeiende mu-
ziekcarrière: hij stond nu op het punt met de jongensband Busted naar
Duitsland te vertrekken, een land waar hij ook al doorheen was getoerd
met Right Said Fred (hoewel hij die connectie om de een of andere reden altijd vergeet te vermelden). Daarnaast hadden we een aantal van
Wags curieuze levensvisies aangeboord. Zo denkt hij werkelijk dat zijn
kapsel – De Mat – ooit zal worden gezien als het summum van hipheid
en stijl; dat dat nog slechts een kwestie van geduld is. Verder is hij ervan
overtuigd dat mannen ooit kinderen zullen kunnen krijgen – ondanks
het algemeen erkende succes van het huidige systeem.
Achteraf bezien was Wag misschien niet de geschiktste persoon om mijn
probleem met Hanne mee te bespreken...
'Wat jij moet leren inzien, Danny,' zei Wag, 'is dat jij er blijkbaar grote moeite mee hebt om je over het mislukken van je relatie met Hanne

heen te zetten. Met die Lizzie was dat bijna gelukt, maar ja, toen liep dat dus ook weer spaak. En daarom stuit het je nu zo tegen de borst dat Hanne wél probeert verder te gaan met haar leven. Zit ik een beetje in de buurt?'

Hij zat nog niet eens in hetzelfde lánd, maar ik speelde het spel maar mee en knikte.

Hij keek opgetogen. 'Ik ben goed!' riep hij. 'Ben ik goed, of niet?'

Ik knikte nogmaals en zei: 'Ja.'

'Eigenlijk gaat dit over Lizzie,' ging hij verder. 'Ik zal het je uitleggen...'

En daar begon ik af te dwalen...

*Het klinkt als een cliché, maar ik viel voor Lizzie op het moment dat ze haar tas pakte en me een foto van een reuzengarnaal liet zien.*

*'Dit is mijn favoriet,' zei ze. 'Moet je zien hoe groot!'*

*Het was de dag na kerst en we zaten met wederzijdse vrienden in een kroegje in een zijstraat van Brick Lane.*

*'Dat is beslist een hele grote garnaal,' zei ik.*

*'Laat hem die andere ook eens zien,' riep Rohan, de jongen dankzij wie we daar samen waren. 'Die met dat reuzenei.'*

*'Dat wil Danny helemaal niet zien, joh,' zei Lizzie. 'Da's gewoon maar een foto van een groot ei.'*

*Maar ik wilde het wél zien.*

*Dus dook ze nog wat dieper in haar tas en toonde me een kiekje van een heel groot ei.*

*'Dat staat er trouwens niet meer,' zei ze. 'Het stond eerst in Geelong, vlak bij waar ik vandaan kom, maar het is weggehaald door tegenstanders.'*

*Ik keek naar het reuzenei. Net als die garnaal van net, was het behoorlijk groot – alleen wat meer eierig en wat minder garnalig...*

*'Jij vindt het zeker maar maf dat ik rondloop met foto's van grote garnalen en eieren in mijn tas,' zei Lizzie.*

*Maar nee, ik vond het 't coolste wat ik ooit had gezien.*

'En dat, mijn vriend, is waarom jij nooit zult trouwen. Althans, niet met een vrouw.'

'Sorry, wat zei je?'

'Heb jij wel gehoord wat ik allemaal zei?'

'Ja hoor.'

'Wat zei ik dan?'

Ik had geen flauw idee. 'Iets over een vrouw.'

Wag deed: 'Tss' en trok zijn wenkbrauwen omhoog.

'Sorry,' zei ik. 'Het kwam gewoon door, je weet wel... ik moest ineens aan Lizzie denken.'

'O,' zei Wag. 'Juist.'

'Ik denk dat dat gedoe vanmiddag met Hanne daar ook mee heeft te maken. Maar weet je, Wag, ik sta op een keerpunt in mijn leven; dat voel ik gewoon. Ik ben aan het veranderen – en dat moet ook. Toen Lizzie vertrok, was dat voor mij alleen maar nóg een reden om thuis te blijven hangen. Gedumpt door mijn vriendin, en vervolgens in de steek gelaten door een andere fantastische meid, die ik niet eens heb kúnnen leren kennen.'

'Mm... als het zo doorgaat, dumpen ze je nog vóór je ze hebt leren kennen...' grapte Wag. 'Misschien ís dat zelfs al zo! Op dit moment word jij door tientallen meiden, overal in het land gedumpt – en ze hebben niet eens het fatsoen je daarvan op de hoogte te stellen! En ze houden vast ook al je lievelings-cd's en roddelen over je met jullie vrienden, van wie jij niet eens wist dat je ze had...'

'Bedankt, Wag!'

Wag glimlachte van 'Al goed, joh'; hij was vanavond in een opperbest humeur.

We dronken en lachten, en dronken nog wat meer – maar dat kwam vooral doordat hij maar bleef vragen: 'Jij nog een biertje?' en ik maar ja bleef zeggen. Na elke slok voelde ik me weer een stukje beter.

*'Maar eh... heb je nog meer foto's van grote dingen?' vroeg ik, toen we uit de kroeg richting Brick Lane liepen. 'Of alleen van garnalen en eieren?'*

*'Nu niet bij me,' zei Lizzie. 'Maar ik kan er nog wel een paar voor je opduikelen, als je wilt. Zo heb ik er ook een van een reuzenananas...'*

*'Klinkt perfect,' zei ik. 'Een foto van een reuzenananas!'*

*Ze grijnsde. 'Oké dan. Ben je er morgen ook? Oudjaar vieren bij Rohan?'*

*'Ja, zeker weten.'*

*Ik moest niet vergeten Rohan te vragen waar en wanneer hij me verwachtte, en of het goed was dat ik tóch kwam – ik had, zoals gewoonlijk, al nee op zijn uitnodiging gezegd...*

*'Top! Dan neem ík die foto van die ananas mee,' zei Lizzie, terwijl ze in haar taxi stapte. 'En heel misschien,' zei ze, vlak voordat ze het portier dichttrok, 'ook nog eentje van een reuzenkoe...'*

*Ik mag wel stellen dat ik nog nooit zo had uitgekeken naar een foto van een koe.*

'Zo,' zei Wag, toen de bel voor de laatste ronde werd geluid. 'Zullen we nog naar een nachtclub gaan?'

'Ja,' zei ik, zonder enige aarzeling.

Wag keek me verbijsterd aan. 'Pardon?'

'Ja, laten we naar een nachtclub gaan.'

'Een nachtclub?'

'Ja.'

Hij keek me verward aan.

Goed, al dat bier hád zijn tol geëist, maar mijn vertrouwen in en enthousiasme voor wat ik aan het doen was, was stijgende. Typisch, wat een paar pilsjes voor je zelfvertrouwen kunnen doen.

'Wélke club dan?'

'Hè?'

'Welke club héb je het over?'

'Hé, het was jóúw idee, hoor,' zei ik. 'Jij vroeg: "Zullen we nog naar een nachtclub gaan?"'

'Ikke?'

'Ja! Dat zeg je immers altijd!'

'Ja... maar ik verwacht toch niet dat jij ja zegt! Sinds wanneer wil jij naar een nachtclub? En waarom?'

'Omdat jij het me vroeg, Wag. Ach, kom op, man: het is zaterdagavond, we staan in hartje Londen, we zijn allebei zesentwintig... Dit moet je een keer hebben gedaan!'

'Maar het is al bijna elf uur! Wat héb jij toch?'

'Dat heb ik je toch al verteld! Het leven is er om geleefd te worden; elke vreemde is een vriend met wie je alleen nog geen kennis hebt gemaakt; het grootste risico loop je als je er nooit een neemt...'

'Jij slaat ook ineens een heel andere toon aan!'

'Klopt!'

Wag keek zorgelijk.

'Jij, mijn vriend, zei: "Laten we naar een nachtclub gaan," en ik zei ja. Dus je weet wat we nu moeten doen,' zei ik.

We gingen op zoek naar een nachtclub.

*'Maar eh... al die foto's van grote dingen,' begon ik voorzichtig. 'Is dat een soort... hobby van jou?'*

*'Nee,' zei Lizzie met een glimlach. 'Die sturen mijn broers me, bij wijze van grap. Maar het zijn niet gewoon grote dingen: het zijn 'Grote Dingen', met een hoofdletter G en een hoofdletter D.'*

*'Hoe weet je nou dat ik geen hoofdletters gebruikte?' vroeg ik.*

*'Dat weet ik gewoon,' zei ze.*

*'Grote Dingen dus,' herhaalde ik, mijn best doend het echt met hoofdletters uit te spreken.*

'Mijn broers sturen me die foto's om me aan thuis te herinneren. Zij lachen zich er kapot om; ik vind het eigenlijk maar stom.'

'Ik vind het anders ook best... tof,' zei ik – en ik had meteen weer spijt van die uitspraak.

'Ach, die Grote Dingen vind je overal in Australië; om de een of andere reden zijn ze typisch Australisch.'

'Gigantische, betonnen kopieën van...'

Lizzie liet me nog een foto zien.

'Deegrollers?' zei ik.

'Jep. En bananen, tonnen, kreeften, koala's...'

'Aha,' zei ik. 'Maar een grote koala slaat nog ergens op; koala's zijn immers typisch Australisch.'

'Ja, de Grote Koala,' lachte Lizzie. 'Kun je je voorstellen hoe trots wij daarop zijn? Er is zelfs een Gigantische Ned Kelly.'

'Wauw,' riep ik. 'Een Gigantische Ned Kelly! Díé zou ik wel eens in het echt willen zien!'

'Moet je een Aussie versieren,' zei ze, met een glimlach waar ik een beetje... eh... bubbelig van werd. Bubbelig, ja. 'Dat moet ik dan misschien maar doen,' zei ik, ineens blozend.

Nu denk je natuurlijk dat ik Lizzie nog maar pas kende. Ook al voelde dat nu wel zo, in feite kenden wij elkaar al een paar maanden, zoals vrienden-van-vrienden elkaar meestal kennen. Zij had korte tijd wat gehad met een vriend van me en we hadden elkaar daarom wel eens gezien. Maar we gingen altijd allebei ergens anders heen, met andere mensen, andere dingen doen. Ik realiseerde me nu dat ik haar eigenlijk helemaal niet kende, terwijl ik dat opeens wel wilde.

'Wat zou jij dan bouwen?' vroeg ze. 'Welk Groot Ding zou jij maken, zodat ik er een foto van kon maken?'

Ik dacht diep na. Mijn antwoord op deze vraag was namelijk heel belangrijk: dit was zoiets wat meiden je vroegen, als ze probeerden erachter te komen hoe je in elkaar stak – een soort verkennende psychologische test. Een antwoord als 'een hele lieve reuzenpuppy' was goed; iets in de trant van 'een heel groot, scherp mes' of 'een gigantische tiet' sloeg de plank behoorlijk mis.

Waar houden meiden van? En waar houden meiden van, dat ik ook wel oké vind? 'Ik denk eh...' zei ik, wanhopig op zoek naar vrouwvriendelijke invallen. 'Een baby.'

Lizzie staarde me aan. 'Een baby?' herhaalde ze effen.

Ik had het er duidelijk te dik bovenop gelegd. Ze wist precies waarom ik dit had gezegd: omdat het in mijn ogen was wat een meisje horen wilde. Ik moest dus snel reageren en mijn antwoord zien bij te schaven. 'Ho-ho, maar niet zomaar een baby!'

'O, wat dan? Zo'n 2-in-1-ding: baby en flesopener ineen?'

*'Nee... een speciaal soort baby.'*
*Ze trok haar wenkbrauwen afwachtend omhoog.*
*En toen had ik het! 'Een Chinese baby!'*
*Lizzie trok haar wenkbrauwen nog hoger op – iets wat ik niet voor mogelijk had geacht: voorzover ik kon beoordelen, was ze geen stripfiguur. 'Een Chinese baby?' herhaalde ze.*
*'Een kolossále Chinese baby,' corrigeerde ik haar.*
*'Sorry hoor,' reageerde ze (al denk ik niet dat het haar werkelijk speet). 'Een kolossale Chinese baby dus.'*
*Inderdaad, dat had ik gezegd. Maar waarom, in godsnaam?*
*'Klopt,' zei ik vastberaden, alsof ik het helemaal had doordacht.*
*'En waarom dan wel?' zei ze – op een toon, waarvan ik hoopte dat het lichte geamuseerdheid moest voorstellen, maar die net zo goed de manier kon zijn waarop therapeuten met gestoorde kinderen communiceerden.*
*'Eh... omdat er niets schattigers is dan een Chinese baby,' zei ik – en ik vond het niet eens zo ongeloofwaardig klinken. 'Waarmee ik natuurlijk niet wil zeggen dat andere Chinezen niet ook schattig zijn... Of nee, dat klinkt wel erg neerbuigend...'*
*Lizzie sloeg haar armen over elkaar.*
*'Ik bedoel dus, dat Chinese baby's schattig zijn... en eh... Chinese bejaarden ook, nu ik er zo over nadenk... maar iedereen daartussenin... daar word ik eerlijk gezegd niet warm of koud van...'*
*Het liep een beetje stroef, maar ik wíst dat ik me eruit zou redden. 'Laten we wel wezen,' zei ik. 'Uit de wijde omtrek zou iedereen naar mijn kolossale Chinese baby komen kijken.' Wat zéí ik toch allemaal? Ik zweeg abrupt en staarde naar mijn glas.*
*Lizzie was de eerste die haar mond weer opendeed. 'Nou, ik denk dat als...'*
*Maar ik zou nooit te weten komen wat zij ervan dacht, want ineens stond Rohan voor ons, met twee verse pilsjes en een schaal worteltjes. Hij kwam bij ons zitten en we begonnen over Londen, Australië en hoe Lizzie ernaar uitkeek terug naar huis te gaan.*
*De rest van de avond werd er met geen woord meer over kolossale Chinese baby's gerept. De rest van het jaar trouwens ook niet meer.*

Het was inmiddels twintig over drie 's nachts. Wag en ik waren meer bezopen dan ooit. Op de een of andere manier waren we in een club in Soho beland, waar we zaten te kletsen met drie Australische knapen die in Londen met vakantie waren.
Ik zette al mijn kennis over Australië in om indruk op ze te maken. 'Jullie hebben een Grote Ananas, hè?' zei ik. 'En een Grote Garnaal... en een Gigantische Ned Kelly.'

Ze keken me alledrie blanco aan.

'Je weet wel, die beelden die jullie overal hebben staan; die moet je toch wel eens gezien hebben. De Grote Ton, de Grote Mug, de Grote Worm, de Grote Sinaasappel? Ik ben nog nooit in jullie land geweest, maar een meisje met wie ik wat heb gehad, heeft me er eens wat foto's van laten zien. Het lijkt me echt waanzinnig.'

Ik kreeg nog steeds alleen maar blanco blikken. Dus dacht ik dat ik nog niet genoeg Grote Dingen had opgenoemd en ging door: 'De Grote Kruik, de Grote Kabeljauw, de Grote Wortel, de...'

'... Grote Saaie Zak,' zei Wag, waarop iedereen in lachen uitbarstte.

'Hé, het gaat hier wel over Australische cultuur, hoor,' zei ik tegen Wag – die me zo irriteerde, dat ik nu ga verklappen dat hij eigenlijk Wayne heet. 'Ik wil dat deze heren weten dat wij in het Verenigd Koninkrijk ons daar ook voor interesseren.'

'Maar zij komen uit Oostenrijk!' riep Wag.

Ik keek naar de drie jongens. 'Zijn jullie Oostenrijkers?' vroeg ik met dubbele tong.

Ze knikten alledrie.

'Goh, het spijt me vreselijk; ik dacht echt dat jullie Australiërs waren. Hoe kóm ik er toch bij dat jullie uit Australië komen?'

Ze haalden alledrie hun schouders op.

'Maar Australië en Australiër zijn, daar klets ik nu met jullie al...'

'... twintig minuten over,' vulde een van de drie met een vet Oostenrijks accent aan. En toen pas viel me ook de tekst op zijn T-shirt op: AUSTRIA.

'Precies,' zei ik. 'Nou, dan hoop ik dat jullie wat over Australië hebben opgestoken. Welkom in ons land en gegroet!'

En toen lieten Wag en ik de Oostenrijkers alleen – elegant slingerend en tegen mensen op botsend. Bij de rand van de dansvloer stopten we.

'Drinken?' vroeg Wag.

'Ja!' schreeuwde ik haast, nog net op tijd een ja-moment herkennend. 'Ja, ja, ja!' Bij elke 'ja' prikte ik met mijn vinger in de lucht, en bleef dat doen nadat Wag allang naar de bar was gelopen.

Waarschijnlijk was het dit gebaar dat de aandacht van de man met de sombrero trok. Eerst dacht ik dat het een Mexicaan was, maar langzaam-aan besefte ik dat een echte Mexicaan natuurlijk niet met een sombrero op in een Londense nachtclub zou rondlopen. En een echte Mexicaan had waarschijnlijk ook een echte en geen plaksnor... Een echte Mexicaan met een plaksnor, bedacht ik met mijn dronken kop, was eigenlijk een soort SuperMexicaan. Dat was dan weer best cool, want SuperMexicaan zou zijn poncho als cape kunnen gebruiken... En toen pas besefte ik dat

ik dit alles hardop had gezegd, recht in het gezicht van de Mexicaan. 'Tequila?' luidde zijn antwoord, waardoor ik hem meteen kon ontmaskeren als zo'n hippe tequilaverkoper, en hij onthulde zijn revolverholster, die in werkelijkheid een fles bleek te bevatten. 'Een pond per borrel.' Nu heb ik door de jaren heen een talent voor het mijden van tequila ontwikkeld. Ik heb namelijk na het nuttigen van dit drankje zoveel ongelukkige avonturen beleefd, dat ik bij het horen van het woord alleen al, haast vanuit mijn onderbewuste nee roep. Dus zei ik nu...
'Ja!'
De man schonk een glaasje voor me in.
Ik gooide het meteen achterover.
'Nog eentje?'
Ik keek al een stuk minder gretig.
'Ja,' zei ik – ditmaal zonder uitroepteken en mét een opkomende misselijkheid. Om eerlijk te zijn, had ik al meer dan genoeg gedronken. Maar ja, zo luidden de regels van het spel nu eenmaal niet. Dus gooide ik mijn tweede tequila ook achterover, glimlachte naar de Mexicaan en probeerde hem vervolgens met mijn gedachten te dwingen af te nokken. En óf hij kreeg mijn boodschap binnen, óf hij dacht dat ik hem probeerde te versieren, want hij beende inderdaad met grote passen bij me vandaan.
Ik probeerde me maar op de dansvloer te concentreren. Aha, dat zag er gezellig uit.
Ineens was ik ervan overtuigd dat ik een topdanser was; zeker zo goed als die dame met dat blauwe topje, of die in het groen. Zij waren beslist érg goed, zeker die ene met dat blauwe topje, die was gewoon briljant! Maar, geen partij voor mij: misschien moest ik haar maar eens verleiden tot een wedstrijdje. O, ze leek best te weten wat ze deed, met haar armen, benen, hoofd en zo, maar toch, een prima conditie, uitstekende coördinatie en een waarschijnlijk klassieke achtergrond betekenden nog niet dat zij zich ook met mijn artistieke uitingen kon meten. Wat zij deed, kon ik ook! En mijn dansexpressie kende geen grenzen; ík was niet bang om regels te verbuigen of te breken. Nee hoor, met die dame in het blauw of die vriendin van haar in het groen veegde ik zo de dansvloer aan...
Misschien zelfs ook met die grote vriend van ze... die me al een tijdje stond aan te staren en nu op me af kwam lopen... waarschijnlijk om me te vertellen dat ze wisten wat ik dacht, en dat ik gelijk had: ik was de ware Heer & Meester van de Dansvloer! En dan zouden we met z'n allen naar hun huis gaan, waar ik ze een paar van mijn bewegingen zou leren, en dan werden we allemaal dikke vrienden en...
'Zeg, sta jij soms naar mijn vriendin te gluren?' vroeg de man, die ineens

nog maar een paar centimeter bij me vandaan stond. Hij keek nu ook niet meer zo jofel.

'Hè?' reageerde ik geniaal.

'Sta jij naar mijn vriendin te gluren?'

Grijnzend probeerde ik een tequilaboertje te onderdrukken. 'Of ik naar jouw vriendin stond te gluren?' vroeg ik, naar ik hoopte op grappige toon. Maar de man lachte niet.

Ik begreep ineens dat hij het meende. En mijn instinct zei me nee te zeggen: nee op alles wat hij maar zei. Dit was beslist een nee-moment.

'Wie is jouw vriendin dan?' vroeg ik, alsof mijn bereidheid de zaak tot in de puntjes uit te zoeken het minder erg maakte.

'Die met dat blauwe topje,' zei hij.

O, die.

'Jullie zijn een knap stel,' probeerde ik.

'Je stond dus echt naar haar te gluren!'

De situatie begon nu hoogst onprettig te worden. Elke vezel in mijn lijf schreeuwde dat ik deze man te vriend moest zien te houden; dat ik nee moest zeggen en er dan gauw vandoor moest gaan. Maar het was natuurlijk overduidelijk dat ik haar had staan begluren. En bovendien wíst ik al wat ik moest zeggen: wat ik zelf had besloten te moeten zeggen...

'Ja,' zei ik dus.

Hij leek heel even van zijn stuk gebracht; keek eerst naar zijn vriendin en toen weer naar mij. 'Juist,' zei hij. 'Dus... jij stond naar mijn vriendin te gluren.'

'Jep,' zei ik, met een scheve grijns.

De man grijnsde terug.

Mm, het ging niet slecht, dacht ik. Misschien zou hij me alsnog erkennen als de Heer & Meester van de Dansvloer. Maar toen...

'Zie ik er soms uit als een idioot, die het goedvindt dat jij zijn vriendin begluurt?'

O-o, hij verhoogde de inzet, en behoorlijk ook. Hij vroeg of ik hem een idioot wilde noemen – recht in zijn gezicht; recht in dat grote, sterkemannengezicht van hem. Wat zeg je op zo'n vraag?

Nou, in ieder geval geen...

'Ja.'

Ik deinsde een beetje achteruit en probeerde mijn antwoord meer als een vraag, dan als een verklaring te laten klinken.

Hij grijnsde weer.

Ik hoopte dat het een berustende, dankbare grijns was – alsof ik exact had gezegd wat hij altijd wilde horen. Tja, je moet toch wat, hè...

De man kwam nog wat dichter bij me staan. Ik kon hem nu zelfs ruiken. 'Solliciteer jij verdomme naar een klap op je bek?' vroeg hij.

Rond dit moment had ik dus een hartaanval moeten voorwenden, moeten flauwvallen, wegrennen, in tranen uitbarsten, of mijn positie als ja-man moeten opgeven. Ik had Wag moeten roepen, moeten doen alsof ik van de FBI was, of om vergeving moeten smeken. Maar nee, dat deed ik allemaal niet. Ik zag dit als een uitdaging; een uitdaging voor wie ik was en wat ik wilde bereiken. Hoe serieus wilde ik dit ja-project aanpakken; had ik werkelijk hart voor de zaak? Dus spande ik al mijn spieren, sloot mijn ogen en zei...

'Ja.'

Nu had ik dus echt gezegd: 'Ja, ik solliciteer naar een klap op mijn bek.' Wat overigens niet waar was; dat doe ik namelijk zelden.

Ik zette me schrap voor de klap; voelde zijn vuist al voor hij er was. Ik draaide mijn hoofd een beetje, in de hoop dat hij zo mijn neus zou missen, mijn bril noch mijn jukbeen zou breken, noch iets anders zou verbrijzelen, kraken, kneuzen of splijten.

Maar er gebeurde niets.

Ik deed mijn ogen weer open. De man stond me alleen maar aan te kijken; te kijken hoe ik stond te sidderen. En ik keek toe hoe hij keek hoe ik stond te sidderen.

Toen deed hij zijn mond open. 'Jij bent helemaal gestoord, man!'

Ik knipperde een paar keer met mijn ogen.

Toen gaf hij een duw tegen mijn schouder, draaide zich om en liep weg. Godzijdank! Ik had het overleefd; ik had een knokpartij in een nachtclub overleefd! Eerlijk is eerlijk: er was niet eens geknokt, maar toch! Ik was Ja-man gebleven, had de dood in de ogen gekeken, en was ongedeerd uit de strijd gekomen!

Ineens stond Wag naast me. Hij had duidelijk vanaf een afstandje staan toekijken. 'Zullen we maar gaan?' zei hij.

'Ja,' zei ik.

*'Sorry voor wat ik daarstraks zei, hoor,' zei ik. 'Je weet wel, dat van die kolossale Chinese baby.'*

*Even na middernacht, een paar minuten in het fonkelnieuwe jaar, kreeg ik Lizzie weer te pakken.*

*'Wat? O, dat. Ach, eigenlijk ben ik het nog met je eens ook. Er is haast niks schattigers dan een Chinese baby.'*

*'Je bent het met me eens?' zei ik – alsof ik niets meer met haar te maken had willen hebben als ze had gezegd dat ze Duitse baby's leuker vond.*

'Tuurlijk. Luister, als ik tegen de tijd dat ik vijfendertig ben, nog niet getrouwd ben en geen kinderen heb, mag je me dronken voeren en meenemen naar Chinatown.'

Ik lachte, hoofdzakelijk van schrik.

'Zeg, wat heb jij de laatste tijd allemaal uitgevoerd?' vroeg ze.

'Niet veel, als ik heel eerlijk ben,' zei ik. 'Ik ben een tijd nogal op mezelf geweest.'

Ze trok een bezorgd gezicht. 'Hoezo dat dan?' vroeg ze.

Maar daar wilde ik het liever niet over hebben, dus veranderde ik gauw van onderwerp. 'Zeg, is dat waar, wat je net tegen Rohan zei? Over teruggaan naar Australië?'

Jep: over tien dagen. Ik heb een nieuwe baan. Lekker terug naar de Aussie-zomers; stukken beter dan al die regen hier! Maar wat is er toch gebeurd met de witte kerst? Ik had zo graag mijn allereerste sneeuwvlokjes zien vallen.'

'Heb je dan nog nooit sneeuw gezien?' vroeg ik.

'Erg, hè? Ik heb nog nooit sneeuw gezien, en jij nog nooit een Gigantische Ned Kelly,' zei ze. 'En dan hoor je soms lui klagen over oorlog...'

We lachten.

En een uur later – ik weet nog steeds niet hoe het precies kwam – hadden we elkaar voor het eerst gekust.

Toen we eenmaal buiten de nachtclub stonden, begon ik te lachen; onbedaarlijk te lachen. Ik was gewoon uitzinnig van de pret. Ik ben van nature geen vechtersbaas. En toch was ik nu bijna in een kroeggevecht beland. Ik! En ik had nog gewónnen ook! 'Ik heb net een knokpartij gewonnen, Wag! Met een vent die twee keer zo groot was als ik!'

'Je hebt helemaal niet gewonnen. En hij was ook niet tweemaal zo groot als jij: het scheelde maar een paar centimeter.'

'Ach joh, hij was kolossaal! En ik heb van hem gewonnen!'

'Nietes: híj heeft gewoon besloten jou niet te slaan – dát is er gebeurd. Wat had je eigenlijk tegen hem gezegd?'

'Dat ik naar zijn vriendin stond te gluren en dat ik hem een idioot vond. En toen heb ik hem uitgedaagd mij een klap te geven!'

'Wátte?'

'Jep! Ik zei: "Ja, ik stond naar jouw vriendin te gluren. Sla me maar als je durft, idioot dat je d'r bent!"'

'Zei jij dat?'

'Zoiets, ja! Nou ja, niet precies. Maar ik liet me meeslepen door het moment, Wag! En het was geweldig! Ik liet me meeslepen, en kijk: ik ben er nog!'

Wag keek naar me. 'Je bent gewoon een zatlap die aan een flink pak slaag is ontsnapt.'

'Ik weet het! Is het niet fantastisch?'

Het klinkt stom en het is misschien moeilijk te vatten, maar ik voelde me echt... in de zevende hemel.

We liepen naar de halte van de nachtbus, toen er een gammele Volvo naast ons kwam rijden. 'Taxi?' vroeg de man achter het stuur.

'Zie ik er soms uit als een taxi?' zei ik, en deed het zowat in mijn broek van het lachen. Wag en de chauffeur leken het echter lang niet zo'n mop te vinden. 'Ik geloof dat ik deze taxi maar neem,' zei ik tegen Wag.

'Weet je dat zeker?'

Ik trok mijn schouders op. 'Hij vroeg het nu eenmaal.'

'Wat doe jij later deze week?' vroeg Wag.

'Wat jij maar wilt.'

Terwijl de taxi langs de Theems scheurde, voelde ik me opgewonden, betoverd; als een kind dat op het punt stond iets heel spannends te beleven. Toen we op een gegeven moment een nachtbus inhaalden, verrekte ik zowat mijn nek om de passagiers in de bus te bekijken. Ik hoopte een glimp op te vangen van degene die dit alles, geheel onbewust, in gang had gezet. Als ik hem zag, liet ik mijn taxichauffeur stoppen en sprong ik op die bus – om die man te vertellen dat ik nu al aan het veranderen was; wat ik tot nu toe al allemaal had gedaan; dat dit de mooiste dag van mijn leven was. En dat allemaal dankzij hem – en die drie simpele woorden.

Thuis zette ik een kop thee en startte mijn computer op. Ik was gelukkig, doodmoe en wilde zo snel mogelijk mijn nest in. Tijdens het tandenpoetsen bekeek ik mijn e-mails. Er was er een van mijn vriend Matt.

**Danny! Leuk om weer eens van jou te horen! Wat dacht je van samen ontbijten? Morgen, halftien, Camden?**

Ik keek op mijn horloge. Morgen was inmiddels vandaag: het was al bijna zes uur. Als ik om half tien in Camden wilde zijn, moest ik over een paar uur alweer opstaan, en ik stond absoluut op de nominatie voor een fijne kater.

Ik begon al aan mijn reply'tje...

**Matt,**

**Heb het een beetje laat gemaakt, maat. Mag ik dat ontbijtje van je tegoed houden? Misschien kunnen we volgende week een keertje afspreken, of wat dacht je v**

Toen hield ik abrupt op met typen. Ik voelde me niet lekker bij het schrijven van die woorden: leeg, hol – alsof ik helemaal niets van mijn ja-dag had geleerd. Natuurlijk, die was voorbij, maar... één ja meer kon toch geen kwaad?

Dus deletete ik een voor een alle letters die ik had geschreven en verving ze langzaam door...

**J**

**a**

Tegen de middag was ik ervan overtuigd dat ik de juiste beslissing had genomen. Daar zat ik dan: tussen mijn vrienden, in een fris, licht café, waar ik mijn kater behandelde met behulp van een krant, een kop koffie en een hoop grappen en grollen. Voor het eerst in maanden voelde ik me weer warm en behaaglijk: ik hoorde er weer bij.

Ik had slechts een kleine verandering in mijn leven aangebracht, en nu al ging alles beter – en het enige wat ík hoefde te doen, was het te laten ge-beuren.

Ik belde Ian, om hem te vragen of hij zin had om vanavond met me naar de kroeg te gaan. Ik wilde hem namelijk vertellen van de beslissing die een radicale verandering in mijn leven teweeg had gebracht...

Ik voelde het: ik was Ja-man.

# 3

*Waarin Daniel zijn hoofd optilt en The Sun aanschouwt*

Er was al een paar minuten zeer weinig gezegd. We zaten daar maar: twee peinzende, voor zich uit starende mannen. Mijn belevenissen van de afgelopen dagen waren voor Ian blijkbaar maar moeilijk te behappen. Het was ook allemaal nogal diepzinnig.
'Ian?' zei ik.
Niets dan een wezenloze blik.
'Ian, heb je alles wel gehoord?'
Pas toen ik een pinda van hem probeerde te jatten kwam hij in beweging.
'Goed... twee dingen,' zei hij, met zijn wijsvinger in de lucht prikkend.
'Ten eerste: aan het eind van die hele tirade noemde jij jezelf Ja-man.'
'Ja.'
'Dat moet je dus niet doen; dat klinkt echt supersuf. Wat wou je doen: ook nog een leuke cape voor jezelf in elkaar fröbelen?'
'Ach, dat was maar bij wijze van...'

'Of zag je jezelf als een soort Dice Man? Wie ben je nou: Ja-man of Dice Man?'

'Eh...'

'Want Dice Man kun je niet zijn, hoor: straks vragen ze je nog om een moord te plegen! Deden ze bij hem ook!'

'Dice Man is een romanfiguur! En hem werd niet gevráágd iemand te vermoorden: daar koos hij zelf voor – althans, hij liet zijn dobbelsteen voor hem kiezen. Hij had duizenden mogelijkheden; ik had er maar één: ja zeggen.'

Ian wuifde mijn uitleg weg en ging verder. 'En ten tweede hoop ik dat je, nadat je bijna door een onbekende in een nachtclub tot moes bent geslagen, hier heel gauw mee ophoudt. Oké, je hebt ook nog een gezellig ontbijtje in Camden gehad, met Matt en de rest. Maar ik ken jou, Danny, en het houdt voor jou niet op bij een simpel ontbijtje: jij hebt vast al besloten dat het meer betekende.'

'Maar dat ís ook zo! Het symboliseerde een compleet nieuwe manier van leven!'

'Mijn god! Luister eens, Danny: dit heeft eigenlijk Lizzie te maken, of niet?'

'Helemaal niet!' riep ik.

'Vlak voordat ze vertrok, zei zij: "Kom me maar eens opzoeken in Australië," en toen zei jij nee.'

'Echt niet! Ik zei ja!'

'Maar je bedóélde nee. Toch? Je was helemaal niet van plan haar ooit nog eens op te zoeken!'

'Nee, daar zou ik mezelf alleen maar mee straffen,' zei ik sip. 'Waarom zou ik voor iemand vallen die dertigduizend kilometer bij me vandaan woont?'

'Dat is puur speculatief,' zei Ian, die graag wijs deed met woorden. 'Je wás al voor haar gevallen.'

'Ian, dit heeft met allerlei dingen te maken. Je weet toch hoe mijn leven er de laatste tijd uitzag? En je weet ook hoe mijn leven eruit zou móéten zien. Dáár gaat dit over. En daarom heb ik besloten dit project nog even te verlengen.'

'Ach, dat kun je toch niet maken, man! Oké, wees wat openhartiger, zeg wat vaker ja. Maar toch niet blindelings! Zoiets moet je met beleid doen!'

'Ian, ik móét gewoon weten waar dit nog meer toe kan leiden. Nog even maar: een weekje.'

'Een week? Joh, je hebt het al een hele dag gedaan! Alsjeblieft, zeg! Ik garandeer je dat je dan straks wél iemand moet vermoorden – en met een moordenaar wil niemand meer iets te maken hebben.'

'Het is maar één week.'

'Ingaande per...?'

'Direct.'

Hij staarde me even aan. 'Oké, ga je dan een biertje voor me halen?'

Ik stond op en trok mijn portemonnee uit mijn broekzak.

Ian glimlachte breed. 'Eigenlijk,' zei hij, 'bevalt dit me best.'

Maar wat Ian niet begreep – en waarschijnlijk nooit zou begrijpen – was hoe goed ik me door dat ja zeggen voelde. Het werkte uiterst bevrijdend dat mijn leven ineens in ieders handen behalve de mijne lag. Waar zou ik morgen zijn, of overmorgen? Wie kwam ik tegen, wat zouden we gaan doen? Ik had het stuur helemaal overgegeven aan ja.

Ik sprak met hem af dat we elkaar een week later opnieuw in The Yorkshire Grey zouden treffen, waar ik hem zou bewijzen dat ik het echt serieus had aangepakt. Ik zou mijn dagboek weer oppakken, alles noteren wat ik deed en Ian na die week het bewijsmateriaal tonen.

'Geldt een dagboek wel als officieel bewijsmateriaal?' had hij gevraagd.

'Als een rechter zoiets accepteert,' had ik geantwoord, 'kun jij dat zeker.'

Hij dacht even na, knikte en zei: 'Oké dan. Afgesproken.'

Ik verliet de kroeg en begon aan mijn ja-week.

Als ik me aan de traditionele verhaaltechnieken wilde houden, zou ik je nu alle gebeurtenissen van de daaropvolgende dagen moeten voorschotelen: een voor een, in de juiste volgorde. Ik zou je eerst vertellen wat er op maandag was gebeurd (wat fantastisch was), dan wat me op dinsdag was overkomen (minstens net zo fantastisch) en vervolgens alles van de woensdag (waar ik ook best van had genoten).

Maar dit is geen traditioneel verhaal.

Als jij en ik nu samen in de kroeg zaten, en je vroeg me je te vertellen wat er na mijn vertrek uit The Yorkshire Grey allemaal was gebeurd, dan zou het mij al mijn concentratie en wilskracht kosten, om niet meteen naar het komende fragment te springen, je daarna bij de schouders te grijpen, heen en weer te schudden en te roepen: 'Nou? Wat zeg je me dáárvan?'

Ik weet dus dat ik het eigenlijk niet zou moeten doen, maar geloof me: ik heb dit verhaal sinds het me is overkomen, in de kroeg al aan heel wat vrienden verteld, en dít is echt de volgorde waarin het moet worden verteld.

Ik spring dus een klein eindje naar voren in de tijd, naar het einde van mijn ja-week: de vrijdag. Want wat me toen gebeurde, is werkelijk niet te geloven.

Het was vrijdag. Ik had al vier dagen overal ja op gezegd en dat ging prima. Ja bleek een boeiende metgezel die me constant aanspoorde nog meer te genieten.

Toen ik om een uur of negen wakker werd, vroeg ik me af of ik vandaag het BBC Omroepgebouw weer eens zou bezoeken (waar ik als freelance radioproducer zo af en toe wat werk verzet), maar besloot dat het er waarschijnlijk weer niet van zou komen – niet zolang de wereld barstte van de loslopende jaatjes, die smeekten om te worden gevangen...

Ik stond op, zette een kop thee en checkte mijn e-mail. Ik was benieuwd, nu mijn ja-experiment zijn einde naderde, wat deze nieuwe dag me zou brengen. Het was me al eerder opgevallen dat sinds ik op dat genereuze aanbod van die mensen van het PenisCorrectiePakket was ingegaan, de hoeveelheid spam ietwat was toegenomen. Het was alsof mijn computer me toeschreeuwde:

*Medicijnen met korting! Zonder recept verkrijgbaar! Klik hier!*

*Goedkope software! Alles origineel en onvervalst!*

*Viagra à $ 0,95 per stuk! Uitstekende kwaliteit! Klik hier!*

Gek, maar het leek wel alsof de hele wereld ineens dacht dat ik – enkel omdat ik iemand was die inging op zo'n aanbod als een PenisCorrectie-Pakket – ook vast geïnteresseerd was in supplementen bij gewichtsverlies, pillen tegen acne, boeken over succes bij de vrouwtjes, revolutionaire haartransplantaties en Viagra. Ik snapte er niets van: was het aanschaffen van een peniscorrector eigenlijk een schreeuw om hulp?

Maar omdat ik elk bericht als een opdracht beschouwde, en wist dat het mijn plicht was tot het eind van de week trouw te blijven aan het woordje ja, deed ik alles wat ze van me vroegen, klikte ik waar ze maar wilden en bestudeerde ik alle bijbehorende websites. Verbluffend genoeg leidde slechts één bericht tot een daadwerkelijke aanschaf, omdat alleen op deze site een be-ja-bare vraag werd gesteld, gevolgd door een uitvoerbare instructie:

*Zou u een bevoegd predikant willen zijn?*

Ja!

*Bestel dan ons predikambt-in-een-doos!*

Oké!

Tien minuten later had ik het on-line aanvraagformulier ingevuld en mijn eigen predikambt-in-een-doos besteld. Daarna was ik blijkbaar gerechtigd mijn eigen kerk op te zetten, stellen te trouwen en kleine kinderen te dopen (of grote). Verdomd, dan kon ik dopen wie of wat ik maar wilde, dan was ik verdorie predikant! Binnen achtentwintig dagen zou ik het bewijsmateriaal in huis hebben – voor een luttele honderdnegentien dollar. En dan beweren sommigen dat spam louter rotzooi is! Ik was op-getogen. Wie had een week eerder ooit gedacht dat ik, Danny Wallace, straks zijn eigen kerk zou kunnen oprichten?

Evenals spam kreeg ik ook ineens meer mailtjes van mijn vrienden. Het eerste dat ik zag, was van Matt.

**Danny, in voor een beetje balletje trappen? Ik heb een nieuwe bal! We treffen elkaar om twaalf uur in Hyde Park.**

Of ik daar in voor was? Túúrlijk! Ik schreef meteen terug en zei dat hij op mij kon rekenen – in korte broek en al.

Een paar uur later vertrok ik, fris gedoucht en met twee verschillende sokken aan, richting metro. Het was een mooie, zonnige dag: perfect voor een potje voetbal met vrienden.

Toen ik echter een paar minuten later op het station aankwam, zag ik een man staan, met een witte stok en een wat bezorgde trek om zijn mond. Hij verroerde zich niet, stond daar maar wat, en ik vroeg me af wat je in zo'n geval hoorde te doen. Moest ik politiek correct een blinde nege-ren – zoals ik iedereen die bij een metrostation verdwaald om zich heen stond te kijken, zou negeren? Of moest ik het feit dat hij blind was juist mee laten tellen?

En toen dacht ik: stel dat dit weer een kans was? Dat ik met die man in gesprek raakte, dat we acuut vrienden werden en samen een geweldig avontuur beleefden – net zoals die twee uit *Scent of a Woman*? Niet erg waarschijnlijk, maar de kans zát erin. Dus sprong ik met een zucht in het diepe. 'Hallo, alles goed?'

De man schrok een beetje van de inbreuk die ik op zijn privacy maakte. Ik had meteen weer spijt van mijn beslissing. 'Ja hoor, prima. Ik sta ge-woon... op iemand te wachten.'

Ach, natuurlijk. Wat was ik toch ook een idioot, een arrogante idioot. Maar toen hij er een vriendelijk 'Maar toch bedankt' aan toevoegde, voelde ik me alweer wat minder in mijn hemd staan.

Ik begon weer te lopen; de belofte van een geweldig avontuur met deze man vervaagde snel. Toen ik bijna bij de trap was, riep hij echter ineens: 'Hoewel... misschien kunt u me toch even helpen?'

Ik keerde me meteen weer om.

De man stak zijn hand naar me uit; er lagen twee vijftig-*pence*-stukken op. 'Heeft u misschien een muntstuk van een pond?' Daarna opende hij zijn andere hand, zodat ik daar het pondstuk op kon leggen.

'O, juist... natuurlijk...' Ik zocht in al mijn zakken, maar vond alleen een briefje van vijf, geen munt. 'Wacht, dan ga ik even wat wisselen.' Ik rende naar de kiosk buiten station Bow Road en kocht er de goedkoopste krant die ze hadden: *The Sun*. Een paar tellen later stond ik weer voor de man.

'Hebbes!' zei ik.

'Fantastisch,' zei de man.

Ik legde het pondstuk op zijn uitgestoken hand en wachtte tot hij me mijn muntstukken gaf.

Maar dat deed hij niet. Hij zei alleen: 'Hartstikke fijn, dankjewel.'

En daar stond ik dan. 'Graag gedaan, hoor,' zei ik, en ik bleef als aan de grond genageld staan.

'Ik zat gewoon even wat krap,' zei de man. Maar nog steeds geen wissel-geld voor mij.

'O,' zei ik, en ik wachtte nog maar een paar tellen. Ik wist niet wat ik moest doen. Ik bedoel, hij had me die twee muntstukken laten zien: ze hoorden duidelijk bij de overeenkomst. Maar zodra ik hem dat pondstuk had gegeven, waren ze verdwenen. Maar wat kon ik doen? Hij was ver-dorie blind! Ik kon toch niet van een blinde twee vijftig-*pence*-stukken gaan opeisen – daar stond vast zelfs iets over in de wet!

'Nou, bedankt dan maar, hè,' zei de man. Hij had duidelijk genoeg van mijn aanwezigheid.

'Graag gedaan,' zei ik somber, en ik slofte weg – beduusd en me wat be-zoedeld voelend.

Ik liep de trap af naar het juiste perron. Nou ja, nu had ik tenminste een krant om de tijd te doden – was er toch ook nog iets goeds uit voortge-komen.

Ik begon erin te bladeren, vastberaden hem ten volle te benutten. Vrolijk neuriënd nam ik het nieuws van de dag in me op. Ik raakte er zelfs zo in verdiept, dat ik niet eens opkeek toen er iets vanuit de krant op mijn schoot dwarrelde. Pas twee haltes verder zag ik dat het een advertentie was. Bijna had ik weer verder gelezen, maar toen trok het papiertje toch mijn aandacht. Het was een soort wedstrijd: een vel krasloten met instructie. Een uitnodiging, een kans!

SPEEL KRAS-EEN-MILJOEN!

Oké!

Maar wat was Kras-een-miljoen? Mijn blik gleed over de tekst achter op het vel. In de krant, zo las ik, stonden zes getallen. Het enige wat je hoef-de te doen, was controleren of die ook op je gratis kraslot stonden, en dan: krassen maar. Bij drie gelijke bedragen won je het betreffende be-drag. Simpel!

Toen ik in mijn krant die getallen opzocht, ontdekte ik tot mijn vreugde dat op mijn kraslot alle zes de winnende getallen van die dag stonden. Ineens voelde ik me wat onnozel, en keek stiekem even om me heen, om me ervan te verzekeren dat niemand naar me keek. Ik ben me er namelijk, net als jij, terdege van bewust dat krasloten die zomaar uit kranten en tijdschriften vallen, grote oplichterij zijn.

Ik trapte er als kind al in. 'Goed gedaan!' schreeuwde zo'n brief. 'U hebt een geluksprijs gewonnen!' En dan rende je naar de telefoon, draaide het nummer en spendeerde veertien pond van je ouders' geld, om erachter te komen dat je niet zo'n geluksprijs van de voorkant had gewonnen (een boot of een van die drie hagelnieuwe breedbeeld-tv's), nee: jij had een van die zes miljoen haarspelden gewonnen!

Maar nu had ik geen tijd voor schaamte; niet meer althans.

Dus kraste ik het eerste vakje weg: **25.000**.

Goh, wat een fantastisch begin: 25.000 pond! Ik keek trots om me heen, maar omdat er niemand klaarstond om me te feliciteren, ging ik maar verder en kraste het volgende vakje weg: **25.000**.

Formidabel: weer 25.000 pond! Nu nog een derde '25.000' en een wereld vol onwaarschijnlijke weelde was de mijne!

Maar, zoals jij en ik allebei heel goed weten, werken krasloten niet zo. Ze schenken je sensatie; een vlucht uit de werkelijkheid, waarin je vrolijk wordt wijsgemaakt dat je de kans krijgt een nieuw leven te beginnen... En dan boren ze die hoop, net zo snel als ze hem hebben opgeklopt, weer de grond in. Ja, ik wist heus wel hoe het werkte; ik wist wat me te wachten stond. Ik was die kraslotjongens net iets te slim af; net als de rest van het *The Sun*-lezende publiek. Ik kraste nog een vakje weg en zag... **25.000**. Ho even, hoe zat het ook weer precies? O... mijn... god...

**25.000, 25.000, 25.000!**

Ik kreeg het er benauwd van. Ik had zojuist 25.000 pond gewonnen!

Ik zei je toch dat het niet te geloven was?

# 4

*Waarin Daniel een onfortuinlijke vergissing begaat*

Ik was blij. Misschien wel een beetje té blij. Maar dat krijg je nu eenmaal als je 25.000 pond wint, met een kraslot waar je anders niet eens naar had gekeken.

Maar blijkbaar deed ik toch een beetje eigenaardig.

'Wat zit jij toch de hele tijd te grijnzen?' zei Hanne.

Ik had haar gebeld. We hadden afgesproken in een café vlak bij station Holborn. Zij wilde excuses voor mijn gedrag van laatst; ik wilde vertellen over mijn kraslotprijs.

'Danny, serieus: waarom grijns je zo?'

'Ik ben gewoon heel blij,' zei ik, naar mijn moment van glorie toe werkend.

Ze keek me alleen maar aan. 'Je maakt me nog bang, Danny.'

'Ik ben gewoon blij, echt – om allerlei redenen: dat ik hier ben, met jou, Hanne, mijn ex...'

Haar ogen werden nog wat groter.

'En ik wil je zeggen hoe fantastisch ik het vind dat jij een nieuwe liefde hebt gevonden. Dat vind ik werkelijk fantastisch.' Ik grijnsde er breed bij, om te laten zien hoe fantastisch ik het vond. En het was nog waar ook: ik vónd het ook fantastisch – zoals ik alles ineens fantastisch vond.

'Danny, ben je soms... high?'

Ik dacht even over deze vraag na en bekende toen: 'Een beetje wel, ja.' Ik was inderdaad – en hierbij citeer ik onze Amerikaanse vrienden even – *high on life*: in hoger sferen. Mijn spectaculaire jackpotwinst had me in een uiterst milde stemming gebracht.

'Om te beginnen,' zei ik, 'stá ik erop jouw koffie verkeerd te betalen.' Ik stak er allebei mijn handen bij omhoog, om te benadrukken dat er geen discussie over mogelijk was: ik trakteerde.

'Dank je,' zei Hanne blij (maar misschien wat erg snel). 'Maar waarom ben jij dan in zo'n vrolijke bui?'

'Vrolijk? Ja, zo kun je het denk ik wel noemen. Maar dat zou jíj vast ook zijn... na het winnen van...' Ik wachtte even, om het dramatische effect te vergroten. '... 25.000 pond!'

Ze leek compleet overbluft.

Ik lachte.

'Heb jij 25.000 pond gewonnen?' zei ze. 'Echt, 25.000 pond? Waarmee dan?'

'Eh...'

Ik dacht even na. Zou ik Hanne precies vertellen hoe het zover was gekomen? Dat ik het allemaal te danken had aan wat zij een StomJongens-Project zou noemen – exact datgene wat onze relatie had verziekt? Misschien zou ze dan eindelijk inzien dat dat soort dingen juist goed voor je zijn! Maar het zou ook bevestigen wat ze toch al over me dacht... Zou ik dan een andere ik construeren? Een vernieuwde, slimmere, volwassener, carrièrebewustere, pastakokende & knoflookpersende ik?

'Ik hoefde er alleen maar voor te krassen...'

Ze leek onder de indruk. 'Nou, daar ben jij goed in: je bent altijd al een schraper geweest...' grapte ze. 'Maar mijn god, Danny: 25.000 pond... Dat is toch niet te geloven!'

'Vertel mij wat!'

'En wanneer krijg je al dat geld?'

Ahum. Dat was dus het probleem.

Een uur later, in The Yorkshire Grey, met Ian.

'Ian, ik moet je iets vertellen, iets formidabels.'

'Je hebt een gedicht geschreven.'

'Nee, veel beter! Dit...' Ik haalde mijn dagboek uit mijn tas. '... is mijn dagboek. Ik wil dat jij het leest. Hier staat alles in waar ik de afgelopen week ja op heb gezegd, en zal je een idee geven van mijn toewijding en bezieling voor dit project.'

Hij begon er meteen in te bladeren. Hij stopte ergens en las voor: '*Nieuwe printercartridges gekocht.*'

'Vergeet die maar gauw,' zei ik, trok het dagboek uit zijn handen en zocht naar de juiste week. 'Hier...'

Ian las:

**Maandag**
Kwam voorbij het Scientology Centrum aan Tottenham Court Road. Een vrouw vroeg me of ik een gratis persoonlijkheidstest wilde ondergaan. Ik zei ja. De test duurde veertig minuten. Ik blijk best een aardige kerel te zijn.

'Weet je zeker dat dat mens het goed heeft gedaan?'
'Lees nu maar door!'

Die maffe dominee in Oxford Street, die altijd met een megafoon loopt te schreeuwen van: 'Wees geen zondaar, maar een winnaar!' riep vandaag toen ik hem passeerde: 'Jij daar! Ben je klaar voor de Jezus-test?' Ik liep naar hem toe, zei: 'Ja, daar ben ik klaar voor,' en vroeg toen wat die test eigenlijk inhield en of Jezus hem zelf zou afnemen. Toen wist hij ineens niet meer wat hij met me aanmoest en begon maar weer te schreeuwen over zondaars en winnaars. Ik vraag me af hoeveel lui die Jezus-test al hebben gedaan, en of je als je slaagt, eventjes Jezus mag zijn.

'Danny, waar leidt dit alles...'
'Kom je vanzelf achter. Lees maar door.' En ik stond op en liep naar de bar.

Toen ik met twee biertjes in de hand terugkwam, had Ian al flink wat vooruitgang geboekt. 'Je bent dus naar een veiling van golfspullen geweest.'
'Ja.'
'En je hebt ja gezegd toen een ober je de vis aanraadde, terwijl je dat nog nooit had gegeten?'
'Ja. En ik zat er helemaal naast wat vis eten betreft: ik vond altijd dat ze je zo raar aankeken, zelfs als er geen kop meer aan zat. Maar vis is eigenlijk heel lekker.'
'Oké...' Ian doorzocht met zijn vinger de tekst die hij net had zitten lezen. 'En je bent naar een concert geweest... hebt een nieuw soort douchegel gekocht... en een sandwich van Boots – "... dankzij een slim gekozen reclameleus"'
'Jep.'

'Je hebt een folder van een Engels taalinstituut aangenomen en gedaan wat ze daarop zeiden, door naar hun website te gaan... je hebt een nieuw soort reep geprobeerd... je hebt een brochure over Turkije besteld...'

'*Turkije: van de ene verbazing in de andere.*'

'Je hebt ja gezegd toen iemand je vroeg of je er bezwaar tegen had om hem een tientje te lenen.'

'Klopt.'

'Je hebt postzegels gekocht van een oude vrouw; ja gezegd op een borrel met een saaie collega; gebruikgemaakt van een kortingsbon; en je bent naar het afscheidsfeest geweest van een jongen die je nog nooit had gezien – waardoor je het ook niet zo erg vond dat hij wegging.'

'Dat alles en meer. Waar ben je nu?'

'Donderdag.'

## Donderdag

Vandaag in de metro stond mijn hart even stil.

Ik zag de volgende advertentie staan: KUNT U ZICH VEROORLOVEN NIET IETS IN SPANJE TE KOPEN? Heel even speelde er maar één ding door mijn hoofd: ik zou moeten investeren in een Spaanse villa!

Maar toen ik de tekst nog eens las, realiseerde ik me dat ik het me inderdaad kon veroorloven NIET iets in Spanje te kopen. De enigen die dat niet kunnen, zou ik zeggen, zijn de Spanjaarden zelf.

Ian rolde met zijn ogen – wat ik niet helemaal eerlijk vond, want dat was best een belangrijke conclusie.

Hij scande verder.

Ja gezegd op de vraag van een kerel of ik hem wat kleingeld wilde geven. Ja gezegd tegen een marktonderzoeker.

Hij begon wat sneller voor te lezen.

Ja op een afspraak met Wag volgende week. Ja op het aanvragen van een nieuw type creditcard. Ja op koffiedrinken met Hanne. Ja tegen een man die met alle geweld walvissen wilde redden.

Toen was hij bij vrijdag.

## Vrijdag

Ik heb een predikambt-in-een-doos gekocht.

'Hè? Wat is dát dan?'

'Voortaan kan ik trouwerijen en zo doen. Maar ga door.'

'Hoe bedoel je?'

'Ik ben nu predikant, dus kan ik mensen trouwen, dopen, enzovoort. Lees nou door!'

'Jij? Predikánt?'

'Lees nou!'

Hij deed even wat ik vroeg, maar stopte toen weer. Zonder op te kijken, las hij de zin die voor hem stond tweemaal door; toen pas las hij hardop voor:

Ik heb 25.000 pond gewonnen.

Ians hoofd kwam langzaam omhoog. 'Je houdt me voor de gek!'

Ik schudde mijn hoofd.

'Je houdt me verdorie voor de gek!'

Hier was ik op voorbereid: ik stak mijn hand in mijn zak en haalde er het winnende kraslot uit – het lot dat Hanne nog maar een uur geleden tot zwijgen had gebracht. Ik duwde het over de tafel naar hem toe.

Hij pakte het op en liet de bedragen tot zich doordringen: **25.000, 25.000, 25.000.** Hij schudde verbijsterd het hoofd. 'Hoe...'

'Ik had ja gezegd op een potje voetballen, weet je nog?'

Hij knikte.

'Nou, als ik dat níét had gedaan, was ik ook niet even later de deur uitgegaan. Buiten liep ik een man tegen het lijf (die ik anders nooit was tegengekomen), die een pond van me vroeg. Daar zei ik ja op, maar ik moest eerst wat kleingeld hebben. Dus kocht ik een krant en in die krant (die ik nooit had gekocht als ik geen kleingeld nodig had gehad, voor die man die ik nooit was tegengekomen, als ik daarvoor niet al ja had gezegd) zat een kraslot. En daar stond op dat ik moest meedoen, wat ik vervolgens deed. En toen won ik dus.'

'Wauw...' zei Ian en hij lachte.

'Het was een kettingreactie, Ian: elke ja bracht me dichter bij die 25.000 pond. Ja wílde dat ik won!'

Hij schoof het kraslot terug. 'Mijn god... En wanneer krijg je dat geld?'

Ahum. Dat was dus het probleem.

Wat ik Ian nu moest vertellen (en Hanne daarvoor), viel me niet licht. Het is iets wat jij – totdat je, zittend in de metro, tientallen meters onder de grond, omringd door volslagen vreemden, ook 25.000 pond wint – misschien wat moeilijk kunt bevatten.

Maar dit is wat er gebeurde – en met elke vezel in mijn lijf zou ik willen dat het anders was. Tien minuten nadat ik 25.000 pond won...
... verloor ik 25.000 pond.

Meteen nadat ik al dat geld had gewonnen, wilde ik dat feit met iemand – wie dan ook – delen. Maar ja, onder de grond werken mobieltjes niet, en ik kon natuurlijk ook niet juichend en gillend door die wagon gaan springen. Ik was nu eenmaal in Londen, waar het al ongepast is om in het openbaar te niezen terwijl je oogcontact met iemand hebt.

Ik moest me dus verbijten, doodstil blijven zitten en op de een of andere manier mijn giechels en grijnzen onderdrukken.

*25.000 pond!*

Ik zou bij de volgende halte uitstappen: de trein uit, de straat op en dan bellen om mijn geld op te eisen. En dan was het: op naar Rio, Cuba of waar ze me bij het reisbureau ook maar adviseerden in deze tijd van het jaar naartoe te gaan! Ik zou een dikke sigaar opsteken, aangeboden door zo'n smoezelig straatschoffie; ik zou, weet-ik-veel... een Panda kopen. Ja, een Pandaatje, voor mijn moeder! En een hoge hoed voor mijn vader, van massief goud!

Maar terwijl de metro schokkend en slingerend zijn weg door de tunnels zocht, werd ik opeens overvallen door paranoia. Stel dat ik het verkeerd had gedaan, dat ik me had vergist, dat ik toch géén 25.000 pond had gewonnen?

Ik keek nog eens naar de bedragen. Nee, mijn angst sloeg nergens op. Ik had echt gewonnen: de bedragen kwamen overeen.

Maar stel nou eens dat het een oud lot was? Van een andere dag? Nee, het was van vandaag, absoluut.

Mijn blik vloog nog eens over de spelregels.

*Kras de zes getallen weg...*

Zes? Ik had er maar drie gedaan.

En dus begon ik – stiekem, zodat niemand het zag – nog drie vakjes weg te krassen.

**5.000.**

Het volgende...

**5.000.**

Shit, stel dat ik er nog eens 5.000 pond bij won! Ik kraste het volgende vakje weg...

**2.**

Gedver, bijna nog eens 5.000 pond gewonnen! Dát zou pas top zijn geweest; dat ik het enige kraslot met twee prijzen had!

Ik vroeg me ineens af wat er onder die andere vakjes zat. Want als daar nou nog een '5.000' onder zat, kreeg ik dan in totaal 30.000 pond? Ik begon haastig te krassen en zag een...

**1.**

Eén pond? Pff, daar lach ik om; daar heb ik er al 25.000 van! Toen kreeg ik een...

**5.**

Gedver, ook niet genoeg. Maar onder het volgende vakje zat...

**5.000.**

Mijn god, dat kon toch niet waar zijn? Ik probeerde me echt te beheersen, maar het lukte me niet: een vreemd, bijna vrouwelijk kreetje ontsnapte me. Telden deze getallen niet gewoon ook mee? Want ik wist wel dat alleen de eerste zes echt telden, maar stel dat er een soort maas in de spelregels zat; dat ik nu echt 30.000 pond gewonnen had?

Ik bladerde de krant weer door, op zoek naar het reglement. In een groot, vetgedrukt kader stond wat en hoe je het moest doen. En dan was er nog een kader ter grootte van een halve pagina, met de kleinste lettertype dat er bestond. Ik kneep mijn ogen tot spleetjes.

*Minimumleeftijd... boete... telefonisch opvorderen... boete... drie gelijke bedragen... boete... te late claims worden niet verwerkt... kaarten met drukfouten zijn ongeldig... beperkte prijzenpot... boete, boete, boete...*

Maar hoe zat het met bonusprijzen; zeiden ze daar niets over?

*De winnende getallen worden een week lang gepubliceerd...* mijn blik vloog verder... *Verzilveren van prijzen kan tot...* ik scande verder... *Inwoners van...* en verder... En toen zag ik het ineens staan.

*Kras alleen de zilveren vakjes weg, die overeenstemmen met uw winnende getallen...*

Ho even... wátte?

*Het wegkrassen van zilveren vakjes die niet overeenstemmen met uw winnende getallen, maakt uw kaart ongeldig.*

Ik las het nog een keer, keek toen naar mijn kaart en zag wat ik had gedaan. En toen zei ik zo hard 'SHIT', dat iedereen tegenover mij me verwijtend aankeek.

Ik had echt niet geweten hoe Hanne het zou opnemen; zij vond het vast 'typisch iets voor mij'. Toen ze knalrood werd, riep ik gauw – bang dat ik weer een hele preek zou krijgen: 'Maar die koffie krijg je nog steeds van mij, hoor.'

Ians reactie was veel directer en zeer heftig. Om te beginnen werd hij ook knalrood. Toen haalde hij zo diep adem, dat ik even vreesde dat hij een paar ballonnen uit zijn zak zou halen en daar dieren van ging knutselen. En toen barstte hij los: 'Jij... stomme... achterlijke... idioot!' riep hij, tandenknarsend en met fonkelende ogen.

'Pardon?' zei ik, enigszins beledigd.

'Je had vijfentwintig mille, Danny, vijfentwintig mille! En die heb je weggesmeten!' Hij zei het zo hard, dat het wel leek alsof ik hém vijfentwintig mille afhandig had gemaakt. 'Niet te geloven! Hoe kun je nou vijfentwintig mille verspelen?'

'Ik had de kleine lettertjes niet gelezen.'

'Hij had de kleine lettertjes niet gelezen,' herhaalde hij, zijn handen in de lucht gooiend.

'Nee,' zei ik. 'En daarin stond dat ik alleen de getallen die ik zelf had, mocht wegkrassen.'

Hoofdschuddend sloeg hij zijn armen over elkaar. 'En waarom heb jij niet alleen díé getallen weggekrast? Waarom dacht je dat die vakjes genummerd waren?'

'Weet ik niet. Er was ook nog een vakje ONGELDIG INDIEN VERWIJDERD. Ik dacht dat als ik dáár maar vanaf bleef, ik kon wegkrassen wat ik wilde! Het was gewoon te verleidelijk, Ian, ik zat in de metro, kon er niet uit, kon niemand vertellen dat ik een grote prijs had gewonnen...'

'Goed, je had dus te veel vakjes weggekrast. Maar je had wél alle winnende getallen!'

'Ja, dat probeerde ik die dame aan de telefoon ook al te zeggen, maar die wilde gewoon niet luisteren! Zij bleef maar roepen dat het reglement er zwart op wit bij stond. Waarop ik antwoordde dat dat wel behoorlijk weggemoffeld stond en in de kleinste letter die ik ooit had gezien. Eerlijk gezegd begrijp ik niet waarom ze zo'n zinloze regel hebben ingevoerd.'

'Om te voorkomen dat mensen zoals jij hun geld winnen, natuurlijk! O mijn god... je hebt het gewoon weggesmeten, man!'

'Nietes, ik heb alleen een vergissing gemaakt. Maar moet je horen, dat is het punt ook helemaal niet, want...'

'Hoe bedoel je? Wat is het punt dan wel? Jij had 25.000 pond in handen, en dat heb je weggesmeten! Nou, dat was dan je ja-op-alles-experiment! Ik hoop dat je je lesje nu hebt geleerd...'

Maar Ian zat ernaast. Inderdaad, ik had een les geleerd, maar niet die hij bedoelde. En het was nog een waardevolle les ook. Ik probeerde het hem uit te leggen: 'Het punt is, makker, dat ik dat geld héb gewonnen: ik heb werkelijk 25.000 pond gewonnen!'

Hij keek me verbijsterd aan. 'Nee, dat heb je niet.'

'Wel waar: ik héb het gewonnen!'

'Maar je hebt het ook weer verloren.'

'Vergeet dat nou eens even!'

Ian zag eruit alsof hij elk moment kon ontploffen. 'Doe niet zo achterlijk! Hoe kan ik dat nou vergeten? Je zegt het alsof er nog wat te leren valt ook! Dat is helemaal niet zo; het is helemaal niet fijn dat je dat geld niet krijgt! Je bent gewoon een grote sukkel, Danny Wallace!'

Maar ik had het in mijn hoofd al helemaal rond en ik wist dat ik gelijk had. 'Luister nu eens naar me. Het doet er niet toe dat ik dat geld ben kwijtgeraakt, Ian, absoluut niet! Het punt is dat als ik nooit ja had gezegd, ik die prijs nooit had gewonnen – de diepere betekenis, dáár draait het om! Ik zei ja tegen een potje voetballen, weet je nog? Als ik dat níet had gedaan, was ik die kerel niet tegengekomen, had ik die krant niet gekocht, en had ik in de metro dat kraslot niet gebruikt. En dan zat ik nu ook wel hier met jou in de kroeg, maar hadden we het over het eind van mijn ja-project, in plaats van het begin...'

Hij keek beduusder dan ooit. 'Het begint met het feit dat jij 25.000 pond verliest?'

'Nee, het begint met het feit dat ik dat bedrag win. Dat is het hele punt: ik heb gewonnen dankzij Ja!'

Ik was onvermurwbaar. Een psycholoog zou het wellicht betitelen als een overlevingsstrategie. Misschien nam ik deze beslissing wel uit een soort zelfbehoud; gaf ik deze draai aan mijn leven om te voorkomen dat ik terugzakte in negativiteit.

Het verlies van die prijs, meteen nadat ik hem had gewonnen, deed me echt helemaal niets – het stimuleerde me zelfs! Ik hield mezelf voor dat ik zonder dat geld op die trein was gestapt, en dat het daarom niets kon uitmaken dat ik zonder dat geld weer was uitgestapt. Ik had die prijs dankzij Ja gewonnen: ja-zeggen had me rijk gemaakt. Dat ik een enorme oen was, had me vervolgens weer arm gemaakt – maar dat was Ja's schuld niet. Ja had gewild dat ik dat geld kreeg; Ja wilde dat het me goed ging. En het zou heus niet lang duren voor Ja me opnieuw een kans zou geven – als ik maar geduld had.

'Hier,' zei ik, 'ik wil dat jij hier op past.' Ik sloeg mijn dagboek weer open (achterin ditmaal) en haalde er een papieren servetje uit.

'Moet ik voor jou op een servet passen?'

'Het is geen servet! Althans, niet meer: ik had gewoon niets anders om op te schrijven. Lees maar, het is een manifest: het Ja-manifest.'

Zuchtend begon Ian voor te lezen (dat ging hem steeds beter af).

JA-MANIFEST

*Ik, Danny Wallace, gezond van lichaam en geest, vaardig hierbij een manifest voor mijn leven uit.*

'Ach, jij bent echt finaal...'

'Lees nou! Dit is belangrijk! Het gaat over mijn leven!'

*Ik zweer mij open te stellen voor mogelijkheden. Ik zweer elke kans in mijn leven te grijpen. Ik zweer voortaan ja te zeggen op elke gunst, verzoek, voorstel of uitnodiging – kortom, alle dingen die elke dag op mij afkomen.*

IK ZWEER DAAROM VAN NU AF AAN OVERAL JA TE ZEGGEN WAAR IK ANDERS NEE ZOU HEBBEN GEZEGD.

*Ik zal al het mogelijke doen om een ja te verkrijgen.*

*Echter, zij die weten dat ik Ja-man ben, mogen dat onder geen beding doorvertellen of misbruik maken van mijn situatie (en daar bedoel ik jou mee, Ian!).*

'Ik hoef helemaal geen misbruik te maken van de situatie! Jij gaat je eigen ondergang tegemoet!'

Ik gebaarde hem door te gaan, vastbesloten hem te doordringen van de ernst van dit moment.

*Deze situatie zal voortduren tot aan oudejaarsavond.*

*PS. Dit is geen StomJongensProject, maar een Nieuwe Manier van Leven.*

'Mijn god,' zei Ian. 'Tot het eind van het jaar? Maar dat is nog maanden. Dat overleef je niet!'

'Mij overkomt heus niks!'

'En wat doe je als je gevraagd wordt op twee plaatsen tegelijk te zijn?' vroeg hij.

'Dan zal ik mijn best doen dat allebei voor elkaar te krijgen.'

'Daar zijn ze zo achter! Iedereen heeft op een gegeven moment door dat jij alleen nog maar ja zegt!'

'Ik heb het plan een tikje gepolijst. Ik zal niet zeggen: 'Ja, Berlijn ligt in Schotland' of 'Ja, ik ben een zwangere vrouw met twee kinderen' – het element onwaarheid heb ik geëlimineerd. Maar ik zeg wél ja tegen alle gunsten, verzoeken, voorstellen en uitnodigingen. Ze zullen gewoon denken dat ik... gelukkig ben.'

'Dat je simpel bent, zul je bedoelen!' Hij begon zich steeds meer op te winden. 'En... stel dat je écht wordt gevraagd iemand te vermoorden?' Hij keek oprecht angstig en bezorgd.

Ik probeerde hem gerust te stellen. 'Zulke dingen gebeuren in het echte leven niet, Ian.'

'Hij daar!' riep hij toen, en wees naar een oude man in de hoek. 'Vermoord die vent daar!'

'Ian, dat geldt niet,' zei ik, een blik werpend op de nu vrij angstig kijkende bejaarde. 'Jij weet wat ik aan het doen ben. Jij telt daarom niet: je bent automatisch uitgesloten van het uitdelen van "kansen". En je mag het ook niemand vertellen; helemaal niemand, begrepen? Het is de bedoeling dat dit een leerervaring wordt; een authentiek menselijk onderzoek naar geluk en positiviteit.'

'Toch denk ik niet dat je dit echt goed hebt doordacht...'

'Het is heel belangrijk voor me.'

'En als het je niet lukt?'

'Hoe bedoel je? Hoe kan het nou mislukken? Ik hoef alleen maar ja te zeggen; wie kan dat nou verprutsen?'

'Nee: constánt ja zeggen – hoe kun je dat níét verprutsen?'

'Onzin! Ik zal jou steeds mijn agenda laten zien en je op de hoogte houden van alles wat ik doe.'

'Ach, je doet het toch niet!'

'Welles!'

'Als het ooit tijd was voor een dronkemansweddenschap, dan is het nu wel...'

'Nee-nee, hier wedden we niet om. Daar is het veel te belangrijk voor.'

'Oké, maar als ik erachter kom dat jij één keer nee hebt gezegd, dan...'

Ian keek me staalhard aan.

'Nou? Wat dan?'

'Dat bedenk ik nog wel! En dan zul jij je straf als een man moeten ondergaan.'

'Prima,' zei ik.

'Da's dan afgesproken,' zei hij.

En we leunden tegelijkertijd achterover. Ik bedacht dat het best jammer was dat wij niet met een Amerikaans accent praatten: dat had het nog dramatischer gemaakt. Ik weet zeker dat Ian net zoiets dacht.

Toen zei Ian: 'Biertje?'

En ik zei: 'Ja.'

# 5

## *Waarin Daniel een boodschap van het sultanaat Oman ontvangt*

Laat hier geen twijfel over bestaan: met mijn zorgvuldig opgestelde Ja-manifest wist ik dat ik de belangrijkste beslissing van mijn jonge leven had gemaakt. Dit was belangrijk: belangrijker dan mijn eindexamen, be-langrijker dan de universiteit, belangrijker dan op mijn vijftiende ontslag nemen bij het warenhuis Argos.

En even spannend: ook nu had ik geen idee waar dit alles toe zou lei-den. Er was geen duidelijk doel van betekenis. Waar streefde ik naar; wat hoopte ik te bereiken? Er was niemand anders bij betrokken: het ging niet om een weddenschap; er was geen rivaal, niemand om indruk op te maken of in elkaar te slaan – alleen ikzelf. Goed, Ian had vaag iets over een straf gezegd, maar dat was maar wat machovertoon.

Dit was echt het summum van zelfredzaamheid: de sleutel tot een leven buiten de deur, tot willekeurige ontmoetingen met willekeurige mensen en willekeurige activiteiten... Ik stond niet langer aan het roer; ik kon de boel niet langer naar mijn hand zetten. Ik kon alleen nog instemmen, letterlijk overal mee. Er zijn altijd mensen die beweren simpelweg geen nee te kunnen zeggen. Nou, daar was ik er nu ook eentje van.

Op de eerste dag van mijn ja-leven ontwaakte ik om een uur of negen. Ik vroeg me af of ik vandaag het BBC Omroepgebouw weer eens zou betreden, om te proberen wat werk te verzetten – waarschijnlijk niet. Ik had nog erg veel te doen; nog erg veel om ja op te zeggen. Als de nieuwigheid er eenmaal af was en ik dat ja-zeggen een beetje onder de knie had, ging ik wel weer naar mijn werk. Maar voorlopig zou ik beweren 'thuis te werken' – dat kan als freelancer nu eenmaal.

Ik zette mijn computer aan, maakte een kop thee en checkte mijn mail. Ik had de inmiddels gebruikelijke serie spam, die me aanspoorde websites te bezoeken en tekeerging over hypotheken en allerhande aanbiedingen. Gelukkig nam geen van allen zijn toevlucht tot op de man af vragen of ik hun spullen wilde aanschaffen.

Toen ik echter op het volgende bericht klikte, schrok ik toch even. Het betrof namelijk een vertwijfelde hulpvraag, een roep om hulp.

**Aan: danny@dannywallace.com**
**Van: SULTAN QUBOOS**
**Onderwerp: DRINGENDE HANDELSTRANSACTIE**

**PALEIS VAN MUSCAT**
**POSTBUS 632**
**MUSCAT**
**PC 113 OMAN**

**ATTENTIE ALSTUBLIEFT,**
**HET DOET MIJ GENOEGEN MET U IN CONTACT TE TREDEN EN MIJ AAN U VOOR TE STELLEN. IK WIL GRAAG EEN BEROEP DOEN OP UW VAKINHOUDELIJKE VISIE EN VERZOEK U TERSTOND IN ACTIE TE KOMEN.**
**MIJN NAAM IS OMAR, ZOON VAN DE VERMOORDE SULTAN VAN HET SULTANAAT OMAN.**

Jemig: een mailtje van de zoon van een sultan! Ik wist niet of ik een knix of een buiging moest maken! Waarom mailde de zoon van een sultan mij? Hoe kon dat; hoe had hij van mij gehoord?

**VAN MIJN VADER HOORDE IK VAN UW DESKUNDIGHEID EN ZAKELIJK PROFES-SIONALLISME. IK SCHRIJF ALDUS IN HET VOLSTE VERTROUWEN, DAT U AAN MIJN VERZOEK OM UW DESKUNDIG PROFESSIONALISME IN ZAKEN ZULT VOL-DOEN.**

Mijn deskundig professionalisme in zaken? Wélk professionalisme? En schrijf je dat woord wel zo?

**IK VERZOEK U DIT ALLES VERTROUWELIJK TE HOUDEN. IK ZAL U IMMERS, NET ALS MIJN VADER, MIJN LEVEN MOETEN TOEVERTROUWEN.**

Pardon?

**MIJN VADER IS GISTERAVOND DOOR ZIJN POLITIEKE TEGENSTANDERS OM HET LEVEN GEBRACHT.**

Párdon?

**NU TRACHTEN DIEZELFDE TEGENSTANDERS ZICH ZIJN FINANCIËN TOE TE EIGE-NEN. IK BEN ER ECHTER IN GESLAAGD HEIMELIJK VEERTIG MILJOEN DOLLAR TE BEMACHTIGEN EN BEN VOORNEMENS DAARMEE HET LAND TE ONTVLUCHTEN.**

Hoe bemachtig je heimelijk veertig miljoen dollar? Door veertig miljoen weken lang één dollar per week mee te pikken?

**IK ZOU ZEER GRAAG WILLEN DAT U UW DESKUNDIG PROFESIONALISME IN ZA-KEN AANWENDT, OM MIJ TE HELPEN SAMEN MET MIJN GELD TE ONTSNAPPEN EN DIT DAARNA VOOR MIJ TE INVESTEREN.**

Nogmaals: wélk zakelijk professionalisme?

**NA UW BEVESTIGING VAN HONORERING VAN MIJN VERZOEK, ZULT U IN TO-TAAL 25% VAN HET KAPITAAL ONTVANGEN (= TIEN MILJOEN DOLLAR).**

Oké, zeg maar niks meer... ik vind alles goed... vertel me maar wanneer!

**ZORGT U ER ALSTUBLIEFT VOOR DAT DIT ABSOLUUT VERTROUWELIJK BLIJFT. IK HOOP VAN HARTE DAT U MIJ ZULT WILLEN HELPEN. REAGEERT U ALSTU- BLIEFT SPOEDIG; WIJ MOETEN NOG VOORBEREIDINGEN TREFFEN.**
**HET IS GODS WIL.**
**OMAR**

Goeie god!
Ho... laten we dit eens even in de juiste proportie proberen te zien. De zoon van een vermoorde sultan vroeg mij om hulp: mij! En bood me in ruil daarvoor tien miljoen dollar. Tien miljoen voor één ja! Daar ver- bleekte die hele 25.000 pond bij: Ja was alweer aan het werk om me rijk te maken!
Normaalgesproken was ik best sceptisch geweest – dit soort zaken over- komt me nu eenmaal zelden tot nooit. Sterker nog: ik kan me de laatste keer dat ik een sultan uit de brand heb geholpen niet eens herinneren. Nergens om, hoor, maar ik zou niet eens weten hoe ik dat zou moeten doen, of waar ik zo iemand bij zou kunnen helpen. Nee, tot mijn grote schaamte moet ik toegeven dat ik bar weinig van magische tapijten weet; en als je mij een kromzwaard geeft, geef ik het je zo snel mogelijk terug... Maar hier was iemand in nood. Dus schreef ik terug.

**Aan: Sultan Qaboos**
**Van: Danny Wallace**
**Onderwerp: RE: DRINGENDE HANDELSTRANSACTIE**
**Beste Omar, zoon van de vermoorde sultan Qaboos,**
**Natuurlijk wil ik je helpen!**
**Danny**
**PS. Gecondoleerd met je pa.**

Dat was dat.
Op dit moment vloog mijn instemmende condoléance door cyberspace naar de gekwelde zoon van een sultan – die nu vast ergens in een sierlijk landhuis onder een tafel zat, met een stoel onder de deurkruk en slechts één grote, kaalhoofdige geest ter bescherming. Of misschien was hij al op de vlucht geslagen; misschien sloop hij reeds in het duister van dorp naar dorp, verkleed als boerin, vrezend voor zijn leven! Wat zou hij opgelucht zijn als hij las dat ik, Danny Wallace (een gozer met een bril en tandpasta rond zijn mond), hem inderdaad wilde laten meeprofiteren van mijn des- kundig professionalisme in zaken!
Ik ging achter mijn computer zitten en klikte een paar keer achter elkaar

verwachtingsvol op 'Alles ontvangen' – bij elke klik hopend dat er een antwoord van Omar was. Maar het enige wat ik telkens weer hoorde, was die hatelijke doffe dreun, die de monteur van mijn computer als geluidje bij 'Er zijn geen nieuwe berichten' had ingesteld – een dreun als een stomp in mijn maag; een dreun die zei: 'Waarom doe je eigenlijk zo'n moeite, zelfs ándere nerds willen jou niet schrijven.'

Maar zo snel gaf ik Omar niet op! Ik zette nog een kop thee, wist zelfs nog een koekje op te scharrelen, en ging toen naar mijn scherm zitten turen, om hem telepathisch te dwingen te antwoorden, hem te laten weten dat het allemaal goed kwam en dat hij nog heel even moest volhouden...

Maar toen begon ik me te vervelen en ging verder met andere dingen.

Ik stond net de afwas te doen, toen ik 'ding-dong' hoorde: nieuwe mail! Ik rende naar mijn computer, vrezend voor Omars leven.

Maar het was Hanne.

> **Danny,**
> **Even checken of je niet te diep in de put zit, door het verlies van die vijfentwintig ruggen.**
> **Hanne**

Ik antwoordde:

> **Hanne,**
> **Maak je geen zorgen. Ik heb zojuist toegezegd de zoon van een vermoorde sultan te helpen, die me in ruil daarvoor tien miljoen dollar heeft beloofd.**
> **Danny**

Ik wachtte even, maar ze schreef niet terug. Vast te druk.

Afgezien van Omar leek er vandaag niet zoveel op het programma te staan: weinig om ja op te zeggen. Dus besloot ik vandaag toch maar weer eens naar mijn werk te gaan. Daar was vast genoeg te doen.

Als je het per se wilt weten: het eerste Grote Ding in Australië was de Grote Banaan. Opgericht in 1963, door een Amerikaanse immigrant genaamd John Landi, was dit een onverbloemd, persoonlijk eerbetoon aan deze vrucht, bedoeld om bezoekers uit de wijde omtrek te trekken.

En het werkte: vanuit heel Australië kwamen bananenliefhebbers er samen, om de Wereld van de Banaan te gedenken en zich te verlustigen in de bananenplantage ernaast. Het werd hét symbool van al het goede van die nederige banaan, en de plek waar trouwe bananenfans al hun energie en banaangeoriënteerde activiteiten op los konden laten. De oprichting van De Grote Banaan betekende bovendien dat John Landi vanaf 1963 aanmerkelijk meer bananen verkocht.

Misschien was dat ook de reden waarom diens idee algauw bijval oogstte. Zo goed als gelijktijdig realiseerden Australiërs in alle windstreken zich dat ook zij landelijke belangstelling konden trekken voor hun boerderijen, bedrijven en zelfs hobby's, simpelweg door het optrekken van gigantische, kleurrijke beelden ter meerdere eer en glorie van hun obsessie. Van Sydney tot aan de Sunshine Coast (zo had Lizzie het me verteld) begonnen Grote Dingen langs de snel- en binnenwegen van Australië hun kop op te steken.

Natuurlijk oogstten sommigen meer lof en bijval dan anderen. Zo zijn de deskundigen het er wel over eens dat de Grote Ananas (uit 1972) waarschijnlijk het meest succesvolle Grote Ding is, dat in de jaren zeventig en tachtig van de vorige eeuw de ananas en ananasgerelateerde kwesties enorm in het zonnetje zette. De Grote Oester echter, een torenhoog eerbetoon aan de uitgestrekte oesterbedden rond de rivier de Manning, is een Groot Ding waar slechts weinig Australiërs graag over praten. Deze speelt, zo zal men je met neergeslagen ogen bekennen, een armzalige tweede viool naast de Grote Garnaal, enkele kilometers noordelijker.

Ik begon langzamerhand ook een echte Grote Dingen-fan te worden. Op dit moment zat ik in een BBC-kantoortje wat over het web te surfen, om er van alles over aan de weet te komen. Ik was helemaal gebiologeerd en begon zelfs voorkeuren te ontwikkelen, zoals de Grote Steen (stel je toch eens voor!) of de Grote Avocado (te vinden in het populaire pretpark TropischFruitWereld in Duranbah, voorheen bekend onder de naam AvocadoAvonturenland – een belevenis die me weinig aanlokkelijker in de oren klonk, dan een middagje in mijn eigen PlankAvontuur).

'Dan, kan ik je even spreken?' Dat was de stem van mijn baas.

Ik draaide vlug een rondje op mijn stoel en klikte daarbij behendig internet weg, om het logo van TropischFruitWereld te verbergen. Helaas verscheen toen het spelletje Mijnenveger op mijn scherm, dat ik daarvoor had zitten spelen.

Mijn baas deed echter keurig alsof hij niets zag. 'Luister, je mag gerust nee zeggen als je echt niet wilt... maar er is van de week een vergadering in het tv-centrum – iets over nieuwe ontwikkelingen – en ze willen daar ook iemand van de radio bij hebben. Alleen kreeg tot nu toe iedereen die ik het vroeg, het acuut te druk – grappig als je met iets komt, waar niemand ja op wil zeggen... Dus hoe zit het met jou; kun jij toevallig wél?'

'Ja, hoor!' zei ik, trots dat ik een trend doorbrak. 'Natuurlijk. Wat was het voor vergadering zei je?'

'Nieuwe ontwikkelingen. Je kent het wel: allemaal lui om een grote tafel, die met ideeën komen. Maar jij ziet er dus wel wat in?'

'Jazeker.'

'Fantastisch! Ik zal het doorgeven. Bedankt, Dan. Enne... veel plezier in TropischFruitWereld!'

Toen hij de deur achter zich had dichtgetrokken, bedacht ik dat ik maar beter aan het werk kon gaan.

Thuis werken is heerlijk, maar dat is werken in het BBC Omroepgebouw ook – het is prettig vertoeven in de habitat van een duizendtal sjofele radioproducers in gebreide vesten. Volgens mijn freelance-contract moest ik een paar dagen per week hier op een kantoortje ideeën zitten uitwerken, wat ik eigenlijk prima vond.

Ik werkte al voor de BBC sinds ik was afgestudeerd, toen ik me op de een of andere manier in een halfjaarstage op de afdeling Licht Amusement had weten te kletsen. En daar zat ik dan: een onvervalste Licht Amusement-producent, nog maar enkele jaren verwijderd van de dertig en mijn allereerste gebreide vest. Wat er precies onder Licht Amusement werd verstaan, heb ik nooit geweten, hoewel we nu beiden weten dat het iets van doen heeft met vesten, en volgens mij ook met Nicholas Parsons.

Het Omroepgebouw is echter een fantastische werkplek, doordrenkt van een roemrijke radiogeschiedenis – van Churchills oorlogstoespraken tot aan het komische *The Goons*. Het was dan ook altijd met gepaste trots, dat ik, met mijn speciale BBC-pasje aan een lusje van mijn spijkerbroek, die enorme, bronzen deuren openduwde.

Eerlijk is eerlijk: ik was niet een van diegenen die tot taak hadden het soort kwaliteitsjournalistiek voort te brengen dat werd gezien als de meest betrouwbare en gerespecteerde ter wereld; noch was ik een van degenen, die regeringen ten val brachten, omkooppraktijken blootlegden of de hele nacht geheime dossiers zaten uit te pluizen, om ze te vertalen in de krantenkoppen van de dag erop.

Nee, ík was een van diegenen die van die onnozele, obscure radioprogrammaatjes maakten, die in een forenzentrein de tijd hielpen doden; werden beluisterd door een eenzame schaapherder die ergens op de vlakten probeerde af te stemmen op de World Service; of een gevangene ergens in een cel van de wijs brachten met een actueel mopje, dat hij gewoonweg niet kon begrijpen omdat hij al vanaf 1987 op verdenking van brand-stichting achter de tralies zat. Een merkwaardige taak, maar ik zeg altijd maar zo: íemand moet toch forenzen afleiden, schaapherders verbazen of gevangenen verwarren...

Hoe dan ook, ik probeerde dus wat werk te verzetten. Echt waar. Maar het zat me wel een beetje tegen.

Ten eerste was er het groeiende besef en de opwinding dat mijn leven nu in de handen van zo'n beetje alles en iedereen ter wereld lag, behalve in die van mij. Slechts één welgemikt ja op één welgemikte kans kon mijn hele leven veranderen, verbeteren of – als ik Ian mocht geloven – voor-goed verwoesten.

Het tweede dat me tegenwerkte, was het feit dat er maar bar weinig werk voor me wás. Ik had net een project afgerond en kón nu natuurlijk aan een nieuw beginnen, maar dat zou betekenen dat ik mezelf werk be-zorgde – en wie doet dat nou? Wie wilde er nu werken, als je ook kon dansen en spelen, buiten in de zon, her en der ja zeggend tegen alles en iedereen?

Dus beende ik mijn kantoortje weer uit – met een blik alsof ik onderweg was naar een vergadering. Een vergadering, waarop ik een hoop belang-rijke dingen zou gaan zeggen, met woorden als 'fusie' en 'hiërarchie' – het soort vergadering waarbij doodgewone mannen flauwvielen en dat vrouwen meden, uit angst te bezwijken onder het gewicht van de hoe-veelheid testosteron in de lucht (testosteron, dat overigens naar dure after-shave moet ruiken: echte mannen lijken dat spul wel uit te zweten).

'Hoi, Danny!' hoorde ik ineens een stem van links.

'Hallo!' baste ik, nog steeds in mijn rol van gewichtig iemand.

'Hoe is-ie?' Het was Robert, een technicus met wie ik eens een behoor-lijk zware week lang had zitten monteren. Een week die wel een maand had geleken – voornamelijk doordat hij voor de quizfinale in zijn stam-kroeg blokte en elke vijf minuten stopte, om me een weinig bekend feitje over het dierenrijk mee te delen of te vragen of ik hem wilde overhoren over wat er in een bepaalde week in de jaren negentig op nummer één had gestaan.

'Prima, hoor. Dank je.'

'Sta je op de lift te wachten?'

'Ja. Jij ook?'

'Nee,' zei hij. Maar toen de lift kwam, stapte hij wel in. 'Ik hou volgen-de week een feestje, Danny. Niks bijzonders, hoor, gewoon een paar vrienden uit "het wereldje"' De leestekens beeldde hij er met zijn wijs-vingers bij uit. Hij lachte en genoot hoofdschuddend na van wat hij totaal onbewust had gedaan. 'En ik vroeg me af of jij ook zin had om te komen.'

Normaal gesproken zou dit een netelige situatie zijn geweest. Niet omdat Robert een nare vent is – want dat is hij niet, dat zal ik altijd volhouden – maar omdat hij verschrikkelijk saai is. 'Natuurlijk, Robert,' zei ik, blij dat ik in ieder geval weer iets in mijn agenda kon zetten. 'Dat zou ik hartstikke leuk vinden.'

'Cool, te gek! Je bent de enige van de BBC die kan! De rest had het op het moment allemaal te druk.'

'Dat hoorde ik al, ja.'

'Ik mail je nog wel, goed?'

'Prima.'

Toen stapten Robert en ik uit, we schudden elkaar de hand, en hij stapte de lift weer in om zich naar de vijfde verdieping te laten terugbrengen.

De zon scheen nog steeds, toen ik glimlachend door Regent Street liep. Sinds dat winnende kraslot was er iets bij me gaan broeden. Stel dat elk moment dat ik in wakende toestand doorbracht tot iets prachtigs kon leiden? Dat ik daarvoor slechts mijn ogen en armen open hoefde te houden? Die man in die bus had me doen inzien dat al die alledaagse, rottige dingen helemaal niet negatief hoeven te zijn. Het gedrang in de metro, een bus die niet voor je stopt, een nachtclubportier die je niet binnenlaat: voorheen had ik dat alles als losse gebeurtenissen gezien – niet als beginpunten, die allemaal ergens toe konden leiden en allemaal voor mijn eigen bestwil waren.

En dat was dus exact de houding die ik nodig had, toen ik ineens iets zag wat me enkele dagen geleden nog de moed in de schoenen had doen zinken: een enorme rij, van wel zeven mensen breed, voor de ingang van station Oxford Circus. De metro lag weer eens stil. Ik ging achteraan staan en keek om me heen. Er stonden zeker honderd mensen te wachten tot het station zijn deuren weer opende, vloekend, schreeuwend in hun mobieltje of duimendraaiend in de zon. Een vermoeide, gefrustreerde menigte, waar ik heel even deel van uitmaakte, totdat tot me doordrong dat de laatste keer dat zoiets me was overkomen, die avond van de man in de bus was geweest.

En ineens zag ik het: dit was de perfecte kans om te zien wat het leven me ditmaal zou toeschuiven! Wilde ik hier lijdzaam blijven staan, langs deze drukke straat vol getoeter en uitlaatgassen, of wilde ik dit zien als een kans? Wilde ik hier tussen deze boze drom forenzen en toeristen blijven wachten, of wilde ik iets dóén? Wat zou er nu gebeuren als ik gewoon wegliep, de metro links liet liggen en het leven nam zoals het kwam? Wat zou er dan gebeuren?

Ik begon te lopen.

Ik liep die avond waarheen de wind me leek te leiden: Oxford Street uit, Soho in, richting Piccadilly Circus en dan naar Leicester Square. Ik liep op mijn gemak, zodat alle kansen mij zouden weten te vinden. Maar langzamerhand begonnen me ook allerlei dingen van Londen op te vallen die ik nooit eerder had opgemerkt. Kleine dingen, zoals het standbeeld van Charlie Chaplin op Leicester Square, de pagodevormige telefooncellen in Chinatown, het dansje dat de houten boertjes op de klok van het Zwitsers Centrum elk heel uur trouw uitvoeren, tot groot vermaak van de toeristen (en niemand anders). En het begon tot me door te dringen dat ik mijn eigen stad bar slecht kende.

Ik liep richting van Holborn, verkende Fleet Street en stopte even, om een gedenkplaat ter ere van ene Wallace te bestuderen. Ik wandelde door Chancery Lane en keek, vanaf een bank midden in *The City of London*, hoe een man in pak kalm een hele bagel in zijn mond propte. Ik slenterde, drentelde en kuierde maar voort... tot ik me realiseerde dat ik alweer bijna thuis was.

Het was vreemd, maar ik had me altijd veel te haastig door de stad verplaatst. Londen was daardoor voor mij slechts de gemeenschappelijke noemer voor de verschillende plekken waar ik heen wilde. Maar vanavond was ik naar huis gewandeld, rustig alles in me opnemend. En ik had er nog van genoten ook: ik had mijn eigen woonplaats stap voor stap opnieuw ontdekt, en was opnieuw voor Londen gevallen.

Het was best al laat toen ik bij mijn appartement aankwam, maar ik voelde me opgewekt en ontspannen. Ik schoof een curryschotel in de magnetron, zette de waterketel op en ging toen achter mijn computer zitten om mijn mail te checken.

**Hoi, ik ben Sandi! Wil jij zien hoe ik en mijn kamergenootjes heet en wild worden?**

Ik wist niet wie Sandi was, maar ze leek me best aardig en haar aanbod was ook erg vriendelijk. Maar zij kon wel even wachten.

Er was ook een mailtje van technicus Robert, met de bijzonderheden van zijn feest. 'Neem een feit mee!' stond er. 'Overdonder een onbekende en breek het ijs!' Meer niet. Ik pakte mijn dagboek en noteerde de datum van Roberts feest, plus alle andere dingen waar ik vandaag ja tegen had gezegd.

Toch voelde ik een lichte teleurstelling: ik was helemaal geïnspireerd geraakt door die wandeling door Londen, maar was er nu niets meer om ja op te zeggen? Ik ging met mijn kop thee op de bank zitten en begon in de TOWER HAMLETS RECORDER te bladeren – een krant die ik meestal verstop als mijn moeder langskomt, omdat in zo'n beetje elk artikel dingen staan als: 'neergestoken', 'beroofd' en 'de politie vermoedt dat de overvallers het op brildragers hebben gemunt'. Ook dit nummer bevatte weer de gebruikelijke hoeveelheid misdaad, iets over een feest, de historie van een bankje...

Op de volgende pagina echter, weggestopt naast een verjaarsadvertentie en een fotootje van een heel oude kat, stuitte ik op de volgende gewichtige aankondiging...

DE STARBURST-GROEP *nodigt Werkelijk Iedereen uit voor zijn derde ontmoeting! Kom ook langs als u bent geïnteresseerd in buitenaardse wezens, telepathie, etsetera! The Blind Beggar, Whitechapel, woensdag a.s., 18.00 uur, vraag naar Brian!* Een uitnodiging, voor werkelijk iedereen – waaronder ik!

Toegegeven, het zag er allemaal wat zonderling uit, en normaalgesproken hield ik me liever verre van mensen die 'etsetera' schreven in plaats van 'et cetera'. Maar vandaag niet. Woensdag, dat was morgen, dacht ik. Glimlachend noteerde ik het adres, zette mijn computer uit en ging naar bed. Of nee...

Glimlachend noteerde ik het adres, klikte op een link en bestudeerde een kleurige foto, waarop Sandi met haar kamergenootjes heet en wild aan het worden was, glimlachte nogmaals, zette de computer uit en ging tóén pas naar bed. Met een glimlach om mijn lippen.

The Blind Beggar, een kroeg niet al te ver van waar ik woon, is een stukje East End-legende: hier schoot namelijk Ronnie Kray – van de vermaarde Londense gangstertweeling The Krays – de zwaarlijvige ex-bajesklant George Cornwell dood. En elke Londense taxichauffeur zal je vertellen dat hij daar die avond ook was. Als je dat overkomt, kun je er maar beter het zwijgen toe doen: volgens het politierapport waren namelijk de enige twee getuigen een stel schandknapen. En ik weet uit eigen ervaring dat taxichauffeurs het niet erg op prijs stellen als je ze vraagt hoe het was om in de jaren zestig in de prostitutie te werken...

The Krays hebben overal in Oost-Londen wel íéts gedaan. Spreek een willekeurige bejaarde in East End aan en wijs zomaar ergens naar. 'Jaha...' zal hij zeggen, 'dat is exact het stuk muur dat de Kray-tweeling op weg naar een klus ook ooit moet hebben gezien.' En dan: 'U bent toerist, hè? Dat is dan vijf pond...'

Natuurlijk zijn sommige bezienswaardigheden beroemder dan andere. Zo is er Pellicci's café, waar The Krays altijd zaken deden en thee dronken. En Turnmill's nachtclub, waar Gekke Frankie Fraser door zijn hoofd werd geschoten en dat nog overleefde ook. En het huis aan Evering Road in Stoke Newington, waar Reggie Kray Jack 'de Hoed' McVitie neerstak. Wat, voor je het vraagt, een man was en géén hoed (wat hij zonder twijfel ook zal blijven, tot de animatiefilm *De avonturen van de Kray-tweeling* het groene licht krijgt).

In The Blind Beggar hangt echter een ware Krays-sfeer, waardoor ik het een nogal vreemde keuze voor een bijeenkomst van de Starburst-groep vond.

'Jazeker,' zei James, een van degenen die ik terecht als Starburster had aangemerkt. 'Ik ken zelfs iemand die er die avond bij was; heeft alles zien gebeuren!'

De anderen – Laura, Bob en Brian zelf – leken behoorlijk onder de indruk.

'Is diegene soms taxichauffeur?' vroeg ik.

James keek me onthutst aan. 'Hoezo? Ken jij hem ook?' vroeg hij.

Het leek me verstandiger me niet bij deze groep te introduceren met borrelpraat over mannelijke prostitués, dus schudde ik mijn hoofd en zei: 'Nee hoor.'

De Starburst-groep bleek eens in de maand in verschillende Londense kroegen samen te komen, en te bestaan uit de aanwezige vier, een vast lid dat op dit moment vakantie vierde in Málaga, en zo nu en dan een gast.

'Maar er zijn er nog meer, hoor,' zei Brian. 'Zat zelfs: een stel in Amerika, een paar in Frankrijk... en natuurlijk staan er ook nog honderden op de mailinglijst die we nog nooit hebben ontmoet – hoewel ik van sommigen betwijfel of dat er ooit van zal komen...' Bij dit laatste keek hij de anderen veelbetekenend aan, waarop deze begonnen te gniffelen.

'Hoe bedoel je?' vroeg ik.

'Laten we zeggen dat zij meer over óns weten, dan wij over hén,' zei Brian – waarbij Laura volgens mij met haar lippen het woord 'regering' vormde.

Ik voelde me opgetogen: Ja had me bij mijn eerste groep vreemden gebracht; vreemden met behoorlijk vreemde ideeën...

'Zo,' zei Brian. 'Bob wil vandaag wat met ons doornemen over zijn piramidetheorie. Bob is onze egyptoloog, Danny.'

'Juist!' riep ik enthousiast. 'Magnifiek!'

'Weet jij veel van piramides, Danny?' vroeg Bob, een kale man met een zilvergrijs sikje en een vest met maantjes.

'Eh... ik weet dat ze in Egypte staan.'

'Klopt, heel goed,' zei Bob, en hij leek het nog te menen ook. 'Maar door wie zijn ze gebouwd?'

Ik dacht even na. 'Door de Egyptenaren?' probeerde ik.

Bob glimlachte. 'Dat is beslist conform de algemeen heersende opvatting,' zei hij. 'Echter... hoewel misschien enkele Egyptenaren bij het hele proces betrokken zijn geweest, denk ík toch dat ze wat hulp hebben gehad.'

Hierop deed Laura (die nog steeds haar hoed op had, ook waren we binnen en stond de verwarming behoorlijk hoog) iets van: 'Mm-mm', om te bevestigen wat Bob zojuist had gezegd.

'Wie heeft ze er volgens jou dan bij geholpen?' vroeg ik. Iedereen keek me ineens gespannen aan.

'Buitenaardse wezens,' zei Bob.

Ik knipperde een paar maal met mijn ogen en herhaalde: 'Buitenaardse wezens?'

'Denk daar maar eens over na,' zei Bob.

Dat deed ik. Maar het hielp niets.

'Weet je dat zeker?' vroeg ik.

'Eigenlijk, Danny, is dat helemaal niet zo vergezocht,' zei Laura nu. 'Uit diverse studies naar oude hiërogliefen is naar voren gekomen dat de Egyptenaren vaak spraken van wezens uit de lucht, die hen grote wijsheid en wonderlijke nieuwe technieken brachten. En als je kijkt naar de oude Egyptische kunst, kom je erg veel ongewone vormen tegen, waarvan sommige griezelig veel op ruimteschepen lijken.'

James knikte met een raadselachtige blik, Brian nam een slok van z'n frisdrank en Bob vervolgde: 'Bovendien zijn de piramides van Gizeh gebouwd volgens exact hetzelfde grondplan als de sterren van de Gordel van Orion. En als je de omtrek van de Grote Piramide deelt door tweemaal de hoogte, krijg je het cijfer 3,141...'

'Pi!' zei Brian, met een knipoog.

'Maar kennen buitenaardse wezens pi dan ook?' vroeg ik. 'Kan het niet gewoon zo zijn dat een paar Egyptenaren... je weet wel, gewoon slimme bouwmeesters waren?'

'Dat kán, absoluut!' zei Bob. 'Maar er is helemaal níéts gevonden over wie de piramides heeft gebouwd. En de Egyptenaren hielden altijd álles bij: oorlogen, koningen, faraoverering – alles... behalve de bouw van de piramides. Dat is toch curieus?'

Brian stootte een kort, mysterieus lachje uit.

Ik probeerde te bedenken waarom het feit dat we simpelweg niet wisten wie de piramides had gebouwd, betekende dat het door buitenaardse wezens was gedaan. Ik bedoel, ik weet ook niet wie er op mijn negende mijn fiets heeft gejat, die ik bij de sporthal van Loughborough had neergezet. Maar het lijkt me ook niet eerlijk om de schuld dan maar in de schoenen van onze buitenaardse broeders te schuiven – als ze die al dragen...

'Maar goed, nieuw onderwerp,' zei Bob, en James en Laura schoven een beetje dichterbij. 'Een Amerikaanse Starburster legde me dit van de week per MSN Messenger voor en ik heb hem beloofd het in de groep te gooien.' Toen hij mij daarbij ook aankeek, besefte ik dat ik al als een van hen werd beschouwd. Ik was nu ook een Starburster, magnifiek!

'Welnu... ik had er nog niet van gehoord, maar de Cydonia-site over Mars verschaft beter bewijs dan ooit dat de piramides inderdaad door buitenaards leven zijn gebouwd. Ik heb het inmiddels op internet gecheckt en vroege beelden van Mars tonen inderdaad iets wat lijkt op een gezicht en een aantal naast elkaar gelegen, piramideachtige objecten.' James haalde een notitieblokje uit zijn zak en schreef haastig iets op. 'Nadere bestudering van dit gezicht toont aan dat het een hominoïde structuur bezit...'

Het was voor het eerst dat ik dit woord door een hominoïde levensvorm hoorde uitspreken – ik genoot en knikte gefascineerd mee.

'... en in veel opzichten sterk gelijkt op dat van de Sfinx.'

Iedereen keek elkaar even aan. Ik keek terug, knikte, stak mijn onderlip naar voren en trok mijn wenkbrauwen omhoog – om de indruk te wekken dat het gewicht van hun bewijsmateriaal mij had overtuigd (al deed ik het eigenlijk uit beleefdheid). Ja, straalde ik uit, *het lijkt er inderdaad op dat de piramides door buitenaardse wezens zijn gebouwd!*

'Fascinerend,' zei Laura. 'Werkelijk fascinerend. Dan vraag je je toch af hoe die piramides op Mars zijn gekomen.'

James zocht op het plafond naar aanwijzingen.

'Misschien zijn ze daar wel door een stel Egyptenaren neergezet,' waagde ik – en ik had er meteen weer spijt van.

Maar toen begon Bob te lachen... en toen James... en toen lachten we allemaal. Waarop Bob de hele sfeer weer verpestte, met: 'Nee, het móéten buitenaardse wezens zijn geweest.'

'Waardoor besloot je eigenlijk naar onze bijeenkomst te komen?' vroeg Brian me een halfuur later.

'Doordat jij mij uitnodigde,' zei ik. 'Of eigenlijk iedereen... eh, mijn oog viel gewoon op jullie advertentie.'

We stonden bij de bar, een eindje bij Bob, Laura en James vandaan.

'Ach, die advertentie; daar heb ik me een beetje boos over gemaakt,' zei Brian.

'Hoezo?'

'Nou, om te beginnen hebben ze er een sterretjesrand omheen gezet, waar ik níét om had gevraagd en waardoor wij een stel mafkezen lijken. En toen hebben ze ook nog met mijn tekst geklooid. Ik had gezegd: "Kom ook langs als u bent geïnteresseerd in buitenaardse wezens, telepathie en wat dies meer zij", en daar hebben ze dus zomaar "etsetera" van gemaakt. En dan zijn ze ook nog de puntjes op "geïnteresseerd" vergeten en hebben ze "werkelijk iedereen" hoofdletters gegeven. Die dame aan de andere kant van de lijn heeft zelfs haar eigen uitroeptekens toegevoegd! Maar goed, blijkbaar heeft het gewerkt, anders was jij hier nu niet. Jij dacht dus gewoon: "Daar ga ik heen"?'

'Ik eh... ik weet het niet,' stamelde ik. 'Ik geloof dat het gewoon goed aanvoelde; ik stond er open voor.'

'Maar dat is toch prima? Ik vind geslotenheid maar een afwijking. Je móét je geest gewoon openstellen, anders gaat het leven aan je voorbij. Dan ben je eerder toeschouwer dan deelnemer. Vind je ook niet?'

Dat vond ik zeker.

'Ik probeer sowieso vaker ja te zeggen,' zei ik.

Je begrijpt dat ik met dat 'sowieso' een beetje probeerde te verbloemen dat het in feite betekende: 'constant, overal en op alles.'

'Werkelijk? Wat een goed idee: openstaan voor alle ervaringen. Hoe ben je daartoe gekomen?'

'Door iets wat iemand tegen me heeft gezegd – een man in een bus. Ik raakte met hem aan de praat toen onze metro was uitgevallen. Toen we even later naast elkaar in de bus belandden, kwam hij daar opeens mee: "Zeg vaker ja". En daarom doe ik dat nu.'

Brian keek ineens extreem geïntrigeerd. 'Wauw,' zei hij. 'En jij neemt diegene dus serieus?'

'Eh, ja...' zei ik.

'Wie was hij dan?'

'Geen idee. Een Aziatische kerel. Leraar, zo vertelde hij. Van hier uit de buurt, trouwens: Aldgate.'

Brian stak zijn onderlip naar voren en trok zijn wenkbrauwen hoog op. 'Een leraar,' zei hij. 'Klinkt logisch. Dus hij raakte daarmee een gevoelige snaar?'

'Zou mijn Trea kunnen zijn!' riep Laura ineens.

Brian lachte naar haar.

'Jouw wát?' vroeg ik.

'Nee-nee: Maitreya,' corrigeerde Brian. 'De Aardse Leermeester.'

'Wat is dat dan?' vroeg ik.

'Ik zou me er niet al te druk over maken,' zei Brian. 'Hij bestaat toch niet.'

'Maar dat zou wel kunnen,' zei Laura. 'Alleen weten wij niet of het waar is. Al geldt dat natuurlijk ook voor goden en andere verlichte geesten.'

Ik was ineens bloednieuwsgierig; dit klonk pas echt interessant! Niet zo interessant als piramidebouwende buitenaardse wezens natuurlijk, maar toch... 'Verlichte geesten?'

'Ja: wezens die onder ons zijn en ons helpen met ons dagelijks leven. En Maitreya, zo zou je het kunnen zeggen, is hun leider. Er wordt beweerd dat hij hier in de buurt woont.'

Nu werd het pas echt maf! 'Jij weet een verlichte geest te wonen?'

'Niet precies, maar het moet ergens in East End zijn. Brian weet er veel meer van dan ik.'

Ik keek naar Brian, maar die was weer naar de bar gelopen. En hoewel ik probeerde te onthouden dat ik hem nog naar die Maitreya – de God van East End – moest vragen, ging het gesprek algauw een heel andere kant op.

Ondanks de ietwat zonderlinge ondertoon genoot ik van mijn samenzijn met de Starburst-groep. Brian (favoriet onderwerp: 'Zij', wat 'Zij' willen en hoe 'Zij' dat voor elkaar zullen krijgen) had een duister verleden en was de fanatiekste van de vier; Laura (favoriete onderwerpen: engelen, het hiernamaals en 'verborgen helpers') was een voormalig maatschappelijk werkster met een vlotte lach; James (samenzweringen, samenzweerders en hen tegen wie werd samengezworen) was dol op motors en had de ontmoetingsplek van vanavond dan ook gekozen vanwege zijn 'motorvriendelijkheid'; en Bob (buitenaardse wezens, egyptologie en de tv-serie *Stargate*) was leraar houtbewerking geweest, maar had dat afgedaan als nutteloos, nadat hij in 1982 in het Lake District een UFO had gezien.

'Wij treffen elkaar over een week of zes weer, in Willesden Green,' zei Laura. 'Vlak bij waar ik woon. Kom jij dan ook weer? Dat zouden we allemaal hartstikke leuk vinden.'

'Ja,' zei ik, mijn zakken doorzoekend naar mijn agenda. 'Ik zal er zijn, zeker weten.' Brians blik kruiste de mijne en hij glimlachte naar me.

'We hebben nog niet bedacht waar we het dan over zullen gaan hebben,' zei Laura.

'Misschien wel over Maitreya,' grapte Brian. 'Nu we weten dat jij hem hebt ontmoet...'

Ik lachte.

Maar Laura liet zich niet van de wijs brengen. 'Als jij dat ook wilt,' zei ze. 'Of misschien heb je nog meer ongewone interesses?'

Het was duidelijk waar ze op doelde: ze wilde weten of ik van engelen hield, of van UFO's, en of ik een poster van Spock aan de muur had. 'Ik ben nogal... ruimdenkend,' zei ik. 'Er zijn een hoop dingen die mijn belangstelling hebben.'

'Zoals?'

Tja, wat zou ik daar nu eens op antwoorden? Ik kon nu natuurlijk niet zoiets als 'badminton' roepen. Wat was er... paranormaal genoeg?

'*Ghostbusters*.' Als ik indruk op ze probeerde te maken, had ik nu duidelijk de plank misgeslagen. 'Enne... mijn vriend Wag denkt dat mannen ook kinderen kunnen krijgen; dat ze gewoon nog niet hebben ontdekt hoe het moet. Volgens hem is het volkomen logisch. Wat zeg je me daarvan?'

'O,' zei Laura. 'Dat heb ik al eens eerder gehoord.'

Ja-ja.

'Een man – Linton geloof ik dat hij heette – had een interessante theorie over het vaderschap. Hij had uitgevlooid dat de man in ieder geval rond de veertig en seksueel actief moet zijn. Man en vrouw moeten dan naast elkaar gaan liggen en slechts gebruikmaken van hun wijsvinger – ik ga daar, als je het niet erg vindt, nu niet verder op in... Maar als het lukt, zal de man dan ongeveer een jaar later een kind kunnen krijgen.'

'Zo!' riep James. 'In zijn eentje?'

'Nee,' zei Laura. 'Van een andere man. Maar het meest fascinerende van dit hele verhaal is dat mannen echt een baby aan de borst kunnen voeden. Maar ze zullen hun geboortekanaal na de geboorte wel met een kurk moeten dichten.'

Ik zag dat Brian bij die gedachte ongemakkelijk heen en weer begon te schuiven.

'Sommigen beweren zelfs dat dit is hoe de man het leven heeft gekregen, voordat de vrouw geschapen was,' vervolgde Laura. 'Hoewel ik daar vanzelfsprekend zo mijn eigen ideeën over heb.'

Vanzelfsprekend.

Met een grijns op mijn gezicht sjokte ik richting Mile End Road. Dat was een mooie, degelijke ja! Ik had me prima vermaakt met de Starburst-groep – tegen de verwachting in, in feite; of eigenlijk, tegen mijn eigen vooroordelen in.

Ik vond het wel wat hebben, dat die vier elkaar hadden gevonden; dat ze, hoewel hun opvattingen niet allemaal spoorden, gewoon hun eigen clubje hadden opgericht, waarin alles kon worden besproken, overdacht, van alle kanten bekeken en gedeeld. En ze waren zo hartelijk. Ze waren er allemaal van overtuigd dat het belangrijk was goede vrienden te hebben – en vrienden waren zij zeker.

'Als ik in de put zit,' had Laura op een gegeven moment verteld. 'Trakteer ik mezelf altijd op een hoed.'

'Ik vroeg me al af hoe je aan al die dingen kwam...' zei James, waarop de hele tafel in lachen was uitgebarsten.

Het was knus en gezellig. En als het niet grotendeels over buitenaardse wezens en piramides was gegaan, was het net een gewone avond in de kroeg met vier van mijn vrienden geweest.

Thuisgekomen zag ik tot mijn grote vreugde dat ik een reply van Omar, mijn bedreigde sultanvriend, had.

**Aan: danny@dannywallace.com**
**Van: SULTAN QABOOS**
**Onderwerp: RE: DRINGENDE HANDELSTRANSACTIE**

**BESTE danny**
**GOD ZEGENE U danny DAT U OP MIJN VERZOEK INGAAT. MOGE ALLES WAT U DOET EN OP UW WEG ONTMOET SUCCESVOL ZIJN. IK WIL UW VOLLEDIGE TOEWIJDING EN VERTROUWEN danny. IK HEB HET GEVOEL DAT IK U 100% KAN VERTROUWEN.**
**MIJN VADERS VIJANDEN LATEN ER GEEN GRAS OVER GROEIEN. ONZE TIJD RAAKT DAAROM SNEL OP. IK MOET DIE VEERTIG MILJOEN DOLLAR MET SPOED ZIEN WEG TE SMOKKELEN. LATEN WE DUS GEEN TIJD MEER VERDOEN.**
**IK VERZOEK U VRIENDELIJK HET GELD OP EEN REKENING VAN EEN GESCHIKTE BANK TE STORTEN, WAAR HET VEILIG IS.**
**NA DE SUCCESVOLLE AFRONDING VAN DE HELE ONDERNEMING, ZAL IK U UITNODIGEN OP MIJN SULTANAAT, OM OP PERSOONLIJK NIVEAU KENNIS MET ELKAAR TE MAKEN.**
**IK WACHT VOL SPANNING OP UW DIRECTE REACTIE. BENT U NOG STEEDS BEREID MIJ TE HELPEN? STUUR DAN SPOEDIG NADERE INFORMATIE OVER UW BANKREKENING PLUS TELEFOONNUMMER danny.**
**OMAR**

Godzijdank: het ging goed met Omar! Ik maakte me al een beetje ongerust. Maar ja, iemand die met veertig miljoen dollar het land probeert te ontvluchten, zal het best druk hebben.

Ik had vanavond geleerd dat het belangrijk was al mijn ja's te grijpen,

waar ze ook vandaan kwamen. Dus dacht ik na over wat ik Omar zou schrijven. Ik vond het aardig van hem dat hij het persoonlijk wilde maken; dat hij mij uitnodigde op zijn sultanaat nadat de zaken gedaan waren. Hij zag mij nu duidelijk als vriend. Dat kon je alleen al afleiden aan de manier waarop hij mijn naam had geschreven: niet met van die schreeuwerige blokletters. Ik was niet meer DANNY, maar 'danny' – bijna alsof de hele brief al klaar was en hij hem opnieuw had geopend om overal mijn naam in te voegen...
Ik antwoordde snel.

**Beste Omar,**
**Spannend allemaal! Ik zou het erg leuk vinden om jou in je sultanaat te bezoeken, om op persoonlijk niveau kennis met elkaar te maken. Misschien kun jij daarna ook eens in mijn appartement in Bow komen logeren. Ik heb dan alleen een futon voor je, maar wel een KINGSIZE. Is een koning eigenlijk zwaarder dan een sultan? Wel als het gaat over dikke koningen, zoals Henry de Achtste, denk ik, maar je hebt vast ook zat dikke sultans. Sorry, als ik je hiermee beledig, overigens.**
**Maar om verder te gaan: ja, ik ben nog steeds bereid je te helpen. Ik zal z.s.m. uitzoeken of ik een bankrekening voor je kan openen.**
**Groetjes!**
**Danny**

Daarna werkte ik nog even mijn dagboek bij en ging toen tevreden naar bed.
Het ging allemaal fantastisch.

# Enkele fragmenten uit het dagboek van een ja-man – I

## 22 juni

Wat een heerlijke dag! Niet alleen is het vandaag zonnig en helder, maar ik ben tevens blij je te kunnen mededelen dat de mensen van Capital-One zich met me in contact hebben gesteld. Ik ben door hen 'speciaal geselecteerd' om een aanvraag te doen voor 'een nieuw type creditcard'! Ik heb mijn aanvraagformulier meteen verstuurd, met een vriendelijk bedankbriefje erbij.

## 23 juni

Ik zag een advertentie in *The Sun*: LIJKT U OP EEN BEROEMD IEMAND? EN BENT U OP ZOEK NAAR EEN BIJVERDIENSTE? VUL DAN ONS ON-LINE AANMELDINGSFORMU-LIER IN EN VERSTUUR HET, VOORZIEN VAN EEN FOTO. ER VALT EEN FLINKE BOM DUI-TEN TE VERDIENEN!
Ik vond dat ik beide vragen met ja moest beantwoorden. Daarna probeer-de ik uit te vinden op wie ik dan leek. Ik besloot dat ik mezelf wellicht kon uitgeven voor Harry Potters oudere broer, of anders voor een van The Proclaimers – mijn lievelingsband van vroeger. Puur toevallig ben ik uiteindelijk zelfs op een van hen gaan lijken (of eigenlijk: op allebei, aan-gezien het om een tweeling gaat). Ik stuurde mijn foto met de tekst: 'Mag ik u voorstellen: Engelands enige eenmans-Proclaimers-hommage!'
Ik zou niet weten hoe ze mij kunnen afwijzen: een hele tweeling voor de prijs van één!

## 24 juni

Jippie! Ik heb ingegaan op een uitnodiging van American Express, tot het doen van een aanvraag voor 'een nieuw type creditcard'. Hoeveel nieuwe types heb je eigenlijk? Misschien kan ik ze wel gaan classifice-ren, als een soort Darwin met een plastic-kaartjes-tic. 'Kijk, dat is een Wallace-creditcard,' zullen de mensen van de toekomst dan zeggen. 'Hoe weet je dat?' vraagt dan iemand. 'Dat zie je aan de speciale merktekens,' zal de eerste antwoorden. 'En... omdat er geen geld meer op staat.'

**26 juni**

Vanochtend zat er in de metro een vrouw tegenover me met een omgevouwen krant. Aan de ene kant werd er vrijwel tegen me geschreeuwd: 'Met een schone lei beginnen?' Aan de andere kant stond: 'Uw hele huis schoon: beleef de grandioze kracht van stoomreinigen!' Naast een plaatje van de nieuwe *Light & Easy*-stoomreiniger stond een foto van een stralende Su Pollard, die het ding aanprees als: 'Schitterend eenvoudig – eenvoudigweg schitterend!' Zij was er blijkbaar dol op. De fabrikant kon mij deze stoomreiniger tot zijn grote genoegen aanbieden voor de nieuwe, lage prijs van slechts £ 24,95.

Ik heb er eentje besteld: ik ga de grandioze kracht van stoomreinigen beleven! Zodra ik hem binnen heb, zal ik je laten weten hoe hij bevalt. Hopelijk is hij inderdaad zowel schitterend eenvoudig als eenvoudigweg schitterend.

**28 juni**

Vandaag ben ik ingegaan op een uitnodiging van Morgan Stanley, om 'een nieuw type creditcard' aan te vragen. Verder heb ik mijn nieuwe type creditcard van CapitalOne ontvangen – hij glimt. En ik heb twee nummers van *The Big Issue* gekocht.

**1 juli**

Hele dag gewerkt, daarna een biertje met Wag. Dat werden er dus meerdere. Wag vraagt namelijk altijd erg snel: 'Jij ook nog eentje?' Ik heb hem uitgenodigd voor allebei de feestjes, waar ik voor vanavond ja tegen had gezegd. Helaas was er eentje helemaal in West-Londen, zodat we maar twintig minuten konden blijven, omdat we ook nog naar een feest in een uithoek van Oost-Londen moesten – dat zo goed als afgelopen bleek toen we eenmaal arriveerden. Wag was er niet blij mee.

**2 juli**

Toen ik een paar dagen terug door Hackney liep, zag ik een geel papier op een lantaarnpaal hangen. Er stond op: SNEL RIJK WORDEN? Ik dacht: zeker, en las verder. Het enige wat ik hoefde te doen, was een cheque uitschrijven van twaalf pond, waarna ik per post – geheel gratis – een boek zou ontvangen.

Het kwam vandaag en heeft als titel *501 Manieren om gemakkelijk geld te verdienen als je blut bent.* Het is magnifiek: tot de tips behoren dingen als geiten gaan houden, glamourfoto's maken of een spel uitvinden 'zoals Monopoly of de Rubik-kubus'.

Ook stond erin: 'Een klein lapje grond is het enige wat je nodig hebt om een kartcentrum te beginnen!' Ze schijnen even te vergeten dat het ook best belangrijk is dat je karts hebt, bekwame instructeurs, een solide verzekering, helmen, een vergunning...

Toch vind ik dat als zij mij de kans bieden veel geld te verdienen, ik niet mag muggenziften. Ik heb er daarom voor gekozen iets proberen bij te verdienen door ingezonden brieven voor de krant te schrijven.

## 4 juli

Ik heb de grandioze kracht van stoomreinigen beleefd. Het was zowel schitterend eenvoudig als eenvoudigweg schitterend – hoewel ik op een gegeven moment uitgleed en bijna mijn herenakkoord verbrandde.

## 5 juli

Bij mijn pogingen 'snel rijk te worden' door het schrijven naar kranten en tijdschriften, zag ik dat *The Sun* op zijn brievenpagina zegt twintig pond per geplaatste brief te betalen, alsmede voor praktische wenken en tips. De volgende heb ik vandaag ingestuurd.

> *Een praktische wenk of tip om snel geld te verdienen, is brieven sturen naar* The Sun. *Volgens hun brievenpagina betalen zij twintig pond voor elke geplaatste brief, alsmede voor praktische wenken en tips!*
> *D. Wallace, Londen*

Ik wacht geduldig op mijn twintig pond. Voor de zekerheid heb ik de volgende tip ook maar ingestuurd.

> *Een klein lapje grond is het enige wat je nodig hebt om een kartcentrum te beginnen!*

Makkelijk verdiend.

## 6 juli

Ik heb bericht gekregen van die dubbelgangerslui. Zij hebben 'na rijp beraad' besloten dat ik op geen van beide Proclaimers lijk. Op geen van beide! Het doet me best pijn dat ze dat zo boud stellen. Kon dat niet met een beetje meer gevoel; hadden ze de ene week niet kunnen schrijven dat ik niet op die ene tweelingbroer lijk, de zaak even laten rusten, en me dan een week later schrijven dat ik ook niet op die andere lijk? Ze hadden me toch wel zachtjes kunnen laten vallen?

Als îk ooit een dubbelgangersbureau begin, voor mensen die vinden dat ze op een of meerdere tweelingbroers of -zussen lijken, wordt dat er absoluut eentje dat hart heeft voor mensen.

# 6

*Waarin Daniel de wet overtreedt*

Toen ik die ochtend wakker werd, zat er een opwindende verrassing bij
de post: een brief van het Amerikaans Instituut voor Octrooien en Handelsmerken! Eindelijk hadden de mensen van HEEFT U IETS UITGEVON-
DEN? teruggeschreven. Ik voelde me enorm gewichtig.

Vreemd genoeg bleek het Amerikaans Instituut voor Octrooien en Handelsmerken niet in Los Angeles, New York of San Francisco te zitten,
maar in Blackpool, in een doodgewoon klinkende straat.

Wat echter wel hoopgevend was, was dat ze me nu al uiterst serieus leken te nemen. Ze begonnen hun brief zelfs met 'Geachte uitvinder'. Ik wist meteen dat ik in goede handen was; deze mensen wisten wat ze deden. Zij hadden onmiddellijk mijn talent tot het doen van baanbrekende, praktische uitvindingen herkend en na rijp beraad besloten mij een 'Kosteloze NieuwProductAnalyse' te offreren. 'Aan deze eerste analyse zijn geen kosten verbonden,' schreven ze. 'Dus investeer vandaag nog een paar minuten aan het documenteren van uw idee, waarna onze ervaring binnen een week te uwer beschikking staat.'

Goeie god, ik had het luisterend oor van het Amerikaans Instituut voor Octrooien en Handelsmerken. En ze wilden dat ik mijn idee aan hen voorlegde! Het enige waar het mij nu nog aan ontbrak, was een idee...

Ik wou dat ik kon zeggen dat ik uit een grote familie van uitvinders kom, maar dan zou ik liegen. Of je moet het feit meetellen dat ik ben geboren en getogen in Schotland – land van de anesthesie, golf, kinine, marmelade, de stoommachine, de gegomde postzegel, de magnetron, de koelkast en (jawel!) hollebuizenafwatering (en wie kan er nu niets vertellen over het belang van hollebuizenafwatering voor ons leven?).

Natuurlijk, ik had wel wat uitvindingen gedaan. Het ging daarbij hoofdzakelijk om zaken, geënt op mijn lievelingsspel, Twister. Zo had ik eens ReisTwister voor beginners bedacht, en het idee later nog wat doorgetrokken, met de uitvinding van de Twister Bedsprei. Ik wist zeker dat dit item met name bij mannelijke studenten gigantisch zou scoren: het gaf hun eindelijk een geldig excuus om meisjes mee te nemen naar hun slaapkamer...

Radeloos was ik, toen ik een jaar later in een zondagsbijlage ontdekte dat iemand anders al exact hetzelfde idee had gehad. Deze persoon had echter ook daadwerkelijk de moeite genomen zijn idee te patenteren en op de markt te brengen. Die vervloekte, ordelijke uitvinderstypes ook! Zoiets zou me niet nóg eens overkomen; zeker niet nu ik het luisterend oor van het Amerikaans Instituut voor Octrooien en Handelsmerken had...

Want ik had nog wel een vondst achter de hand: de elektrische toiletbrillichter! Nooit meer zouden mannen hoeven bukken om de wc-bril omhoog te klappen; nooit meer zouden ze zich die eeuwenoude, universele vraag hoeven stellen: waarom laten vrouwen de bril altijd naar beneden? Dankzij mij zouden stellen overal in het land over één ding minder hoeven ruziën, het aantal scheidingen zou teruglopen, gezinnen bleven bij elkaar, wc-brillen hoefden minder vaak te worden gepoetst. En dat alles doordat ik, Danny Wallace, uitvinder was!

Ik deed wat cornflakes in een kom en begon het informatiepakket te verslinden, dat me was toegestuurd door mijn nieuwe vrienden van Het Instituut. Ik wilde vooral weten waarnaar zij precies op zoek waren, mocht mijn nooidee toch niet goed genoeg zijn. Het merkwaardige was echter dat er niets stond over wat ze zochten, maar wel over wat níét.

## BEPERKINGEN: IDEEËN DIE NIET KUNNEN WORDEN INGEDIEND
*Perpetuum mobiles*
*Militaire wapens*

Shit! De eerste twee mogelijkheden werden me door die fascistische uitvindersclub al uit handen gegrist: ik doe niets liever dan perpetuum mobiles uitvinden!

*Pornografische toestellen*

Een pornografisch toestel? Hoeveel pornografische toestellen kregen ze daar dan? En wat moet ik me daar eigenlijk bij voorstellen?

*Onbeproefde chemische recepten of geneesmiddelen*

Ach, wat flauw! Nu kon ik ook al geen onbeproefde geneesmiddelen opsturen. En daar had ik er net bergen van! Moest ik die weer eerst op mijn vrienden uittesten...

*Producten gebaseerd op onrealistische technische mogelijkheden*

BAM! Daar gíng mijn tijdmachine! Het werd met de minuut ingewikkelder.

*Literaire of muzikale werken*

Ja hoor, dus ik kon ook al geen gedicht of nieuwe muzieknoot meer uitvinden. Wat, als je me ooit hebt horen zingen, toch het enige is wat ik constant lijk te doen...

*Toiletbrillichters*

Hè? Maar die van mij is elektrisch!
Oké, dacht ik, dit vergde blijkbaar iets meer inspanning dan ik in eerste

instantie had gedacht. Ik ging zitten om te bedenken wat ik dán kon uit-vinden, en keek om me heen op zoek naar inspiratie. De mok: al uitge-vonden, de stoel: uitgevonden, schoenen: gedaan. Verdomme, hoe pakte je dat uitvinden nu aan? De deur: uitgevonden, de trap: uitgevonden, de tv: idem dito. Frustrerend, zeg! Waarom was alles in mijn appartement al uitgevonden?

Ik kan je vertellen dat ik behoorlijk van slag was. Ik moest mezelf be-kennen dat ontwikkeling niet helemaal mijn ding was. Knorrig trok ik mijn jas aan en bereidde me voor op die BBC-vergadering over nieuwe ontwikkelingen...

In het BBC Televisiecentrum werd ik opgevangen door ene Tom. 'Jij had al eens voor de tv gewerkt, hè Danny?'

'Ja,' zei ik. 'Maar niet zo vaak, hoor. Ik doe liever radio.'

'Aha! Hoezo eigenlijk? Omdat je op de radio mooiere beelden kunt op-roepen; omdat daar minder mensen bij betrokken zijn; omdat je fanta-sieën er werkelijkheid kunnen worden?'

'Eh, ja... én omdat het radiogebouw niet zo ver van waar ik woon is.'

Door lange, brede, glanzende wandelgangen liepen we naar de lift, die ons naar onze vergadering zou brengen.

Het Televisiecentrum verschilt flink van het Omroepgebouw. Het laatste wekt over het geheel genomen een nogal sjofele indruk, met zijn muffe vloerkleden en gloeilampen die al sinds de Tweede Wereldoorlog ver-vangen moeten worden. Het Televisiecentrum daarentegen is een soort toekomstdroom: gigantische, glazen redactiekamers; receptieruimten waar een pastelbom lijkt te zijn ontploft; en zelfs 'denkcocons', waar de televisiemakers zich kunnen ontspannen. Ik zou er heel wat voor over-hebben om te mogen werken op een plek waar ze zoiets hebben – zou ik vast een stuk vaker nadenken...

We waren aangekomen bij de vergaderzaal; ik zocht gauw een plekje.

'Jongens, dit is Danny. Hij is van de radioafdeling en komt vandaag bij ons zitten, voor een wat andere kijk op de zaak.'

Verwoed grijnzend zwaaide ik naar mijn tv-collega's. Slechts eentje zwaai-de terug, een ander waagde een vermoeide glimlach, twee anderen keken nauwelijks op van hun schrijfblok.

'Danny, zou jij ons eens willen vertellen waar jij momenteel aan werkt?'

Hmm, lastige vraag. Moest ik nu iets over mijn uitvindingen vertellen? 'Ik werk momenteel aan een aantal nieuwe ideeën voor radioprogram-ma's,' zei ik, waarna ik er om tijd te rekken nog aan toevoegde: '... waar ik op dit moment nogal druk mee ben.'

Dit leek voor iedereen voldoende en de vergadering begon. 'Oké,' sprak Tom opgewekt. 'Het eerste dat we moeten doen, is besluiten of we al dan niet doorgaan met het uitwerken van die talkshowformat.'

'Nee,' zei een man tegenover me schamper. Hij droeg een designerbril en een T-shirt met een ironische tekst, zodat het leek alsof hij wist waar hij het over had.

'Eens!' zei het meisje naast hem. 'Schrappen die hap, gaat nergens naartoe.'

'Danny, wat vind jij?'

'Ik weet er eigenlijk niet zoveel van,' zei ik.

En toen vertelden ze me alle bijzonderheden. Eerlijk gezegd klonk het niet eens zo slecht. Ik mag er tegenover jou niet al te veel over loslaten, maar het was een tamelijk ingewikkeld concept, met een presentator als Johnny Vaughan en een gast als Delia Smith. Ik wist niet veel van nieuwe ontwikkelingen, maar ik wist wél dat ze hier iets mee moesten kunnen.

'Dus: dumpen of doorzetten?' vroeg Tom.

Ik hoorde een paar maal mompelen: 'Dumpen.'

'Danny, zou jij naar zo'n programma kijken?'

Ik dacht even na. Was dit een uitnodiging, een voorstel? 'Waarschijnlijk wel,' zei ik. 'Dat hangt vooral af van het voorfilmpje.'

Ik hoorde een luid: 'Hmm.'

'Werkelijk?' zei de man in het ironische T-shirt, met een gemaakt lachje. 'Het voorfilmpje?'

'Ja,' zei ik, vast van plan voet bij stuk te houden. 'Ik bedoel, je weet wel... als dat er uitnodigend genoeg uitziet.'

'Ik begrijp wat je zegt, Danny,' zei Tom. 'Het is dus van cruciaal belang dat dit programma eruitziet alsof er voor elk wat wils in zit.'

Oef!

'Exact,' zei ik.

'Goed zo,' zei Tom. 'Ik geloof namelijk ook dat het potentie heeft.'

Joechei!

De man in het T-shirt begon gauw terug te krabbelen. 'Ja, natuurlijk... met een beetje bijschaven en het juiste soort...'

'Oké,' kapte Tom hem af. 'Wie wil dit idee verder bekijken en het nog wat uitwerken?'

Niemand zei iets.

'Danny? Jij soms?'

'Ikke?'

'Niks moet, hoor, maar gewoon eens kijken hoe het gaat?'

'Ik doe het wel,' riep de T-shirtman nu.

Tom negeerde hem. 'Danny?'

'Ja hoor, túúrlijk!'

'Mooi.'

Helemaal niet mooi! Wat deed ik nou? Ik wist helemaal niks van dit concept, alleen dat Delia Smith erin zat. En nu had ik er ineens de verantwoordelijkheid voor op me genomen! Wat moest ik er dan mee doen?

Intussen liep Tom langs de andere agendapunten, en terwijl iedereen riep: 'Nee, laten vallen!' of 'Nee, wordt niks!' riep ik maar van: 'Ja, daar wil ik wel aan schaven!' en 'Ja, dat werk ik wel verder uit.'

Vol afschuw keek ik toe hoe er steeds meer stukken, schetsen en opzetjes voor mijn neus werden gelegd. Wat een werk! En daar had ik me vrijwillig voor aangemeld! Dat deed ik anders nooit!

'Verdomme,' zei Tom, 'kijk eens hoe laat het al is: ik moet nodig weg! Oké... wie doet er nou precies wat voor de volgende bijeenkomst?'

Iedereen keek naar mij.

'Eh, ik geloof dat Danny... álles doet,' zei Sam.

'Juist. Nou, Danny...' zei Tom. 'Zou je dan vrijdag weer willen komen, om ons te vertellen hoever je bent? Ik regel het wel met je baas.'

'Ja,' zei ik, ietwat bedrukt. 'Geweldig.'

'Verder zou ik het fijn vinden als iedereen dan met drie nieuwe ideeën voor een zaterdagavondprogramma komt. Afgesproken? Mooi, tot vrijdag dan, jongens!'


'Het is verschrikkelijk, Ian,' zei ik, terwijl ik met mijn mobieltje tegen mijn oor het tv-centrum uit liep. 'Ik zit tot over mijn oren in het werk! Ik blééf maar ja zeggen op alles wat ze me vroegen.'

'Ach, kom op! Je bent producent: produceer maar!'

'Nee, ik ben rádioproducent, bij de afdeling Licht Amusement. Dat is een uniek ras: wij verschijnen altijd te laat op ons werk, zitten de hele ochtend bananen etend op internet te surfen en hangen elke middag in de kroeg. Wij zijn heel anders dan tv-producenten: die staan, smachtend naar succes, voor dag en dauw op, vréten cocaïne, zien eruit als fotomodellen en zijn dikke maatjes met lui als David Beckham en Ant & Dec. Ik ken alleen Brian Perkins.'

'Nou en? Je hebt nu eenmaal ja gezegd, dus doe dat werk gewoon en vergeet het dan weer. Volgens mij hoef je je, als ze eenmaal hebben gezien wat je kunt, echt geen zorgen te maken dat ze je nóg eens vragen.'

'Maar ze verwachten allemaal succesverhalen! En vóór vrijdag wil Tom ook nog eens drie nieuwe ideeën op zijn bureau.'

'Wat voor ideeën?'

'Gewoon, voor een amusementsprogramma.'

'O...' zei Ian.

'Wat: "O..."?'

'Nee, niks... alleen...'

'Wat nou, Ian?'

'Ík heb anders nog wel een paar ideetjes.'

'Zie je over een halfuur in de kroeg!'

'Nee, Ian.'

'Waarom niet? Het is een prima idee.'

'Nee: *Hoe word ik vet* is geen prima idee. Wie wil er nou een programma zien waarin je wordt verteld hoe je dik kunt worden?'

'Magere mensen!'

'Nee.'

'Deze dan?' zei hij, me over de tafel heen nog een vel papier toeschuivend. '*Wat zegt die vlek?*'

'Je weet wel: wat betekent een moedervlek op je wang? Is dat iets heel anders dan eentje op je oor?'

'Nee.'

'Hoe weet jij dat nou?'

'Dat weet ik ook niet: ik zei nee tegen jouw idee; dat is gewoon waardeloos.'

'Slechte ideeën bestaan niet, Dan!'

'Pardon?'

'Dat hoorde ik een vrouw op tv zeggen. En ze zei ook: "Zelfs een slecht idee kan leiden tot een goed idee."'

'Maar er bestonden toch geen slechte ideeën?' zei ik beduusd.

'Exact!'

'Maar als ze niet bestaan, hoe kan een slecht idee je dan op een goed idee brengen?'

'Exact, mijn vriend: slechte ideeën bestaan niet, er zijn alleen... ideeën. Wat dacht je bijvoorbeeld van: *Oorlogsgids voor peuters*?'

'Da's dus een heel slecht idee.'

'Oké, geef ik toe. En *Mijn filosofieën & gevoelens* dan?'

'Wat is dat?'

'Gewoon, een programma over mijn filosofieën en gevoelens: wekelijks werpt Ian Collins een blik op...'

'Nee!'

Hij keek me ijskoud aan. 'Jij zegt de laatste tijd wel heel vaak nee...'

Chagrijnig verliet ik de kroeg om mijn huiswerk te gaan maken. Thuis zette ik de computer aan en maakte me op voor het uitknobbelen van wat geniaal zaterdagavondamusement.

*Hoe word ik vet!* Mm... misschien had het toch wel wat. Ik typte de titel boven een leeg document en staarde er een poosje naar.

Toen werd ik afgeleid. Door Omar.

**BESTE BROEDER danny**
**DANK VOOR UW LAATSTE BERICHT. WE MOETEN ECHTER SNEL HANDELEN. IK HEB UW BANKGEGEVENS NU NODIG, DUS STUUR ZE MIJ GAUW.**
**HEEFT U TEVENS TIJD OM NAAR HOLLAND (NEDERLAND) TE REIZEN? ER MOETEN CONTANTEN WORDEN GEBRACHT NAAR COMPAGNONS VAN MIJN VADER, DIE ONS ZULLEN HELPEN BIJ HET TRANSPORTEREN VAN ONZE MILJOENEN DOLLARS.**

Nederland? Daar had hij het nooit eerder over gehad! En ook nog contanten uitdelen?

**IK WEET DAT HET VEEL GEVRAAGD IS, MAAR IK NEEM OOK EEN GROOT RISICO DOOR MET U IN ZEE TE GAAN.**
**ALSTUBLIEFT, MENEER, WIJ MOETEN ONMIDDELLIJK ACTIE ONDERNEMEN.**
**HET IS GODS WIL, STUUR MIJ UW BANKGEGEVENS.**
**OMAR**

Ik zal eerlijk zijn: in de twee dagen dat ik voor het laatst van Omar had gehoord, waren mijn gevoelens voor hem ietwat bekoeld en had achterdocht zijn intrede gedaan. Stel dat hij toch níet de zoon van een vermoorde sultan was; dat hij enkel op mijn geld uit was?

Ik was ook niet zo blij met die nieuwe praatjes over buitenlandse reisjes en presentjes voor geheimzinnige vreemdelingen. Omar ging me een tikje te snel: straks ging hij me nog vertellen dat ik mooi haar had, en zou hij vragen of ik eens wilde uitzoeken of ik een visum voor hem kon versieren, zodat we konden trouwen...

**Beste Omar,**
**Is het werkelijk nodig dat ik met contanten voor je vaders compagnons naar Nederland afreis? Ik bedoel, in principe zeg ik ja, maar kun je me**

**misschien een miljoentje of zo voorschieten, dat je van mijn uitein-
delijke aandeel aftrekt? Ik betaal de vlucht en zo wel, en beloof je alle
bonnetjes in een aparte envelop te bewaren.
Dag!
Danny**

Ik drukte op 'Verzenden' en hoopte dat mijn mailtje Omar in goede gezondheid zou bereiken. Hij was natuurlijk gespannen, die arme kerel.
Tenslotte moest hij binnenkort ook nog verhuizen, wat altijd best spannend is.
In het uiterste geval kon ik die contanten wel ophoesten. Ik had een paar
duizend pond opzij weten te leggen, hoofdzakelijk doordat ik amper de
deur uit was gegaan. Dat geld kon ik elk moment opnemen.
Als het maar niet zo'n Nigeriaanse e-mailzwendel bleek te zijn, waar je
tegenwoordig vaak over hoort. Nee, nu dacht ik weer veel te cynisch. En
ja ging er nou juist om dat cynisme kwijt te raken.

De volgende ochtend was er nog geen bericht van Omar. Ik besloot me
er niet al te druk om te maken. Ik moest toch nog een paar dingen doen
en ging op weg naar de winkel.
Nu zou je denken dat zoiets best riskant is, voor iemand die heeft besloten op alle uitnodigingen, aanbiedingen en voorstellen ja te zeggen. Ik
kan je echter meedelen dat de moderne reclamemaker vaak een wezen-
lijk foefje over het hoofd ziet: hoe inventiever ze zijn, hoe minder vaak
ze directe vragen stellen en directe voorstellen doen. Vroeger zou ik zijn
omsingeld door makkelijk-op-te-volgen instructies als DRINK MELK of
KOOP BROOD, en zou ik mijn dagen al melkdrinkend en broodkopend
hebben doorgebracht. Maar tegenwoordig, met hun gewaagde foto's en
onderbewuste boodschappen, zagen ze de markt van de Simpele Ziel
eenvoudigweg over het hoofd: mensen zoals ik, die alles zouden doen wat
zij zeiden – áls ze het maar vroegen...
Míj kregen ze niet meer, dacht ik, toen ik met mijn 2-VOOR-DE-PRIJS-
VAN-1-tasje vol dvd's de Virgin Megastore uit kwam. Ik had vandaag
weer zin om door Londen te wandelen, te zien waar de wind me zou
brengen, me de weg te laten wijzen door het leven zelf.
Ik stak over naar Piccadilly Circus, terwijl een straffe wind de straten
schoonveegde en de toeristen de volle lading gaf, en zag ineens recht
voor me een groepje folderaars. Ik was meteen op mijn hoede: ik had immers al twee oma's geadopteerd en had er echt niet nóg eentje nodig, of
ik moest een bejaardensoos willen openen. Toch liep ik verder en – aan-

gezien ik een algehele afwezigheid van groene kielen en klemborden had geconstateerd – nam ik een pamflet aan, van een meisje in een zomerjurk en kastanjebruin haar.

ZEG JA TEGEN VREDE

Ik las het nog een keer. Het stond er nog steeds: ZEG JA TEGEN VREDE. Wat toepasselijk! Het leek wel een soort teken: een teken dat ja zeggen de toekomst had.

*Komt allen tezamen! Begroet elke dag een nieuw iemand: glimlach, zeg hallo, schud diens hand... en laat de vrede beginnen!*

Goh, wat een aardige gedachte. Dus deed ik precies wat er stond. Ik liep terug naar degene van wie ik dit had gekregen, glimlachte, zei hallo, gaf haar een hand en wachtte op de vrede.

'Mijn naam is Katherine,' zei het meisje.

'Ik ben Danny,' zei ik.

En toen liet ik me de weg wijzen door het leven zelf.

Katherine, Josh en Mike waren drie mensen met een gedeelde passie voor vrede.

'Het draait allemaal om aansluiting zoeken,' zei Katherine. 'Als je mensen kunt laten inzien wat vrede is, schenk je ze vrij letterlijk de wereld.' Katherine is iemand die graag de woorden 'vrij letterlijk' gebruikt.

'Het komt me letterlijk de neus uit dat mensen maar wat ronddarren in hun leven, terwijl ze van alles zouden kunnen veranderen.' Mm, als ze haar al ronddarrend létterlijk de neus uitkwamen, zou ík zeggen dat zij wat te dicht bij stond...

'Wij geloven in iets, wat we Maatschappelijke Acupunctuur noemen,' zei Mike, de langste van de drie en degene die de pamfletten had uitgeprint. 'Je kunt via één enkele ontmoeting al iets veranderen.'

'Het draait allemaal om het verspreiden van de boodschap,' voegde Josh eraan toe. Hij droeg een toffe baseballpet en een Nike T-shirt, waardoor hij er niet direct bij leek te passen. 'Je kunt mensen hoop geven door ze te leren dat ook vrede maakbaar is.'

Katherine knikte. Ik had het gevoel dat zij de stuwende kracht van dit clubje was.

We stonden bij het Eros-beeld op Piccadilly Circus. Ik wist niet welke kant dit allemaal op ging, maar ik mocht deze drie wel. Zij leken oprecht te geloven in het verspreiden van vrede door de weloverwogen inzet van pamfletten.

'Wat vind jij van de oorlog in Irak?' vroeg Josh, duidelijk als een soort test.

'Eh... oorlog is fout,' zei ik.

Josh en Mike knikten verwoed.

'Soms komt zo'n simpele boodschap het sterkst over,' zei Katherine.

'Gebruik 'm gerust, hoor,' zei ik – stiekem hopend dat OORLOG IS FOUT nog eens een populaire slogan werd.

'Goh, dankjewel!' zei Josh – waarop ik besefte dat die hoop nog bewaarheid zou kunnen worden ook.

'Zou je ons misschien willen helpen die boodschap uit te dragen?'

Het was allemaal nogal rap gegaan, maar daar stond ik dan: midden op Piccadilly Circus, met een Virgin Megastore-tas in de ene hand en een stapeltje ZEG JA TEGEN VREDE-pamfletten in de andere. Ik had potdorie als normale kerel mijn huis verlaten en zou terugkeren als vredesactivist! Katherine, Josh en Mike, duidelijk ingenomen met het feit dat hun aantal met maar liefst dertig procent was toegenomen, lieten me enthousiast zien hoe ik het moest aanpakken. 'Houdt u van vrede, meneer?' vroeg Katherine aan een oudere, haar voorbij benende man, die één hand opstak om het pamflet af te slaan.

'Zeg ja tegen vrede!' zei Josh tegen een dame met een mobieltje in de ene hand en een boodschappentas in de andere, die niet bepaald keek alsof ze veel zin had om eens lekker te kletsen over het bewerkstelligen van wereldvrede. Ik kon me zo voorstellen dat dit precies zo'n houding was die Katherine vrij letterlijk op de kast jaagde.

Het lukte mij iemand een pamflet in de hand te drukken. Ingenomen met mezelf keek ik hoe hij al lezend wegliep. Toen stopte hij echter en draaide zich om. 'Wat bedoelen jullie hiermee?' vroeg hij, het betreffende stukje aanwijzend. Ik las:

*Oorlog is een gemoedstoestand van de schommelende menselijke geest: angst kweekt angst kweekt angst, wakkert in de loop der tijden steeds opnieuw aan, en legitimeert zelfverdediging en mythen telkens weer.*

Ik humde, de man keek me aan. Het was niet echt een pakkende tekst. Ik las het stukje nog een keer. 'Eerlijk gezegd weet ik ook niet precies wat daarmee wordt bedoeld,' zei ik. 'Maar ik denk dat het in wezen betekent... dat oorlog fout is.'

De man gaf me het pamflet terug. 'Diepzinnig, hoor,' zei hij sarcastisch. Ik voelde me afschuwelijk: ik had Katherine en de rest laten zakken; mijn slogan was waardeloos!

Ik bestudeerde het pamflet nogmaals en begon toen glimlachend te roepen: 'Wees zelf de verandering die je in deze wereld wilt zien!'

Ik wist niet of dit maatschappelijk geacupunctuur wel wat voor mij was.

Te oordelen naar de rug van die wegbenende man, leek hij daar ook niet bepaald van overtuigd.

'We gaan zo Krijten voor Vrede,' zei Katherine, een minuut of tien later.
'Ben je daar klaar voor?'
'Ja!' riep ik. 'Maar wat is dat eigenlijk?'
'We schrijven met krijt overal anti-oorlogsslogans op,' zei Josh.
'Waarop?'
'Vooral op de stoep,' zei Katherine.
'En werkt dat?' vroeg ik.
'Ja,' zei Katherine droog. 'Natuurlijk.'

'Hier heb ik het krijt,' zei Mike, en gaf iedereen drie stukjes.
Ik kreeg een rood, een wit en een blauw krijtje. Perfect, dacht ik: de kleuren van de Engelse *Union Jack* én van de Amerikaanse *Stars & Stripes*. Kon ik die twee regeringen eens laten zien hoe ik over ze dacht! Maar wat moest ik schrijven?
Katherine, Mike en Josh zaten al voorover gebogen, gehurkt of gewoon op de grond en lieten de wereld een poepie ruiken. 'Katherine, wat moet ik eigenlijk schrijven?' vroeg ik.
'Wat je zonet zei, bijvoorbeeld.'
'Oorlog is fout? Ik geloof dat dat een beetje té simpel is,' zei ik.
'Eh... ik schrijf altijd graag: *liefde is de nieuwe wereldorde*.'
'Mooi!' zei ik, en keek rond om te zien wat de anderen opschreven.
Mike schreef: *tegenstand kweekt tegenstand*, maar dat klonk mij wat te incestueus; Josh schreef bombastisch: *wij allen zijn verantwoordelijk*.
'Schrijf maar gewoon op wat je voelt,' zei Katherine. 'Of kijk op ons pamflet. Wijzelf halen altijd een hoop van de website: wij delen ons bewustzijn.'
'Die is niet slecht,' zei ik. '"Deel je bewustzijn!"'
Maar Katherine leek niet overtuigd.
Ik dacht diep na. Opschrijven wat je voelt? Wat voelde ik dan? Ik koos uiteindelijk voor: *make tea, not war*. Mijn laatste kop thee was immers al uren geleden.
Katherine stond ineens achter me. 'Goed!' riep ze uit. 'Thee is een kanaal om met elkaar in gesprek te komen én een vreedzame handeling. Wie thee zet, houdt het gesprek gaande; en door in gesprek te blijven, kunnen we de oorlog stoppen. Jongens, kijk eens wat Danny heeft bedacht!'
Ze kwamen meteen aangehold. '*Make tea, not war*,' las Mike.

'Thee...' zei Josh, 'oorlog...' En toen knikte hij grijnzend. 'Het lijkt een beetje op *make love, not war*... maar dan met thee.'

'Ja,' zei ik. 'Maar dit is de Engelse versie: minder grof.'

'Hoe kwam je daar zo op?' vroeg Mike.

'Ik eh... hou gewoon van thee,' zei ik schouderophalend. 'En eh... niet van oorlog.' Omdat ik dacht dat dat niet gewichtig genoeg klonk, deed ik er nog een schepje bovenop. 'Bovendien... is thee een kanaal om in gesprek te komen. En wie met elkaar in gesprek raakt... kan de strijd staken.'

'Klopt helemaal,' zei Josh. 'Kijk maar naar de theeceremonies van het oude Japan of de theetuinen uit de Gouden Eeuw van Holland.'

Ik knikte en wees met mijn wijsvinger in zijn richting, alsof dat exact was wat ik bedoelde.

Mike klapte een paar maal in zijn handen, riep: 'Magnifiek!' en begon toen *make tea, not war* op een muur te schrijven.

Katherine keek me trots aan. Ik voelde opeens dat ik Mijn Steentje Bijdroeg. '*Make tea, not war*', zei ze. 'Goed, hoor!'

'Ja, ik ben best goed in maatschappelijke campagnes,' erkende ik. 'Ik wil altijd nog eens een liedje schrijven, met de titel: "Stop met stelen, begin met strelen".'

'Mooi...' zei Katherine, die volgens mij een beetje verkikkerd op me begon te raken. 'Mag ik jouw adres misschien?'

Ja hoor: smoorverliefd.

'Mijn vriendin en ik organiseren namelijk regelmatig workshops over het schrijven van songteksten.'

O.

Ze pakte het meteen grondig aan: ze wilde niet alleen mijn adres, maar ook mijn vaste én mijn mobiele telefoonnummer, mijn e-mailadres en eventueel mijn faxnummer.

Ik gaf haar alles wat ze wilde weten. Ik vertrouwde haar, net als Mike en Josh. Ze leken me geschikte types: ze wilden de wereld veranderen, maar pakten dat heel kalm aan – met krijt. Het lag absoluut niet in de lijn der verwachtingen dat Katherine mijn gegevens zou misbruiken om mijn huis leeg te roven; zij zou eerder bij me inbreken om al mijn bespoten groenten om te wisselen voor biologische...

'Bedankt voor je hulp vandaag, Danny,' zei ze.

'Graag gedaan, hoor.'

'Je hebt het je aardig snel eigen gemaakt. Jij bent zeker zo iemand die altijd overal de helpende hand biedt, hè?'

'Niet echt,' zei ik, schouderophalend. 'Maar omdat jij het me vroeg, vond ik dat ik het moest doen. Er is momenteel wel nóg iemand die ik help: een sultan... of zijn zoon eigenlijk.'

Ze leken allemaal diep onder de indruk. Zou ze ook netjes staan!

'Hij schreef mij met een verzoek om hulp: hij moet veertig miljoen dollar Oman uit zien te smokkelen, voor de politieke tegenstanders van zijn overleden vader hem vermoorden.'

'Ooo...' zei Katherine langzaam.

'Internetzwendel!' zei Josh.

Mike gaf hem een por in zijn ribben. 'Doe eens niet altijd zo verrekte negatief!'

'Nee-nee,' zei ik. 'Geen zwendel: een smeekbede!'

Mike legde vriendelijk knikkend een hand op mijn schouder.

We zaten inmiddels met zijn allen in The Goose, een kroeg vlak bij de metro van Brixton, nadat we op Piccadilly met onze ZEG JA TEGEN VRE-DE-campagne tot het uiterste waren gegaan. Katherine en Josh (die huisgenoten bleken) woonden hier niet ver vandaan; Mike, die hen een paar maanden eerder in deze zelfde kroeg had ontmoet, dacht aan verhuizen.

'Het is al te gemakkelijk om te zeggen dat we door een stel idioten worden geregeerd,' zei Mike, zich direct tot mij richtend, 'om te roepen: weg met de overheid. Wij zeggen liever ja – tegen de vrede.' Hij haalde een pakje sigaretten uit zijn zak en hield het iedereen voor. Katherine en Josh namen allebei een sigaret.

'Het is gewoon de beste wijze van aanpakken,' zei Katherine, terwijl ze onze glazen bijvulde uit een fles nogal wrange, rode wijn. 'De wereld veranderen met één persoon per keer.'

Nu hield Mike mij ook zijn sigaretten voor. Mijn hand vloog al omhoog, om aan te geven dat ik niet rookte – macht der gewoonte. Maar toen herinnerde ik me waar ik mee bezig was, zei 'Dank je' en pakte ook een sigaret.

'Positiviteit is een hele sterke boodschap; het werkt gewoon. Het is de enige manier om te vechten, als je...' Katherine wachtte even, terwijl Mike haar sigaret aanstak, daarna die van Josh en toen die van mij. Ik nam meteen een stevige trek: ik had genoeg rokers gezien om te weten hoe het moest.

'Afijn,' onderbrak Josh Katherine. 'Nee is het negatiefste woord dat er bestaat.'

'Letterlijk,' zei Katherine, duidelijk opgelucht dat hij het van haar overnam. 'En ja het positiefste. Dus gaan wij van het dubbelnegatieve 'Nee tegen oorlog' naar het dubbelpositieve 'Ja tegen vrede'. Je hoort meteen dat dat stukken beter klinkt.'

Ik wilde best, maar op dit moment stond mijn keel in de fik. Tot op dit moment had ik sigaretten altijd gemeden. Ik probeerde mijn gekuch te laten doorgaan voor hevige instemming.

'Ja, nee, ja, nee... Ik weet wel waar ík de voorkeur aan geef,' zei Josh.

'"Nee" zeker,' zei Mike, waarop Josh hem zei zijn klep te houden.

Ik rookte intussen stug door, al probeerde ik niet meer te inhaleren: ik zoog de rook naar binnen, hield hem even in mijn mond en blies hem dan weer uit, waardoor ik eigenhandig voor een ondoorzichtig, rokerig sfeertje zorgde. Toch moet ik bekennen, dat ik me merkwaardig cool en volwassen voelde: een soort James Dean – met traanogen en een bril.

'Maar het is zo moeilijk om de media-aandacht te krijgen,' zei Katherine. 'Terwijl het toch een positieve boodschap is. Je zou toch zeggen dat dat ze wel aanspreekt.'

'Ik heb laatst nog eens een telefoontje naar BBC Bristol gewaagd,' zei Josh. 'Ze zeiden, dat als wij daar een flinke groep weten te verzamelen om te krijten voor vrede, zij het waarschijnlijk zullen verslaan.'

'Da's mooi,' zei Mike.

'Hebben jullie nooit bedacht dat je wellicht... de boodschap moet simplificeren?' zei ik, en ik had meteen alle belangstelling. 'Ik bedoel, ik weet ook wel dat "Oorlog is fout" misschien wat té simpel is. Maar ik denk ook dat je met zoiets als "Oorlog is een gemoedstoestand van de schommelende menselijke geest" een aantal mensen wegjaagt.'

'Die tekst hebben we van de website Oneindige Mogelijkheden gehaald,' zei Katherine. 'Ik vind het eerlijk gezegd een geweldige boodschap.'

'Is het ook,' zei ik. 'Alleen begrijp ik hem niet.'

'Nou...' zei Josh. 'Weet jij dan iets beters?'


Daar: mijn uitdaging van de avond.

Mike had nog een fles wrange rode wijn besteld en stond nu op de gokautomaat te spelen. Katherine en Josh hadden gediscussieerd over de ethische aspecten van het fenomeen dat Amerika olie als wig gebruikte, voor het verwerven van politieke zeggenschap in andere landen; een discussie waar ik me in had proberen te mengen, tot ik besefte dat zij nogal wat over het onderwerp hadden gelezen, terwijl ik slechts een aflevering van *Dead Ringers* als achtergrond had.

Intussen zat ik maar te tobben over een slagvaardige mediacampagne, waarmee dit dappere groepje vredesactivisten kon triomferen. Maar de inspiratie wilde niet komen.

'Ook een hijs?' vroeg Mike toen hij terugkwam, en hij hield iets onder mijn neus dat eruitzag alsof hij het in de goot had gevonden. Een joint!

'Hier?' zei ik, om me heen kijkend.

'Nee, buiten natuurlijk.'

Mijn god, dit was een keerpunt in mijn leven. Kon ik ja werkelijk toestaan me de wet te laten overtreden?

Ik besloot op Mikes aanbod in te gaan.

'Juist,' zei ik. 'Ik heb het, nu heb ik het helemaal. Dit is magnifiek.' Ik ordende mijn aantekeningen (die allemaal op een bierviltje stonden, waardoor er dus weinig te ordenen viel). 'Oké: wat is ons doel?'

'Vrede,' zei Katherine.

'Ja,' zei ik. 'Maar wat eerst?'

'Publiciteit,' zei Josh.

'Exact. Ik heb nu een nieuwe, frisse mediacampagne bedacht, die er rechtstreeks toe zal leiden dat alle regeringen op deze aarde hun wapens zullen neerleggen en in plaats daarvan... ik zeg maar wat... het krijt zullen oppakken.'

Toen ik daarnet buiten The Goose met Mike de wet stond te overtreden, was het gebeurd: ik keek omhoog, zag een schitterende schildering aan de gevel van de kroeg en stond als aan de grond genageld, finaal perplex. Toen vervolgens onze rookslierten even rond deze afbeelding bleven hangen, trof mij ineens... Het Idee. 'Daar!' had ik uitgeroepen. 'De boodschap!'

'Wat dan?' vroeg Katherine me nu.

'Het moet pakkend zijn, hè? En een sociale boodschap overbrengen, hè?'

'Ja.'

'Nou, stel nou eens dat we gebruikmaken van...' Ik keek hen één voor één aan en probeerde hun reactie te peilen. 'Ganzen!'

Ik kreeg niet bepaald de reactie waar ik op had gehoopt.

'Ganzen?' herhaalde Josh aarzelend.

'Ja,' bevestigde ik. '*Geese for Peace!*'

Ik liet mijn woorden even bezinken. Maar er volgde geen enkele reactie meer. 'Ach, kom op: *Geese for Peace*... het is briljant!'

Het bleef doodstil. Dus dacht ik dat mijn plan nog wat toelichting behoefde. En hoewel alles om me heen leek te draaien, ondernam ik een dappere poging. 'Wat we allereerst gaan doen...' begon ik, '... is bordjes maken met de tekst GEESE FOR PEACE, die we dan ophangen bij ganzenfokkerijen en ganzen in het algemeen. Daarna tippen we de media: ganzen zijn zich aan onze oorlogszucht gaan ergeren en zijn, tegen alle verwachtingen in, hun eigen dieren-voor-vrede-protestactie gestart.'

Katherine en Josh zaten slechts met open mond te knikken. Zij waren duidelijk diep onder de indruk. Dit liep perfect!

'Dan halen we er wat fotografen bij, en zeggen tegen allerlei mensen in het land dat zij ook GEESE FOR PEACE-bordjes moeten maken, die ze dan bij boerderijen, dierentuinen en zo in de grond moeten steken. De media zullen er hun handen vol aan hebben, en de mensen zullen het letterlijk niet geloven, Katherine! Het zal zijn alsof moeder Natuur zelf opstaat en nee tegen oorlog roept!'

Katherines hand vloog omhoog om me te verbeteren: 'Ja tegen vrede.'

'Sorry. Maar het zal lijken alsof die ganzen zelf stelling nemen. Moet je je voorstellen: ganzen die overal ter wereld ja tegen vrede roepen!'

'Ik vind het wel wat hebben,' zei Mike. Wij zaten met zijn tweeën vaker op één lijn, hoewel ik hem er nu wel van verdacht een tikje stoned te zijn. Gelukkig maar dat ík dat niet was: dan was *Geese for Peace* nooit ontstaan!

'Maar hoezo *geese*, ganzen?' vroeg Josh.

'Omdat dat rijmt op *peace*, natuurlijk!' zeiden Mike en ik bijna tegelijk.

'Ooo...' zei Katherine, die kennelijk nu pas het geniale van mijn plan doorzag.

En toen – eigenlijk uit het niets – kreeg ik wederom een briljante ingeving. 'Hé, Mike,' zei ik. 'Moet je horen... stel dat er een zaak was die Pizza-Hoed heette... die alleen hoeden verkocht... in de vorm van pizza's!'

Mike begon te giechelen... toen ik ook... en vervolgens konden we geen van beiden meer ophouden. We lachten en lachten, alsof we gestoord waren. Toen ik met mijn hand op tafel sloeg en daarbij bijna mijn wijn omgooide, begon Mike alleen maar harder te lachen. Op het laatst huilden we allebei van het lachen bij de gedachte aan hoeden in de vorm van pizza's. 'PizzaHoed!' gilde Mike. 'Wie hoed doet, die hoed ontmoet!' Ja hoor: hartstikke stoned.

En toen kletsten we nog wat verder over mijn briljante *Geese for Peace*-idee.

Toen ik een uur later naar huis strompelde, besefte ik dat die pretsigaret met Mike toch wat meer effect op me had gehad dan ik had gedacht. En dan bedoel ik niet vanwege *Geese for Peace* – dat bleef een ijzersterk concept. Maar wat er daarna gebeurde, vond ik achteraf toch wat zorgwekkend.

Eindelijk terug in mijn appartement, besloot ik dat ik onwijs toe was aan een lekkere kop thee. Dit kostte me aanzienlijk meer tijd dan normaal: ik vond de stoompluim uit de waterkoker zo fascinerend dat ik het water driemaal aan de kook liet komen, voordat ik een theezakje ging zoeken. Daarna haalde ik de melk uit de koelkast en pakte een lepeltje dat ik prompt liet vallen; het kletterde met veel herrie op de grond.

En toen ik me vervolgens bukte om het op te rapen, besefte ik ineens: ik had mijn uitvinding! Een lepel die niet kon vallen, die... zweefde! Dat zou pas geweldig zijn! Maar hoe liet ik hem zweven? Met behulp van propellertjes misschien? Ja: tientallen piepkleine propellertjes, bevestigd aan de onderkant van de lepel.

Ik rende naar mijn bureau en begon te schetsen. Ik voelde de adrenaline door mijn aderen jagen: ik had zojuist de Zwevende Lepel uitgevonden! Op de burelen van het Amerikaans Instituut voor Octrooien en Handelsmerken zou iedereen zijn werk laten vallen en uitbarsten in applaus zodra dit nieuws bekend werd! En het mooiste was nog wel dat we ook nog variaties konden maken: theelepeltjes, eetlepels, een zwevende opscheplepel zelfs!

Ik belde Ian.

'Hallo?'

'Ian, met Danny!'

'Hoe is-ie?'

'Niet slecht! Luister, wat zou jij ervan vinden om een lepel te hebben...' Ik gaf hem even de tijd om zich een lepel voor te stellen. '... die kon zweven?' Het bleef stil. Natuurlijk: hij moest even aardig wat denkwerk verrichten. Want Ian dácht wel te weten wat een lepel voor hem betekende, maar ik had zojuist al zijn denkbeelden over eetgerei overhoopgehaald; de bestaande bestekgrenzen fundamenteel verlegd. En ik denk dat hij dat ook wel voelde. Ik was een revolutionair, die zijn inzichten en denkbeelden probeerde over te brengen op een... normaal iemand. Ik bedoel, jij bent ook een normaal iemand: wat zou jíj doen als je werd gebeld door een visionair, die je vertelde dat hij zojuist de zweeflepel had bedacht? Toen pas besefte ik dat hij allang had opgehangen.

Ach... Ian, mijn zogenaamde gelijke, zat gewoon nog verstrikt in tradities; hij kampt met een uiterst negentigerjarenbeeld van lepels en bestek in het algemeen. Als je hem ooit tegenkomt, zou ik het op prijs stellen als je hem daar eens op zou willen wijzen.

Ontstemd zette ik mijn computer aan, om mijn mail te checken. Er was weer wat van Omar, zijn toon was nogal gepikeerd:

**BESTE danny**

**MAAR WAT ZIJN UW BANKGEGEVENS? IK MOET ZE HEBBEN, ANDERS KAN IK U HET GELD NIET GEVEN. GEEF MIJ DEZE GEGEVENS SNEL DOOR.**

**HET IS GODS WIL!**

**OMAR**

Ik snoof, dronk mijn thee op, at een enorme hoeveelheid toast en ging toen naar bed.

'Jij gaat wát doen?' riep Ian, en zette zijn biertje met een klap op tafel. Het was een dag later. Ik had Ian om advies gevraagd.

'Ik ga Omar mijn bankgegevens doorgeven.'

'Ja hoor: perfect! Eerst de zweeflepel, en nu dit: twee van de slechtste ideeën ter wereld, in slechts vierentwintig uur tijd.'

Het leek me beter om nu even niets te zeggen over mijn vredesganzen (die na een nachtje slapen trouwens al aardig aan kracht hadden ingeboet). 'Als ik hem nou eens niet mijn eigen gegevens geef, maar een gloednieuwe spaarrekening open, waar hij zijn miljoenen op kan storten? Ik móét hem helpen!'

'Hoezo eigenlijk?'

'Omdat hij maar blijft aandringen. Ian, die arme kerel staat op het punt te worden vermoord door de politieke tegenstanders van wijlen zijn vader!'

'Dan, het is zwendelarij!'

'Ach... jij ook al?' zei ik klaaglijk. 'Ik heb al eerder met zwendelaars te maken gehad, mijn vriend. En áls dit zwendelarij is, dan is het wel verrekte slim aangepakt.'

'Danny, natúúrlijk is het zwendelarij! Ik heb exact zoiets bij *Watchdog* gezien: ze versturen duizenden mailtjes en zodra er iemand reageert, weten ze dat dat e-mailadres klopt en krijgt diegene er nog tientallen. Dat soort lui is juist op zoek naar iemand zoals jij; iemand die netjes ja zegt, terwijl hij nee zou moeten gillen! Het zijn oplichters, Dan!'

'Ooit was ik ook zoals jij; nog niet eens zo lang geleden had ik ook gedacht dat het hier om oplichterij ging. Maar mijn ja-project heeft me laten kennismaken met de voordelen van positief denken: vertrouwen hebben in mijn medemens, alles vol optimisme benaderen.

En is het nu werkelijk zo vergezocht dat de vermoorde sultan van Oman (die ik overigens nooit heb ontmoet) altijd met zoveel genegenheid over mij sprak, dat zijn zoon (tegen wie de moordenaars van zijn vader nu mogelijk een complot hebben gesmeed) contact zoekt met mij, Danny Wallace, om zijn veertig miljoen dollar in veiligheid te brengen?'

Ik hoopte dat Ian mijn woorden zorgvuldig zat te overwegen. Tot mijn grote teleurstelling sprong hij echter zo'n beetje uit zijn vel. 'Natúúrlijk is dat te vergezocht, idioot dat je bent!'

Arme cynicus! 'Ian, hij heeft me bij hem thuis uitgenodigd. Waarom zou hij dat doen, als hij van plan was me daarvóór al op te lichten? Dat wordt dan een bar ongezellig dineetje samen, denk je ook niet? Nee, Omar is enkel op zoek naar mijn professionalisme in zaken.'

'Párdon? Jij weet niet eens hoe een nietmachine werkt! Dit gaat zeker allemaal via e-mail, hè?'

'Allicht: Omar moet zich momenteel een beetje gedeisd houden. Dus heeft hij zelfs een gratis e-mailaccount moeten openen, om op geen enkele manier te traceren te zijn – je weet wel, door zijn vijanden en zo.'
'En hij heeft naar je bankgegevens gevraagd?'
'Ja. En geïnformeerd of ik voor hem naar Nederland wil reizen, met contanten voor de handelscompagnons van zijn overleden vader.'
'Wat nog meer?'
'Mijn telefoonnummer.'
'En ik mag aannemen dat jij braaf met alles hebt ingestemd?'
'Ian, het is Gods wil! En daarbij, dit is allemaal ongelooflijk bevrijdend. Ik heb het gevoel dat ik helemaal geen keuzes meer hoef te maken: alles wórdt voor mij beslist!'
'Luister eens: ik verbied jou deze man je bankgegevens te geven. Oké?'
'Jij kunt mij helemaal niks verbieden! Wat wou je doen: het aan mijn ouders vertellen?'
'Als het moet, ja.'
'Alsjeblieft, dat niet!'
'Dit ja-gedoe begint nu een beetje link te worden, Dan. Ik dacht dat je alleen ja ging zeggen tegen avondjes in de kroeg; dat je mij af en toe een tientje zou lenen. Ik wist niet dat je ook dit soort dingen zou gaan doen! Dit is gevaarlijk, het kan vreselijk uit de hand lopen; dat gebeurt wel vaker met die e-maildingen. Nog een geluk dat die Omar de enige is die naar je gegevens heeft gevraagd...'
Ik zei niets.
Het begon Ian te dagen. 'Hij is niet de enige, hè? Danny, nee toch... Wie heeft er nog meer naar jouw bankgegevens geïnformeerd?'
Eerlijk gezegd hadden massa's mensen mijn bankgegevens willen weten. Het bericht van mijn hulpvaardigheid jegens Omar, zoon van de vermoorde sultan van Oman, was blijkbaar in aardig wat koninklijke kringen rondgegaan.
Na mijn eerste contact met Omar was ik aangeklampt door mensen als Zijne Hoogheid sjeik Isa Bin Sulman al Khalifa, emir van Bahrein, die nogal wat goeds over mij had gehoord en daarom zijn buitenlands bezit door mij wilde laten beheren, voor een bepaald percentage van honderdtwintig miljoen dollar.
En laat ik ook koning Asiam Okofonachi niet vergeten, uit het dorp Aziam van de inheemse Accra-stammen, achterachterkleinzoon van de legendarische krijger Okofonachi, die recent te horen had gekregen dat hij nog slechts één maand te leven had. En terwijl hij die tijding redelijk goed leek te hebben verwerkt, was hij vastbesloten zijn kolossale fortuin in goud níet

na te laten aan zijn twee zoons, die 'verwikkeld waren in drugssnuiverij en diverse handelingen met lichtekooien'. Hij schonk zijn geld echter graag aan een willekeurige vreemdeling als ik, op voorwaarde dat ik het niet besteedde aan drugssnuiverij of handelingen met lichtekooien. PS: of ik alsjeblieft even naar Ghana wilde overwippen, met bakken vol geld voor administratiekosten en dergelijke.

Ho! Dit was wél zwendel, hè? Nee, wacht: vertrouw op Ja.

'Oké,' zei Ian, en hij wreef over zijn neus (zoals vermoeide, brildragende leraren ook vaak doen, om je te laten zien dat ze om je geven... en een stuk intelligenter zijn dan jij). 'En jij vond het dus totaal niet verdacht dat koningen, emirs, de *Dukes of Hazzard* verdomme, jou plotseling mailden en beweerden dat jij hun redder was en naar je bankgegevens vroegen?'

'Ik vond het wat ongewoon, ja. Maar optimisme is...'

'Ongewóón? Danny, die lui beweren allemaal miljardair te zijn, en toch schrijven ze hun eigen mailtjes en verdomme nog via hotmail ook!'

Ik trok een bokkig gezicht. Hoe kwam hij erbij dat sultans, emirs en koningen niets met mij te maken wilden hebben? 'Moet je horen,' zei ik. 'Zodra Omar, zoon van een vermoorde sultan, over de brug komt met mijn deel van die veertig miljoen dollar...'

'Wie heb je je bijzonderheden allemaal gegeven?'

'Nog niemand: ik denk dat ik dat via zo'n bulkmail ga doen...'

'Dat doe jij niet!'

'Dat doe ik wel! Maar Omar was de eerste, die moet...'

'Dan, geef me het e-mailadres van die Omar eens.' Hij keek me er streng bij aan. En toen ik probeerde tegen te stribbelen, hield hij zijn wijsvinger voor zijn gezicht, wat er al met al best angstaanjagend uitzag. 'Als je wilt zeggen dat je er al niet meer onderuit kunt, Dan, kan ik misschien – voordat jij in een Nederlandse hotelkamer door een stelletje nepsultans in elkaar wordt geslagen...'

Ik knikte zwijgend.

Zijn vinger ging weer naar beneden. 'Goed dan, wat is zijn adres?'

**Aan: Omar**
**Van: Ian**
**Onderwerp: Slecht nieuws**
**Geachte Omar,**
**Het doet mij genoegen met u in contact te treden en mij aan u voor te stellen. Ik wil graag een beroep doen op uw vakinhoudelijke visie en verzoek u terstond in actie te komen.**
**Mijn naam is Ian, vriend van Danny.**

Danny is vanochtend gearresteerd, voor een misdaad die hij niet heeft gepleegd; hij bevindt zich momenteel in het gevang. Voordat hij werd weggevoerd, sprak hij met diepe genegenheid en vertrouwen over u. Danny heeft mij zijn zaken toevertrouwd en het viel me op dat hij ruim duizend pond op zijn bankrekening heeft staan. Ik ben bang dat zijn moeder zal trachten zich dit kapitaal toe te eigenen, aangezien zij eveneens toegang tot zijn bankgegevens heeft.

Ik wens daarom nu mijn land te ontvluchten en te migreren naar Oman, waar ik met u in uw sultanaat zou kunnen verblijven.

Indien u mij helpt Danny's duizend pond over te brengen naar een veilige, buitenlandse bankrekening, ben ik bereid u voor uw inspanningen 25% te schenken (= tweehonderdvijftig pond).

Het zou nodig kunnen blijken dat u naar Nederland afreist, voor het overhandigen van geschenken aan een aantal van Danny's vrienden. Zij zijn niet erg veeleisend: koop op het vliegveld maar gewoon een Toblerone-reep voor ze.

Het is Gods wil, enz.

Alstublieft broeder, wij moeten snel handelen. Danny's moeder komt steeds dichterbij. Stuur mij uw bankgegevens. Ik vertrouw u volkomen.

Ian

PS. Dit is geen e-mailzwendel.

En dat, mijn vriend, is hoe Ian Collins mij tien miljoen dollar door de neus boorde...

Plus dat percentage van honderdtwintig miljoen dollar, dat die sjeik me had geboden; die zevenentachtig miljoen dollar in goud, die die koning me had toegezegd; en nog eens tegen de tweehonderd miljoen dollar van andere hoogwaardigheidsbekleders, die zaten te springen om een beetje Wallace-magie.

Die avond installeerde Ian, na zijn mailtje naar Omar (die naar ik hoopte niet al te boos was en het hele complot echt bij elkaar had gejokt), een heftig junkmailfilter op mijn computer. Voortaan, zo zei hij, hoefde ik me geen zorgen meer te maken over spam, maar kon ik me concentreren op de echte ja-kansen – zoals naar de kroeg gaan en hem tientjes lenen...

Omar heeft nooit meer teruggeschreven. Ik was Ian zeer dankbaar: hij liet een kans glippen mij op mijn bek te zien gaan én bespaarde me een vliegticket naar Nederland (want daarvandaan bleken ze dus te opereren). 'Kijk,' zei Ian, over het web klikkend. 'Dit zijn dus de verhalen achter al die zwendels. Dagelijks trappen er weer een paar lui in: sommigen hebben geluk en verliezen maar een paar mille (nadat ze een bespottelijk bedrag aan 'administratiekosten' hebben overgemaakt); anderen boffen aanmerkelijk minder. Die vliegen uiteindelijk naar Nederland – waar het geld op hen zou liggen wachten – maar waar ze in plaats daarvan worden opgewacht door een afgezant van de koning, emir of sultan, van al hun geld worden beroofd en in sommige gevallen zelfs in elkaar geslagen.'

'En ik dacht dat Nederland zo relaxed was!' zei ik. 'Waarom slaan ze daar mensen zomaar in elkaar? Dat deugt toch niet?'

'Nederland is het zwendelparadijs van Europa, Dan. En het paradijs van grote, sterke, meppende kerels.'

'Wat zijn dat dan voor lui?'

'Hoofdzakelijk boeven. De meesten vrij ongevaarlijk, maar sommigen zijn lid van een bende: drugsbendes, met banden met de georganiseerde misdaad.'

Ik huiverde. 'Dat had mij dus ook kunnen overkomen! Omar vroeg al of naar Nederland vliegen tot de mogelijkheden behoorde. Ik had willen gaan! En dan was ik dus in elkaar geslagen door de potige leden van een drugsbende!'

'Daarom zeg ik ook, Dan, dat dit ja-gedoe onderhand misschien ver genoeg is gegaan; dat het misschien tijd is om er weer eens mee te kappen, weet je? Het lijkt ook allemaal zo... zinloos. Want wat leer je er nou van; wat heb je tot nu toe allemaal voor waardevols beleefd?'

Hij bracht me heel even van mijn stuk. Toch schudde ik mijn hoofd. 'Nee, Ian: ook deze ja had een reden. En toen was jij er om het tij te keren: jij hebt me gered. En dit kan me nu toch niet meer overkomen?'

'Lijkt me niet, nee: dat spamfilter staat op superscherp. Maar blijf jij voorlopig maar van dat verdomde internet af, Danny. Je graaft je er steeds dieper in: valt voor zwendel, koopt een peniscorrector, zegt ja tegen elke gestoorde die je adres weet te vinden... En wees ook maar voorzichtig met mailen.'

Ik knikte. 'Oké.'

'En denk erom: één nee is al genoeg voor het ontketenen van de alomvattende, huiveringwekkende kracht van... De Straf!'

Ik keek hem recht in de ogen. 'Jij hebt nog helemaal geen straf bedacht, hè?'

Hij schudde zijn hoofd.

Ian had gelijk: ik kon mijn computer maar beter even mijden. Dat was niet meer dan een grote doos vol riskante ja's. En ik wilde geen risico's: ik wilde veiligheid, zekerheid en gemak.

Dus dronk ik mijn thee in de keuken en zwoer ik dat ik niet meer naar mijn computer zou talen. Toen liep ik naar de woonkamer, zette de computer aan en checkte mijn mail.

Twee nieuwe mailtjes. Eentje was van Tom, van de BBC, om me te herinneren aan de vergadering van morgen, waar ik vol energie en ideeën naartoe moest komen. Het andere was van Starburster Brian:

**Danny,**
**Ik heb interessante informatie voor je. Lukt het jou om morgenavond zes uur in Bengaals restaurant New Clifton aan Whitechapel Road (naast station Aldgate) te zijn? Zeg alsjeblieft ja.**
**Brian**

Shit! Ian had gelijk: nu moest ik weer een hele avond over buitenaardse wezens en piramides leuteren. Misschien was dit allemaal inderdaad vrij zinloos.

Terwijl ik zat te piekeren over wat ik Brian moest antwoorden, zag ik dat zijn mailtje nog langer was. Ik scrolde naar beneden... en was meteen bloednieuwsgierig.

**PS. Het gaat over jouw man in de bus.**

# 7

*Waarin Daniel een theorie ontvouwt,*
*een feest bezoekt en een rivaal irriteert*

Ik kon maar niet bedenken wat Brian over die man uit de bus te vertellen had. Ik vond het al vreemd dát hij wat te vertellen had: die man in de bus was tenslotte gewoon maar een man in een bus. Toch had ik Brian per omgaande geschreven dat ik hem dolgraag in dat eethuis ontmoette, om dat stukje uiterst belangrijke informatie te vernemen. Het was een beetje een zonderlinge ja, maar dat gaf niet: ook zonderlinge ja's telden. Alle ja's telden, van welk niveau ze ook waren.

Jazeker: ja's zijn in te delen in niveaus. Wellicht ben je vandaag zelf, zonder het te weten, aan een ja van een bepaald niveau overgeleverd geweest: misschien was dat wel de reden waarom je uiteindelijk bent gaan winkelen, of jezelf op een kop koffie hebt getrakteerd; of misschien is het zelfs waarom je hier nu zit, met dit boek in je handen.

Ja-niveaus (jiveaus) zijn overal (joveral) en proberen ons in ons dagelijks leven behulpzaam te zijn. En wanneer je, zoals vermoedelijk het geval is, dit boek hebt aangeschaft als een soort handboek Zelfredzaamheid voor Beginners, moet je wellicht even nota nemen van het volgende.

## De vijf ja-niveaus

### Niveau Een
*Gemakkelijk.* Het gaat hierbij om ja zeggen op vragen als: 'Interesse in gratis geld?', 'Wil je nog een afzakkertje?', 'Zal ik je een foto van een pony laten zien?' of 'Neem je niet liever de rest van de dag vrij?'

### Niveau Twee
*Ook-nog-best-makkelijk.* Dit niveau is een ietsjepietsje lastiger. Het is ja zeggen op het doen van die hilarische imitatie van jou; en op dingen als: 'Oké, ik neem dat programma op BBC 2 vanavond wel voor je op' en 'Natuurlijk zet ik koffie voor jou, en ik verwacht er niet eens wat voor terug'.

### Niveau Drie
*Kost-redelijk-wat-inspanning.* Het begint nog wat lastiger te worden, maar ook weer niet zo erg dat je er een hoop ophef over moet maken – dat is het mooie van dit niveau. Dit is ja zeggen tegen dat feest waar je eigenlijk niet naartoe wilde; tegen die borrel na het werk, terwijl je met een Indiaas pasteitje op je bord naar *De zwakste schakel* wilde kijken; tegen alles wat een langere reistijd dan drie kwartier en/of meer dan één overstap vergt; en tegen je oude tante naar de wc begeleiden en niet hard wegrennen zodra zij 'Klaar!' roept.

### Niveau Vier
*Eigenlijk-te-veel-inspanning.* Aha, onze oude vijand Niveau Vier. Dit betekent ja zeggen op het bijwonen van een doopplechtigheid, van wie dan ook; op alles wat te maken heeft met moderne dans, of het moeten smeren en meenemen van je eigen boterhammen; op dingen waarvan je zeker weet dat je je er niet bij op je gemak zult voelen; en op dingen waar je eigenlijk op zou willen roepen: 'Echt niet!'

### Niveau Vijf
*Vergeet-het-maar.* De meesten van ons zullen deze status nooit bereiken. Dit is het niveau van ja zeggen op een uitnodiging voor een bruiloft in

Mozambique; voor een vreselijk etentje aan de andere kant van de stad, waarvan je weet dat je er niet welkom bent omdat je de laatste keer iemands vrouw hebt beledigd en over de schoenen van de gastheer hebt gekotst – en je moet ook nog verkleed komen, en Claire Sweeney komt ook... Dit is ja zeggen op alles waarvoor je in een vliegtuig moet stappen; waar pijn aan te pas komt; en al die andere dingen, waar je absoluut, definitief, hartgrondig geen ja op kunt, wilt of zou moeten zeggen. Dat, beste vriend, is Niveau Vijf.

Ik bedacht dat ik met mijn avontuur tot nu toe zo'n beetje rond Niveau Drie was blijven zweven... en dat was ook prima. Zoals ik ook al tegen Ian had gezegd: het was nog vroeg; de eenendertigste december was nog maanden van ons vandaan.
Alles tufte lekker voort: ik deed mijn best, kwam de deur weer uit, zei ja tegen dingen waar ik anders met geen stok toe kon worden overgehaald. Allemaal zo'n beetje Niveau Drie-spul, maar daar voelde ik me gewoon het lekkerst bij. Alles voelde goed, ik voelde me steeds beter, en ook anderen begonnen opmerkingen te maken over de ommekeer die ze in mij zagen.
Zo was Wag heel blij dat ik weer uithuiziger was. Langzaam begreep hij dat hij slechts de telefoon hoefde te pakken of ik was er, in een mum van tijd, tenzij ik al ergens anders ja tegen had gezegd. Maar regels zijn regels: met een beetje inspanning lukte het me meestal ook om beide afspraken na te komen, en was Wag weer geroerd dat ik hem niet teleurstelde.
Daarnaast was het me gelukt de draad weer op te pakken met vrienden die ik al in geen eeuwen meer had gezien. Nu ik bijna elke avond in de stad was, kon ik zo'n beetje overal redelijk snel zijn. Dus kletste ik fijn bij met Carl, Stefan, Nerys, Nathan, Dara, Nina, Noel en nog een paar.
Het ging goed, het ging prima, alles onder controle.

Het was vier uur toen ik haast huppelend het BBC tv-centrum verliet. Mijn tweede vergadering over nieuwe ontwikkelingen was ongelooflijk goed gegaan; belachelijk goed.
Oké, bij de meeste van mijn ideeën was al ge-'tss'-t, voor ik de titel goed en wel had uitgesproken; bij enkele kreeg ik zelfs het gevoel dat een aantal mensen in de zaal zich moest inhouden geen 'Boe!' te roepen... Maar wat mij aanging, was het me gelukt ja te zeggen op bijna alles wat ze vroegen, waardoor ik deze bijeenkomst absoluut succesvol mocht noemen.
Daarnaast had ik aardig wat middelmatige ideeën en op zijn minst drie

abominabele uit de prullenbak weten te redden, met een snufje van mijn grenzeloze positiviteit. Als jij iemand bent die altijd netjes zijn kijkgeld betaalt, zul je me daar wel dankbaar voor zijn...

Even in mijn eigen woorden, maar na de vergadering vertelde Tom me zelfs dat hij me wel mocht. Ik was volgens hem een frisse wind – niet zo cynisch en vooringenomen als de meesten bij dit soort bijeenkomsten. Ik deed niet laatdunkend, sterker nog (ik parafraseer nog steeds), het tegendeel was waar: ik koesterde ideeën, bekeek ze van de positieve kant. 'Jij begrijpt tenminste,' zei hij, 'dat er geen slechte ideeën bestaan. En dat zelfs díé kunnen leiden tot goede ideeën. Dát is waar het bij Nieuwe Ontwikkelingen om draait!'

Ik grijnsde breed. Ik had alleen maar alles akelig positief benaderd, en zie: ik werd overladen met lof, en ook nog door iemand die hier een hoop voor het zeggen had!

'Puur uit belangstelling,' zei Tom, 'maar wat voor contract heb jij eigenlijk bij de afdeling Radio?'

'Momenteel maar een paar dagen in de week... Ik ben op zoek naar nieuwe projecten...'

'Wat doe je de rest van de week dan?'

De rest van de week, Tom, drink ik liters thee en mail ik met sultans.

'Ach, je weet wel... van alles en nog wat.'

'Heb je er wel eens over gedacht om een tijdje hier te komen werken?'

'Pardon?'

'We hebben een vacature in een van onze teams. Ik geloof dat we zo iemand als jij wel kunnen gebruiken; iemand die zodra hij ergens binnenstapt, positieve energie uitstraalt.'

Positieve energie – wauw!

'Kun je me je cv eens sturen?'

'Ja,' zei ik.

'Mooi. Je hébt al bewezen een geboren ontwikkelaar te zijn. Jij kunt een idee beetpakken en ermee weglopen. Oké, dat *Hoe word ik vet* was behoorlijk bizar en wat je daarvan bakte, was ook niet briljant, maar...'

'Hé-hé,' zei ik, zwaaiend met mijn wijsvinger. 'Slechte ideeën bestaan niet!'

'Helemaal waar, Danny, behalve dát dan misschien... Maar wat ik maar zeggen wil: denk maar eens na over bij ons aan boord komen, ja?'

'Ja,' zei ik. 'Doe ik.'

'Zo, wat is jouw volgende afspraak?' vroeg Tom.

'Ik ga het met iemand hebben over een man in een bus,' antwoordde ik.

Bengaals restaurant New Clifton ligt aan Whitechapel Road, op een steenworp afstand van The Blind Beggar, de kroeg waar ik Brian had ontmoet en waar ik had geleerd dat buitenaardse wezens de piramides hadden gebouwd, terwijl die luie Egyptenaren er maar wat bij hadden gezeten – katten aanbiddend en in de muren krassend.

Ik wist niet wat Brian over mijn man uit de bus had opgepikt, maar omdat hij ook uit East End kwam – net als, naar ik aannam, de bewuste man – hoopte ik dat hij meer over diens identiteit te weten was gekomen. Hij zat er al toen ik binnenkwam.

'Hallo!' riep ik vrolijk en ging zitten.

'Hoi, Danny,' zei Brian. 'Fijn dat je gekomen bent. Ik neem aan dat dat komt doordat je nog steeds vaak ja zegt?'

'Nee, joh!' zei ik, omdat ik niet tactloos wilde lijken en hem het idee geven dat ik alleen daarom was komen opdagen. 'Hoewel... ja.'

'Geeft ook niet; het lijkt me de juiste keuze.'

'Denk je?'

Hij knikte.

Er viel een korte stilte, waarin ik vergat wie er aan de beurt was om wat te zeggen. En omdat Brian bleef zwijgen, vond ik dat ík de stilte maar moest verbreken. 'Wat doen we? Zullen we bestellen?'

Brian wenkte een van de obers en we bestelden een curry. Toen de ober wegliep, trommelde Brian met zijn vingers op tafel en zei toen, nogal onzeker: 'Danny, ik heb van het weekend wat onderzoek gedaan... een paar internetsites bezocht en zo... en het leek me raadzaam deze informatie met jou te delen.'

'Onderzoek? Waarnaar?' vroeg ik voorzichtig – want als een volwassen kerel de woorden 'internet' en 'onderzoek' in één adem noemt, heb je voor je het weet een proces aan je broek.

'Jij had me namelijk ergens over aan het denken gezet, weet je... Toen je vertelde over die man die je in de bus had ontmoet, refereerde Laura toch aan Maitreya? Nou, daar ben ik dus naar gaan zoeken.'

'Maar die is toch niet echt... Ik bedoel, je zei zelf...'

'Weet ik. Maar ik zei ook dat het goed is om voor alles open te staan. Dus... zou je me nog eens willen vertellen wat er die avond precies is gebeurd?'

Mm, vreemd. Wat ik had verteld, leek me helder: een man in een bus had iets tegen me gezegd, meer was het niet. Toch deed ik maar wat hij me vroeg. 'Nou, ik zat dus in de bus, naast een man, enne...'

'Hoe zag die man eruit?'

'Een Aziatisch type... met een baard.'

Brian pakte het papier dat al die tijd omgekeerd voor me op tafel had gelegen, en liet het me zien. 'Is dit hem?'

Ik kon er weinig van zeggen: het was een printje van internet, zwart-wit en vrij onscherp, van een Aziatisch uitziende man, met een baard en een wit gewaad, te midden van een grote menigte. Het onderschrift luidde: 'Kenia, 1988'. Ik was verbluft: Brian had zelfs rekwisieten meegenomen! 'Ik weet het niet...' zei ik, maar toen ik de teleurstelling in zijn ogen zag, keek ik nog maar eens. Ik wilde hem dolgraag van dienst zijn. 'Al lijkt die baard best wel.'

Brian kneep even zijn ogen dicht, ten teken dat ik door kon gaan met mijn verhaal.

'Nou ja, we praatten wat over koetjes en kalfjes; wat we van de week hadden gedaan en zo... en ik vertelde hem dat ik vooral thuis had gezeten, allerlei dingen had afgeslagen en zo... en toen zei hij: "Zeg vaker ja" – of iets van die strekking... En dat was het eigenlijk.'

Brian fronste zijn voorhoofd. 'Dat was alles? En vanaf dat moment zei jij vaker ja?'

'Ja.'

'En? Werkt het? Wat is er allemaal al gebeurd?'

'Tja... ik heb me geamuseerd: ik ben vaker uitgegaan, heb nieuwe mensen ontmoet – ik heb zo weer een feest – heb bijna 25.000 pond gewonnen, een stoomreiniger gekocht... Het lijkt zelfs goed te zijn voor mijn carrière, dus eh...'

Brian sloeg zijn armen over elkaar en boog zich naar voren. 'Dit klinkt je misschien wat wonderlijk in de oren, Danny, maar wat zou je ervan zeggen als ik je vertelde dat er een stroming bestaat die beweert dat Jezus gezond en wel aan Brick Lane woont, nog geen vijf minuten hiervandaan?'

Daar: het hoge woord was eruit.

Eerlijk gezegd wist ik niet hoe ik moest reageren. Het leek me het beste om stil te blijven zitten, met mijn mond een beetje open en verbijstering in mijn blik. Brian leek me absoluut geen godsdienstfanaat, en dit leek me ook een nogal merkwaardige en zinloze methode om Het Woord te verspreiden. Ik deed hard mijn best om deze mededeling in verband te brengen met ons vorige gespreksonderwerp. 'Eh... ik weet echt niet wat ik daar op zou zeggen,' zei ik. 'Misschien iets als: "Is dat zo?"'

Brian leunde weer achterover. 'Jezus, Christus, Boddhisvata, iman Madhi, Krishna, Maitreya. Noem hem zoals je wilt... maar ja: dat is zo. Althans, dat wordt door sommigen beweerd.'

'Maar wat heeft dat met mij te maken?' vroeg ik, zo beleefd mogelijk – ik besefte ineens dat je nooit zeker wist of Jezus meeluisterde.

'Volgens mijn onderzoek woont Maitreya, zoals we hem voor het gemak maar even zullen noemen, sinds 19 juli 1977 in de Pakistaans-Indiase gemeenschap aan Brick Lane. Hij is wat men noemt een Meester der Wijsheid, hier gekomen om te waken en te onderwijzen; als woordvoerder voor eerlijk delen en rechtvaardigheid.'

Ik liet zijn woorden even bezinken. 'Dan houdt hij zich anders aardig stil,' zei ik toen. 'Voor een woordvoerder, bedoel ik.'

'Nee, Danny, dat doet hij helemaal niet: hij schijnt al vijfentwintig jaar onder ons te werken. En er zijn over de hele wereld nog meer Meesters der Wijsheid, die mensen vormen, raken, de wereld veranderen...'

'Hoe doen ze dat dan?'

'Daar kom ik zo op. Volgens ingewijden werd zo'n achttien en een half miljoen jaar geleden een groep wezens van planeten zoals Venus naar de aarde gebracht, om ons op weg te helpen...'

'Mag ik je even onderbreken?' vroeg ik – maar dat mocht niet.

'Ik zeg niet dat ik ook zo denk, Danny; alleen dat er zo'n denkrichting bestaat. Die wezens hebben duizend jaar onder ons geleefd, in de meest afgelegen gebieden ter wereld – de Himalaya, de Rocky Mountains, de Gobi-woestijn, de Andes – en hebben vandaaruit een oogje op de mensheid gehouden. Tegenwoordig wordt echter beweerd dat deze wezens onder ons zijn gaan leven. Zo schijnt er een in New York te zitten, een in Genève, een in Darjeeling en een in Tokio. En dan natuurlijk Maitreya in Londen.'

'Juist,' zei ik, hoewel ik betwijfelde of dit allemaal wel juist was. 'En jij beweert nu dat ik Maitreya heb ontmoet?'

'Nee,' zei Brian. 'Ík zeg dat sommigen zouden beweren dat het best mogelijk is dat jij hem hebt ontmoet.'

'Maar waarom ik?'

Hij haalde zijn schouders op. 'Waarom niet? Nogmaals: ik zeg niet dat ík dit alles ook geloof. Maar om aan te geven hoe serieus hij wordt genomen: in 1984 werd gezegd dat Maitreya zich aan de media zou tonen. Dus kwamen verslaggevers uit de hele wereld opdraven, om te horen wat deze grote man te zeggen had. *The Telegraph*, *The Observer*, *The Sun*; ze waren er allemaal.'

'Waar?'

Brian trok zijn wenkbrauwen op en opende zijn armen. 'In Bengaals restaurant New Clifton.'

Hè? 'Hier?' zei ik verbluft. 'In dit restaurant?'

'Nou... niet precies: New Clifton zat toen nog in Wentworth Street.'

'O.'

'Maar nu zit het hier.'

Maar dat was niet hetzelfde. 'Waarom verkoos hij zich te openbaren in een Bengaals restaurant in East End?' vroeg ik.

'Weet ik veel,' zei Brian een beetje aangebrand, mijn vraag wegwuivend alsof iedereen dat altijd als eerste vroeg. 'In ieder geval werd de verzamelde pers verzekerd dat Maitreya daar zijn boodschap voor de wereld zou komen verkondigen.'

'Wat was die boodschap dan?'

'Eh... hij is nooit gekomen, dus dat weten we niet.'

Ik vroeg me af waarom Brian per se in Bengaals restaurant New Clifton had willen afspreken, terwijl het niet eens hetzelfde New Clifton was, als waar twintig jaar geleden een man níét was komen opdagen. Zo waren er duizenden plekken, zoals mijn appartement, of Bristol...

'Later werd bekendgemaakt dat Maitreya níét in Bengaals restaurant New Clifton was verschenen, omdat de tijd er nog niet rijp voor was... maar dat hij wél voortging met hier op aarde toezicht houden op de evolutie van...' En toen wees hij ineens naar mij. '... de lagere lieden.'

Ik wist niet of ik dankbaar of geërgerd moest zijn. Aan de ene kant vond ik het best een grappig idee dat Maitreya (mocht hij bestaan) er die avond voor had gekozen toe te zien op míjn evolutie. Aan de andere kant kon ik het niet helpen dat ik me behoorlijk op mijn pik getrapt voelde, omdat hij had bepaald dat ik, van alle mensen die Londen vandaag de dag bevolkten, het minst ver geëvolueerd was.

Ik vond het allemaal nogal kras en besloot Brian een beetje uit te dagen. 'Maar eh... als die Maitreya aan Brick Lane woont, dan wippen we nu toch bij hem langs? Gewoon even gedag zeggen, zodat ik met eigen ogen kan zien of het om dezelfde gozer gaat.'

'Ik weet niet waar hij precies woont,' zei Brian schouderophalend en brak een naanbroodje doormidden. 'Ik weet alleen dat het boven een winkel en vlak bij een tempel is, meer niet. Ik ben eerlijk gezegd niet zo'n Maitreya-expert. Maar... ik kan je wel voorstellen aan iemand die dat wél is...'

Het was natuurlijk grandioos geweest, als hij daarbij op de deur achter mij had gewezen, waarna een zwierig deuntje had geklonken en Maitreya zelve al wuivend was binnengestapt – als in een soort spirituele talkshow. Maar dat gebeurde niet. Ik voelde me een beetje zoals die journalisten zich in 1984 moeten hebben gevoeld.

Brian zei alleen: 'Pete.'

'Pete?'

'Ja, Pete: ex-Starburster en expert in dit soort zaken. Alles wat ik van Maitreya weet, weet ik van hem.'

'Dus jij vindt dat ik met hem moet gaan praten,' zei ik.
'Ja,' zei Brian.

Nogal beduusd verliet ik later die avond het restaurant. Ik was er nog niet van overtuigd dat die man die ik in die bus had ontmoet Maitreya was. Oké, hij had een baard, net als Maitreya, en hij was leraar, zoals Maitreya 'De Aardse Leermeester' was (wat me overigens nogal hooggegrepen lijkt: alleen al aan het nakijkwerk moet hij een dagtaak hebben). Maar er waren in Londen vast duizenden baardige leraren. Dus waarom Brian er zo van overtuigd was dat de wijsheid die die gozer uit die bus aan mij had overgedragen, góddelijke wijsheid was, begreep ik eigenlijk niet.

Toch had ik hem het groene licht gegeven om Pete over mij in te lichten, waarop ik te horen kreeg dat ik over een paar dagen een telefoontje kon verwachten, zodra Pete mij had 'nagetrokken'.

Stipt om acht uur arriveerde ik op het feest van Robert de technicus. Tot mijn verbazing was dat al in volle gang: er stonden mensen in de keuken, mensen op de overloop en er waren er zelfs die alweer vertrokken. Dit klopte niet: als ík een feestje gaf en ik had gezegd dat het om acht uur begon, gebeurde er de eerste anderhalf uur meestal niet meer dan dat ik in mijn uppie een bak pinda's zat leeg te vreten. Maar nee, hier was iedereen al aan het fuiven in een vrij poenerig appartement.

'Leuk stulpje, Robert,' zei ik, oprecht onder de indruk. Ik had me hem altijd in een soort RobotWars-decor voorgesteld. Maar hij bleek smaak en stijl te hebben.

'Het is het hok van mijn broer.'

Aha!

We liepen samen naar de woonkamer, waar een hoop mensen in een grote kring op eetkamerstoelen zaten. 'Iedereen: dit is Danny.'

'Hallo, iedereen,' zei ik.

'Hallo,' zei iedereen terug.

Robert ging zitten; ik daarom ook maar. 'Goed,' zei hij. 'De feiten!'

Verdomd, ik was mijn feit vergeten! Wat wist ik; wat wist ik dat niemand anders wist? Hoe kon ik een onbekende overdonderen? Ik had eerlijk gezegd niet gedacht dat het zo... officieel zou zijn.

'Hier is het mijne!' riep een meisje dat Rosie bleek te heten. 'De roep van de brulaap draagt wel vijftien kilometer ver.' Ze leek reuze ingenomen met zichzelf.

De groep maakte bewonderende geluiden en iemand zei hoofdschuddend: 'Dat wist ik dus niet!'

Jezus, en daar moest ik overheen!

'Oké, mijn beurt!' zei de jongen naast Rosie.

Shit, wat moest ik nou zeggen? Wat wist ik allemaal? Ik ken massa's fantastische feitjes... over leeuwen, helikopters... maar wát ook alweer precies?

'De vlag van Italië is ontworpen door Napoleon Bonaparte.'

Een paar lui zeiden: 'Echt?' Waarop de jongen enthousiast begon te knikken, alsof hij dit feit had gevonden na een intensieve wetenschappelijke studie.

'Wie volgt?' zei Robert.

Mijn god, het was niet eerlijk: waarom moest het ijs zo nodig aan het begín van het feest al worden gebroken? Konden we elkaar niet gewoon tot middernacht negeren, om dan met een dronken kop vriendschap sluiten terwijl de taxi's al gebeld waren?

'Ik wil wel!' riep een meisje in een roze truitje. 'Oké dan: als bij een standbeeld het paard beide voorbenen in de lucht heeft, is de ruiter in de strijd gesneuveld. Als het paard één voorbeen optilt, is hij overleden aan de gevólgen van verwondingen die hij in de strijd heeft opgelopen. En als het paard met alle vier zijn benen op de grond staat, is zijn berijder een natuurlijke dood gestorven.'

Deze mededeling bracht grote onrust teweeg. Het meisje was op slag de populairste persoon van de hele kamer – en dat enkel vanwege het spuien van wat volkomen nutteloze trivia. Ik stond perplex. Dat wilde ik ook!

'Danny?' zei Robert. 'Wat is jouw feit?'

Juist... snel, bedenk iets! Mijn hoofd was ineens helemaal leeg. Dan maar iets fantaseren... maar wát?

'Danny?'

Denk na, man!

'Eh... sinds de opening van de eerste McDonald's... in eh, 1969... een wegrestaurant even buiten California Beach...' begon ik (allerlei niet ter zake doende details toevoegend om mijn verhaal geloofwaardiger te maken) '... heeft de eh... multinational McDonald's ruim...' Ik stak mijn wijsvinger in de lucht om mijn feit nog belangwekkender te maken. '... één miljoen hamburgers verkocht.'

De hele groep staarde me verbluft zwijgend aan. Toen begonnen er een paar te fronsen, en iemand zei: 'O,' met een vleugje onverholen teleurstelling in zijn stem.

'Een miljoen?' zei het meisje met het roze truitje. 'Dat lijkt helemaal niet zoveel.'

'Ruim, hè!' zei ik. 'Dat wil zeggen: meer dan.'

Er viel een ongemakkelijke stilte; het meisje in het roze keek me beteuterd aan.

Maar toen kwam mijn redding. 'In 1893 was *shredded wheat* het eerste kant-en-klare ontbijtgranenproduct, waardoor het Kellogg's cornflakes met maar liefst vijf jaar klopt,' zei een man. De spanning was gebroken: de groep was weer vol ontzag. De man gaf me een knipoog.

Mijn redder bleek Gareth te heten.

'Heel erg bedankt nog,' zei ik. 'Eerlijk gezegd verzon ik dat hele McDonald's-feit maar. Ik bedoel, het is waarschijnlijk nog waar ook, dus technisch gezien loog ik niet eens...'

'Nee,' zei Gareth. 'Het is vast wel zo dat McDonald's meer dan een miljoen hamburgers heeft verkocht.'

'Toch veel, vind je niet?' zei ik, nog steeds proberend mijn feit indrukwekkender te maken dan het was.

'Eh... ja,' zei Gareth traag. 'Maar zeg eens, waar kom jij vanavond eigenlijk vandaan?'

'Uit Bow,' zei ik. 'En jij?'

'Forest Hill. Ben ik onlangs met mijn vriendin komen wonen.'

Hij bleek bij de tv te werken: deed iets belangrijks bij de planning van *Richard & Judy*, op Channel 4.

'O!' riep ik uit. 'Maar dat is een geweldig programma; daar heb ik zelfs nog een keer in gezeten!'

En dat was echt waar: toen ik eens mijn eigen cult was gestart (waar Hanne ook al niet veel van had moeten hebben), was ik uitgenodigd als gast bij *Richard & Judy*. Ik had me er kostelijk geamuseerd, en het was een van de hoogtepunten van een uiterst curieus tv-jaar geworden.

'Die aflevering heb ik gezien!' zei Gareth – wat niet zo gek was, aangezien hij voor dit programma werkte. 'Ik dácht al dat ik je herkende! Ik weet nog dat Richard na afloop zei dat het zo'n... curieuze aflevering was geweest.'

Ik geloof dat ik die opmerking in mijn cv maar even niet citeer...

En toen arriveerde er een nieuw iemand op het feest, die ons gezelschap vol vuur vertelde dat je in Hartford, Connecticut, een boete van vijf dollar kunt krijgen, wanneer je een lijk per taxi vervoert! Hij ontving applaus en een bewonderende blik van het meisje in het roze. Gareth en ik keken elkaar aan; ik mimede het woord 'klootzak'.

Mijn nieuwe vriend en ik kletsten over van alles en nog wat. Ik kwam erachter dat ik sinds het begin van mijn ja-experiment een fascinerend iemand was geworden, met allerlei nieuwe meningen en ervaringen. Zo vertelde ik Gareth tot in de details hoe mannen baby's konden krijgen; dat ik met een groepje vredesactivisten was opgetrokken, voor wie ik zowel de slogan 'Oorlog is fout' als de campagne *Geese for Peace* had bedacht (waar hij inmiddels vast al van had gehoord); dat de piramides door buitenaardse wezens waren gebouwd; en dat ik eerder die avond curry had gegeten in de straat waar Jezus tegenwoordig woont.

Gareth knikte, nam braaf alles in zich op en dacht toen even na. 'Danny, op welk telefoonnummer kan ik jou het beste bereiken?'

Ik gaf hem mijn nummer.

Toen zei hij dat hij wegging, omdat hij de volgende ochtend vroeg op moest, maar dat hij me binnenkort ergens over zou bellen.

Misschien was ik toch niet zo fascinerend als ik dacht. Ik besloot een onbekende nooit meer te proberen uit te leggen hoe hij zijn geboortekanaal kon dichtstoppen.

Een uur later had ik weer de grootste lol.

Ik had inmiddels gebabbeld met een Spaans meisje dat op haar vierde een geest had gezien; met een man die elke zin eindigde met: 'Weet je wat ik bedoel?' en met een gozer die ooit een windmolen had gekocht. En ik had de onverdeelde aandacht genoten van een meisje dat helemaal onder de indruk was van het feit dat mijn vriend Wag de volgende ochtend met Busted naar Duitsland vertrok.

De les van die avond werd dus dat je een feest nooit mag veroordelen omdat de uitnodiging zegt: *Neem een feit mee.*

Mijn volgende gesprekspartner was Thom, een zakenman die in de City werkte, maar eruitzag als een wereldreiziger. En dat was dus precies wat hij wilde zijn – een ongewone stap voor iemand uit de beurswereld. 'Tuurlijk, het verdient goed... maar soms, weet je... soms moet je gewoon een risico durven nemen en je luie leventje de rug toekeren. En dat is precies wat ik ga doen: ik trek naar Nieuw-Zeeland om iets heel anders, iets nieuws te beginnen.'

'Wat dan?'

'Weet ik nog niet. Ik heb gewoon altijd wat met Nieuw-Zeeland gehad. En ik heb genoeg gespaard om het de eerste paar maanden daar uit te zingen, me te settelen en zo... Maar ik wil vooral een beetje kijken wat er op mijn pad komt.'

Ik bewonderde hem: hij was iemand die alles had, maar had besloten dat hij de helft daarvan eigenlijk niet nodig had. 'Wauw,' zei ik. 'Hoe lang ben je dit al aan het plannen?'

'Ik dénk er al jaren over, maar ik had nooit gedacht dat ik het ooit zou doorzetten. Maar toen ging het uit met mijn vriendin en veranderde alles: toen was het alleen nog mijn werk dat me hier hield, dus dacht ik: stik maar! Ik ga doen wat ik altijd al wil. En dat betekent: gaan wonen waar de kwaliteit van leven een stuk hoger ligt dan in Londen.'

'Magnifiek, Thom,' zei ik. 'Echt! En behoorlijk... inspirerend.' En dat meende ik. En nog een ja ook: ja tegen jezelf. Ik wist niet wat naar Nieuw-Zeeland verhuizen in Jiveaus was, maar Thom leek werkelijk gelukkig, opgetogen zelfs; iemand die op het punt stond iets geweldigs mee te maken.

'Ik heb al zo'n beetje alles gepakt. Nog één week in Londen en dan: hopla, ik ben weg!'

'Ik wens je alle geluk van de wereld!'

'Dank je wel, Danny. Als je ooit in Nieuw-Zeeland bent, kom dan gerust langs.'

We klonken met onze bierblikjes en toen draaide Thom zich om. Wat een aardige gozer. 'Wacht eens even,' zei hij en draaide zich weer om. 'Ik ben iedereen al langs geweest, dus moet ik het jou ook maar even vragen... Ben jij toevallig geïnteresseerd in een auto?'

Vierentwintig uur later was ik er eindelijk uit: ja, ik kon me waarschijnlijk net een auto permitteren. Het grootste deel van mijn spaargeld zou er in één klap mee worden weggevaagd, maar met een beetje rood staan (en de belofte van een nieuw contract bij de BBC) kón het wel. Zeker als ik flink wat wist af te pingelen. Alleen wist ik niet hoe je dat deed – althans niet bij auto's, want daar had ik de ballen verstand van. Ik had Thom niet eens gevraagd naar het type. Ik wist al genoeg toen hij zei dat het een Nissan was: ik kende mijn beperkingen.

Ik had bij de bank mijn financiële situatie uitgezocht, was even bij mijn werk binnengewipt, en liep door Oxford Street, toen een verveeld kijkende man met een affiche in de ene hand en een stapel papieren in de andere met een Spaansachtig accent tegen me zei: 'Hebben?'

Ik mompelde: 'Oké,' pakte een blaadje van hem aan en beende verder. Toen ik er even naar gluurde, zag ik dat het reclame was voor een cursus Engels bij het University College London. Ik vouwde het blaadje op en wilde het net in mijn jaszak stoppen, toen ik merkte dat iemand had gezien dat ik het had aangenomen.

'Engels leren?' riep een andere man, me op armlengte een blaadje toestekend. Hij probeerde me te laten stoppen en zei nog een keer: 'Engels leren?'

Ik glimlachte vaag, nam het blaadje aan, maar liep stug door – de blik in zijn ogen beviel me niet. Ik was vaak zat door Oxford Street gelopen zonder iets aan te nemen, voornamelijk omdat niemand dat ooit doet. Ik had honger in zijn ogen gezien, gevolgd door acute opluchting toen ik het blaadje van hem aannam.

Ik hield mijn hoofd naar beneden en versnelde mijn pas, maar een paar tellen later wapperde er opnieuw een blaadje voor mijn ogen: *Engels als Tweede Taal, aan het Premier College London.* Ik pakte het aan, waarna er onverhoeds nóg een vanuit een heel andere hoek verscheen: *Engels aan het Academy College.* Een ander blaadje kwam van over mijn schouder: *Engels aan No. 1 College.* Waar kwamen al die dingen vandaan; waar záten al die vermaledijde scholen? En waarom dacht iedereen dat ik nodig Engels moest leren?

Toen ik heel even omhoogkeek om te proberen weg te komen, werd me meteen weer de weg versperd: twee mannen stonden als zombies voor me en staken me – 'Engels?' prevelend – een blaadje toe. Ik zat in de val, nam van allebei eentje aan en probeerde langs ze heen te komen.

Een tengere Italiaanse had zich echter achter hen verstopt en sneed me de pas af. Ik wilde haar blaadje niet en was bijna ontsnapt, toen ze (ik zweer het je) een lange, sidderende zombiekreun liet horen, waarna ik toch maar iets van haar aanpakte en me vervolgens om haar heen werkte.

En toen... nee: nog meer buitenlandse studenten met posters, blaadjes en rugzakken (waarschijnlijk gevuld met nog meer posters en blaadjes). Ik werd bijna onder de voet gelopen door deze meute goed bedoelende vreemdelingen, die in de straten van Londen een minimumloontje bijeen sprokkelden. Ik graaide nog een paar blaadjes mee en probeerde toen eindelijk een sprintje te trekken naar de metro, naar huis, naar een wereld zonder studentenzombies...

'Wil jij soms Engels leren?' klonk een stem rechts van me.

Ik keek op. Daar stond Hanne naar me te grijnzen, vers uit de metro van Tottenham Court Road. 'Shit! Hoi, Hanne!' zei ik.

'Hoe gaat het?' vroeg ze.

'Goed... prima, hoor.' Ik keek naar mijn vuist vol blaadjes. 'Ook eentje?' zei ik.

'Eh... nee.'

'Tja, dan hou ik ze zelf maar,' zei ik, en propte alles in mijn jaszak.

'Eh... het is misschien een beetje een rare situatie, maar eh... er is iemand met wie je misschien... je weet wel... moet kennismaken.' Ze wenkte een man die bij een lantaarnpaal stond te wachten. 'Danny, dit is Seb.'

Ik keek naar Seb, en toen naar Hanne. Wat deed zij met deze man genaamd Seb; wie was hij? Het was zeven uur: zij zou nu thuis moeten zitten, na het eten met een bakje yoghurt op de bank voor het journaal. Waarom was ze hier, op straat; waarom was ze hier op straat met Seb?

'O,' zei ik. 'Hallo, Seb.'

'Hallo, Danny,' zei Seb en we gaven elkaar een slap handje. 'Ik heb veel over je gehoord.'

'O,' zei ik. Ik mocht Seb niet, er wás iets met hem. Ach ja, natuurlijk: zijn rechterhand lag losjes op Hannes onderrug. Maar, ho! Het ging hier om mijn ex-vriendin! Wat kon míj het schelen waar de hand van de een of andere gozer lag? Toen pas besefte ik dat ik naar die plek stond te staren; Seb trok langzaam zijn hand weg. Shit, nu dachten ze vast dat ik er moeite mee had! 'Je hand lag op Hannes rug!' zei ik, breed grijnzend.

'Sorry, ik...'

'Nee, joh: prima!' riep ik.

'Danny,' zei Hanne. 'Maak alsjeblieft geen scène...'

'Nee, joh: ik vind het echt prima! Voor mijn part legt Seb allebéí zijn handen op je rug!'

Ze keek zoals ze altijd keek als ze vond dat ik sarcastisch deed.

'Nee, dat bedoel ik helemaal niet sarcastisch! Ik vind het fantastisch! Toe maar, Seb: leg allebei je handen maar op Hannes rug!' Het was afschuwelijk: hoe minder sarcastisch ik probeerde te klinken, hoe sarcastischer het klonk.

Sebs mobieltje klonk. 'Deze moet ik even nemen, hoor...' Hij liep een paar passen van ons vandaan en begon te praten. Het klonk nogal belangrijk.

En toen stonden Hanne en ik daar maar, ongemakkelijk te wezen. Ik probeerde van onderwerp te veranderen. 'Hij lijkt me erg aardig.'

'Laten we het er maar niet meer over hebben...' zei Hanne.

'Zo, dus jij hebt een afspraakje,' zei ik.

'Ja...' zei ze, naar haar tenen starend.

'Tof!'

'Ja,' zei ze. 'Ik wilde het je vertellen... toen met die koffie, weet je nog... over vanavond... Maar toen kwam jij met dat verhaal van die 25.000 pond. Maar je zei dat je het prima vond, toch?'

'Ja,' zei ik. 'Absoluut, vanzelfsprekend.'

Hanne keek naar Seb. Ze wilde er duidelijk vandoor, maar hij was nog niet klaar met bellen. En ik had het gevoel dat ik niet weg kon, voordat ik de boel met Seb had opgehelderd.

Eindelijk hing hij op en kwam weer bij ons staan. Seb glimlachte naar me, dus glimlachte ik terug; Hanne glimlachte naar mij; toen glimlachten Hanne en Seb naar elkaar, toen glimlachten ze naar mij – zoals alleen stellen dat kunnen. Stelletjes, gadver! Seb en Hanne, Hanne en Seb... het klonk ineens akelig... oké.

Ik kuchte en zei: 'Nou, dan ga ik maar eens...' De enige juiste opmerking, aangezien ik overal liever was dan hier.

'Da's goed,' zei Hanne.

'Goed,' zei ik, en draaide me al om.

'Tenzij...' zei Seb. Ik stopte. 'Tenzij je met ons meewilt?'

Mijn maag keerde zich om. Een uitnodiging! Mijn wangen begonnen te gloeien van ellende. Natuurlijk zei hij dat maar uit beleefdheid: hij wilde helemaal niet dat ik meeging. En Hanne ook niet. De enige die het nog minder graag wilde, was ik zelf. Shit, dit was nog eens een Niveautje Vier! Hoe kwam ik hieronderuit; kón dat nog wel?

Hanne glimlachte minzaam naar me en knikte even met gesloten ogen – ze gaf me toestemming gauw een smoes te verzinnen en dan te vertrekken. Ze wist heel goed dat de enige gepaste manier van handelen was dat ik iets zei in de trant van: bedankt, maar ik heb al een afspraak, waarna onze wegen zich konden scheiden. Seb was gewoon een heer: liet Hanne zien dat hij van goede wil was, en niet kleinzielig of afgunstig tegen haar ex wilde doen. (De klootzak – zo zou ík nog voor hem vallen...)

'Nou...' begon ik. En ineens wist ik waarmee ik eronderuit kon. Het enige wat ik hoefde te zeggen, was...

'Want je bent welkom, hoor, Danny,' voegde Seb eraan toe. Wilde hij dit voorval in de geschiedenisboeken krijgen of zo?

Seb glimlachte naar Hanne; zij glimlachte terug. Ik keek naar Hanne, met paniek in mijn ogen; zij glimlachte hartelijk terug, alsof ze wilde zeggen dat ik wíst wat ik moest antwoorden. Hoe moest ik dit brengen; hoe zei ik nu ja?

Maar toen legde Seb mijn zwijgen uit als een nee. 'Ook goed, hoor...' zei hij knikkend, zijn hand al naar me uitstekend. 'Dan denk ik dat wij maar...'

'Ja, graag,' zei ik vlug – en ik had er meteen weer spijt van.

Sebs hand bleef in de lucht hangen, hij keek beduusd.

Hanne sperde haar ogen open. 'Párdon?' zei ze scherp.

'Als je het zeker weet, Seb... ik bedoel, als je me echt meewilt... nou, graag dan.' Ik was nu knalrood; net als Hanne, al was het om een andere reden.

Maar Seb, de eeuwige heer, wist zijn kalmte te hervinden, haalde zijn telefoontje uit zijn zak en zei: 'Nou... dan zal ik het restaurant maar even bellen... om door te geven dat het een tafel voor dríé wordt.'

Het was gruwelijk. We zaten met zijn drieën te zwijgen in het chique Circus: Seb en Hanne tegenover elkaar, ik pontificaal in het midden, op een haastig aangeschoven stoel, aan een tafeltje dát duidelijk voor twee was. Ik bedoel maar: echt gruwelijk. En na tien minuten had al dat kaarslicht om ons heen het ijs nog steeds niet gebroken.

Het werd me algauw pijnlijk duidelijk dat dit Hanne en Sebs allereerste afspraakje was en ik was de grote indringer op hun feestje. Het is moeilijk te omschrijven hoe opgelaten ik me voelde. Maar ja, dit móést nu eenmaal. Ik probeerde het maar op de joviale toer te gooien. 'Hoe hebben jullie elkaar eigenlijk ontmoet?' vroeg ik, zo hartelijk als ik kon.

'Danny, moeten we nu werkelijk...' begon Hanne.

Maar Seb onderbrak haar. 'Via een wederzijdse vriendin,' zei hij. 'Ik werk voor Cecilia.'

'O ja: Cecilia,' zei ik.

'Ja,' zei hij, en pakte zijn menukaart.

'Ce-ci-lia,' zei ik nog een keer, ditmaal met een grappig accent. Seb reageerde helemaal niet; Hanne staarde me alleen maar aan. 'Cecilia,' zei ik, nu weer normaal, om te bewijzen dat ik dat ook heus wel kon. Seb bleef naar zijn menukaart turen.

'Zoals in dat liedje.'

'Welk liedje?' zei Hanne kil.

'Cecilia,' zei ik. 'Van Simon & Garfunkel.'

'Ja,' zei ze. 'Inderdaad.'

'Heb ik jou dat Simon & Garfunkel-verhaal van mijn moeder wel eens verteld?'

'Ja,' zei ze. Seb keek alsof hij totaal niet geïnteresseerd was in het Simon & Garfunkel-verhaal van mijn moeder, terwijl dat toch een geweldig verhaal is. Een tafel verderop kuchte iemand.

'Ja-ja,' zei ik, en ik zuchtte diep. 'Cecilia!' Ik zette mijn tanden in een soepstengel. 'Hoe gaat dat liedje ook alweer?'

'Jézus,' fluisterde Hanne, en klapte nu ook haar menukaart open.

Dus pakte ik mijn kaart ook maar. En daar zaten we dan: met zijn drieën, doodstil, te doen alsof we geheel verdiept waren in het menu.

Toen kwam de ober. 'Bent u klaar om de wijn te bestellen?' Ik geloof niet dat hij eerder drie mensen met zoveel overtuiging 'ja!' had horen zeggen.

Ik zou nu best over die avond willen ophouden, echt. Maar dat kan ik niet... want daar hield het nog niet op. En daarbij: ík heb geleden, dus doe jij dat nu ook maar even.

Twintig minuten waren inmiddels voorbijgegaan; we hadden besteld. Toen de ober de vis had aanbevolen, was ik, hoewel ik als kind al nauwelijks vis at, op zijn voorstel ingegaan. Hanne had daarbij haar wenkbrauwen naar me opgetrokken.

Omdat Seb al een minuut of tien niets meer zei, vond ik dat ik het gesprek dan maar gaande moest zien te houden. Maar hoe? Ik dacht aan mijn grap van een paar avonden eerder. Die werkte vast: de perfecte ijsbreker! 'Weet je waar ik net aan zat te denken?' zei ik en Seb keek eindelijk weer eens op. Dit werd 'm, hoor: als ik die twee nu aan het lachen kreeg – de waardevolste emotie die er bestond – dan was al die gêne toch in één klap verdwenen?

Ik grinnikte. 'Toen ik laatst langs de Pizza Hut kwam, dacht ik heel even dat er PizzaHoed stond. En toen dacht ik: zou het niet grappig zijn, als er echt een zaak was die zo heette... waar ze hoeden in de vorm van pizza's verkochten?' Grijnzend en met opgetrokken wenkbrauwen wachtte ik op hun gelach. Maar Sebs blik vloog terug naar zijn menukaart, en toen ik mijn hoofd draaide, zag ik dat Hanne me zat aan te staren.

'Je weet wel...' probeerde ik nog zwakjes. 'Het klinkt als PizzaHut, maar het is...' Ik keek naar Seb. '... een hoedenwinkel.' Niets. Ik snapte het niet: laatst was dit nog een enorme giller. Je hebt ook lui die gewoon niet wíllen genieten...

'Hé, en laatst had ik dus bijna tien miljoen dollar gekregen,' begon ik.

Ik werd meteen weer onderbroken. 'Luister, Danny,' zei Seb. 'Eet jij je vis nou maar en rot dan gauw op.' Hannes ogen vlogen naar de vloer; die van Seb boorden zich in de mijne. Dus at ik stilletjes mijn vis en rotte toen op.

Zwaar gekrenkt stapte ik uit de metro en ik besloot dat ik, gezien de omstandigheden, aan een stevige borrel toe was.

Onderweg naar de kroeg sms'te ik Ian: ALS JE ZIN HEBT IN EEN PILSJE ZIT IK IN THE ROYAL INN.

Hij sms'te meteen terug: WATTE?

Ik checkte wat ik had geschreven. In mijn verwarring en dankzij de autocorrectie was mijn boodschap niet bepaald vlekkeloos overgekomen: AKS JE ZIN GEBT IM EEN PIJPJE ZIT IK IM THE ROYAL INN.

Ik belde Ian: 'Biertje?'

'Ja,' zei hij. 'Maar we kunnen ook een pijp roken.'

In de kroeg lachte Ian me uit – recht in mijn stomme, bebrilde gezicht. 'Jij zei ja? Waarom, in vredesnaam?'

'Dat ja-project, weet je nog? Daar hoort nu eenmaal een hoop ja zeggen bij.'

'Weet ik! Maar wat héb jij? Er zijn grénzen, man!'

'Grenzen? Jij bent ook lekker consequent! En jij dreigde me te straffen als ik er maar van droomde een keer nee te zeggen!'

'Ik? Niet consequent?'

'Jij, ja! Jij zei: "Maar ik zal je moeten straffen als je het niet fatsoenlijk doet."'

'Ha, ik hoef jou helemaal niet te straffen: dat doe je zelf al!'

'Jezus, Ian, ik heb echt een enorm modderfiguur geslagen! Ik ben juist blíj voor Hanne; ik vind het fantastisch dat zij weer verliefd is. Ik wil helemaal niet dat ze denkt dat ik het maar niks vind.'

'Zo ziet het er anders wel uit, als jij haar de ene week verbiedt met een ander uit te gaan, en de week erop haar afspraakje verpest. Misschien moet je haar ook maar vertellen over dit ja-gedoe: krijg je dit soort toestanden niet meer.'

'Nee, man! Ik heb nog liever dat Hanne denkt dat ik een zenuwinzinking heb, dan dat ik me weer in een StomJongensProject heb gestort, wat dit overigens niet is...'

'Mm, zo klinkt het anders wel.'

'Zo help je me niet echt, Ian.'

'Pardon? Ik ben niet consequent, geen goede hulp... Het enige wat ik doe, is jou helpen: als ík er niet was geweest, was jij nu in Amsterdam in elkaar geslagen door die Omar!'

'Of ik had tien miljoen dollar gehad.'

Hij lachte. 'Ja hoor,' zei hij. 'Lulletje rozenwater!'

En dat schoot me ineens volledig in het verkeerde keelgat. Ik had een emotionele avond gehad en had er absoluut geen trek in om me in mijn eigen stamkroeg zo te laten noemen – alleen omdat ik vertrouwen in mijn medemens durfde te hebben. 'Lulletje rozenwater? Hoe dúrf je mij zo te noemen?' Ik geloof dat ik wel erg heftig overkwam. 'Misschien, Ian, was Omar écht in gevaar! Die mogelijkheid kun je toch niet zomaar aan de kant schuiven.'

'Daar hebben we het toch al lang en breed over gehad; ik heb het je zelfs bewezen! Die vent was een zwendelaar! Doe eens niet zo stom... dit hele project is stompzinnig en zinloos!'

'Nietes! Ik ben juist op zoek naar de zin van alles. En ik doe ook niet stom! Wil jij werkelijk beweren dat, ongeacht het bewijsmateriaal, de kans dat Omar géén zwendelaar was absoluut uitgesloten is; dat het niet mogelijk is dat hij de zoon van een vermoorde sultan was? Ik probeer gewoon menselijk te zijn, Ian!'

Hij keek me recht in de ogen. 'Ik had al een briljante straf voor je be-

dacht. Maar nu ga ik op zoek naar iets dat nog honderd keer erger is.'
'Doe maar!'
'Zal ik zeker doen!'

Toen ik die avond uit de kroeg kwam, was mijn stemming niet bepaald
verbeterd na twee biertjes met Ian en een fles wijn met Hanne, Seb en
Zware Vernedering. Omdat ik honger had, was ik even gestopt bij een
snackbar aan Roman Road, waar ik een bakje patat met een blikje Fanta
had besteld. De patat zwom in de azijn, ketchup en chilisaus, de drie keuzes die me waren gegeven en waar ik natuurlijk alledrie ja op had gezegd.
Halverwege had ik het bakje woedend in een vuilnisbak gesmeten.
Ik zette mijn computer aan en smeerde een boterham. Jazeker, dacht ik,
behalve die ruzie met Ian had Ja me vanavond aardig wat negativiteit toebedeeld. Maar ik had ook wat positiviteit ontvangen. En je wist tenslotte maar nooit: misschien werd door dit alles de vriendschap tussen Hanne en mij uiteindelijk alleen maar sterker...
Mijn telefoon piepte.
Een boodschap van Hanne: ZAK!
Ik bedacht dat haar autocorrectie ook vast tegen haar had gewerkt. Ze
bedoelde natuurlijk ZAV, wat Noors was voor iets heel leuks, zoals een
bos bloemen of een kirrende baby... Ik zuchtte. Positief denken! Ja had
me vandaag ook positiviteit toebedeeld!
En daar zou ik zo meer van ontvangen: iets positiefs, fantastisch en magnifiek. Iets wat Ian voor eens en voor altijd de mond zou snoeren; hem
een poepie zou laten ruiken; hem zou leren vertrouwen te hebben in
mijn ja-project; hem zou dwingen te erkennen dat ik noch een lulletje
rozenwater, noch een ZAV was.
Er stond maar één mailtje in mijn inbox, hoopvol en eenzaam. Het kwam
van ene dokter Molly van Brain, die mij schreef dat ik twintig miljoen
dollar in de Spaanse Loterij had gewonnen...
Ik was perplex: daar had ik niet eens aan meegedaan!
En nu nodigde dokter Molly van Brain mij uit mijn prijs persoonlijk bij
haar te komen afhalen. Het enige wat ik hoefde te doen, was het vliegtuig nemen.
Naar Nederland.

# 8

*Waarin Daniel zich een beetje in de nesten werkt*

Het feit dat deze opdracht me regelrecht naar Niveau Vijf zou brengen, wond me op en beangstigde me tegelijk. Dit was duidelijk iets wat ik beter kon laten, dat durf ik nu wel toe te geven.

Ian had me laten zien dat het bij negenennegentig procent van de ongevraagde junkmail om zwendel ging, bedoeld om onfortuinlijke, goedgelovige lieden te paaien. Maar... dan was er nog steeds één procent over – en één tegen honderd is helemaal niet zo'n slechte gok. Denk maar eens aan mijn kansen bij dat kraslot uit *The Sun* – iets waar ik me nog steeds aan vastklampte, om te bewijzen dat ja heus wel eens werkte...

Ik wíst wat Ian zou zeggen: dat ik stom was, dat dokter Molly van Brain waarschijnlijk niet eens arts was... of een Molly... of zelfs maar een Van Brain...

Maar dit was toch zeker wel een gokje waard, nader onderzoek, een ja? Het was alsof ik de wereld een beetje had verschoven; alsof ik ineens te maken had met een geheel nieuw, fascinerend universum, dat van de 'stel-dats'... Zoals: stel dat de Spaanse Loterij mij er echt als winnaar had uitgepikt? En: stel dat er op dit moment, ergens in een kamer in Amsterdam, een vrouwelijke arts werkelijk twintig miljoen dollar voor me uit zat te tellen, en verzuchtte: 'Goh, ik hoop dat déze toch komt opdagen; al die anderen lijken mijn mailtjes gewoon te negeren...' Hoogst onwaarschijnlijk natuurlijk, maar niet minder aanlokkelijk.

Terwijl de trein de stad in reed, keek ik nog eens naar haar e-mailbericht. GEFELICITEERD, WINNAAR! PROFICIAT VAN ONS ALLEN BIJ SKYLOW LOTERIJ INTERNATIONAAL!

Mijn naam, zo stond er, was door de computer 'geselecteerd uit 91.000 namen over de gehele wereld!' Maar ik moest het feit dat ik had gewonnen, volledig stilhouden. 'Aangezien een aantal namen en adressen is verwisseld, is het absoluut noodzakelijk dat u deze prijs volkomen privé houdt, tot het moment dat uw aanspraak erop is verwerkt. Vertel het dus aan niemand!' Dit alles vormde onderdeel van hun beleid 'ter voorkoming van ongeoorloofd misbruik van de situatie door mededeelnemers of oneigenlijke imitators'. Zeer verstandig! En natúúrlijk hield ik het stil: het laatste dat ik wilde, was wel dat Ian of Wag een bril opzette en mij 'oneigenlijk imiteerde'.

Maar het volgende stukje vond ik nog wel het mooiste.

*U bent derhalve geconfirmeerd voor contante uitbetaling, zoals toegekend onder dossiernummer LIP/63474-444/RT6. Deze prijs behelst een totaalbedrag van US $ 20.756.820,- (TWINTIG MILJOEN ZEVENHONDERD ZESENVIJFTIG DUIZEND ACHTHONDERD TWINTIG DOLLAR).*

En daaronder stond de naam van degene die mijn hart had vervuld van blijdschap: dokter Molly van Brain. En nog een naam: iemand van hun juridische afdeling, ene Albert Heijn. Met hem zou ik van doen krijgen nadat ik mijn gegevens door Molly had laten verwerken. Volgens haar hoefde ik enkel zo spoedig mogelijk naar Nederland te komen, of – gemakkelijker en wenselijker – ik nam contact op met Albert, waarna hij al het papierwerk en de juridische rompslomp voor me zou regelen, tegen een eenmalig bedrag aan afwikkelingskosten (zevenduizend euro, te voldoen voordat mijn cheque kon worden overhandigd).

Nou, niet dat ik Albert niet vertrouwde, maar dit was iets wat ik zelf wilde doen: het kostte immers maar rond de vijftig pond en drie kwartier om naar Amsterdam te vliegen. Daarbij vond ik zevenduizend euro wel wat veel voor een beetje afwikkelen. Dus had ik teruggeschreven: 'Laat Albert maar rustig aan doen: ik kom naar Amsterdam om u persoonlijk te ontmoeten! Ik heb al een ticket en zal morgen in Nederland arriveren.' Als dokter Molly van Brain daar niet steil van achterover sloeg, dan wist ik het niet meer.

Eenmaal in de binnenstad van Amsterdam stapte ik uit de tram en liep een internetcafé binnen. Daar gaan we dan: kom maar op met die rijkdom! Ik logde in en ging meteen door naar mijn eigen postbus, waar tot mijn verbazing helemaal niets in stond. Molly had me niet geantwoord, zelfs geen vriendelijk 'Welkom in Amsterdam' of 'Ik verheug me op onze kennismaking'. Ook goed. Misschien had zij het gewoon te druk met het uittellen van mijn geld en het kopen van taart en ballonnen voor de officiële uitreiking...

Toch was ik een beetje teleurgesteld. Je zou toch denken dat Albert op zijn minst de moeite had kunnen nemen me te schrijven. Nu er niets af te wikkelen viel, had die goede man immers tijd zat! Dus schreef ik nog maar een mailtje naar Molly.

**Beste Molly,**
**Ik ben het, Danny Wallace: winnaar van de SkyLow Loterij Internationaal! Ik heb grandioos nieuws: ik ben op je uitnodiging ingegaan en ben nu in Nederland! Ik hoop dat Albert niet boos is omdat hij de afwikkeling niet mag doen, maar ik wilde die zevenduizend euro liever uitsparen!**
**Afijn, ik zit momenteel vlak bij MagnaPlaza op je te wachten. Mail me alsjeblieft snel, of bel op 0044 7802 \*\*\* \*\*\*, om me te laten weten wat ik vervolgens moet doen.**
**Danny**

Mijn grootste zorg was dat het inmiddels akelig dicht bij vieren was, en ik wilde graag nog binnen kantoortijd contact met deze lui leggen. Ik had maar voor één nacht geboekt – tenslotte is Amsterdam niet bepaald een plek waar je graag met twintig miljoen dollar op zak rond kuiert – en ik vloog de volgende ochtend vroeg alweer terug.

Wat ik trouwens – afgezien van de inhoud – vreemd vond aan Molly's mail, was dat er geen enkel telefoonnummer in werd genoemd. Het was haast alsof ze niet wilden dat je contact met ze opnam! Het enige adres dat erin stond, was dat van de burelen van advocaat Albert – hoewel ik niet zou weten wat ik met hém zou moeten.

Vanuit het internetcafé slenterde ik richting MagnaPlaza. Even later zag ik een dertiger met een zonnebankkleurtje langzaam de straat oversteken. Hij glimlachte, maakte een vreemd klakgeluidje en had een dun riempje in zijn hand – met aan het eind daarvan een mollige, oranje kat. Ik knipperde een paar maal met mijn ogen en keek nog eens goed. Ja hoor: het was een man die zijn kat uitliet, midden op de dag. Ik stopte en keek hem even na.

Amsterdam barst van de ja's, dacht ik: het is een van de tolerantste steden ter wereld; een stad vol vrijheid en acceptatie; een plek waar nieuwe ideeën worden omarmd in plaats van botweg van tafel geveegd. In de jaren zestig stortte de Amsterdamse jeugd zich vrolijk en vol vuur op het hippiedom, dat de basis vormde voor een zeer open sociaal klimaat, dat het meest in het oog springt bij zaken als drugs en prostitutie. In 2001 werd in Nederland het homohuwelijk bij wet erkend; Amsterdam is een van de homovriendelijkste steden ter wereld: iedereen is er gelijk – en zo hoort het ook. Er is maar weinig straatcriminaliteit en overal zie je vriendelijke gezichten. Kortom: ik vond Amsterdam hartverwarmend.

Met die gedachten in mijn hoofd keek ik nog eens naar mijn kattenvriend, die door de straat flaneerde, hier en daar stilhoudend om zijn kleine vriend te laten snuffelen aan een paaltje of te likken aan een stoeptegel. En ik dacht: *Goed zo, meneer, wandel maar met uw kat en hou uw hoofd hoog. Want u bevindt zich in Amsterdam, stad der tolerantie. Hier kent men geen schaamte – zelfs niet voor mannen die in het openbaar hun kat uitlaten.*

Natuurlijk zou het, als ík het voor het zeggen had, niet zijn toegestaan katten aan de riem uit te laten. Maar ik ben dan ook geen Nederlander...

Toen ik langs een cadeauwinkel kwam, vroeg ik me af of ik iets moest kopen. Mocht je na één nacht in een buitenlandse stad al terugkomen met een souvenir? Ik koos voor een windmolentje op een stok en besloot Lizzie een kaart te sturen. Dat was alweer een tijdje geleden, en ik miste haar. Bovendien heb ik het idee dat ansichtkaarten belangrijk zijn: ze wekken de indruk dat je een wereldwijs, bereisd iemand bent, met gevoel voor cultuur en een levensstijl van de jetset. Ik zocht tussen de kaarten, tot ik er een had gevonden met een enorme klomp erop: exact het beeld dat ik wilde neerzetten.

Ik besloot nonchalant te doen:

**Lieve Lizzie,**
**Ik ben in Amsterdam! Zomaar, eigenlijk. Soms moet je dit soort dingen**
**gewoon doen, van het leven genieten. Weet je dat ze hier hun kat aan**
**een riempje uitlaten? Magnifiek!**
**Groetjes, Danny**
**X**

Ik zag een brievenbus, gooide de kaart erin en begon toen om de gigantische Nieuwe Kerk heen te wandelen – de gotische pinakels en het hoge
lijnenspel in me opnemend, evenals de op hun schelp blazende Neptu-
nusjes. Maar wie hield ik nou voor de gek? In een normale situatie had
ik hier natuurlijk veel meer aandacht aan besteed; mijn uiterste best gedaan alles te zien en me op de foto te laten zetten met een trompette-
rende cherubijn. Maar vandaag zat ik liever in een internetcafé...
Ik rende weer naar binnen, logde in en tot mijn grote vreugde wachtte
er een mailtje op me.
Maar het was niet van Molly, maar van iemand die zich de Amsterdamse
Standaard Trustmaatschappij noemde. Ik klikte het open en las:

**Geachte heer Danny@dannywallace.com**
**Dank voor uw e-mail aan SkyLow Loterij Internationaal. Wij fungeren**
**als hun tussenpersoon in dezen en zullen uw aanvraag als zodanig ver-**
**werken. Wij hebben daarom zo spoedig mogelijk enkele gegevens van**
**u nodig, aangezien de tijd rond uw aanvraag begint te verstrijken.**
**1. Volledige naam en adres, plus ALLE telefoon- en faxnummers**
**2. Bankgegevens**
**3. Paspoortnummer en nationaliteit**
**4. € 2.000, als vergoeding voor een schadeloosstellingsakte voor archi-**
**veringsdoeleinden. Het is uw taak deze kosten te voldoen.**
**Tevens verlangen wij binnen vierentwintig uur een eenmalige storting**
**van € 2.650 (om belastingtechnische redenen), om te kunnen garande-**
**ren dat uw aanvraag op tijd wordt ingediend.**
**Zodra het hele proces in werking is gezet, ontvangt u de benodigde do-**
**cumenten om uw geld te kunnen innen.**
**Robison Shaw**

Ho even, wie was dit nou weer? Wat was er met Molly gebeurd? En met
Albert? En wat was dat ineens allemaal over een tijdslimiet?
Ik schreef terug:

**Beste Robison,**
**Maar ik bevind mij reeds in Amsterdam, op verzoek van dokter Molly**
**van Brain! Op welke wijze kan ik mijn prijs bij haar innen? Wat zijn dat**
**allemaal voor vereiste documenten? Ik dacht dat Albert Heijn met de**
**afwikkeling was belast. En waar is dokter Molly van Brain gebleven?**
**Danny**

Er zat hier iets helemaal fout. Het was nu vijf uur en ik wilde dit zo snel
mogelijk afgehandeld hebben. En nu was ik ineens overgeleverd aan deze
Robison Shaw, die blijkbaar had besloten de hele boel over te nemen van
de stukken aardiger klinkende dokter Molly van Brain. En in zijn mailtje stond opnieuw geen adres. Maar wel een telefoonnummer...
Ik pakte mijn mobieltje en toetste het in. Als mijn aanvraag werkelijk
binnen een bepaalde tijd moest worden ingediend, was dit toch zeker de
snelste manier van handelen? Het telefoonnummer werkte wel... maar er
werd niet opgenomen. Ik wachtte en wachtte, in de hoop dat er zo een
antwoordapparaat zou aanspringen... maar dat gebeurde niet. De telefoon
ging alleen maar over, niemand nam op. Wat was hier aan de hand?
Ik probeerde het nog eens, met hetzelfde resultaat. Tien minuten later
probeerde ik het opnieuw.
Dit voelde niet goed! En dat toontje van Robison Shaw stond me ook
niet aan. Anders dan Molly, leek hij me nogal een geldwolf. Ik wilde dit
alles met dokter Van Brain rechtbreien, maar kon alleen via e-mail met
haar in contact komen.
Toch?
Ik haalde Molly's mailtje uit mijn zak en daar stond het: Albert Heijn,
Westerstraat, Amsterdam. Natuurlijk, ik had Albert een beetje buitenspel
gezet, door te besluiten zelf voor de afwikkeling te zorgen, maar hij zou
het toch niet erg vinden als ik even bij hem langs wipte? Als ik hem wist
te vinden, vond ik Molly hoogstwaarschijnlijk ook. En als ik haar had,
kon ik er eindelijk achter komen of ik werkelijk twintig miljoen dollar
had gewonnen.
Ik had een kaart van Amsterdam nodig, plus de bevestiging dat Albert
Heijn zat waar hij beweerde te zitten. Want als het om zwendel ging,
hadden ze toch gewoon een adres verzonnen? Nee, als zijn adres klopte,
was Albert misschien ook echt...
Ik hield een voorbijganger aan. 'Pardon,' zei ik. 'Wat moet ik draaien om
nummers op te vragen?'
De dame keek me niet-begrijpend aan. 'Een soort databank bedoelt u?'
vroeg ze.

'Ja, voor informatie uit het telefoonboek.'

'O!' zei ze en gaf me een nummer vol nullen en achten.

Ik belde.

'Naam?'

'Hallo. Spreekt u toevallig ook Engels?'

'Ja hoor.'

'Ik wil graag het nummer van Albert Heijn, Westerstraat, Amsterdam.'

'Natuurlijk.'

Even later had ik het. Albert bestond: hij was een echte man, met een echt adres! Nu kon ik dus om Robison Shaw heen, en de boel afhandelen met degenen die er vanaf het begin bij waren geweest. Daarbij: het verhaal zóú dus echt kunnen kloppen; alles zou best wel eens waar kunnen zijn! Want waarom zou een stel zwendelaars mij een bestaand adres geven?

Ik moest erheen! Het was inmiddels half zes: over een halfuur sloten de meeste kantoren. Ik kon daar toch zeker wel komen in minder dan...

Ineens stond mijn hart stil: het tijdverschil! Op mijn horloge mocht het dan half zes zijn: dat was een Engels horloge, alle Nederlandse horloges stonden al op halfzeven!

Ik moest Albert zo snel mogelijk zien te bereiken. Ik rende naar de hoofdstraat en wachtte bezweet, nerveus en wanhopig op een langsrijdende taxi. Enkele minuten later had ik beet. 'Westerstraat,' riep ik. 'Zo snel je kunt!'

We scheurden weg. Ik pakte mijn telefoon. Ik moest Albert laten weten dat hij nog even op zijn werk moest blijven. Ik moest hem vertellen dat ik onderweg was en hem wilde spreken over SkyLow, Molly van Brain en Robison Shaw. Maar zou Albert míj willen spreken? Ik had hem immers zevenduizend euro door de neus geboord! Ik, arrogante zak, had gedacht alles zelf af te kunnen...

De telefoon ging wel over, maar er werd niet opgenomen. Was Albert al naar huis? Of hoorde dit bij de zwendel? Zat hij zich nu, samen met Robison, kapot te lachen? Of was het toch echt? En zat hij nu, samen met Molly, mijn geld uit te tellen en op zijn horloge te kijken? Ik móést hem zien te spreken; ik móést dit vandaag regelen...

'Dit is de Westerstraat,' zei de chauffeur, en hij stopte langs de stoeprand. 'Op welk nummer moet u zijn?'

'Dat weet ik niet precies,' zei ik. 'Er stond geen nummer bij. Ik heb alleen dit...' Ik liet hem mijn printje zien.

'Aha, Albert Heijn!' zei de man, en begon weer te rijden.

'Ként u Albert Heijn?' vroeg ik verrast.

De chauffeur lachte. 'Tuurlijk!' zei hij. 'Iedereen kent Albert Heijn; hij is een belangrijk man!'

Ik was door het dolle heen. Dit zou Ian leren: ja was echt de enige, ware manier van leven!

Een paar honderd meter verder kwam de taxi langzaam tot stilstand. De chauffeur draaide zich naar me om en wees: 'Daar heb je 'm.'

Ik keek naar buiten. En daar had je hem, in grote, blauwe letters: ALBERT HEIJN.

Het was de naam van een supermarkt.

Ik was radeloos. En ik voelde me stom, superstom. Natúúrlijk was het zwendel. En het ergste was nog wel dat ik dat de hele tijd had geweten. Hoe kon het iets anders zijn? Ik had immers nooit aan die Spaanse Loterij meegedaan! Net zomin als ik Omars vader ooit had ontmoet, de vermoorde sultan die zo onder de indruk was geweest van mijn professionalisme in zaken.

Toen ik die winkel zag, wist ik het: Ian had het al die tijd bij het rechte eind gehad. Dat stelletje oplichters had een bestaande naam en adres gebruikt, zodat iemand die SkyLow probeerde na te trekken, zou zien dat hun 'advocaat' werkelijk bestond. Het was alsof je zou zeggen dat je voor de rechter werd bijgestaan door Bobby van Tesco of de Happy Shopper-tweeling... Alleen hadden ze er niet op gerekend dat er iemand werkelijk naar Amsterdam zou komen, wat niet eens zo'n gekke aanname was.

Het was een blunder van Ja om me hierheen te brengen: Ja had mijn beoordelingsvermogen vertroebeld; me optimisme gegeven, terwijl het me had moeten wapenen met cynisme! Elke twijfel had ik opzijgeschoven, in de ijdele hoop dat het allemaal wel goed kwam. Uitgelaten door het uitstapje, de mogelijkheden (hoe lachwekkend ook) was ik misschien gewoon op zoek geweest naar een kick; naar een nieuw shot opwinding en verrassing – zoals op die dag dat ik vijfentwintig mille had gewonnen (en meteen weer was kwijtgeraakt). Die dag had ik het geluk geproefd, en ik wilde er meer van. Misschien werkte ja-zeggen wel verslavend, maar bracht het je enkel de hoop dat als je er maar in geloofde, Ja je ooit het grote geluk zou brengen.

Ik ging op een bankje zitten en probeerde te bedenken wat voor draai ik aan de gebeurtenissen van deze dag moest geven. Hoe kon ik dit allemaal rechtlullen; wat zat hier voor goeds aan? Nou, om te beginnen zat ik nu op een bank in Amsterdam: ik had een vrije avond in Nederland, die ik anders nooit had gehad. En dat was toch zeker beter dan een doorsnee avondje in Londen voor de tv. Dat had ik toch maar mooi voor elkaar: daar was het me tenslotte allemaal om begonnen.

Ik besloot Ian niet te vertellen hoe ik in Amsterdam was beland. En als ik dat toch ooit deed, zou ik liegen en zeggen dat ik die twintig miljoen dollar lekker tóch had gewonnen. Volgens mij kwam ik daar wel mee weg, al zou het wel betekenen dat ik de rest van mijn leven in de kroeg rondjes moest geven.

Goed, ik besloot me dus niet in elkaar te laten slaan. Nee, ik ging vanavond lol beleven; ik was immers Ja-man! En Ja-man had pret in élke stad!

Het Nederlands Kaasmuseum beschikt over drie fascinerende audiovisuele displays over de geschiedenis van de kaasmakerij, met zowel aandacht voor beroemde kaasmakers, als een gigantische verzameling moderne apparatuur die de huidige kaasproducent tot zijn beschikking heeft. Bezoekers van dit Alkmaarse museum mogen proeven van ruim zes verschillende kazen, van Gouda tot Edam en weer terug; en deze sensationele kaasbeleving werd mij onthouden, enkel en alleen omdat het museum reeds twee uur eerder zijn deuren had gesloten.

's Middags op het station had ik een brochure meegenomen, die barstte van de bruikbare suggesties en handige tips over hoe ik mijn tijd in Nederland kon doorbrengen. Het probleem was echter dat bijna alles wat erin stond gesloten, potdicht of afgelopen was. Ik liep zelfs The Holland Experience in de Jodenbreestraat mis, die 3D-brillen, een bewegende vloer en een 'geurervaring' beloofde. Dat was de druppel: iedereen weet dat een dag zonder geurervaring een verloren dag is.

Toen mijn maag rommelde, dacht ik eerst nog dat dat mijn diepgewortelde razernij was, veroorzaakt door een gemis aan driedimensionale windmolens, tot ik besefte dat het waarschijnlijk honger was, aangezien ik de hele dag nog niks had gegeten.

Ik was nu vlak bij het Leidseplein, het hart van toeristisch Amsterdam, met zijn knipperende neonlichten en constante stroom van mensen, verkeer en nog eens mensen. Ik dwaalde weg van het plein, in stilte nog steeds dokter Molly van Brain vervloekend; niet alleen was ik nu twintig miljoen dollar armer, maar door al die heisa had ik ook nog amper iets geleerd over kaas. Ik kwam uit in de Leidsekruisstraat, in een restaurantje genaamd De blonde Hollander.

Het personeel was er erg aardig, maar het tentje zat zo vol dat me al werd gezegd dat ik mijn tafel misschien moest delen als het nog drukker werd. Ik haalde mijn schouders op, zei dat ik dat prima vond en bestelde een pannenkoek en een biertje.

Overal om me heen zag ik vrolijke mensen van over de hele wereld. Ik vroeg me af hoeveel lui hier uiteindelijk belandden, dankzij dokter Molly van Brain en haar snode zwendelbende. Ik kon toch niet de enige zijn? In het begin had ik me haar steeds voorgesteld als een hartelijk iemand; een wat oudere, vrouwelijke geleerde, die waarschijnlijk in haar vrije uren nog – geheel onbezoldigd – aan de ontwikkeling van allerlei geneesmiddelen werkte. Nu riep de naam Molly van Brain slechts beelden bij me op van een boosaardige, vrouwelijke beul in een lange, witte jas, die waarschijnlijk vooral goed was in kakelend lachen.

Toen mijn biertje kwam, werd er nog meer gebracht: twee mannen die nergens anders konden zitten, werden verontschuldigend naar mijn tafeltje geloodst. 'Alstublieft,' zei de ober, terwijl hij hun stoelen naar achteren schoof en ze gingen zitten.

'Hallo,' zei de eerste man, gevolgd door de tweede.

'Hallo,' zei ik terug.

Ik wist wat er in dit soort situaties van je wordt verwacht. Degene die alleen is, doet alsof hij de anderen nauwelijks opmerkt; zij op hun beurt doen alsof de eerste er niet bij zit. Vervolgens gaan de laatste twee op luide toon zitten roddelen, waarop de eenling doet alsof hij doof is en absoluut niet meeluistert.

Maar deze keer niet: de eerste man stak zijn hand naar me uit en zei kordaat: 'Ik heet Jahn.'

'O,' zei ik. 'Danny.'

'En dit is Sergei,' zei Jahn, waarop ik ook Sergei de hand schudde.

En als vanzelf raakten we vervolgens in gesprek.

Jahn en Sergei waren backpackers. Hoewel: dat wáren ze bij aankomst in Amsterdam geweest; nu zaten ze hier allebei alweer een halfjaar. Jahn – lang, mager, blond – was hier aangekomen nadat hij vanuit Zuid-Afrika door Europa had gereisd; Sergei – kleiner, zwaarder, baard – kwam uit Polen. Ze hadden elkaar in een jeugdherberg om de hoek ontmoet en waren sindsdien dikke vrienden.

'Amsterdam is de mooiste plek waar ik ooit ben geweest,' zei Sergei. 'Absoluut. Hier voel ik me thuis, hier hoor ik.'

'Wij gaan allebei het liefst waarheen de wind ons voert,' zei Jahn. 'Als ik iets wil zien, ga ik eropaf. Maar soms leun ik achterover en kijk wat er op me af komt. Dan zoek ik een baantje, slaap ik in een jeugdherberg en wacht ik op wat er zich aandient. Mijn vader zei altijd: "Je hebt pas geen kansen meer, als je besluit er geen meer te benutten." Zo voel ik het ook.'

Zeker een uur kletsten we over van alles en nog wat: Londen, Polen, Zuid-Afrika...

Op een gegeven moment wilden ze weten wat ík in Amsterdam deed. Ik vertelde ze dat ik op visite was bij mijn vriend Albert. Maar toen ze vroegen waar hij nu dan was, bezweek ik onder het gewicht van mijn eigen leugen en vertelde hun het hele verhaal. Lachend zeiden ze dat ik me niet druk moest maken: een reisje van vijftig ballen is immers niet veel voor een kans op twintig miljoen dollar.

Sergei vertrok vrij vroeg: hij moest nog werken. Jahn deed me een voorstel dat ik niet kon afslaan – met name omdat er de laatste tijd maar weinig voorstellen waren die ik kón afslaan... 'Als je vanavond toch niets te doen hebt, wil ik je best een rondleiding geven,' zei hij. 'Kun je míjn Amsterdam eens beleven.'

'Oké,' zei ik. 'Lijkt me fantastisch!'

Cool! Dankzij een bepaalde, maar volkomen willekeurige reeks van ja's had ik Jahn ontmoet; anders hadden wij nooit elkaars pad gekruist. Maar nu het eenmaal zover was, wat kon het dan voor kwaad om een vreemde mijn avond te laten dicteren? Dit was tenslotte zíjn stad. Als je het aan mij overliet, zat ik nog steeds te dubben over dat stomme kaasmuseum.

'Oké, eerste stop: Warmoesstraat,' zei Jahn, toen we het restaurant verlieten.

'Prima, wat zit daar?'

'Argos.'

Ik knikte. Ho even! 'Een warenhuis?' vroeg ik.

'Nee, een bar,' zei Jahn kalm. Hij had dit misverstand duidelijk eerder met een Engelsman aan de hand gehad. 'Daar zit een vent die me nog geld schuldig is. We wippen er binnen, pakken die cash en gaan weer weg. Akkoord?'

'Akkoord,' zei ik.


Vanuit de taxi liepen we rechtstreeks Argos binnen (dat in niets leek op welke Argos dan ook die ik ooit vanbinnen had gezien). Jahn werd er meteen toegejuicht door een paar kerels aan een tafel vooraan. 'Vrienden van me,' verklaarde hij en hij verdween.

Ik keek glimlachend om me heen. Er wás iets met deze bar; er miste iets... maar ik kon er niet meteen mijn vinger op leggen. Er stonden stoelen, er hingen lampen, er was drank, er waren mannen – zwart, blank, lang, klein... vooral veel mannen. En toen wist ik het ineens: ik miste de vrouwen... En verder – oeps – gewone kleding: simpele, mannelijke kleren, van ribfluweel en denim... ja, d'r was hier een stuk minder ribfluweel en denim dan ik gewend was... en een stuk meer eh... een stuk meer léér dan voor mij normaal was. O, mijn god: ik stond in een leerbar!

'Argos is de oudste leerbar van Europa,' zei Jahn, die ineens weer naast me stond.

'Geweldig!' riep ik, in de hoop dat hij mijn enthousiasme zou uitleggen als stadse onverschilligheid. 'De oudste van Europa? Dat is verdomme magnifiek!'

'Hier heb je twee tapkasten en dan is er nog de kelder.'

'Een kelder? Gaaf! Waar is die voor?'

Hij keek me even aan. Op dat moment wist ik dat ik maar beter niet kon weten waar die kelder voor was.

Jahn ging weer naar zijn vrienden om zijn geld los te praten. En toen pas drong de alarmerende waarheid langzaam tot me door: ik was, door iemand die ik amper kende, meegenomen naar een homo-leerbar midden in het centrum van Amsterdam!

Nu moet je geen verkeerd beeld van mij krijgen: ik ben vaak genoeg in een homobar geweest, waar ik menig piekfijn, stijlvol avondje heb doorgebracht. Evenmin heb ik iets tegen leer: ik bezit zelf een leren jack en twee leren riemen, en ik weet nog dat ik op de basisschool met niets anders dan een authentiek lederen schooltas wilde rondsjouwen. Maar ik was nooit eerder in een homobar geweest – laat staan in een homo-léér-bar – als Ja-man...

Lichtelijk paniekerig realiseerde ik me dat ik een man vol ja's was, in een bar vol mogelijkheden! Stel dat iemand hier mij een voorstel deed, mij uitnodigde, of – mijn god – om een gunst vroeg? Niet dat ik wil beweren dat ik zo'n stuk ben waar altijd alle homo's omheen zwermen, maar van wat ik in Engelse homobars heb gezien zijn homo's ook niet altijd even kieskeurig.

'Hoi!' zei ineens een stem rechts van me. 'Ben jij een vriend van Jahn?' De man was gladgeschoren, keurig gekleed en uiterst vriendelijk. Nergens een stukje leer te bekennen, hoewel zijn broek wel wat strak zat. Maar opeens werd ik weer gegrepen door paranoia: misschien wilde hij wel iets van me! O, nee!

Nu moet je weten dat ik homofobie een verachtelijke karaktertrek vind; een onbeschaafde, onderontwikkelde manier van denken, klakkeloos omarmd door dat deel van de samenleving dat tijdens de laatste ronde in de kroeg *Wonderwall* meebrullen als het toppunt van beschaving ziet... Maar ja, ik had nu dus wel de morele plicht ja te zeggen tegen deze man, wie hij ook was en wát hij ook van me wilde!

Ik moest razendsnel denken, het gesprek zien te sturen, het naar veiliger wateren koersen... En gauw iets verzinnen, want zijn vraag hing nu al zeker vijftien seconden onbeantwoord tussen ons in. 'Ja,' zei ik daarom. 'Ik ben een vriend van Jahn, ja.'

Koortsachtig inspecteerde ik de zin in mijn hoofd: bevatte hij iets dat als een toenaderingspoging kon worden opgevat? Shit, ik had gewoon 'ja' moeten zeggen: nu had ik het tweemaal gezegd! Dat leek verdacht veel op flirten!

'Jahn is cool,' zei de man. 'Waar kom jij vandaan, Engeland?'

Wat kon ik zeggen dat hem niet op het verkeerde been zou zetten? 'Ja.'

'Londen?'

Ik knikte.

'En Jahn laat je Amsterdam zien?'

Ik knikte opnieuw. 'Ja.'

'Zeg, ik ga naar de bar. Wil jij ook wat drinken?' Hij streek erbij over zijn mond.

Dit was afgrijselijk! Ik zei alléén maar ja! En nu knikte ik al glimlachend en nam een drankje van hem aan! Hij had me exact waar hij me hebben wilde!

Ik wil je er hierbij even op wijzen dat ik me net zo ongemakkelijk zou hebben gevoeld als het was gegaan om een bar in de beruchte rosse buurt, en de man een schaars geklede dame was geweest... Nou ja, bijna net zo ongemakkelijk.

Toen stond Jahn opeens weer naast me. 'Zo, ik heb mijn geld. Zullen we gaan?'

'Ja!' riep ik. 'Doen we!'

De man glimlachte weer en zei: 'Leuk dat ik je heb ontmoet.'

'Hé, Dieter!' zei Jahn en Dieter stak zijn hand naar hem op. 'Dieter is een van de aardigste kerels die ik ken.'

Ik schaamde me ineens. Ik had me door mijn eigen paranoia en vooroordelen laten misleiden: Dieter was gewoon een hele aardige kerel.

'Maar hou 'm in de gaten,' ging Jahn verder. 'Want hij zál je proberen de koffer in te lullen.'

Dieter deed alsof hij geschokt was.

'Dieter duikt namelijk met alles wat los en vast zit de koffer in.'

Dieter lachte, noemde Jahn een kreng en ging een biertje halen. Ik lachte mee, tot ik besefte dat ik dus tot 'alles wat los en vast zat' behoorde.

'Zo,' zei Jahn. 'Eerst wil ik je een toffe tent in de rosse buurt laten zien...'

Ik riep geluidloos: 'Help!'

Voordat we echter de mogelijke gruwelen van de rosse buurt gingen trotseren, stond Jahn erop me mee te nemen naar een zaak even verderop in de straat. Een verrassing, zo zei hij; je reinste Amsterdam-belevenis. Zolang er geen leren kerels waren, zei ik, nam ik er graag een kijkje... Even later stonden we op de stoep voor een winkel met de vrij verdachte naam Bewuste Dromen. 'Is dit nou een coffeeshop?' vroeg ik, heel goed wetend dat koffie wel het laatste was waar mensen die in deze stad zo'n zaak bezochten, naar op zoek waren.

'Nee, niet precies... Dit heet een smartshop. Rook je wel eens wiet, Danny?'

'Liever niet meer,' zei ik. 'De laatste keer dat ik dat deed, raakte ik geobsedeerd door ganzen.'

Jahn keek me begrijpend aan. 'Oké, kom mee...' en we liepen naar binnen.

'Maar wat ís een smartshop dan?' vroeg ik.

'Hier koop je drugs die goed voor je zijn.'

'Een soort apotheek dus?'

'Nee...' zei Jahn, en ging zitten. 'Drugs die je geheugen opfrissen, die je helpen concentreren of die je extra energie geven, snap je? Allemaal natuurlijke alternatieven voor de chemische middelen. Want waarom zou je LSD pakken als je ook iets uit de natuur kunt nemen: natuurlijke LSD, veel minder risico voor je gezondheid.'

'Maar LSD is hier toch illegaal?'

'Jazeker. Maar dit spul is legaal: allemaal prima alternatieven voor speed, xtc, wat je maar wilt. Nu je in Amsterdam bent, moet je echt eens wat uitproberen...' Hij grijnsde breed. Ik zag dat hij ervan genoot mensen die minder bekend waren met deze stad, naar dit soort plekken te sleuren. 'Je kunt bijvoorbeeld paddo's proberen: psychotroop, en vers volkomen legaal.'

'Maar zoiets is toch slecht voor je?' zei ik, een beetje verbolgen. 'We hebben er op school eens een heel werkstuk over moeten maken, toen Jonathan Davies in een veld iets had gegeten en de hele middag achter bomen aan had gerend.'

'Maar het is toch natuurlijk? En wat de natuur voortbrengt, kan toch niet slecht voor je zijn?'

Daar dacht ik even over na. 'En aardbevingen dan?' probeerde ik.

Jahn schudde zijn hoofd.

'Hitler?' zei ik.

Hij keek me verbijsterd aan.

'Nou ja, misschien koop ik wel een paar van die paddestoelen,' zei ik.

'Neem ik die morgen mee naar huis. Want ik hoef er toch niet meteen in te duiken, wel?'

'Nee-nee, je mag ze niet meenemen! En je mag ze ook niet laten drogen, want dan zijn ze wel illegaal. Een paar jaar geleden was er een hoop gedoe, toen ze hier paddo's gingen verkopen. Ze zijn ermee weggekomen door zich te herprofileren als groentewinkel.'

Ik keek om me heen. 'Dus eigenlijk heb je me meegesleept naar een groenteboer?'

Hij glimlachte. 'Kom! Klaar voor een geheel nieuwe ervaring?' Daar had je 'm: de zin die mij over de streep zou trekken! Ik voelde me net Marty McFly die door iemand een lafaard werd genoemd...

'Ik moet zeggen... dat ik me hier best een beetje onbehaaglijk bij voel,' zei ik. Dat was waar: ik was nog nooit zelfs maar in de búúrt van het uitproberen van een echte klasse-A-drug gekomen. Ik zou zelfs moeite hebben ze allemaal te benoemen: drugs is gewoon geen onderwerp dat mijn vriendenkring bezighoudt. Verder dan die pretsigaret met die vredesactivisten in Brixton was ik nooit gegaan. En daar zat ik dan: het cliché van de Amsterdam-toerist, met een Zuid-Afrikaan die dit alles volkomen normaal, acceptabel en prima vond – op het punt het volgende niveau te betreden.

'Je moet het alleen doen als je het zelf wilt,' zei Jahn. 'Maar jij wilde zien hoe ik leef, en ík ga wat halen...' En hij stond op en slenterde naar de bar. Ik bleef zitten, worstelend met mijn geweten: dit kon ik toch niet zomaar doen? Maar ik was wel in Amsterdam, stad der ja's: als ik hier geen ja zei, waar dan? In Swansea? En ineens zag ik het licht; kreeg ik het gevoel op een keerpunt in mijn leven te staan. Als ik dit deed – iets wat in mijn dagelijkse, Londense leventje nooit in me zou zijn opgekomen – dan duidde dat toch op een zekere betrokkenheid? Wat weer zou betekenen dat ik hieraan toe was. En zoals Jahn ook al had gezegd: het was niet eens verboden, technisch gezien althans.

Toen Jahn terugkwam, stak hij de joint aan die hij net had gekocht en leunde achterover. Toen legde hij een pilletje op tafel en schoof het naar mij toe. 'Probeer deze maar eens,' zei hij. 'Ga je helemaal van uit je bol.' Dat vooruitzicht trok me al niet zo.

Ik keek naar het pilletje. 'Jahn, als je daar echt van uit je bol gaat... had je dan niet iets milders kunnen nemen? Is er niet iets wat stopt, net voordat ik uit mijn bol ga – dat meer een lekkere schedelmassage geeft of zo? Dit klinkt wel erg... heftig.'

Jahn trachtte vergeefs mijn zorgen weg te wuiven. Toen herinnerde ik me iets wat hij eerder die avond had gezegd: *je hebt pas geen kansen meer zodra je besluit er geen meer te benutten.* En dit wás een kans – althans een mogelijkheid iets geheel nieuws te proberen; iets wat ik zonder een bepaalde reeks van ja's nooit zou hebben uitgeprobeerd; een ware Niveau Vijf.

Toen viel me ineens iets heel anders in. 'Hé... ben jij al, je weet wel... stoned?'

'Beetje.'

Ik leunde naar voren en keek Jahn recht in de ogen. 'Stel je eens voor dat er een zaak was, genaamd PizzaHoed, die hoeden verkocht in de vorm van pizza's...'

Hij fronste eerst en schudde toen zijn hoofd. Niet te geloven: die grap werd zelfs sléchter! 'Maar eh,' zei hij, 'ga je het nou proberen of niet?'

Mijn antwoord luidde al ja. 'Hoe heet dit ding eigenlijk?'

'Eh, vertaald zou het zoiets zijn als... Hersenbom.'

'Hersenbom?' herhaalde ik.

'Ongeveer wel, ja.'

'Maar wat ís het? Ik kan toch geen Hersenbom verorberen zonder te weten wat het is!'

'Het is geen eten, man! Eh... het lijkt een beetje op LSD... maar dan meer een dubbelgedipt tabje.'

'Daar snapte ik dus geen woord van.'

'Het is heftig, maar veilig, ik neem er zo zelf ook een. Joh, er gebeurt je heus niks!' Hij grinnikte.

Jahns vertrouwen stelde me wel wat gerust, maar ik was nog steeds nerveus. Ik kan niet genoeg benadrukken hoe ongewoon dit voor me was. Ik heb mezelf nooit geschikt gevonden als drugsgebruiker: ik weet nog dat ik als kind een keer dacht een bijna-doodervaring te hebben gehad, na het innemen van een aspirine voor kinderen die over de datum was. Wat zou een psychotrope Hersenbom dan met me doen?

Toch pakte ik, precies tegelijk met Jahn, mijn Hersenbom op en legde hem voorzichtig op mijn tong.

De volgende ochtend, om zeven uur precies, zat ik rechtop in mijn bed in het Novotel Amsterdam: verward, alleen, met een droge mond en opengesperde ogen. Ik wíst dat er de afgelopen negen uur van alles was gebeurd – maar ik wist niet wat, noch hoe. Ik was nog steeds duizelig en dronken, en er zat een sticker van een klomp op mijn wang.

Langzaam maar zeker baanden een paar beelden zich een weg naar mijn hersenpan: een man, een flits. Ik keek naar beneden en zag mijn spijkerbroek, één sportschoen en een zwart wegwerpcameraatje liggen. Ik rekte me uit om het te pakken: het filmpje was vol. Onder de oerlelijke salontafel lag nog iets: een soort opgerold document. O, mijn god: zeg nou niet dat ik getrouwd ben of zoiets; zeg alsjeblieft niet dat ik ben teruggegaan naar die leerbar en...

Met een bonkend hoofd liet ik me uit bed glijden en bukte me om het op te rapen. Het papier voelde vreemd zwaar aan, maar dat gold voor mijn hele lichaam. Ik rolde het open en zag...

Mijn god, wat moest dít voorstellen? Wat ik zag, vervulde me met afgrijzen; het was geheel onverwacht en totaal verwarrend; het was een professioneel getekend houtskoolportret van mij en een piepklein hondje...

Opeens flitste de herinnering weer door mijn hoofd. Een straatartiest waar we op het Leidseplein langs waren gestrompeld, had gevraagd of ik een tekening van mezelf wilde. Giechelend had ik 'ja!' geroepen, maar alleen (en ik wist nog dat ik daar zeer duidelijk over was geweest) als hij ook mijn hond wilde tekenen. 'Welke hond?' had hij gevraagd. 'Dat piepkleine hondje op mijn schouder natuurlijk,' had ik geantwoord.

En daar was het dan: het tastbare bewijs van mijn nauwelijks onthouden drugstrip, waarbij ik door Amsterdam had gedwaald, met een vrolijk minihondje op mijn schouder. Ik geloof dat het in mijn gedachten zelfs praatte...

Maar mijn god, het werd nog erger: ik had er nog foto's van ook – vierentwintig stuks! We hadden dat cameraatje zeker gekocht toen we van bar naar bar trokken, van monument naar monument, melig van de explosieve effecten van een Amsterdamse Hersenbom en wat zwaar bier!

Ik bekeek de tekening nog eens goed in het kille ochtendlicht. Wat moest ik hier in godsnaam mee? Ik had er flink voor gedokt, dus ik wilde hem niet zomaar weggooien. Maar zoiets kon je toch ook niet meenemen en aan je moeder geven, wel? Hoe verklaarde ik dat hondje? Moest ik dan zeggen dat ik niet eens had gemerkt dat het er zat; dat het er op het laatste moment stiekem op was gesprongen? Best ironisch, dat een portret dat was gemaakt omdat ik 'ja' had gezegd, zo voortreffelijk illustreerde dat je soms beter 'nee' kon zeggen.

Veel meer kan ik je over die avond niet vertellen, al zou ik het willen. Ik heb sindsdien nooit meer van Jahn gehoord of gezien, en ik kan het gebruik van hersenaantastende illegale middelen nog steeds op geen enkele manier vergoelijken (ook de 'legale' niet). Ik vertel jou gewoon wat mij in Amsterdam is overkomen, in de hoop dat de een of andere jongere dit ooit leest en zich nooit met een denkbeeldig miniatuurhondje hoeft te laten portretteren.

Hier volgt dus mijn Boodschap van Algemeen Nut: voor iedereen die overweegt met drugs te experimenteren en op zoek is naar advies, heb ik twee unieke foto's. Eentje van mij in het centrum van Amsterdam, wijzend naar een bus, die ik zulke mooie ogen vind hebben... En eentje van mij, liggend op mijn rug op de straat, met mijn armen omhoog, in een poging de maan te kietelen.

Ik heb ervan afgezien de betreffende foto's hierbij af te drukken, omdat geen enkele moeder het verdient te moeten aanschouwen dat zij een bussenlonker annex maankietelaar op de wereld heeft gezet.

Toen ik terugkeerde naar Londen had Ja mij, via mijn avonturen met Albert Heijn en de Hersenbom, op zijn minst twee levenslessen geleerd. Of drie, als je het feit meetelt dat mannen geen katten zouden moeten uitlaten.

# Enkele fragmenten uit het dagboek van een ja-man – II

**18 juli**

Er stond een wonderlijke vraag achter in de *Metro* die ik in de metro vond. In een kadertje stond: BENT U ENGELANDS MEEST DUITS-UITZIENDE MAN? Een reclamebureau bleek op zoek naar een Engelsman die er als een Duitser uitzag en er geen bezwaar tegen had op tv te verschijnen.

Ik dacht er enkele minuten over na. Was ik de meest Duits-uitziende man van Engeland? Ik probeerde me voor de geest te halen hoe ik er ook alweer uitzag, en besloot dat ik best voor Duitser kon doorgaan. Mijn bril paste met gemak op het gezicht van een Europeser iemand. Misschien was ik wel exact wat ze zochten; misschien zeiden ze zelfs als ik hun kantoor binnenliep: 'Het spijt ons, meneer, maar u bent een échte Duitser. U heeft onze advertentie zeker verkeerd begrepen: wij zijn namelijk op zoek naar Engelsen die eruitzien als Duitsers.' En ik zou veelbetekenend glimlachen, waarna het hun heel langzaam zou gaan dagen. En ze zouden roepen: 'Werkelijk? Maar dat... Heren, staakt het zoeken: Engelands meest Duits-uitziende man is gevonden!'

Stel je toch eens voor dat ik dat baantje kreeg! Wat zouden ze bij de BBC zeggen, als ik op kantoor kwam, mijn sleutelbos op een bureau gooide en zei: 'Hier zijn mijn sleutels: ik word Engelands meest Duits-uitziende man!' Ik kan me zo voorstellen dat een paar van de meiden zouden flauwvallen...

Mijn god, het zou magnifiek zijn: ik als Engelands meest Duits-uitziende man!

Ik heb een boodschap op hun antwoordapparaat ingesproken. Zeer benieuwd naar hun reactie.

**19 juli**

Toen ik de *East London Advertiser* zat te lezen, viel mijn oog op een kleurrijk artikel, waarin de volgende vraag werd gesteld: DOL OP DIEREN? Ik las verder. 'Want als u dat bent,' stond er, 'kunt u met een portret van uw huisdier honderd pond winnen, plus de felbegeerde titel East

London Advertiser Huisdierpersoonlijkheid van het Jaar in de wacht slepen!'

Er waren reeds een paar sterke mededingers, zoals Bobbles uit Mile End Road en Pippy uit Stebondale Street. Geen van beide huisdieren leek echter veel persoonlijkheid te bezitten: de ene was gewoon een hond met een zonnebril op; de andere een veel te dikke kat (die ze vast 'vet cool' vonden).

Eén ding wist ik meteen: ik was dol op dieren, absoluut, maar ik had geen huisdier. Dat zou ik dus eerst moeten aanschaffen, wilde ik voorkomen dat Bobbles of Pippy me van deze titel beroofde.

**20 juli**

Vandaag acht pond bespaard op een 'praktische, stretch-denim spijkerbroek met fantastische pasvorm!' In de advertentie stond dat hij zonder bezorgkosten slechts £ 7,99 kostte. Hij heeft een elastische taille met trekkoord en is geheel machinewasbaar (het soort broek waar je alleen oma's en mensen met ongezond overgewicht in ziet lopen, dus). Ik zal hem van-ze-lang-zal-ze-leven niet aantrekken.

**21 juli**

Iemand had op de muur van ons huizenblok een briefje opgehangen: HOUDT U VAN SQUASHEN? IK ZOEK EEN SQUASHPARTNER. BENT U DAT MISSCHIEN? Hoewel ik nog nooit heb gesquasht, heb ik gauw een racket gekocht en het nummer gebeld. De squasher heet Bjorn. We hebben voor komend weekend afgesproken in Bethnal Green.

**22 juli**

In *The Standard* las ik dat het Engels Haarkundig Genootschap in Londen gratis haaranalyses voor mannen geeft, en ik besloot dat ik dat ook wilde.

Bij aankomst in de kliniek begon een man achter een groot bureau me te vertellen wat ze daar allemaal deden. Algauw merkte ik dat hij steeds verlekkerd naar mijn hoofd zat te gluren. Die analyse was natuurlijk alleen maar bedoeld om mannen een haartransplantatie aan te smeren (al zou ik niet weten waar hij mijn haar naar zou willen overplanten).

Toen hij vroeg of hij me even mocht onderzoeken, stemde ik echter toe. Hij boog zich met een groot vergrootglas over mijn schedel, rommelde wat in mijn haar en zei toen: 'Uw haar verkeert duidelijk in een van de eerste stadia van typisch mannelijke kaalheid.' Die mededeling joeg

me zó de stuipen op het lijf dat ik mijn haargrens meteen nóg een milli-
meter voelde opschuiven. Ik word kaal! En dat is zijn schuld! Het hoorde natuurlijk allemaal bij hun slimme truc.

Met een paar folders in mijn zak kon ik weer naar huis. Daar stond ik
zeker een uur met een kam en een liniaal voor de spiegel. Die rotzak
had nog gelijk ook: mijn haargrens is inderdaad aan het wijken! Ik wou
dat ik nooit ja had gezegd tegen deze advertentie, dan had ik voor
eeuwig die dikke bos gehouden die ik als kind had.

Op de terugweg werd ik weer eens aangehouden door een vrijwilliger
van Help Onze Ouderen. Het lijkt wel alsof die mij volgen!

### 23 juli

Nog geen huisdier kunnen vinden. Er even over gedacht een vis te kopen en daar een foto van op te sturen. Maar het is wel een persoon-
lijkheidswedstrijd en ik weet niet hoeveel persoonlijkheid er afstraalt
van een vis. Ik heb nog nooit gehoord dat iemand bij het zien van een
goudvis dacht: 'Wat een grapjas!' Dus heb ik uiteindelijk maar een foto
van de kat van de buren gemaakt, en die opgestuurd.

Squashen met Bjorn ging niet zo best. Ik had eigenlijk gehoopt dat ik
een tot nu toe verborgen gebleven talent voor squashen bleek te hebben, maar nee. Ik denk niet dat ik zijn ideale squashpartner ben. Hij
zei dat hij me nog zou bellen.

### 25 juli

Kreeg opnieuw ongevraagd medicijnen aangeboden via e-mail: Propecia
(tegen haaruitval) en Prozac (tegen depressie). Mij lijkt dat je de eerste beter niet kunt innemen zonder de tweede. Ik heb ze allebei besteld.

### 26 juli

Ik realiseerde me zojuist dat, mocht ik de East London Advertiser Huisdierpersoonlijkheid van het Jaar-prijs winnen, en mijn buren komen
daarachter, het nog lastig uitleggen wordt waarom ik hún kat voor een
schoonheidswedstrijd heb opgegeven – vooral omdat ik hen niet eens
ken. Best een maffe manier om kennis te maken: 'Hallo, ik woon hier-
naast, enne... ik heb jullie kat voor een wedstrijd opgegeven.'

Daarom heb ik nog maar een foto ingestuurd. Ik vond hem op internet:
ook een kat, maar dan met een hoedje en een pruik op – verslaat die
van de buren geheid. Ik heb deze nieuwe kat de naam Stuart meegegeven, omdat bijna niemand zijn kat zo noemt en veel mensen die zelf zo
heten, dat vast jammer vinden.

**28 juli**

De Propecia is aangekomen, tegelijk met de Prozac. Ik keek even naar de lijst van mogelijke bijwerkingen bij het gebruik van Prozac: extreme vermoeidheid, lusteloosheid, constipatie, nervositeit, gewrichtspijnen, overmatig transpireren, concentratieverlies, geheugenverlies en verminderde seksuele prestaties. Je moet toch behoorlijk gedeprimeerd zijn, wil je een van deze zaken als een aantrekkelijk alternatief zien!

Ik heb één pil geprobeerd. Een minuut of tien voelde ik me wat draaierig, maar dat kan ook komen doordat ik nog niet had gegeten. Nu doet mijn knie een beetje pijn, maar ik geloof niet dat dat door de Prozac komt.

**1 augustus**

Ik heb iets uitgevonden!

Ik liep in de videotheek naar een Jet Li-film te zoeken, toen ik een bordje zag waarop de klanten werd verzocht hun banden voor het retourneren terug te spoelen. Ik zag het meteen als een ja-moment dat ik voor later moest zien te onthouden – maar vreesde dat dat niet ging lukken. En toen zag ik het ineens helemaal voor me: de Wonderbaarlijke Automatisch Terugspoelende Videodoos! De werking ervan is simpel doch doeltreffend: bij het dichtklappen van de doos zet een kleine magneet een motortje in werking, waardoor de band wordt teruggespoeld, terwijl je naar huis loopt. Kinderlijk eenvoudig edoch briljant!

Ik heb mijn idee vandaag naar de mensen van Octrooien en Handelsmerken gestuurd. Ik vraag me af of Su Pollard de advertentiecampagne zou willen ondersteunen.

**2 augustus**

Ik begin me steeds schuldiger te voelen over die vreemde kat die ik heb ingeschreven voor de wedstrijd. Maar ja, die honderd pond in contanten zal het straks allemaal de moeite waard maken (al zal ik dat bedrag dan waarschijnlijk moeten uitgeven aan de aanschaf van een kat – om lastige vragen te voorkomen).

Vandaag ben ik begonnen aan de lange, moeizame weg naar de vervulling van een droom, die ik eigenlijk nooit heb gehad: verpleger worden! De Universiteit van Rochville, USA, zocht nieuwe leerlingen voor zijn online studie verpleegkunde.

Blijkt dat je daar helemaal niet voor hoeft te leren of medische kennis voor hoeft te bezitten: deze studie is gebaseerd op levenservaring – van eerdere academische of doctorale graden (die ik niet bezit), via ervaring met thuisverpleging (die ik niet bezit) tot aan kijkgedrag. Ik heb de video al ingesteld om de *Holby City*-aflevering van vanavond op te nemen...

Niet te geloven dat ik verpleger word! Ik heb mijn gegevens op hun website ingevuld en de vereiste vierhonderd dollar in één keer voldaan, door gebruikmaking van een van mijn nieuwe creditcards. Ik ben bijna dokter, magnifiek!

## 3 augustus

Squashman Bjorn heeft nog steeds niet teruggebeld; hij heeft echt gezegd dat hij me zou bellen. Wat zijn mannen soms toch klootzakken!

# 9

*Waarin Daniel een onbekende van streek maakt*

Er wordt vaak, bijna beschamend luid, gesproken over 'de kracht van positief denken'. Neem mij: ik ben best een positieve denker; heb meestal de neiging te denken dat het allemaal wel goed komt.

Als ik op een onbewoond eiland was gestrand en ik zag een boot aan de horizon, die míj echter niet zag, zou ik me daar niet al te zeer over opwinden. Welnee: 'Komt wel goed,' zou ik dan zeggen, 'die keert zo om.' Ik zou op zijn minst gelukkig sterven...

Er zijn er ook die dat positieve denken rigoureuzer aanpakken; er hun hele leven aan wijden. Zo las ik eens een artikel over ene Jessica, die door het lezen van een zelfhulpboek over positiviteit zo geïnspireerd raakte, dat ze in een caravan in Cumbria was gaan wonen, om voortaan vrij te kunnen rondwandelen en positieve gedachten en vrolijke vibes uit te stralen. Volgens haar kon positief denken je kwalen genezen, je liefdesleven doen opbloeien en je leuker werk bezorgen (wat natuurlijk leuk en aardig is, als je er geen bezwaar tegen hebt voor je loopbaanadvies naar een zwerfster te gaan...) 'Ik zal je een voorbeeld geven,' aldus deze dame. 'Als je iets positiefs blijft herhalen, zal het uiteindelijk bewaarheid worden: als je jezelf blijft inprenten dat je een geweldig huwelijk hebt, wordt dat vanzelf waar.' Handige tip voor mishandelde vrouwen overal ter wereld!

Wat mijzelf betreft was ik erachter gekomen dat niet per se positief dénken je leven verandert, maar vooral positief hándelen.

Eerlijk is eerlijk: mijn tripje naar Amsterdam was niet zo'n succes geworden als ik had gehoopt. Maar dat wilde ook weer niet zeggen dat het een fiasco was, (positief denken!) het was gewoon weer een voorbeeld van de boel loslaten, je met de stroom laten meedrijven, het leven je de weg laten wijzen. Oké, het leven had me daar een doodlopende steeg in gelokt, maar ik had wél lol gehad – lol die ik anders niet had gehad.

Ja, ik had Ian willen bewijzen dat hij ernaast zat; en nee, ik was (ondanks eindeloze pogingen positief te blijven denken) niet thuisgekomen met twintig miljoen dollar, maar met een vette kater en een tekening van mij met een hondje op mijn schouder.

Ian zou natuurlijk zeggen dat dit betekende dat mijn hele experiment dus gedoemd was te mislukken. Ik – zowel positief denker als positief handelaar – zei iets heel anders: ik wist zeker dat het zin had gehad (én dat ik op een dag zou begrijpen in welk opzicht). Misschien dat ik ooit nog eens ergens supermarktmagnaat Albert Heijn tegenkwam, waarna we er samen hartelijk om zouden lachen...

Mijn mobieltje piepte: Brian van de Starburst-groep. Hij vertelde me dat zijn vriend Pete (die kerel die veel meer over Maitreya wist dan hij) had ingestemd met een ontmoeting, en vroeg wanneer het mij schikte. Ik zei dat hij maar met een tijd moest komen, Brian stelde wat voor en ik zei ja.

'Danny?'

'Jij bent zeker Pete.'

'Kom erin.'

Ik stapte zijn appartement aan Chancery Lane binnen. Ik had er al over nagedacht en bedacht dat, gezien de zonderlinge reden waarvoor ik hier was, het misschien het gemakkelijkst was als ik meteen ter zake kwam. 'Goed, Pete, ik ben hier dus... omdat Brian zei dat Jezus aan Brick Lane woont.'
Pete draaide met zijn ogen en lachte schel. 'Ha!' riep hij. 'Dat is dus al volkomen larie!'
Ik glimlachte en probeerde ook zo'n schelle lach, die me echter lang niet zo goed afging. 'Dat is dus niet waar?' zei ik, opgelucht dat deze bizarre mythe meteen werd ontzenuwd.
'Nee,' zei Pete hoofdschuddend. 'Jezus woont niet aan Brick Lane.'
'Mooi zo.'
'Hij woont in Rome.'
'O.'
'Maitreya woont aan Brick Lane!'
Nu werd het pas echt ingewikkeld.
'Dat zei Brian dus ook. Maar volgens hem ís Maitreya Jezus.'
'Welnee! Er zijn er die hem Jezus nóémen, maar dat ís hij niet. Jezus woont in Rome. Maitreya is wel Jezus gewéést – zo'n tweeduizend jaar geleden in Palestina – maar tegenwoordig is Jezus ook een Meester, en werkt Maitreya nauw met Hem samen. Maar Maitreya is Maitreya, en die woont in Londen.
Maar eh... vertel me nu eens waarom jij denkt dat je hem ontmoet hebt.'

'Wat je je moet realiseren, Danny,' zei Pete, terwijl we in zijn woonkamer aan onze Tetley nipten, 'is dat we nooit weten waar of aan wie Maitreya zich de volgende keer zal openbaren. Hij kan op elk moment zijn waar hij maar wil, en vertoont zich aan aanhangers van willekeurig welk geloof. Want Maitreya, weet je, vertegenwoordigt alle geloven. Zo heeft hij zich vorig jaar in Paraguay aan tweehonderd christenen getoond; het jaar daarvoor verscheen hij aan tweehonderd moslims in Marokko. Hij is al eens in Japan opgedoken, in Italië, Amerika, Zanzibar, Polen en zo'n beetje alles daartussenin. Maar nooit eerder in een bus, aan één iemand.'
Ik begreep wat hij bedoelde. 'Oké, dus híj kan het niet zijn geweest, begrijp ik. Het was dus zomaar een gozer die iets zei wat een snaar bij mij raakte. Ik denk dat Brian zich een beetje heeft laten meeslepen, enne...'
'Wacht nou even, Danny: het kan hem wél zijn geweest, hoor! Maitreya is er immers voor iedereen: hij kan net zo goed één man raken als duizenden tegelijk. Maar hij doet het altijd op een manier die voor die bepaalde persoon of groep te bevatten is. Daarom verschijnt hij dus soms als Jezus, soms als Mohammed, en soms als... nou ja, een man in een bus.'

'Maar waarom dan?'

'Ben jij een gelovig man, Danny?'

Ik schudde mijn hoofd. 'Althans, niet in de zin dat ik me christen, moslim of hoe dan ook noem,' zei ik. 'Ik geloof meer in... mensen; in vriendschap tussen vreemden, de mensheid... dat soort dingen.'

'En dat is dus exact waarom Maitreya ervoor heeft gekozen zich op deze manier aan jou te manifesteren,' zei Pete.

En dat was dat! Voor hem was de zaak hiermee afgedaan. Hij was eruit: ik had Maitreya ontmoet, of ik dat nou leuk vond of niet.

'Maitreya staat voor Gerechtigheid, Eerlijk Delen en Liefde, ongeacht je geloof,' zei hij, terwijl hij me een koekje gaf.

'Dat klinkt eigenlijk best goed,' zei ik. En dat vond ik nog ook.

'Ik zou jou wel eens willen interviewen over je ontmoeting met Maitreya,' zei Pete. 'Er zijn zat kranten die dat verhaal dolgraag zouden willen horen. Waar kan ik jou eigenlijk bereiken?'

'Eh... ik weet niet of ik zoveel boeiends te vertellen heb, hoor,' zei ik. 'Maar... oké.' Ik schreef mijn telefoonnummer op een notitieblokje, dat Pete uit het Swallow Hotel in Chollerford had meegenomen.

Toen wenkte hij me hem te volgen naar een andere kamer. 'Kijk,' zei hij, en hij liet me het fotootje zien, dat Brian in dat restaurant bij zich had gehad: een baardige man in een wit gewaad. 'Dit is in Nairobi, waar zesduizend mensen Maitreya zagen, bij de Kerk van Bethlehem in het dorpje Kwangware. Ze verrichten daar wonderen: ze genezen ziekten, maken gekken gezond, dat soort dingen. Op een dag vertelde de predikante haar gemeente dat God tot haar had gesproken: over enkele ogenblikken zou er een zeer speciale gast arriveren. De dorpelingen wisten natuurlijk niet wat ze moesten verwachten, maar toen... kwam Maitreya. Hij verscheen uit het niets – een haast lichtgevende man – zegende iedereen, stapte in een auto en reed weg.'

'Mijn god,' zei ik. 'Wat voor auto?' Als hij nu "een Nissan" zei, werd het me echt té bizar.

'Geen idee... Maar als jij wilt weten of het inderdaad Maitreya was die jij die dag hebt ontmoet, dan ís er iemand die je dat kunt vragen.'

'Wie dan?'

'Ene Elias Brown.'

'Elias Brown?'

'Precies. Hij communiceert dagelijks met Maitreya.'

'Echt?'

'Zeker. In de jaren vijftig was hij nauw betrokken bij de UFO-beweging. En dat kwam hem goed van pas, toen hij in 1959 door een van de Meesters der Wijsheid werd 'overschaduwd' – dat wil zeggen dat hij zijn lichaam tijdelijk overnam en via hem sprak. Brown raakte daarop zelfs bevriend met de Meesters en kreeg in 1977 direct contact met Maitreya. Momenteel is hij in wezen Maitreya's spreekbuis naar de wereld toe.'

'En híj bestaat wél echt?'

Pete keek me vreemd aan. 'Natúúrlijk bestaat Elias Brown. Ik zal eens kijken of hij binnenkort weer naar Engeland komt, en zodra dat het geval is, bel ik jou. Afgesproken?'

'Afgesproken,' zei ik. 'Kan ik hem meteen vragen of Maitreya die avond veilig is thuisgekomen.'

Pete knikte.

Toen ik mijn thee op had, stapte ik op en ik voelde me vreemd opgewonden.

De volgende ochtend had ik een afspraak met Thom, van dat feest, om de auto te bekijken die ik ongezien had gezegd te willen kopen.

Toen ik binnenkwam zat hij er al, in een snackbar vlak bij station Hendon Central. 'Hoe gaat-ie?' vroeg ik.

'Niet slecht: alles ingepakt en klaar om te gaan.'

'Wanneer vertrek je?'

'Over een paar dagen pas. Maar ik ga vanavond al naar Liverpool, om afscheid te nemen van familie en vrienden. Daar blijf ik dan tot de dag van mijn vertrek... en dan is het eindelijk op naar Nieuw-Zeeland...'

'Wat voor auto was het ook weer?' vroeg ik, toen we de straat uit liepen.

'Een Nissan Figaro,' zei Thom.

Dat klonk niet erg spannend. Maar dat maakte me niet uit: in de dagen na onze kennismaking had ik bedacht dat ik alles best vond, zolang het maar geen knalgele turbo-Porsche was, die me financieel zou ruïneren en waarin ik ook nog eens constant zou worden nagestaard. Maar Thom had beloofd me flink te matsen: 'Geld is niet belangrijk,' zei hij, 'maar leven wel.'

'Enne... hoe oud is hij?'

'Uit 1991.'

'O.'

Ineens wou ik dat het toch een knalgele turbo-Porsche was. Een dertienjarige Nissan zou mijn reputatie bij de vrouwtjes weinig goed doen, of hij moest van goud zijn of zo. 'Wat voor kleur?'

'Mintgroen.' Nee, hij zou mijn reputatie bij de vrouwtjes beslist niet opkrikken.

Maar goed, ik had al bedacht dat het best leuk kon zijn om een auto te hebben. Ik zou er bovendien een grote angst mee kunnen overwinnen. Ik had gezworen dat ik, zo lang ik in Londen woonde, geen auto meer zou aanschaffen: te gevaarlijk en te veel gedoe. Maar goed, dat zegt dan iemand die in zijn hele leven pas één auto heeft gehad: een Mini Metro, die ik voor duizend pond had gekocht, nadat ik er een hele zomer voor had gespaard. Ik had mijn rijbewijs enkel weten te behalen, omdat ik erop had gestaan af te rijden in Trowbridge. Voor de niet-ingewijden: een stadje met de hoogste rotondedichtheid van Engeland, maar ik wist toevallig hoe die 'werkten' en... voilà!

Ik had mijn Mini'tje afgejakkerd tot elk onderdeeltje ervan kreunde, piepte of metaalmoe was, en op oudejaarsavond had ik het voor vijftig pond verkocht – een bedrag dat ik diezelfde avond nog heb verbrast. Een paar weken later was ik naar Londen verhuisd en had ik mezelf ervan weten te overtuigen dat ik geen auto meer nodig had. Om te beginnen kwam je met de metro waar je maar wilde; daarnaast had ik vaak genoeg in een taxi gezeten om te weten dat autorijden in Londen nogal wat bijzondere verrichtingen vereiste (plus een pistool in je handschoenenvakje).

Maar nu dacht ik alleen nog aan de vrijheid die een auto me zou schenken: ik kon overal naartoe, alles zien, wanneer ik maar wilde. Mijn Nissan en ik: spannende avonturen, nieuwe vrienden... als Michael Knight en Kit (maar dan in het mintgroen)... nieuwe auto, nieuwe kansen!

'We zijn er bijna,' zei Thom. We sloegen een hoek om, kwamen in een rustige laan en stopten bij het huis waar hij (nog heel even) bleek te wonen. 'Hij staat in de garage,' zei hij.

Ik stond al zeker een minuut of twee zwijgend naar Thoms auto te staren. Het was het wonderlijkste model dat ik ooit had gezien. 'Wat ís dat, in 's hemelsnaam?' zei ik ten slotte.

'Zei ik toch: een Nissan Figaro.' Het ding leek wel uit de poppenserie *Trumpton* te komen.

'Is hij wel echt?' vroeg ik. 'Of heb je hem zelf in elkaar gezet, van speelgoedonderdelen?'

'Tuurlijk is hij echt!' zei Thom. 'Alleen een beetje... ongewoon.'

'Maar ik zie nergens Nissan staan.'

Ik weet niet veel van auto's. Maar omdat je daarmee bij monteurs en autoverkopers niet erg stoer overkomt, doe ik altijd erg mijn best. Zo had ik bij het kopen van die Mini Metro een hoop heisa gemaakt, door de lichten aan te zetten, uit te stappen en ze vervolgens nauwgezet te bestuderen – om de verkoper te laten zien dat ik heus wel wist wat ik deed (ik was er zelfs bij op mijn hurken gaan zitten). Iets anders waar ik zeker van was, was het feit dat merk en model altijd op de achterkant werden vermeld en dat dit op geen enkele manier te vervalsen was.

'Danny, zonder dollen: dit is een collector's item. In Duitsland zijn ze er helemaal gek van! Er zijn er ooit maar twintigduizend van gemaakt, waarvan waarschijnlijk de helft nog rijdt. Ze komen oorspronkelijk uit Japan.' Wat meteen verklaarde waarom ik er nog nooit eentje had gezien, tenzij je die ene meetelt die ik me van *Wacky Races* meende te herinneren.

'Nou?' zei Thom, vanaf de passagiersstoel. 'Nog steeds interesse?'

'Weet je, Thom: ik ben nog wel geïnteresseerd, maar ik kan niet zomaar van iedereen een auto kopen, snap je...'

Hij moest eens weten!

'Ik zei je al,' zei hij, en stapte weer uit, 'dat ik er snel vanaf wil. Ik heb hem voor vier mille in de krant gezet, en was ervan overtuigd dat ik hem wel zou kwijtraken – ik heb er verdomme zelf zesduizend voor betaald – maar er heeft niemand gereageerd. Dus jij kunt hem krijgen voor een stuntprijs. Volgende week vertrek ik; dit is het laatste waar ik nog mee zit.' Hij smeet het portier dicht. 'Of je moet een blender nodig hebben?'

In Ians straat begon ik enthousiast te toeteren: het was me gelukt om me van Hendon naar Bow door het Londense verkeer te wurmen! Ik was zeer ingenomen met mezelf: nergens had ik de behoefte gevoeld aan een pistool en die twintig kilometer hadden me slechts drieëneenhalf uur gekost!

Na nog een keer toeteren kwam Ian eindelijk naar buiten. 'Wat is dát?' riep hij uit.

'Een auto!' zei ik.

'Heb je die van de draaimolen gejat of zo? Wat is het, in godsnaam?'

'Een Nissan Figaro; het is nogal een apart model.'

'Dat kun je wel zeggen, ja. Maar... is hij van jou? Hoe kom je eraan?'

'Iemand vroeg of ik interesse in zijn auto had, en ik zei ja...'

'Kun jij je een auto veroorloven dan?'

'Net: het was een goede deal.'

'Hoe goed?'

'Ik kreeg er nog een blender bij ook.'

'Zo-zo!'

'En hij heeft me uitgenodigd voor zijn afscheidsfeest morgen. Zin om mee te gaan?'

'Waar is het?'

'In Liverpool.'

'Mm, niet echt.'

Hij liep om de auto heen, nam elk detail in zich op en schopte tegen de banden, waar hij supermacho bij keek (hoewel me opviel dat hij niet hurkte, wat ik dus wel had gedaan). Toen vroeg hij me de motorkap open te maken, wat ik deed (zodra ik had uitgevonden hoe). Ian rammelde aan een paar dingetjes, duwde andere dingetjes vast en liet de kap toen weer vallen. 'Ziet er goed uit,' zei hij.

Ik knikte. 'En alle lichten werken,' zei ik. 'Heb ik gecontroleerd.'

'Je weet wat dit betekent, hè, Dan?'

'Wat dan?'

'Jij hebt je ja-mobiel! Nu ben je echt net Batman!'

'Het is gewoon een Nissan.'

'Nee, het is een ja-mobiel! Hé, en waar heb je die blender? Ik heb wel zin in een sapje.'

Het leven was leuk!

Ik opende de kofferbak, haalde mijn blender eruit, droeg hem Ians keuken in en stak de stekker in het stopcontact. Hij deed het niet. Als blenders dimlichten hadden, had ik dat meteen doorgehad.

Thom had me vast slechts uit beleefdheid uitgenodigd. Hij had vast niet verwacht dat ik ja zou zeggen, maar dat had ik dus wel gedaan. En dus stapte ik nu, na een reis van drie uur, in Liverpool uit de trein, voor een feestje dat om zes uur begon. Om eerlijk te zijn, voelde ik me best opgelaten dat ik dik driehonderd kilometer had gereisd, om afscheid te nemen van iemand die ik pas tweemaal had gezien. Dat rook naar dweperij, of op zijn minst verliefdheid.

Op weg naar de taxistandplaats buiten het station ging mijn telefoon.

'Hallo...?' (zei ik ín de telefoon, niet tegen mijn piepende toestel.)

'Danny? Gareth hier... wij hebben elkaar laatst op een feest ontmoet.'

'Ja! Hallo! Mag ik me dan misschien eerst even verontschuldigen, dat ik jou toen tot in de details heb doorgezaagd over het dichtstoppen van je geboortekanaal?'

'Joh, maak je niet druk! Ik bedoel, die grafieken hadden misschien niet gehoeven, maar voor het overige was het een uiterst informatieve, negen minuten durende monoloog, hoor!'

Hij maakte natuurlijk een grapje. Ik had er helemaal geen grafieken bij gehaald. En ik had véél langer gerateld dan negen minuten.

'Maar, luister eens... Ik vroeg me af of jij zin had om bij mij op kantoor ergens over te komen babbelen.'

'Ja!'

'Je weet nog niet eens waar het over gaat!'

'O. Oké dan: waar gaat het over?'

'Kom maar gewoon, dan vertel ik het je persoonlijk.'

'Goed idee.'

'Morgenochtend?'

Ik keek op mijn horloge (ik weet ook niet waarom) en zei: 'Oké.'

Pas toen ik had opgehangen, besefte ik dat ik, wilde ik de volgende ochtend voor een bespreking in Kennington zijn, vanavond weer terug naar Londen moest. Wat een gedoe: wéér drie uur in de trein en pas in de kleine uurtjes thuis...

Ik sjokte terug het station in en liep naar de informatiebalie. 'Hallo,' zei ik. 'Kunt u mij vertellen wanneer de laatste trein van Liverpool naar Londen gaat?'

'Laatste directe verbinding: 19.49 uur,' zei de man, zonder op te kijken.

Ik keek op mijn horloge. Het was nu tien voor zes. '19.49 uur?' zei ik. 'Weet u dat zeker?'

De man keek vermoeid op: hij wist het heel zeker.

'Maar is dat niet een beetje... vroeg?' zei ik. 'De laatste trein gaat toch meestal rond middernacht?'

'Niet die naar Londen,' antwoordde de man. 'En niet vanaf dit station.'

Maar dat was belachelijk! De allerlaatste trein, om kwart voor acht al? Dat kon toch niet kloppen? Of had ik op de heenweg soms met een soort tijdmachine gereisd, naar een plek die nog in de jaren vijftig verkeerde?

'Maar ik moet naar een feest!' riep ik vertwijfeld uit. 'En morgenochtend heb ik weer een bespreking in Londen!'

'19.49 uur,' herhaalde de man droog.


'Ha, die Thom,' zei ik. 'Moet je horen, ik kan niet erg lang blijven: ik moet over een klein uur alweer weg.'

'O,' zei Thom. 'Waar moet je heen dan?'

'Londen.'

'Maar... waar kom je net vandaan dan?'

'Londen.'

'O.' Ik dacht te zien dat hij een klein stapje naar achteren deed. 'Nou eh... erg aardig dat je gekomen bent... maar je had echt niet helemaal hiernaartoe hoeven komen om...'

'Ik wist niet dat de laatste trein al om kwart voor acht ging,' trachtte ik mijn gedrag te verklaren. 'En ik heb morgenvroeg alweer een bespreking, dus eh...'

'Waarom ben je dan niet komen rijden?'

'Rijden?'

'Met je nieuwe auto!'

Had hij helemaal gelijk in. Maar ik had mijn antwoord al klaar: 'Ik heb gister drieëneenhalf uur over twintig kilometer gedaan. En aangezien Liverpool driehonderdvijfenveertig kilometer is, zou dat me twee dagen kosten.'

Ik geloof niet dat hij me helemaal kon volgen – wat niet zo best is voor iemand die gewend is met cijfers te werken. 'Eh... biertje?'

'Ja, lekker.'

Vastbesloten mijn uur op dit feest zo goed mogelijk te besteden, begon ik met het verorberen van een zakje chips – om iedereen te laten zien dat ik een echt feestbeest was.

Het was even na zessen, in The Baa Bar. Er was net een groepje vrienden van Thom gearriveerd. Eén jongen, ene Jason, zat echter duidelijk al wat langer op het begin van het feest te wachten: hij was al aardig aangeschoten.

'Wat doe jij voor werk?' vroeg ik aan hem. We zaten al een paar minuten naast elkaar; ik had hem al as in een bierglas zien gooien.

'Ik ben ambtenaar,' antwoordde hij. 'Ik werk bij Immigratie... Binnenlandse Zaken.'

'Wauw!' zei ik. 'Een echte GroteMensenBaan.'

'Ja.'

'Leuk werk?'

'Nee.'

'O. Hoezo niet?'

'Om allerlei redenen. Omdat het werk is, bijvoorbeeld. Ik doe het om te kunnen leven, niet uit liefhebberij.'

'Juist,' zei ik. Ik vermoedde dat Jason op het punt stond te veranderen van een aardige, wat verwarde kerel, in iemand met een vrij kwade dronk.

'Enne... wat voor dingen doe je dan?'

Hij schonk nog eens bij uit de fles wijn die op tafel stond, en draaide zich toen naar mij. 'Vandaag kwam er een vrouw uit Nigeria bij mij binnen. Zij had nog niet verteld hoe ze het land was binnengekomen (en dat moet ik nu eenmaal vragen, voor het dossier en zo), dus vroeg ik: "Hoe bent u Engeland binnengekomen?" Ze keek me aan alsof zij er ook niks aan kon doen, en vertelde me toen doodleuk dat ze door een medicijnman in een pinda was veranderd en daarna onder zijn hoed het land in was gesmokkeld...' Hij schudde zijn hoofd; we grijnsden allebei.

'Dacht ze werkelijk dat jij daarin zou trappen?' vroeg ik verbijsterd.
'Ja,' zei Jason.
'En? Heb je haar erin gelaten?'
'Nee,' sprak hij kalm. 'Arm mens: god weet waar zij voor is gevlucht; god weet waarom ze in dit rotland wil wonen; god weet waarom ze dacht dat het zou helpen als ze deed alsof ze een pinda was geweest.'
Normaal gesproken had ik het bij zo'n zin natuurlijk niet meer gehád. Maar nu niet: Jasons ogen waren één en al droefheid.
'Vorige week dan: komt er een gozer binnen, ik zeg: "Waarom wilt u een verblijfsvergunning?" En hij vertelt dat hij thuis in Kameroen met zijn vrouw voor de tv had gezeten – een doodgewone, gezellige avond, volgens hem – en dat hij toen hij zich omdraaide, ineens een geit in zijn woonkamer had zien staan.'
'Een geit?'
'Ja, een geit.'
'En toen?'
'Nee, dat was zijn hele verhaal: er stond een geit in zijn kamer.'
'Was hij daar dan allergisch voor?'
Jason schudde zijn hoofd. 'Dat is iets symbolisch: een geit is een slecht voorteken. Dat voorval had hem doen besluiten naar Engeland te gaan.'
'Tja, hier heb je volgens mij wel minder geiten. En heb je hém er wel in gelaten?'
'Nee,' zei Jason. 'Ook teruggestuurd. Doe ik uiteindelijk met de meesten.'
Ik wist echt niet wat ik moest zeggen. Deze jongen ging duidelijk gebukt onder zijn werk: hij zag mensen lijden, zag dagelijks rampspoed en vertwijfeling, bracht zijn dagen door met het luisteren naar verhalen over verkrachting, moord, mishandeling, politieke pressie, beproevingen en (en dat zeg ik niet om gevat te doen) over dames die in pinda's werden omgetoverd – en dat alles van mensen die slechts op zoek waren naar een veilige thuisbasis. Jason was een van die velen die voor hun werk beslisten wie er de waarheid sprak en wie loog. Een zware last, met consequenties die je leven voorgoed konden veranderen.
'Ik weet het niet, hoor,' zei Jason schouderophalend. 'Soms ben ik blij met mijn leven, soms niet. Ik wéét dat ik een goede, verantwoordelijke baan heb, en dat ik wat dat aangaat best bof. Ik heb een goed stel hersenen en een groot rechtvaardigheidsgevoel. Mijn werk zou ook kunnen worden gedaan door de een of andere conservatieve lul die iederéén terugstuurde. En het is ook geen uitzichtloze baan – niet echt, althans: er zijn vooruitzichten, maar... Ach ik weet het gewoon niet.'
'Wat zou je dán willen?'

'Om het even wat,' zei hij. 'Zo'n beetje alles is volgens mij beter. Ik bedoel, onder ideale omstandigheden zou ik gaan reizen; dat heb ik nooit echt gedaan. Mijn zus heeft voor ze naar de universiteit ging, een jaar vrij genomen voor een wereldreis. Zij werkt nu bij een callcenter, maar is niet ontevreden, snap je? Omdat ze iets heeft om op terug te kijken. Maar ik zit elke dag weer met dezelfde lui op kantoor te denken: is dit alles? Dit kán het toch niet zijn? Mijn broertje komt over vijf weken van school. Als er één ding is dat ik hem zal aanraden, dan is het dat hij moet gaan reizen. Ik wil niet dat hij dezelfde fout maakt als ik.'

'Waarom ga je niet met hem mee?' zei ik.

'Dat heeft hij me zelfs al gevraagd! Maar dat kan ik niet maken: ik heb te veel zaken lopen, heb de langste ervaring van het hele team. Als ik ga, dan... Nee-nee, dat kan ik echt niet doen. Trouwens, dat kan ik me niet eens veroorloven: ik heb een hypotheek, een pensioenregeling... Nee, ik heb mijn keuzes gemaakt, mijn pleziertjes gehad.'

De manier waarop hij dát zei, gaf me een ongelooflijk triest gevoel: hij was nog geen dertig en dacht al zijn pleziertjes al te hebben gehad, al zijn keuzes al te hebben gemaakt...

'Maar dit hóéft het toch niet al te zijn?' zei ik.

'Toch is het zo.'

'Nee, ik bedoel: misschien moet je ontslag nemen, iets heel anders gaan doen, zien waarheen het leven je leidt!'

'Alsof het zo gemakkelijk is,' zei hij bitter.

'Dat weet ik niet, maar waarom néém je dat risico niet gewoon?'

'Risico?' riep hij, en ik schrok van zijn plotselinge woede. 'Wie ben jij, verdomme, om mij te zeggen dat ik een risico moet nemen? Dat kan helemaal niet: ik moet evenwichtig zijn, logisch redeneren, de juiste beslissingen nemen – in mijn eigen leven, maar ook voor dat van anderen. O, ik zou dolgraag een of ander stompzinnig, risicoloos baantje hebben, met als grootste zorg of je het redt om nog vóór de grote drukte in de kroeg te zijn. Maar dat heb ik niet: ik heb een volwassen, verantwoordelijke baan met volwassen, verantwoordelijke spanningen!'

'Wat ik zeggen wil...' begon ik, maar besefte toen dat ik helemaal niet wist wat ik zeggen wilde. Ik begon opnieuw: 'Ik bedoel, dat het soms gewaagder is om géén risico te nemen, omdat je daarmee garandeert dat alles blijft zoals het is; dat het soms belangrijker is om ja te zeggen in plaats van nee.'

Jason staarde zwijgend naar zijn glas. Het zou ook wel door de drank komen, maar op dit moment voelde hij duidelijk niets dan verachting voor mij. En dat kon ik hem niet eens kwalijk nemen: hij hád ook een zware baan. Onze discussie was langzaamaan steeds somberder geworden, en nu stond ik als een kind aan zijn mouw te trekken – een dom kind met een dom baantje en een domme manier van leven. Waarop baseerde ik al die grootse, oppervlakkige uitspraken? Wat wist ík er nou van? Beschaamd stond ik op. 'Ik bedoel gewoon dat ja net zo'n goed antwoord is als nee,' zei ik, 'als zich een kans of zoiets aan je voordoet.'

'Daar zit 'm nou net de kneep,' zei hij, nog steeds naar zijn glas turend. 'Ik loop de hele tijd maar nee te zeggen, op mijn werk, thuis, en daar word ik bepaald niet vrolijk van... Ik vertel mensen dat ze ons land niet in mogen. En waarom? Vanwege een paar regels. Ik vertel ze dat zij hier geen nieuw leven mogen beginnen; ik druk al hun hoop de kop in. Zelfs degenen die zitten te liegen, die hier eigenlijk niet zouden mogen zijn, die in hun eigen land grote klootzakken zijn, zelfs zij hebben hoop en ook die druk ik de kop in. En dan neem ik dat allemaal lekker mee naar huis.'

Ik dacht er even over het daar bij te laten en gauw weg te glippen. Maar dat deed ik niet: ik voelde opeens de sterke aandrang Jason de waarheid te vertellen; de ware reden dat ik zo'n eind had gereisd, voor een feest waar ik maar een uurtje zou kunnen blijven. Het was misschien niet te vergelijken met het soort beslissingen dat hij dagelijks moest nemen, maar het was íéts.

Ik wilde hem vertellen over alle dingen waar ik tot nu toe ja op had gezegd, en alles wat er daardoor was gebeurd. De goede ervaringen, maar ook de slechte wilde ik niet voor hem verzwijgen; die waren minstens even belangrijk. Ik wilde hem geen illusie voorspiegelen, maar hem laten zien... dat ook hij kon kiezen. Dat hij net als Thom kon opstappen, zijn werk laten voor wat het was, zijn auto verkopen en een nieuw leven beginnen... Dat hij kon doen als ik: ja zeggen wanneer hij maar wilde; ja tegen zichzelf. Ja, Jason moest vaker ja zeggen!

'Luister, wat ik je nu ga vertellen zul jij misschien stom, zinloos of kinderachtig vinden, maar het gaat over iets wat een behoorlijk belangrijke rol in mijn leven is gaan spelen. Maar... je moet me wel beloven dat je het nooit tégen me zult gebruiken. Afgesproken?'

'Ik beloof helemaal niks, vriend...'

'Nee, serieus: als ik je dit vertel, mag je het nooit aan iemand doorvertellen – want dat zou mijn hele leven kunnen ruïneren. Als Thom het bijvoorbeeld hoort en hij vertelt het tegen iemand op een ander feest, en die vertelt het ook weer door, dan kan ik in grote problemen raken. Kan ik erop rekenen dat dit tussen ons blijft?'

Jason trok zijn wenkbrauwen nadenkend op en knikte toen traag.

En dus begon ik een volslagen vreemde mijn hele project uit de doeken te doen: wat ik vanaf de start allemaal al had gedaan, waar het me al toe had gebracht en waar ik hoopte dat het nog toe zou leiden – in de (misplaatste) overtuiging dat ik hem daar op de een of andere manier mee hielp.

En toen ik klaar was, stond de volslagen vreemde op, vloekte tegen me en liep naar de bar.

'Thom... die vriend van jou,' zei ik, 'Jason...'

'Ach, Jase... sorry, hoor,' zei Thom. 'Hij is... nou ja, Jason torst het gewicht van de hele wereld op zijn schouders.'

'Waarom geeft hij het niet op en zoekt hij iets anders?'

'Hij heeft het gevoel dat hij overal verantwoordelijk voor is; dat hij hier met geen mogelijkheid onderuit kan. Het heeft geen zin om met hem te praten: hij luistert toch niet. En ik geloof dat hij jaloers is dat ik wel weg kan en hij niet.'

'Maar ja, hij heeft ook een baan waar je niet zomaar van wegloopt.'

Thom knikte. Toen keek hij op zijn horloge. 'Zeg, moest jij niet...'

Shit: 19.24 uur! 'Ja, ik moest maar eens gauw gaan!'

De terugreis was raar. Ik was liever nog even gebleven, om het weer goed te maken met Jason; mijn woorden toe te lichten, de zaak op te helderen. Maar ja, ik kende de regels: ik had ergens ja op gezegd, dus kon het niet anders.

Maar het ergste was nog wel dat ik begon te twijfelen of Jason niet gewoon gelijk had. Ik wás ook naïef en stom, ik moest ook hoognodig volwassen worden. Wat dééd ik toch met mijn leven? Wat had het voor zin om zes uur van mijn kostbare tijd te verspillen aan een treinreis; om warrig en duizelig wakker te worden in een Nederlandse hotelkamer; om mijn ex-vriendin op de kast te jagen?

Wat hield ik er eigenlijk aan over, behalve een auto en een kater? Goed, ik hield mezelf bezig, kwam vaker de deur uit, deed een hoop nieuwe ervaringen op... Maar had ik mijn lesje inmiddels niet geleerd? Misschien hoefde het ook niet zo consciëntieus met die ja's; kon ik het beter wat kalmer aanpakken, schoon schip maken met Ian en zijn straf ondergaan – in de wetenschap dat ik het in ieder geval had geprobeerd.

Thuis was mijn appartement koud en leeg, en de melk voor in mijn thee was op. Ik nam niet eens meer de moeite mijn mail te checken, maar liep meteen door naar bed.

De volgende ochtend lag ik in bed eerst even naar het plafond te staren. Ik had lang en diep geslapen, en mijn humeur klaarde er maar een beetje van op toen ik de zon door de gordijnen zag schijnen. Ik probeerde mezelf even in te prenten dat ik ziek was en in bed moest blijven, maar ik had een afspraak en wilde niemand teleurstellen.

Niet veel later was ik bij Cactus TV in Kennington. Mijn Ja-mobiel (jawel!) en ik hadden slechts anderhalf uur over deze simpele tien kilometer gedaan, wat betekende dat ik redelijk snel vorderingen maakte in mijn grap op wielen. Straks kon ik nog in minder dan een dag in Liverpool zijn! Ja-ja, er was heel wat veranderd sinds de dagen van paard en wagen... Gareth stond bij de ingang op me te wachten. 'Kom erin,' zei hij. 'We gaan naar Dan, een van onze producenten. Wil je wat drinken, thee of zo?'

'Ja, graag,' zei ik, want al voordat ik begon aan mijn ja-project sloeg ik nimmer een kop thee af.

We liepen door een groot kantoor vol met bezige, hippe, jonge mensen, die opnamen regelend, gasten boekend en onderwerpen uitspittend bezig, hip en jong zaten te wezen. Het tapijt was knalgroen en in elke hoek stond een enorme cactus. Ik mocht in een kamer plaatsnemen, waarna Gareth verdween om thee te halen. Ik wist nog helemaal niets over de reden van mijn bezoekje, maar dat kon me niet schelen: ik kreeg gratis thee...

Een lange man beende het kantoortje binnen. 'Danny, mijn naam is Dan,' zei hij. Ik stond op om zijn hand te schudden. Zijn handdruk was een stuk fermer dan de mijne, wat ik probeerde recht te trekken door harder te knijpen, maar omdat ik dat net iets te lang deed, was het net alsof ik zijn hand niet wilde loslaten.

Toen kwam Gareth weer binnen met de thee. Dan rommelde in zijn papieren. 'Goed...' begon Gareth. 'De reden dat we jou erbij hebben gevraagd is, eh... we hebben een paar nieuwe dingen voor het programma bedacht, enne... nou ja, wij houden onze ogen natuurlijk altijd open voor nieuw bloed in het team en... Heb jij er wel eens over gedacht om voor de tv te gaan presenteren?'

'Hè?' zei ik.

'Want we willen heel misschien een itempje doen, waar jij heel misschien geschikt voor zou kunnen zijn.'

Watte? Werd ik nu gevraagd om... Wat wérd me eigenlijk gevraagd?

'Ik bedoel, om te beginnen vanwege die cult die jij toen bent gestart. Maar ook vanwege al die dingen die je me laatst vertelde: over Jezus in Brick Lane, dat piramideverhaal en die hele je-weet-wel... kurktheorie... het past allemaal prima bij iets waar wij al een tijdje over lopen te denken.'

Dan nam het van hem over. 'Waar het in feite om gaat is dat wij iets willen gaan doen met spiritualiteit, verlicht gedachtegoed en zo. En toen ik van Gareth hoorde dat jij gelooft dat de piramides door buitenaardse wezens zijn gebouwd...'

'Eh, ho... het is niet zo, dat ík dat geloof...'

'... dat mannen baby's kunnen krijgen...'

'Eh, ik heb alleen gezegd dat...'

'... en dat je Jezus in een bus hebt gesproken...'

'Oké, dat is misschien wél waar...'

'Nou, toen dachten we dus dat jij hier wellicht geknipt voor bent. We zochten namelijk al een tijdje naar een presentator die bekend is met die kant van het leven. Dus nu willen we met jou wel eens een kansje wagen.'

Vol ongeloof schudde ik mijn hoofd. Mijn god, er werd me gevraagd of ik er wel eens over had gedacht tv-presentator te worden! Nee, dus. Ik was echt iemand voor áchter de camera: met een klembord onder mijn arm aantekeningen maken en druk doen. Ik was producent, geen presentator!

'Kijk, het is nog maar een idee,' zei Gareth. 'En mocht het ooit zover komen, dan duurt dat zeker nog een poos. Wat wij dan wellicht willen doen, is jou bijvoorbeeld naar een aantal spiritualistische weekendjes sturen: een vortexhealing, een paar bomen omhelzen, met je opgediepte paranormale krachten een plant proberen te genezen... dat soort dingetjes.'

'Zoals E.T.?'

'Soort van,' zei Dan. 'We dachten aan een titel als: *Danny's Pad naar Verlichting*, en we hebben ons idee ook al voorgelegd aan Richard en Judy. Zij wilden er zeker over nadenken, want volgens Richard... Hoe zei hij het ook alweer?'

'Hij noemde je curieus,' hielp Gareth.

'Op een leuke manier,' zei Dan.

'Ja,' bevestigde Gareth. 'Richard vond je op een leuke manier curieus.'

'Eh,' zei ik. 'Ik weet helemaal niet of ik zoiets wel kan...'

'Ach, met de montage kun je wonderen verrichten; maak je daar maar niet druk over. Het belangrijkste is nu: als wij besluiten dit idee door te zetten, ben jij er dan voor in?'

Ze keken me allebei strak aan. Ik haalde mijn schouders op. 'Ja, hoor.'

Verdomd: ik werd tv-presentator... van een landelijk uitgezonden programma... dat rond etenstijd op de buis kwam. Een wereld vol huisvrouwen en studenten wachtte op mij!

'Fantastisch!' riep Dan. 'Dan zou ik zeggen: we houden contact!'

Die avond gaf ik het ene rondje na het andere. Ik had met Wag en Ian in The Yorkshire Grey afgesproken, om hun mijn goede nieuws te vertellen.

Oké, het kwam er waarschijnlijk nooit van, maar toch klonk het goed, en mijn pechstroom van de laatste tijd leek weer even opgedroogd. Deze kans, te worden opgenomen in het *Richard & Judy*-team, met zoiets spannends als presenteren op tv (waar ik me nooit eerder aan had gewaagd, en wat ik zonder twijfel ook nooit hád gedaan, als Ja het me niet voor de voeten had geworpen) was een regelrechte oppepper. Ik genoot weer van mijn ja-leven.

Wag daarentegen, had het minder gemakkelijk. Hij was net terug van zijn reis naar Duitsland, maar leek totaal niet ontspannen of uitgerust – eerder gestrest, zeer gestrest. En het hielp daarbij ook niet echt dat zijn mobieltje constant piepte. Telkens als dat gebeurde, zwegen Ian en ik, zodat hij kon opnemen. Maar dat deed hij niet: hij staarde slechts naar het schermpje en verbrak dan vloekend de verbinding.

'Wag,' begon Ian. 'Zit jij in de problemen of zo?'

'Ik wil er niet over praten.'

Zijn telefoon piepte weer.

'Neem dan op, man...'

'Nee, doe ik niet.'

'Wie belt er dan?'

'Ik zei toch dat ik het er niet over wilde hebben!'

Het telefoontje was weer stil. We namen alledrie een slok bier en bleven zwijgen. Dat gebliep begon zo toch weer. We begonnen maar over voetbal, tot we ons realiseerden dat we daar geen van allen iets van afwisten. Vervolgens begon Wags telefoontje weer te piepen (niet eens zo'n slechte timing: zo kon onze jongens-onder-mekaar-sfeer blijven hangen).

'Oké, dan zal ik eens opnemen,' zei Wag.

Ian en ik wachtten in stilte, en probeerden te doen alsof we niet meeluisterden.

'Nee!' riep Wag ineens fel en hij verbrak de verbinding.

'Wie was dat nou?' vroeg Ian. 'Wat is er toch aan de hand?'

'Het houdt verdomme echt niet op,' zei Wag. 'Ik zet hem wel uit.'

'Maar wie was dat nou?' vroeg ik.

'Niemand. Laat nou maar, het is niks.'

'Kom, Wag,' zei Ian. 'Wie is dat; wie belt jou de hele tijd?'

En daar ging het ding alweer. Wag keek er woedend naar. 'Het... houdt... maar... niet... op!' zei hij knarsetandend. 'Dat ding blíjft piepen!'

'Dat betekent dat iemand jou probeert te bereiken,' zei ik (misschien snapte hij niet helemaal hoe zijn mobieltje werkte; dacht hij dat dat piepje betekende dat hij hem moest opladen of zo).

'Momentje...' Wag nam op, riep opnieuw fel: 'Nee!' en hing weer op. 'Jezus, dit is echt afschuwelijk,' zei hij. 'Zo kan ik me toch niet ontspannen! Dat ding piept al vanaf het moment dat ik weer in Engeland ben: óm de minuut, verdomme: óm de minuut, verdomme: het houdt maar niet op; ze blijven maar bellen!'

'Maar wíé dan?' probeerde Ian nog maar eens.

Wag haalde diep adem. 'De Duitsers,' zei hij toen.

Ik bestudeerde Wags gezicht; hij zag eruit alsof hij in een van de eerste stadia van achtervervolgingswaanzin verkeerde. Ian en ik keken elkaar bezorgd aan.

'De Duitsers laten me maar niet met rust,' zei hij, alsof hij daarmee alles had verklaard.

Ik trok een meelevend gezicht en zette een troostende stem op. 'Ja hoor, dat doen ze wel, Wag: de Duitsers laten jou heus wel met rust.'

Wag fronste zijn voorhoofd. 'Waarom kijk je me nu aan alsof ik niet goed snik ben... en waarom zit je over mijn arm te strijken?'

'Vertel ons nu maar gewoon waarom jij denkt dat de Duitsers het op jou gemunt hebben,' zei Ian.

'Dat is ook niet zo: ze blíjven alleen maar bellen!'

'Maar hoezo dan?' riep ik vertwijfeld – en tegelijk met Ian.

Wag haalde nog eens diep adem – alsof hij op een keerpunt in zijn leven stond. 'Omdat de Duitsers denken dat ik Busted ben.'

Zijn woorden bleven even tussen ons in hangen. Ian en ik fronsten naar elkaar, toen naar Wag, en toen alledrie naar elkaar. '*Busted*? Dat je een grote boezem hebt, bedoel je?'

'Nee, veel erger!'

Wat was er erger dan een vent met borsten?

Ooo...

'Nee, toch?' riep ik. 'De Duitsers denken dat jij de megapopulaire jongensband Busted bent?'

Wag beet op zijn onderlip, rolde met zijn ogen en knikte zwijgend. En toen piepte zijn telefoon alweer.

Ian keek naar het schermpje en sloeg theatraal zijn handen voor zijn mond. 'Mijn god,' riep hij. 'Moet je zien!' Hij hield me het telefoontje voor: er knipperde een buitenlands nummer op.

'Daar heb je d'r weer een!' zei Wag. Hij nam op, riep: '*Nein!*' in het microfoontje en verbrak de verbinding.

'Wacht even,' zei ik. 'Nog even terug, hoor. Waarom word jij gebeld door

Duitsers die denken dat jij een drie leden tellend tienerbandje bent? Ik ken je al een hele poos, en als jij ergens níét op lijkt...'

'Ach, ik heb toch met die jongens gewerkt; ze geholpen met een paar nummers? En dat klikte, althans dat vond ík. Het zijn aardige knullen. Maar ze hebben de laatste tijd wel erg veel getoerd, en op één zo'n avond...' Hij nam een slok om zijn zenuwen te bedwingen. 'Op een avond hadden ze een interview voor een Duits tv-programma, ja?'

'Ja,' zei ik.

'Ik stond in de coulissen wat aan de techniek te rommelen, en toen bedacht een van hen dus dat het wel lollig was om míjn mobiele nummer te verklappen: live!'

Ik probeerde niet te gniffelen, net als Ian. Het lukte ons geen van beiden.

'En hij zei erbij dat het hún telefoonnummer was, en dat hun fans elk moment van de dag – of nacht – mochten bellen, met al hun vragen en opmerkingen...' Zijn telefoontje piepte weer. 'Sorry, hoor,' zei hij, bestudeerde het schermpje even en gooide zijn mobieltje toen op tafel. 'Verdomme, nu beginnen ze ook al te sms'en!'

Ian begon te grinniken; Wag was duidelijk diep beledigd. 'Ik heb nog geprobeerd duidelijk te maken dat ik niet eens in Busted zit, maar dat geloven ze niet. Zeggen ze: "Spreek ik met Charlie?" dan zeg ik: "Nee, met Wag." Dan zij: "Ben jij dat, Charlie?" en ik weer: "Nee, ik heet Wag." Dan zij weer: "Charlie? Charlie?"... Maar ik kan deze telefoon niet missen: het is mijn zakelijke lijn en die móét aan staan! Dus word ik vierentwintig uur per dag door deze lui gestalkt!'

'Maar Wag, luister eens,' zei ik. 'Dat houdt toch ook wel weer eens op? Hoe lang heeft Busted nog: een jaar of vijf, zes?'

'Dan, ik kan toch niet nog zes jaar roepen dat ik niet in Busted zit? Dit is een digitale nachtmerrie: mijn nummer doet in heel Duitsland de ronde! Ik hoorde zelfs van mensen die het op internet hadden gevonden!'

Ik begon te lachen.

'Hou op, het is helemaal niet leuk!'

'Dat is het wel, "Charlie"!' zei Ian.

'Nietes!' Wag was nu knalrood.

Ik barstte opnieuw in lachen uit.

'Oké, we zullen eens zien hoe leuk je dit vindt, Dan. Wat is jouw nummer ook weer?'

'Hè? Je gaat mijn nummer toch niet doorgeven aan een stel Duitse tieners?'

'O, jawel. Wil jij weten hoe het voelt als iedereen denkt dat je in Busted zit?'

Ik werd ineens een beetje misselijk en stopte abrupt met lachen. Was dat een voorstel, een ja-moment?

Ians gezicht klaarde op: die bedacht blijkbaar net hetzelfde.

Maar Wag was nog niet klaar met mij. 'Zullen we jóúw nummer dan maar aan de hele wereld doorgeven?' riep hij. 'Zullen we eens kijken hoe jíj dat vindt?' Hij begon een aantal toetsen in te drukken: hij was een sms aan het maken!

'Wacht... wat ga je...'

'Ik geef jouw nummer door aan een stel Duitsers, Dan, en zeg erbij dat dit het nieuwe nummer van de Internationale Busted-fanclub is, en dat het ze vrij staat te bellen, wanneer ze maar willen...'

'Nee, wacht...' zei ik. 'Wacht nou even...'

'O, nu vind je het ineens zo grappig niet meer, hè?' zei hij. 'Kijken hoe jíj het vindt om het middelpunt van een tienerrage te zijn; hoe jíj reageert als je constant wordt gebeld door lui die je helemaal niet kent, die je alleen maar belagen en met je willen afspreken, omdat ze denken dat jij in een jongensband zit...'

Hij hield zijn telefoontje voor mijn neus om me het berichtje te laten lezen. 'Verdomme, ik doe het, hoor, Danny! Dus, als je nog wat wilt zeggen, je excuses wilt aanbieden of zo...'

Ik werd bleek. Ik wist niet wat ik moest doen. Ik las Wags bericht:

NIEUW BUSTED-NUMMER! BEL WANNEER JE MAAR WILT: 0044 7802 *** ***

Jezus! Moest ik hem nu tegenhouden, of druiste dat tegen mijn nieuwe manier van leven in? Of moest ik dit gewoon zien als een nieuwe kans?

'Geen excuses?' zei hij. 'Ook goed! Dan luidt mijn volgende vraag: druk ík op Verzenden, of wil je dat zelf doen?'

Shit: twee ja's! Welke koos ik, wat moest ik doen? Hulpeloos haalde ik mijn schouders op.

Wag kwam angstaanjagend dichtbij. 'Dan, wil jij écht dat ik jouw nummer aan de hele wereld doorgeef?'

Mijn god, daar was het: een echt ja-moment. Ik keek naar Ian. Hij zat gniffelend te knikken. Ik zag aan zijn ogen dat hij precies wist wat ik nu moest doen.

En Wag staarde me maar aan. 'Nou, Dan, is dat wat je wilt?'

En toen – zonder zijn blik los te laten – griste ik Wags telefoontje uit zijn handen en drukte op Verzenden. Hij keek me vol afschuw aan. 'En om je vraag te beantwoorden, mijn vriend: ja, ik wil mijn nummer aan de hele wereld doorgeven!'

Een fractie van een seconde later begon Ians telefoon te piepen. Wag had maar gebluft: hij had mijn nummer alleen naar Ian gestuurd, niet naar duizenden Duitsers...

Maar ik, ik had níét gebluft. En ik wist wat me vervolgens te doen stond: opnieuw een Niveau Vijf-klus.

# 10

Begrijp me goed, ik wéét wat ik daarnet schreef. Ik weet heus wel dat ik zei, dat ik 'de hele wereld' mijn nummer zou geven.

Maar dat was in de kroeg, tijdens een macho onderonsje met veel drank, waarbij alles mogelijk leek en niets te veel moeite. Toen ik thuis over mijn volgende stap nadacht, begreep ik dat ik mijn nummer nooit aan de hele wereld kón doorgeven. Dat zou gekkenwerk zijn en eeuwen gaan duren; dat zou betekenen dat ik constant aan de telefoon zou zitten roepen: 'Hallo, u kent mij niet, maar dit is mijn nummer, voor het geval u ooit zin heeft in een babbeltje.' Dat was gewoon praktisch onuitvoerbaar: ik zou er zo'n beetje de rest van mijn leven zoet mee zijn.

Nee, als ik wilde doen wat Wag had voorgesteld – mijn telefoonnummer publiek maken – moest ik het anders aanpakken, slimmer. Ik moest mijn nummer naar buiten brengen, de straat op, waar iedereen het kon zien, onthouden en gebruiken. Er zat dus maar één ding op: stickeren!

Hoe langer ik erover nadacht, hoe meer dit idee me begon te bevallen. Het was een fantastische manier om vrienden te maken, relaties aan te knopen. Want luidt het gezegde niet dat een vreemde slechts een vriend is met wie je nog niet hebt kennisgemaakt?

En hoewel dat niet helemaal waar kán zijn (statistisch gezien móeten er een paar straatrovers tussen zitten), was het die gedachte waar ik me aan vast klampte, toen ik de opdracht gaf tot het drukken van tweeduizend stickers met de tekst:

BEL MIJ

*voor een goed gesprek!*

07802 ★★★ ★★★

Nu had ik al eens eerder een dergelijke campagne gelanceerd, die geweldig had gewerkt: ik had een aantal prachtmensen ontmoet en een aantal prachtervaringen opgedaan (exact het soort ervaringen dat ik de laatste maanden was gaan veronachtzamen).

Maar dit was een veel zorgvuldiger campagne, waar ik veel beter over had nagedacht. Zo had ik het gevoel dat de middelste regel de straatrovers en ander tuig zou afschrikken, maar ruimte liet voor mensen als Jahn uit Amsterdam, ruimdenkend en vooruitstrevend; mensen van wie ik nog wat kon leren. En daaronder dus mijn mobiele nummer; die vertrouwde cijfercombinatie, die ik nu, dankzij Wags onbewust gedane voorstel, ging onthullen aan het grote publiek – om te beginnen samen met Ian in East End.

'Welbeschouwd,' zei Ian, die naast me liep, 'is dit dus echt basispsychologie, hè!'

'Wat?' vroeg ik, terwijl ik een sticker op de zijkant van een telefooncel plakte.

'Dit! Je moet maar zeggen als ik het mis heb, maar jij hebt het gevoel dat er een gat gaapt, een gat in de vorm van Lizzie. En dat gat probeer je nu op te vullen. Maar in plaats van dat je het met één iemand opvult, probeer je het met de hele wereld op te vullen! Het feit dat je Lizzie kwijt bent, geeft je de perfecte smoes.'

'Hoe bedoel je: smoes? Ik zocht helemaal geen smoes om dit te kunnen doen! Wat dacht je: dat ik al jaren wanhopig zit te wachten, in de hoop dat iemand ooit iets zegt of doet, waardoor ik duizenden stickers kan laten drukken, waarop ik de hele wereld uitnodig mij te bellen voor een goed gesprek? Is dat hoe jij denkt dat ik leef?'

'Ongeveer wel, ja.'

Die dag bestickerden we heel Bow, Mile End en Bethnal Green. Ik stopte een dik pak stickers in mijn jaszak, voor het geval ik opnieuw in de stemming kwam. De dag vloog voorbij, zonder dat ik werd gebeld. Ik kon alleen maar afwachten.

De volgende avond was ik in een grote zaal aan Euston Road, waar tientallen stoelen in nette rijen achter elkaar stonden. Een vrouw in een gebreid vest morrelde wat aan een videocamera, die gericht stond op de tafel, waarachter de wereldvermaarde Maitreya-kenner Elias Brown het zich de komende uren gemakkelijk zou maken.

Pete had me die ochtend opgewonden gebeld, om te vertellen dat hij alle relevante websites had gecheckt en had ontdekt dat meneer Brown momenteel in de stad was, voor een van zijn lezingen! Zo te horen dacht hij toch dat dit alles een kern van waarheid bezat. En aangezien de mensen van *Richard & Judy* vonden dat ik kon doorgaan voor een autoriteit op spiritueel gebied, leek het me nuttig deze bijeenkomst te bezoeken. En ik mocht natuurlijk geen nee zeggen.

Ik vond het opvallend dat (hoewel hij me er constant van probeerde te overtuigen dat hij echt niet geloofde dat Maitreya, alias De Aardse Leermeester, op straat naar mensen zoals ik liep te zoeken) Pete toch op steeds eerbiediger toon over hem begon te praten. En hoewel ik natuurlijk ook niets van dat verhaal geloofde (kom op, zeg!), zaten we nu samen in deze zaal te wachten, best opgetogen over het vooruitzicht dat we spoedig meer te weten zouden komen over de man die mij (!) leek te hebben uitgekozen om te leiden en te sturen.

Er was nu een man of veertig in de zaal: de meesten zaten al op hun stoel; enkele anderen kochten nog gauw een Maitreya-ansichtkaart of -boek, of een cassettebandje van een van Browns vorige lezingen. Een paar maanden geleden had ik nog nooit van Maitreya gehoord. Het verbaasde me dan ook enorm dat er een hele bedrijfstak om hem leek te draaien.

'Ik heb een paar van die boeken thuis,' zei Pete. 'En ik ben geabonneerd op het *Browns Magazine*, dat overigens verbazingwekkend informatief is.'

'Heeft hij ook al zijn eigen tijdschrift?'

'Jazeker! Het is een hele beroemdheid en nog erg aardig ook. Alles is gericht op verbetering van de wereld...'

Verder kwam hij niet. Want op dat moment stapte de man binnen voor wie we met zijn allen hier waren samengekomen. Hij had een grote bos wit haar en droeg een roomkleurig pak. Iedereen viel stil. 'Daar heb je 'm!' fluisterde Pete in mijn oor. 'Elias Brown!'

De man nam breed glimlachend plaats. Voor iemand van tweeëntachtig mocht hij er nog best wezen – en dat zul je me niet vaak horen zeggen. 'Goedenavond,' zei hij met een zacht, zangerig Schots accent.

'Goedenavond,' antwoordde iedereen, inclusief Pete, tot mijn verbijstering nagenoeg tegelijk.

'Wie van u heeft al eens een lezing als deze bezocht?'

Pete en zo'n beetje alle anderen staken hun hand op.

'Het enige wat ik van u vraag, is dat u terwijl ik spreek uw geest openstelt,' zei Elias Brown vriendelijk. 'Ik vraag u niet te geloven wat u niet wílt geloven, slechts dat u ervoor openstaat. Een oprecht ruimdenkend mens ontmoet men slechts hoogstzelden. Als ik eraan denk, zal ik u daar straks nog wat cijfers over geven...'

Daar moest ik even om lachen, tot een vrouw met een pashmina-sjaal streng naar me fronste.

'Wat er vanavond gaat gebeuren,' vervolgde hij, 'is het volgende. Over enkele momenten zal ik worden overschaduwd door Maitreya zelve en zal hij hier, onder ons, zijn.'

Pete stootte me opgewonden aan.

'Onderwijl draaien we een bandje met enkele van zijn boodschappen. Daarna zal ik een poos spreken over Maitreya en diens missie op onze aarde, waarna we deze bijeenkomst zullen afsluiten met een tweede overschaduwing, die echter veel krachtiger zal zijn dan de eerste. Kortom, het wordt een bijzondere avond.'

Terwijl hij sprak, hield zijn microfoon er ineens mee op. De pashmina fluisterde meteen iets tegen haar vriendin over kwade krachten. Elias praatte gewoon (alleen veel zachter) door, tot een man op de tweede rij geïrriteerd zijn hand opstak en riep – veel harder dan nodig: 'Ik geloof dat uw batterij leeg is.'

'O,' zei Elias. 'Wat vreselijk onprofessioneel. Ik verzeker u dat dit de allereerste keer is dat ons dit overkomt; gewoonlijk verloopt alles uiterst soepel.' Glimlachend keek hij de zaal in; iedereen lachte. Hij was echt een uiterst charmant gastheer.

Een van zijn assistenten werd knalrood, toen ze de microfoon probeerde open te wrikken om de batterij te vervangen. 'Het spijt me,' stamelde ze.

'Hij is... o jee...' Een potige man nam het van haar over, drukte de batterij op zijn plek, klemde de microfoon in de standaard en zette hem weer recht voor Elias. Deze tikte er even op en riep: 'Hallo?' De microfoon werkte weer.

'Magisch!' riep de man op de tweede rij, en ik vrees dat hij dat letterlijk bedoelde.

'Goed, we gaan verder...' zei Elias. Het licht werd gedimd. 'Ik zal nu uw chakra bestuderen,' zei hij. 'Ik kijk om de beurt ieder van u aan. En maak u geen zorgen, als u achter een lang iemand zit en het lijkt alsof ik u oversla, want dat gebeurt echt niet.' En hij sloot zijn ogen, haalde diep adem en maakte toen een eigenaardig keelgeluid, waarna zijn ogen weer wijd open vlogen. Ik nam aan dat de geest van Maitreya nu bezit van hem had genomen (of we moesten gauw gaan hopen dat er een dokter in de zaal zat). Ik merkte dat ik onbewust rechter was gaan zitten, waarschijnlijk om een goede indruk op Maitreya te maken.

Er werd een cassetterecorder aangezet, waarna een ruisende thuisopname startte. *Wees bereid... mij spoedig te zien!*' sprak een diepe stem loom. Elias Brown keek intussen van de een naar de ander, met een gelukzalige glimlach rond zijn lippen en een minzame blik in zijn ogen.

*'Wees bereid... mijn woorden te horen!'* Dat was ik, net als iedereen. Ik was alleen de enige in de zaal die zijn handen niet gevouwen had en zijn ogen niet gesloten. Onbewust vouwde ik mijn handen toch.

*'Ik ben de vreemdeling aan uw poort. Ik ben degene die op uw deur klopt. Ik ben degene die niet meer weggaat.'* Ik wist dat het goed bedoeld was, maar in deze tijd van stalkers vond ik toch dat Maitreya deze openingszin wel eens mocht herzien.

*'Ik ben uw vriend, uw hoop, uw schild. Ik ben liefde. Ik ben alles.'* Dat klonk al een stuk beter.

En Elias maar glimlachen en iedereen aankijken. Ergens achter me zuchtte iemand van genot.

*'U zult mij spoedig zien. Of misschien... heeft u mij reeds gezien.'* Nu werd het een beetje eng. Ik huiverde toen Elias Brown mij recht in de ogen keek, terwijl het bandje zei dat ik Maitreya misschien al eens hád ontmoet.

*'Zij die mij zoeken...'*

Elias Brown keek me nog steeds strak aan.

*'... zullen mij ook vinden...'*

Ik friemelde aan mijn horloge. Hij keek nog steeds naar me. Ik glimlachte nerveus.

En toen stopte hij eindelijk en ging zijn blik naar de mollige vrouw naast me.

'De Leermeesters zijn onder ons,' verklaarde Elias Brown even later. 'Dat is nogal een mededeling – en ook nog één die ik op geen enkele wijze kan staven. Maar neemt u van mij aan: het is waar.' Ergens halverwege de lezing had ik begrepen dat je aardig veel van wat je hier te horen kreeg, gewoon maar voor waar moest aannemen.

'Spoedig zult u zich bewust worden van hun aanwezigheid en wijsheid. Wanneer Maitreya komt, zal hij over de gehele wereld gelijktijdig op tv verschijnen; alle satellietsystemen zijn weloverwogen voor zijn komst opgesteld. U zult dan een gezicht zien, een gezicht dat u herkent, dat u eerder heeft gezien. Hij zal echter niet spreken, geen woord; maar zijn gedachten zullen geruisloos in ons zetelen. En ieder van ons zal hem in zijn eigen taal horen. Daarna zullen er duizenden wonderen plaatshebben.'

Voor me nam een oudere vrouw een foto van Elias; Pete zat met gesloten ogen zachtjes te knikken.

'Allen die de mensheid hebben gevormd waren discipelen van de Leermeesters: Da Vinci, Einstein, Shakespeare, Newton, Freud, Jung... Zij hebben hun kennis en inspiratie doorgegeven. De Leermeesters weten wat voor ieder van ons het beste is, en werken onafgebroken om ons te helpen. Wij mogen ons zeer gelukkig prijzen dat zij hier zijn.'

En toen begon Elias te oreren over Maitreya's gedachten over de honger op de wereld, de Verenigde Naties, de oorlog in het Midden-Oosten, kernenergie, George W. Bush, de ontwikkelde landen, de G8-top, armoede en ziekte. Maar nergens had hij het over hoe Maitreya 's avonds thuiskwam, en of hij bij gelegenheid wel eens de bus in plaats van de metro had gepakt. Ik begon een beetje ontmoedigd te raken. 'Pak ook de gewone dingen eens aan, Brown!' wilde ik roepen. 'Waarom keuvelen over politiek, als je het ook kunt hebben over bussen!'

'Op een dag zullen wij allen onsterfelijk zijn,' zei hij nu. 'Dat verzeker ik u.' Maar zelfs dat hielp niet.

Je kon het moeilijk níet eens zijn met Maitreya's grondbeginselen. Om de wereld te redden, zo zei hij bijvoorbeeld, zullen we alles moeten delen. Onze aarde telt vandaag de dag ruim dertig miljoen mensen, die sterven van de honger... maar in het Westen barsten de pakhuizen uit hun voegen. Ik probeerde dat net tot me laten doordringen, toen voor me een arm de lucht in vloog. Het was Pete. Wat deed díe nou?

'Ja?' zei Elias Brown.

'Is Maitreya er nu nog?' vroeg Pete. Ik geneerde me kapot voor hem. 'Hier, in deze zaal?'

Glimlachend keek Elias de ruimte rond. Het leek alsof hij een onzichtbare blik opving. Toen keek hij weer naar Pete en knikte. 'Ja, dat is hij.'

Breed grijnzend gaf Pete me een por in mijn ribben. 'Dat komt vast door jou,' fluisterde hij. Ik begon steeds sterker te vermoeden dat hij hier toch in geloofde.

'Waar woont Maitreya eigenlijk?' vroeg een man aan de andere kant van de zaal. Zelfvoldaan keek ik voor me uit: dat wist ik dus allang!

'Hij woont te midden van de Aziatische gemeenschap aan Brick Lane. Hij slaapt niet, eet niet en heeft geen bed. Maitreya werkt onvermoeibaar, vierentwintig uur per dag, ten dienste van de Aarde; ten dienste van u allen.'

En toen keek Elias Brown me opnieuw recht in de ogen.

'Ik zeg het je, Ian: hij keek me recht aan,' vertelde ik, terwijl we over Mile End Road liepen. 'Best luguber!'

'Een ouwe man in een roomkleurig pak kijkt jou recht in de ogen en jij vindt dat luguber? Daar is helemaal niks lugubers aan, man!'

'Maar het was alsof hij iets wíst. Toen ik die blik in zijn ogen zag, begon ik er toch wat anders over te denken. Het was alsof Maitreya naast hem zat, mij aanwees en zei: 'Daar heb je hem... dát is degene die ik bijsta!''

'Besef je wel hoe arrogant je klinkt?' zei Ian. Ik was even gestopt om een BEL MIJ-sticker op een telefooncel te plakken. 'Wie denk jij verdomme dat je bent, *The Golden Child* of zo? Denk je soms dat Eddie Murphy elk moment kan binnenvallen, op zoek naar jou?'

'Is dat dan zo vergezocht? Jij gaat er maar automatisch van uit dat ik géén Golden Child kan zijn... Dat is dus exact het soort negatieve respons, die Jezus bij zijn wederkomst ook over zich heen zal krijgen!'

Mijn telefoon piepte. Ik nam op. Er werd meteen weer opgehangen. Mijn BEL MIJ-stickers leken in het afgelopen etmaal te zijn doorgedrongen tot Londens algehele bewustzijn, want dit was me nu al een paar keer overkomen.

'Luister, Dan,' zei Ian. 'Ik geloof echt niet dat die man in die bus Jezus was, of Maitreya, of wie van die knapen dan ook. Ik was gewoon dronken toen ik dat suggereerde. En ik geloof ook, mijn vriend, dat het zeer onwaarschijnlijk is dat jij The Golden Child, Het Koperen Kind of een kind van wat voor metaallegering dan ook bent.'

'De Starburst-groep denkt anders wel dat dat tot de mogelijkheden behoort.'

'Ja, die Starburst-groep denkt ook dat buitenaardse wezens de piramides hebben gebouwd,' zei hij.

Ik begreep wat hij bedoelde.

'De enige manier waarop jij hier weer overheen komt, Dan...' ging hij verder, een dramatische pauze inlassend, '... is die man uit die bus zien te vinden.'

Ik weet niet of jíj ooit over Brick Lane hebt gelopen, trachtend een verlicht wezen uit een andere dimensie op te sporen, maar dat is dus niet zo gemakkelijk als het klinkt!
Ian had natuurlijk gelijk: pas wanneer ik die man uit die bus had gevonden, kon ik voor eens en voor altijd bepalen of hij al dan niet Maitreya was. Maar Ian had niet bepaald staan trappelen om me op mijn zoektocht te vergezellen: ik had hem al helemaal afgemat met onze BEL MIJ-inspanningen. Dus had ik hem gepaaid met het vooruitzicht van een gratis curry.

'Wat is het plan?' vroeg hij, toen we in Aldgate uit de ondergrondse stapten.
Glimlachend ritste ik mijn rugzak open en trok er een dik pak A-viertjes uit, met de pakkende kop: BENT U DIT? Dit was al de tweede grote ja-mancampagne in één week tijd: kicken! Ik stak mijn hand uit naar de wereld, gaf mezelf bloot – niet één- maar zelfs tweemaal – precies zoals ik mezelf had opgedragen. Niet alleen had ik nu overal BEL MIJ-stickers opgeplakt, waarmee mijn telefoonnummer de hele samenleving rouleerde: nu waren er ook nog eens mijn Man-in-de-Bus-posters, die fier het gezicht van de man toonden, die mij uit een diepe put had getrokken.
Het probleem was alleen dat ik niet zo goed kon tekenen, en dat het enige wat ik me kon herinneren, was dat het een Aziatische man met een baard was. En omdat dat natuurlijk niet voldoende was, had ik er nog wat onder gezet:

*Bent u een LERAAR, woonachtig in de buurt van ALDGATE? Zat u op vrijdag de zesde in de VERVANGENDE BUS van Oxford Circus naar East End? Zo ja, dan ben ik degene met wie u in die bus heeft gepraat! Neem alstublieft contact met mij op, want ik moet u iets vertellen! Mail danny@danny wallace.com of bel 07802 \*\*\* \*\*\*. Dit is geen grap, bel alstublieft!*
*Danny*

Ik wist zeker dat deze posters de belangstelling van de man uit de bus zouden prikkelen en dat hij me zou bellen, als hij mijn oproep maar zag. Het leek me het beste om Brick Lane, het centrum van de wijk, ermee vol te plakken en dan maar wachten.
Dus begonnen Ian en ik, voor de tweede keer die week, overal te plak-

ken: op lantaarnpalen, over andere posters heen, in telefooncellen, enzovoort... En af en toe mepten we er ook nog een BEL MIJ-sticker naast.
Er werden die dag aardig wat vreemde blikken op ons geworpen – misschien vanwege het niveau van mijn tekening, of omdat we zo grondig
te werk gingen... Hoe dan ook, we zorgden voor aardig wat commotie,
en dat was prima: iemand zou deze man herkennen. Dat kón niet anders,
ook al was het enige opvallende aan mijn tekening het feit dat hij een
baard had.
En toen klonk er een bel en stroomden er uit de moskee aan de overkant honderden bebaarde mannen, en ik realiseerde me dat dit wellicht
wat lastiger werd dan ik aanvankelijk had gedacht.

Onder het eten van onze curry overdachten Ian en ik de magische mo-
gelijkheden van wat we zojuist hadden gedaan. Althans, ík vond het ma-
gisch; Ian vond het nog steeds larie.
'Toch gek, hè, als je er zo over nadenkt?' zei ik. 'Je weet wel... dat die man
in die bus misschien wel een godheid was.'
Ian begon te lachen.
'Wát nou?' zei ik verbolgen. 'Denk je toch eens in, jongen, dat dit hele
ja-gedoe... zo heeft moeten zijn?'
'Wat moeten zijn: één grote tijdverspilling?'
'Nee, je weet wel... voorbestemd. Stel dat er achter dit alles een reden zit?'
'Als die man uit die bus werkelijk een godheid was, waarom reisde hij
dan per bus?'
'Ach, ken je dat liedje dan niet? "Stel dat God één van ons was: een doodgewone schooier zoals wij, een doodgewone vreemde in de bus, la la la la
lalala." Dat klopt gewoon helemaal – tot de verwijzing naar die schooier
en die lalala's aan toe!'
'Nee-nee, dat hele concept deugt aan de basis al niet,' zei Ian, wijzend met
zijn vork (waar een stukje kip af viel, wat we allebei keurig negeerden).
'Om te beginnen zou God, of welke godheid dan ook, nooit de bus pakken. Jezus of Boeddha al helemaal niet: die verdienen meer dan genoeg
aan hun hele merchandise met beeldjes en zo, om zich onder lui zoals jij
te hoeven mengen. Zelfs de paus heeft verdomme zijn eigen mobiel!
En wat dat schooiergedeelte aangaat: echt niet! Als godheid mag je je
heus wel wat inspannen. Het zou toch demoraliserend zijn, als mensen
jou bij de Hemelpoort ontmoeten en er dan achter komen dat ze hun
leven lang een soort Worzel Gummidge hebben aanbeden? Nee, daarom
trek je een mooi pak aan, of een chique trui of zoiets.'
Ik beet in mijn naanbroodje. Mijn telefoon piepte, ik nam op, er werd

meteen weer opgehangen. 'Ach, misschien heb je ook wel gelijk. Misschien is het ook allemaal wat té toevallig: een vreemdeling die zijn wijsheid met mij deelt, en dan mijn ontdekking dat De Aardse Leermeester hier vlakbij blijkt te wonen...'

Ian verslikte zich haast in zijn *tikka*. 'Toevallig? Dan, dat zijn twee totaal verschillende dingen! Je kunt toch niet zeggen: "Goh, ik zat in de bus naast een man, en een maand later hoorde ik dat God aan Brick Lane woont" – en dan beweren dat dat toeval is! Dat is net zoiets als zeggen van: "Kijk, ik heb hier een appel en gisteren zat ik nog op een boot!" Dat noem je toch ook geen toeval? Jij zit te dazen, mijn vriend!'

Ik nam een slok bier en keek hem wijs aan. 'Je bent waarschijnlijk voorbestemd dat te zeggen.'

Toen ik die avond thuiskwam, bedacht ik nieuwe manieren om de man uit de bus op te sporen. Hij was leraar, en het zat er dus dik in dat hij hier in de buurt ergens lesgaf. Misschien kon ik proberen een lijst van alle lokale scholen en opleidingsinstituten te vinden, en mijn posters daarheen sturen. Of ik kocht een valse baard en liet de plaatselijke pers weten dat ik mijn verhaal zelf ging reconstrueren.

Want ik wist heus wel dat Ian gelijk had, toen hij zei dat ik die man moest zien te vinden. Niet alleen om vast te stellen of hij al dan niet Maitreya was, maar ook om hem te vertellen wat ik aan het doen was; wat hij voor mijn leven had betekend.

Die avond ging ik tevreden naar bed, nog onwetend van het feit dat mijn jacht op de man uit de bus voorlopig even zou moeten wachten.

Er bleek namelijk ook iemand op míj te jagen. Mijn geheim – dat alleen kon werken als het stil werd gehouden – liep plotseling gevaar te worden onthuld.

Iemand wist ervan. En die iemand wilde mij te grazen nemen.

# 11

## Waarin Daniel zich plots in een uiterst lastig parket bevindt

Ik wist eerst niet wat ik ervan moest denken, echt niet. Toen ik het open-maakte, dacht ik nog dat het toeval was, of een soort van grap. Maar nu... vond ik het maar onheilspellend.

Ik pakte het pakje weer op en bestudeerde de inhoud, kalm en voor-zichtig. Er was een uiterst beknopt briefje:

*Als je de hele tijd ja gaat zeggen, kun je je stem beter af en toe wat rust gunnen.*

En een donkerblauwe baseballpet, met in geborduurde letters: YES.
Het pakje was verstuurd vanuit Londen W1; het adresetiket was geprint, net als het briefje. Ik bleef het hoofddeksel maar bestuderen, op zoek naar

aanwijzingen, totdat ik inzag dat die er niet waren, en ik gewoon wat on-nozel aan tafel naar een petje zat te kijken.

Heel even werd ik gegrepen door paranoia: stel dat er iets was uitge-lekt; dat Ian zich had versproken, had verklapt waar ik mee bezig was; dat we ergens waren afgeluisterd en dat diegene nu snode plannen tegen mij smeedde? Misschien had ik nu mijn eigen wreker, mijn Nemesis: een boosaardige, besnorde boef die op mijn ondergang uit was. Of stel dat...

Ho even...

Ian!

Natuurlijk. Simpel. Mysterie opgelost.

Hij was niet alleen degene die alles van mijn experiment wist, maar ook degene die daar misbruik van kon maken; degene die ik vanaf het begin in vertrouwen had genomen; degene die zelfs al had gezegd me bij falen te zullen 'straffen'...

Die nare Ian Collins!

Ik lachte hoofdschuddend, en probeerde er medelijdend bij te kijken.

Dus Ian dacht slim te zijn, hè? Hij dacht mij te kunnen verslaan. Mij door het sturen van deze pet – de hoofddekselvariant van het paard van Troje – te kunnen intimideren, bang te maken. Mij ervan te overtuigen dat wat ik deed fout, slecht en zinloos was.

Maar ik wist wat me te doen stond: ik zou zijn pakketje gewoon nege-ren, doen alsof ik het nooit had ontvangen. Vroeg of laat zou hij dan gaan vissen, een reactie proberen uit te lokken. Net als toen hij me die nep-Valentijnskaart had gestuurd – zogenaamd van Lionel Richie. Het zou niet lang duren of hij zou zich niet langer kunnen inhouden en zeggen: 'Zeg, hoor eens, ga jij die rotpet nog opzetten, of hoe zit het?' Waarna ik, nog medelijdender, op hem zou neerkijken en verzuchten: 'Ja, hoor.' Wat het allemaal nog frustrerender voor hem zou maken, omdat dat wéér een ja betekende. Ik kon gewoon niet verliezen.

Trouwens, over die Lionel Richie-kaart heeft hij nooit meer gerept.

Halverwege Regent Street ging mijn telefoon over. Ik nam op.

'Hallo, met wie spreek ik?' klonk het aan de andere kant van de lijn.

'Met Danny,' zei ik. 'En met wie spreek ík?'

'Ik zag een sticker waarop stond dat ik jou moest bellen. Hoezo eigen-lijk?'

'O, omdat ik me afvroeg of je behoefte had aan een goed gesprek.'

Er viel eerst een stilte, toen klonk er een harde lach, en toen hing hij op – nadat hij me nog had toegeroepen: 'Flapdrol!'

Ik zuchtte. Tot dusver was mijn BEL MIJ-campagne nog niet zo'n succes. Oké, ik was door heel veel mensen gebeld, maar niemand had zich nog aangemeld voor de 'goed gesprek'-kant van mijn aanbod.

Het was een dag na het pakje met de pet, en ik keek erg uit naar mijn afspraakje met Ian. Ik stond te trappelen om erachter te komen hoe lang het zou duren eer hij het gesprek probeerde om te buigen naar het onderwerp hoofdbedekking.

We hadden die middag afgesproken in The Yorkshire Grey, maar ik ging iets eerder de stad al in, omdat ik nóg iets in mijn achterhoofd had. Ik moest iets verzinnen om het weer goed te maken met Hanne. Ons dineetje-voor-drie was alweer een tijdje geleden; misschien kon ik wel een klein zoenoffer vinden.

'Pardon?' zei een lange zestiger tegen me, die buiten de PizzaExpress stond met een stapel blaadjes onder zijn arm. 'Ik vroeg me af of u dit zou willen lezen...' Hij had een vriendelijk gezicht en droeg een tweedhoed en een blauw windjack.

Ik pakte een blaadje van hem aan en begon de piepkleine lettertjes te lezen.

*Hallo!*

*Wist u, dat ik alle muziek voor ABBA heb geschreven, maar daar nooit een cent voor heb gekregen?*

O jee, een halve gare. De man leek noch op Benny, noch op Björn, en als hij Agneta of Annifrid was, hadden die zich echt goed verwaarloosd.

*Ik ben begin jaren veertig geboren, als tweede zoon van de negende hertog van Northumbria. Algauw bleek ik een zeer begaafd wonderkind, en dankzij de uitzonderlijke persoonlijke omstandigheden waarin ik verkeerde, wist ik mijn talenten verbluffend snel te ontwikkelen. Derhalve was ik reeds in 1941 in staat tot het schrijven van het Warschau-concert.*

Ik wist niet wat ik met deze informatie aan moest. De man voor me had dus blijkbaar op de jeugdige leeftijd van één jaar al een heel concert geschreven. Dat kón vast, maar dan ging het ook nog eens om een beroemd geworden concert. De concerten die ík op die leeftijd schreef, waren stuk voor stuk rommel...

*Tevens heb ik de muziek geschreven voor alle shows van Rodgers en Hammerstein, Lerner en Loewe, en talloze anderen in meerdere of mindere mate. Vanaf Sneeuwwitje heb ik zo'n beetje alle muziek voor Walt Disney geschreven, evenals die van alle James Bond-films.*

Om met vredesactiviste Katherine te spreken: het was vrij letterlijk niet te geloven...

*Daarnaast heb ik de aanzet gegeven tot het begrip rock-'n-roll, en heb ik alle liedjes van Buddy Holly geschreven, evenals de grootste hits van The Beatles en tientallen nummers voor groepen als The Seekers, Queen, The BeeGees en The Spice Girls.*

Deze man was de uitvinder van de rock-'n-roll!

*Ik heb de hele naoorlogse ontwikkeling van de populaire muziek gedomineerd, 'traditionele' jazzsongs ge- dan wel herschreven, plus een heel scala aan militaire marsen voortgebracht. U zult niet geloven welk een gigantische hoeveelheid muziek oorspronkelijk uit míjn pen is gevloeid.*

Daar kon hij wel eens gelijk in hebben.

*U zult er bovendien moeite mee hebben te geloven dat ik voor dit alles niet alleen nooit betaald heb gekregen, maar dat de regering mij, als vervolg op deze samenzweerderspraktijken, zelfs minder dan de helft van de normale uitkering uitbetaalt.*

Aha, ineens snapte ik waar hij heen wilde.

*Als u heeft genoten van mijn muziek, zult u het wellicht ook betamelijk vinden mij financieel te steunen.*

Ik was diep onder de indruk. Dit was hoogst ongebruikelijk. 'Maar eh...' zei ik, de man recht in de ogen kijkend. 'Klopt dit allemaal wel... honderd procent?'

'Jazeker,' antwoordde hij droog. 'Maar omdat niemand mij ooit gelooft, heb ik het allemaal maar eens op papier laten zetten.' En hij glimlachte, om te laten zien hoe belachelijk hij het eigenlijk vond dat mensen hem niet gewoon op zijn woord geloofden; dat hij al die moeite moest doen om zoiets simpels te bewijzen.

Ik keek naar het stuk papier in mijn handen. Het leek me eerlijk gezegd niet bepaald een onweerlegbaar bewijsstuk. 'Heeft u het Warschau-concert werkelijk op éénjarige leeftijd geschreven?'

'Om en nabij.'

Ik zal er niet omheen draaien: zoals je vast al hebt geraden, geloofde ik hem niet helemaal. Mijn belevenissen met Omar, Albert Heijn en dokter Molly van Brain hadden me geleerd om, zeker als het om geld ging, niet alles kritiekloos te accepteren. Maar ik wilde deze man toch wel een kans geven. 'En u heeft ook echt voor The Beatles geschreven?'

Hij knikte. 'Alleen hun grootste hits,' zei hij.

Mijn blik vloog nog eens over het papier, op zoek naar een uitweg. Voorzover ik het zag, was die er niet. 'Dus in wezen vraagt u mij om geld, omdat u alle ABBA-hits heeft geschreven, de rock-'n-roll heeft uitgevonden en een scala aan militaire marsen heeft voortgebracht? Dát is uw vraag?'

Ik had gehoopt dat hij na deze opsomming zou bezwijken en zou roepen: 'Oké-oké, u hééft me! Ik heb niks van dat alles gedaan; The Beatles hebben zelf al die hits geschreven... U weet blijkbaar alles van muziek.' Maar dat gebeurde niet. De man knikte weer en zei: 'Eh, ja... maar alleen als u het zelf nodig vindt.'

Zuchtend haalde ik mijn portemonnee tevoorschijn. 'Heeft u terug van een tientje?' vroeg ik.

'Nee,' zei hij.

Dus gaf ik hem een tientje. Ik geloof dat dit een van de nadelen is van overal ja op zeggen: je moet je behoorlijk kwetsbaar opstellen tegenover de grillige buitenwereld.

Maar aangezien ik een positief denker was, probeerde ik te bedenken of ik van deze ontmoeting met de vijfde Beatle geen presentje voor Hanne kon maken. Het geintje had me tenslotte tien pond gekost – exact het bedrag dat ik aan haar had willen spenderen. Na lang nadenken besloot ik echter dat dat niet lukte; het maakte alles waarschijnlijk alleen maar erger: "Hoi, Hanne. Sorry van laatst, hoor. Ik heb net tien pond gegeven aan een vent die dacht dat hij in ABBA had gezeten. Is het nu weer goed tussen ons?"

Even later zou het ideale cadeau zich echter vanzelf aan mij presenteren, via een geplastificeerd A-viertje in de etalage van een bloemist: IETS TE ZEGGEN? ZEG HET MET BLOEMEN!

Dát ging ik doen!

Maar wat wilde ik dan zeggen?

Ian deed opvallend terughoudend. We zaten nu al bijna vier minuten samen in The Yorkshire Grey, en hij had nog niks gezegd over hoeden, petten of hoofdbedekking in het algemeen – de sluwe vos. Ik glimlachte wat voor me uit. Hij wilde blijkbaar lekker lang van zijn spel genieten. Ik besloot daarom ook niet van petten te reppen. Dat zou 'm leren!

'Wat zit jij te grijnzen?' vroeg hij.

'O, niks,' zei ik.

'Jij doet behoorlijk maf.'

'Is dat zo, doe ik dat?' zei ik, en ik voegde er toen aan toe: 'Anderen zouden zeggen dat jíj juist maf doet.'

'Nee,' zei hij. 'Bijna iedereen zou dat van jou zeggen.'

'Werkelijk?' zei ik, want in een gesprek als dit draait alles om het hebben van het laatste woord. 'Is dat wat ze van mij zouden zeggen?'

'Verdomme, wat is er toch met jou?' riep hij uit. 'Heb jij soms ja gezegd op de vraag of je wilde doen of je gestoord was?'

Ik had medelijden met Ian: ik doorzag hem totaal, maar híj had dat nog niet door. Zijn ja-petje had me niet verzwakt, zoals hij zonder twijfel had verwacht; het had me zelfs sterker gemaakt!

'O ja, ik heb Wag ook gevraagd,' meldde ik achteloos. 'Die komt, zodra hij mijn tijding heeft ontvangen.'

'Je tijding?'

'Ja, dat wij in de kroeg zitten en dat hij ook moet komen.'

'Juist. Nou, hoe gaat het met je project?' vroeg hij.

'Niet slecht.'

'Al ergens nee op gezegd?'

Ik glimlachte. 'Nee, ik heb elke mogelijkheid die op mijn pad kwam met beide handen aangepakt... en dat zonder gebruikmaking van enig hoofddeksel.' Ik keek of ik op zijn gezicht een reactie op deze subtiele hint zag, maar nee. Shit, hij was goed, zeg!

Mijn telefoon piepte. Ik nam op. Er werd meteen weer opgehangen.

'Heb je je dagboek bij je?' vroeg Ian.

'Dat dagboek zul jij mettertijd heus wel te zien krijgen, mijn vriend.'

'Kom maar op met die details dan!'

'Ik heb een automatische, zelfterugspoelende videodoos uitgevonden, en me ingeschreven voor de verkiezing van Engelands meest Duits-uitziende man.'

Op dat moment stapte Wag de kroeg binnen.

'Denk erom: geen woord tegen Wag,' zei ik, met mijn vinger tegen mijn lippen. Ian knikte.

'Wat voer jij in godsnaam in je schild?' riep Wag. Hij had een knalrood gezicht en keek behoorlijk kwaad.

'Hoe bedoel je?' vroeg ik. Ik snapte echt niet waarom hij zo nijdig was. Wag trok zijn rugzak open en wees naar de inhoud: een platgedrukte, geknakte bos bloemen met een kaartje eraan.

'Aha, je hebt mijn boodschap ontvangen.'

'Kun je niet gewoon bellen of zo? Waarom stuur je me bloemen, met een kaartje met: "Ik zit in de kroeg"? Wat dacht je dat de jongens op het werk hierover te zeggen hadden? Waarom heb je me niet gewoon ge-sms't?'

'Ik wilde het eens zeggen met bloemen!' zei ik.

Het duurde even, maar toen Ian snapte wat dit moest hebben veroorzaakt, stikte hij zowat in een pinda.

'Nou, doe dat dus maar nooit meer! Ik ga een biertje halen,' zei Wag en hij stampte weg.

'Ik wilde het met bloemen zeggen,' zei ik zacht.

Mijn telefoon piepte: een sms'je van Hanne.

BEDANKT VOOR DE BLOEMEN MAAR STOP MET DEZE ZIEKELIJKE OBSESSIE EN GA VERDER MET JE LEVEN.

'Leuk hoor!' zei ik. 'Ik wilde Hanne ook gewoon iets met bloemen zeggen, en nu denkt zij dat ik door haar ben geobsedeerd.'

'Dus je nodigt jezelf op haar eerste afspraakje uit, en stuurt haar dan nog een bos bloemen ook? Jongen, je moet nooit bloemen sturen naar een ex: daar geef je een totaal verkeerd signaal mee af.'

'Nou, dan hoop ik maar dat ze niets hoort over dat Afrikaanse jochie.'

'Welk Afrikaans jochie? Je hebt toch geen zwart jongetje naar haar huis gestuurd, hè?'

'Nee, ik kreeg daarstraks een idee. Ik had een tientje gegeven aan een oude man, die dacht dat hij in ABBA had gezeten – en ik dacht er even over om tegen Hanne te zeggen dat ik dat in haar naam had gedaan. Maar ik vond het uiteindelijk toch niet goed genoeg. En toen ik in *The Big Issue* die ik had gekocht (mijn derde al deze week) iets over het sponsoren van kinderen zag, heb ik gebeld en er eentje namens haar gesponsord, bij wijze van excuus.'

'Wat is er allemaal?' vroeg Wag, toen hij weer bij ons kwam zitten.

'Danny moet Hanne zijn excuses aanbieden.'

'O, waarvoor?'

'Ach, eigenlijk nergens om,' zei ik, in de hoop dat daarmee de kous af was. Nee, natuurlijk.

'Danny heeft Hanne verboden met iemand uit te gaan,' zei Ian. 'En toen zij toch hun eerste afspraakje hadden, heeft hij zichzelf uitgenodigd en is de hele avond bij hun blijven hangen.'

Wag keek me verbijsterd aan.

'Ik heb mezelf niet uitgenodigd,' zei ik, 'dat deed Seb. Wij konden het gewoon goed met elkaar vinden.'

'En toen ben je de hele avond bij hen gebleven?' vroeg Wag.

'Tot me beleefd werd gevraagd te vertrekken.'

'Ze zeiden dat hij moest oprotten,' verbeterde Ian me behulpzaam.

'Stalk jij Hanne?' vroeg Wag met grote ogen. 'Magnifiek: ik kende nog helemaal geen stalkers!'

'Ik stalk haar helemaal niet,' zei ik.

Maar toen kwam Ian er weer tussen: 'Hanne denkt dat hij een obsessie voor haar heeft. Hij heeft haar ook nog een bos bloemen gestuurd!'

'Jij stalkt haar wel!'

'Jij hebt ook bloemen van me gekregen, meneer Matje, en ik stalk jou toch ook niet?'

'Nu moet je niet proberen van onderwerp te veranderen, door de draak te steken met mijn kapsel! Je stuurt geen bloemen naar een ex-vriendin!' riep Wag. 'Daar geef je een heel verkeerd signaal mee af!'

'En...' zei Ian, 'hij heeft ook nog een Afrikaans jongetje in Hannes naam gesponsord.'

Wags mond viel open. 'Je sponsort toch geen kind voor je ex; dat is ook een volkomen verkeerd signaal! Zoiets doe je gewoon niet, dat is een gouden regel!' Wag keek naar Ian. Deze sloot heel even zijn ogen en knikte instemmend.

'We moeten gauw een vriendin voor jou zoeken,' zei Ian. 'Jij bent een gevaar voor jezelf!' Hij zat me natuurlijk op te fokken. Maar Wag dacht waarschijnlijk echt dat ik een gevaar voor mezelf was.

'En nu houden we erover op,' zei ik resoluut.

Een minuut of tien, twintig later deden we dat ook.

Er waren weer een paar dagen voorbij en ik was iets vaker thuisgebleven. Niet dat ik was gestopt met ja zeggen: alleen met ja's najagen. Ik had Hanne op de kast gejaagd, Ian probeerde me met zijn ja-petje te intimideren, Wag leek ook al boos op me. En ik begon al dat uitgaan ook een klein beetje zat te worden.

Ik was gebeld door nog een hele hoop onbekenden, en het was me bijna gelukt met een van hen een goed gesprek te beginnen, toen hij de moed toch weer had verloren, en net als die anderen had opgehangen.

En Hanne had blijkbaar een bedankbrief ontvangen van de mensen van 'Sponsor-een-kind', want ze mailde me met de vraag of ik soms uit haar naam een jongetje had gesponsord. Met tegenzin schreef ik dat dat juist was, en dat ze me maar moest laten weten of ze wilde dat ik er ook eentje uit Sebs naam deed. Ik kreeg als antwoord dat dat echt niet nodig was.

Ik scharrelde thuis wat rond. Mijn telefoon piepte. Ik nam op. Er werd weer opgehangen. Ik liet het bad vollopen.

Wat had Ian nou gedacht met die pet te bereiken? Dacht hij werkelijk dat ik het onder een beetje druk zou opgeven? Of hoopte hij me te betrappen op een nee, waarna hij uit de bosjes op me af zou stormen, om zijn tot-op-heden-niet-nader-gedefinieerde straf uit te delen? Ik moest hem één stap zien voor te blijven, dat was een ding dat zeker was.

Toen ik een uur later uit bad stapte, wachtte er een nieuw mailtje op me. Het was van Tom, van de BBC. Hij informeerde naar mijn plannen rond het Edinburgh Festival. Ging ik daar in augustus naartoe? En als ik nog geen plannen had, zou ik hem en zijn team dan misschien willen versterken? Hij kon wel een paar extra ogen gebruiken: om voorstellingen te zien, naar nieuw talent uit te kijken, ideeën op te doen. Had ik zin om eens bij hem langs te wippen en daar wat over te babbelen?

Dat had ik zeker! Ik ging al jaren naar het Edinburgh Festival – het grootste kunstfestival ter wereld – maar ik had er dit jaar nog niet over nagedacht; er was de laatste tijd zoveel gebeurd. Maar nu deze kans zich voordeed, greep ik hem natuurlijk, al helemaal omdat dit alles voortkwam uit een ja. Edinburgh, dat zou te gek zijn: weer eens zien wat er allemaal speelde! En ook lang niet slecht voor mijn carrière; ik was blij dat Tom me nog niet vergeten was. En het zou erg fijn zijn om Londen eens even te ontvluchten. Ik glimlachte: Ja haalde me uit Londen en bracht me naar Edinburgh. Misschien...

Ho even, nog een mailtje... Maar eh... hè?

> **Aan: Danny Wallace**
> **Van: wieisdeuitdager@hotmail.com**
> **Onderwerp: Hoe vind je je pet?**
> **Hallo Danny...**
> **Ben ik weer. Hopelijk heb je de pet ontvangen.**
> **Ik wil je graag een voorstel doen.**
> **Waarom...**
> **ga...**

Ik scrolde naar beneden.

> **je...**

Wat was dit nou? Ik scrolde nog verder naar beneden.

> **niet...**

Nog verder.

> **naar...**

En nog verder... en verder, en verder. En toen zag ik het eindelijk staan: één woord; één verwarrend woord.

> **Stonehenge?**

Dat was het.

Stonehenge? Wat moest ik daar dan?

Van wie was dit mailtje? Van De Uitdager? Dus Ian noemde zich nu De Uitdager, en daagde mij anoniem uit. Omdat hij wíst dat ik niet anders kon dan ja zeggen.

Wat was dit nou? Probeerde hij de inzet te verhogen, de grens te verleggen, mij te ringeloren? Hij deed verdorie exact wat ik hem had gevraagd níét te doen!

Ik las het bericht nog een keer door. *Waarom ga je niet naar Stonehenge?* Waarom Stonehenge?

Ik werd opeens verschrikkelijk kwaad. Wie dacht Ian verdomme dat hij was: een gratis e-mailadres aanvragen en zich De Uitdager noemen... Dacht hij soms dat hij me zo kon inmaken; dat ik meteen op mijn rug ging liggen en mijn hele experiment stopte, en de deur wijd openzette voor zijn straf?

Nee, ik moest hem verbazen, schokken; laten zien waartoe ik in staat was, hoe toegewijd ik was. Ik zou het doen: ik ging naar Stonehenge; en niet morgen, niet volgende week, maar nú. Met de wind in de rug en als het verkeer me niet tegenzat, kon ik in iets meer dan vijf uur heen en weer zijn geweest. Daarna zou ik Ian opzoeken, hem het bewijs tonen, hem op zijn knieën dwingen, en dit onvolwassen, onnozele spelletje, van iemand die zichzelf De Uitdager had gedoopt, beëindigen.

'De Uitdager...' mompelde ik voor me uit, terwijl ik naar mijn auto liep. 'Wie noemt zich nu zo?' Nee, dit was gewoon zielig gedrag voor een volwassen vent.

En ik sprong in mijn ja-mobiel en reed weg.

# 12

*Waarin een vriendschap in twijfel wordt getrokken en Daniel een nieuwe bril aanschaft*

Plankgas reed ik terug naar Londen. Ik was in Stonehenge geweest, was er uitgestapt, had mezelf op de foto laten zetten. En nu was ik onderweg naar Ian om hem te confronteren met het bewijsmateriaal en hem te vertellen dat hij mij voor de voeten liep.

Eigenlijk vond ik zijn bemoeienis behoorlijk irritant. Hij wíst toch waarom ik dit deed, dat het iets was dat ik nu eenmaal móést doen, dat het echt geen StomJongensProject was, maar iets heel belangrijks.

Goed, van tijd tot tijd voelde het best wel eens wat zinloos, maar dat kwam alleen doordat ik de precieze zin ervan nog niet had ontdekt. Maar hoe kon ik die ooit achterhalen als mijn vriend Ian gemaskerd door zijn appartement stapte, zich inbeeldend dat hij De Uitdager was – misschien zelfs zijn tijd verdoend met het tekenen van Uitdager-logootjes en het naaien van een speciaal stretch Uitdager-pak? Ik begreep echt niet waarom hij had bedacht dat het nuttig was om mij op deze manier een beentje te lichten.

Bij een tankstation ergens in Wiltshire stopte ik, haalde mijn telefoon tevoorschijn en sms'te Ian.

WAAR BEN JIJ OVER TWEE UUR?

Ik zat nu al een paar uur in mijn groene ja-mobiel en moest hoognodig mijn benen strekken. Ik strekte ze tot aan het winkeltje (waarmee ik bedoel dat ik een rondje over het terrein liep, niet dat ik zulke elastische benen heb).

In het winkeltje legde de man achter de kassa zijn boek neer om mij te begroeten. 'Is dat uw auto?' vroeg hij, hoewel er in de wijde omtrek niemand te bekennen was en hij me er zelf uit had zien stappen.

'Ja,' zei ik.

'Apart!' zei hij.

'Ja,' zei ik.

'Hoe komt u daaraan, als ik vragen mag?'

'Ik heb hem op een feest gekocht,' zei ik een beetje narrig.

'O, een autofeest!'

Ik had geen flauw idee wat dat was.

Ik zocht een pasteitje uit, schoof het in de magnetron, zette hem op dertig seconden en dacht na over wat er straks zou gebeuren.

Mijn gedachten werden ruw verstoord door het gebliep van mijn telefoon.

IN STARBUCKS, CARNABY STREET. HOEZO?

Ik nam niet eens de tijd om te antwoorden. Ik was een man met een missie; ik moest ervandoor, opschieten. Ik was de deur alweer uit en zat weer achter mijn stuur, voor het belletje van de magnetron had geklonken.

'Pardon,' zei een stem aan mijn rechterhand. 'Heeft u misschien een momentje voor Red de Walvis?'

Ik beende door Carnaby Street naar de Starbucks en was absoluut niet in de stemming voor een praatje. 'Ja, dat heb ik wel,' zei ik, en ik stopte abrupt. Tegen deze joker was ik toch niet opgewassen. 'Maar mag ik dan misschien eerst even?'

'Eh, hoe bedoelt u...' stamelde de man.

'Wist u dat Engeland nummer vier staat op de lijst van rijkste landen ter wereld, maar dat hier desondanks ruim twee miljoen gepensioneerden ónder de armoedegrens leven?'

'Eh...'

'Wist u dat er in dit land meer dan elf miljoen gepensioneerden wonen?'

'Sorry, maar wat...'

'Wist u dat in het jaar 2000 een derde van alle gepensioneerde huishoudens in armoede leefde?'

'Eh, nee...'

'Nou, voor slechts een paar pond in de maand houdt u een gepensioneerde het hele jaar door warm en goed gevoed. Is dat wellicht iets waar ú interesse in heeft?'

'Eh, ja... ik denk het wel...'

'Ziet u die man daar, in die groene "Adopteer een grootje"-kiel?'

'Ja...'

'Die kan u de benodigde formulieren geven.'

En ik beende verder, een verbijsterde walvisredder achterlatend, richting Ian, richting wraak.


Toen ik aankwam, was Ian een en al beminnelijkheid. Er stonden een koffie verkeerd en een muffin voor hem op tafel.

'Zo! Ik ben terug!' riep ik, zonder te gaan zitten. 'Mét het bewijs.' Ik gaf hem mijn digitale camera.

Hij legde zijn krant neer en keek naar het schermpje. 'Als ik het goed zie, laat jij me nu een fotootje zien van jou met een bordje: "Tevreden?"'

'Klopt. En? Bén je dat – tevreden?'

'Is dat in Stonehenge?'

'Natúúrlijk is het dat! Nou, ben je nu tevreden?'

'Dat jij naar Stonehenge bent geweest?'

'Ja!'

'Waarom zou mij dat tevreden maken? Misschien nog als je het in een loterij had gewonnen... maar anders staat 'Danny in Stonehenge' echt niet boven aan mijn lijst-van-dingen-die-me-tevreden-maken, hoor.'

'O, dus je bent nog níét tevreden? Zeker omdat ik er geen hoofddeksel bij op heb, hè? Nou, dat kan ik wel opzetten, hoor, als je dat zo graag wilt. Kijk maar!' En ik trok de baseballpet uit mijn jaszak en zette hem op. Ian strak aankijkend wees ik naar mijn hoofd.

Ian nam dit beeld rustig in zich op. 'Als ik het goed zie, heb jij nu een pet op met YES.'

'Klopt, helemaal goed! Goh, dit moet een heerlijke dag voor je zijn; jij bent verdorie vast in de zevende hemel!'

Ian leunde achterover. 'Danny... ik heb echt geen flauw idee waar je het over hebt.'

Ik keek hem recht in de ogen. En, ergerlijk genoeg, geloofde ik hem nog ook.

'Maar als jíj niet De Uitdager bent: wie dan wel?' vroeg ik.

We hadden ons gesprek inmiddels verplaatst naar de kroeg tegenover de Starbucks.

'Weet ik veel,' zei Ian. 'Ik bedoel, waarom zou iemand jou naar Stonehenge sturen; da's toch maf? Het is vast een aanwijzing.'

Daar dacht ik even over na. Was ik nog druïdes tegengekomen? Of misschien was het wel de Starburst-groep, die had beseft dat er meer achter mijn ja's stak dan ik had losgelaten; dat ik niet slechts, zoals ik had beweerd, 'openstond voor allerlei dingen'. Of misschien dachten zij wel dat Stonehenge ook door buitenaardse wezens was gebouwd, en wilden ze weten wat ík daarvan dacht...

'Heb jij geklikt, Ian? Tegen wie dan ook?'

'Nee.'

'Ook niet tegen Wag? Je hebt hem toch niet van mijn experiment verteld, hè?'

'Nee, jij?'

'Waarom zou ik jou vragen of jij het Wag had verteld, als ik dat zelf al had gedaan?

'Weet ik veel, Dan, het is ook allemaal zo raar – alsof iemand jou te grazen wil nemen. Het zou Wag best eens kunnen zijn. Ik bedoel, hij moet onderhand toch wel íéts vermoeden?'

'Hoezo?'

'Hoezó? Omdat hij erbij was toen jij tegen die gozer zei dat je naar zijn vriendin stond te turen; omdat jij altijd ja zegt op zijn voorstel een biertje voor hem te halen (terwijl je het grootste deel van het jaar precies het tegenovergestelde deed); omdat je hem bloemen hebt gestuurd, na het lezen van de mededeling "Zeg het met bloemen"; omdat hij weet van je problemen met Hanne... Het zou hem best wel eens kunnen zijn, Dan!'

O, mijn god: het was Wag, onmiskenbaar. 'Wat moet ik nu doen?'

'Je hebt twee opties: ontmaskeren of ondermijnen.'

Ian had gelijk: óf ik nam een risico en vertelde degene die al dan niet De Uitdager was, dat ik Ja-man was... óf ik liet hem kennismaken met mijn ijzeren onverzettelijkheid; liet hem zien hoe serieus ik dit aanpakte; toon-

de hem mijn nieuwe verworvenheden, mijn nieuwe openheid, en waar het leven allemaal toe kon leiden, als je je bediende van dat ene woordje...
'Ondermijnen!' zei ik. 'Ik zal hem de essentie van ja onthullen...'
'De Jessentie...' zei Ian.
'... hem de weg wijzen.'
'De ja-weg, laat hem een ja-oepie ruiken, neem hem mee in de Jacht-baan des Jevens...'
Ik pakte mijn telefoontje, toetste Wags nummer in en vroeg nonchalant of hij zin had in een avondje stappen.
Hij zei ja.

We spraken om zes uur af, in The Pride of Spitalfields – een kroegje in een zijstraat van Brick Lane, tjokvol oude mannen en hippies – van waaruit we gemakkelijk een hapje konden gaan eten.
Brick Lane is namelijk een aaneenschakeling van curry-eethuizen: overal in deze straat staan mannen op de stoep, klaar om je vriendelijk te begroeten en hun tent in te lokken, met beloften van gratis flessen wijn en stevige kortingen (die ze heel handig weer vergeten, zodra de rekening komt).
We waren de kroeg nog niet uit, of we liepen al tegen zo iemand op: 'Vrienden, kom erin...' zei hij, en hij maakte er rare, uitnodigende gebaren bij. 'Heerlijk eten hier...'
O, dit werd lachen: ik zou die duistere, broeierige Uitdager eens uitdagen – onder mijn voorwaarden, op mijn terrein.
We gingen op het voorstel van de man in en namen plaats in zijn restaurant. Ik koos gewoon voor *dansak*; Wag, de idioot, nam *bhuna*. Toen we onze buik rond hadden gegeten, vroegen we om de rekening.
'Ik trakteer,' riep ik. Wag leek vooral erg onder de indruk van mijn portemonnee vol glanzend nieuwe, ja-gerelateerde creditcards.
Buiten stuitten we bijna meteen weer op een klantenlokker. 'Iets eten? Kom maar binnen... zeer goede korting, speciaal voor u...'
Wag klopte op zijn buik – het internationale gebaar voor "Dank u, maar ik heb net gegeten." Maar dat kon ík natuurlijk niet doen. Dus brulde ik: 'Ja!', sleurde Wag mee naar binnen en bestelde een portie *poppadoms*.
Wag nam een biertje. 'Heb jij nog steeds honger?' vroeg hij.
'Integendeel,' zei ik, brak een *poppadom* doormidden en probeerde er mysterieus bij te kijken. 'Ik heb totáál geen trek...'
Wag keek me vreemd aan, maar zei niets.
Na dit eethuis namen we gauw een taxi en lieten ons naar het centrum rijden. Ik had nog een verrassinkje voor Wag.

'Wat is dat?' vroeg hij.

'Kaartjes,' zei ik.

'Waarvoor?'

'Voor een musical.'

'Een músical?' zei hij gealarmeerd. 'Wat voor musical? En waarom?'

'Omdat ik vandaag over Leicester Square liep, waar een zwarthandelaar me twee kaartjes voor de voorstelling van vanavond bood, voor de prijs van één. Daarom, Wag!'

'Maar ik wil helemaal niet naar een musical! Welke is het eigenlijk?'

'*We Will Rock You.*'

'Queen? Daar wil ik niet naartoe, man!'

'Jawel, wij gaan naar die Queen-musical, omdat ik daar al ja tegen heb gezegd. Daarna doen we wat jíj wilt. Hoor je wat ik zeg, Wag? Wát je maar wilt...'

Drie uur later liepen we vanuit het theater richting Soho. Ik begon een Queen-medley te zingen. Wag zong niet mee: die leek compleet met stomheid geslagen door de brute kracht van deze theaterervaring.

'Nou, wat wil je nu doen, Wag?' vroeg ik, en ik stopte even om mijn *We Will Rock You*-shirt aan een zwerver te geven. 'Stel maar wat voor, wat je maar wilt!'

'Kweenie, naar de kroeg of zo... maakt me niet zoveel uit.'

In de eerste kroeg die we tegenkwamen, dronken we allebei één biertje. Daarna gingen we weer naar buiten. Ik stond te popelen om Wag te laten zien wat er nog meer mogelijk was.

We staken over naar Soho Square. 'Wat ben jij toch akelig vrolijk,' zei Wag. 'En waar neem je me nu weer mee naartoe?' Ik begon nog een Queen-nummer te zingen.

We kwamen langs een man in een donker hoekje, die heel snel en zachtjes iets zei als: 'Hasj, coke... hasj, coke?'

Ik stond meteen stil. Wag liep door, tot hij merkte dat ik niet meer naast hem liep.

'Wil je hasj, wil je coke?' vroeg de man.

'Vooruit dan maar!' zei ik, extra luid en dramatisch. Ik wilde dat Wag zag hoe ja mijn blikveld had verbreed; een man van de wereld van me had gemaakt. In Brixton had ik een paar trekjes van een joint gehad, in Amsterdam had ik zelfs een psychotrope Hersenbom ingenomen. Ik wist wat ik deed!

'Dan! Wat doe jíj nou?' zei Wag, op een soort fluister-schreeuwtoon, waardoor ik me opeens realiseerde dat ik helemaal niet wist wat ik deed.

'Hoeveel?' vroeg de man.

'Eh... ik weet het niet,' zei ik, even helemaal de kluts kwijt. 'Voor een pond of zo?'

'Danny!' zei Wag nog een keer dringend en kwam op me af.

Dat maakte de man wat nerveus: hij trok zich terug in het donker.

'Ik probeer voor een pond aan drugs te kopen.'

'Maar waarom?'

'Omdat deze aardige heer hier vroeg of ik wat wilde.'

'Danny: kroeg, nú!'

Even later zaten we in een dertien-in-een-dozijn-kroeg aan Frith Street. Doordat we daar waren aangekomen in een supersnelle riksja (de bestuurder had het me gevraagd), waren onze wangen rood en onze haren verwaaid.

'Wat ís er verdomme toch met jou?' vroeg Wag. 'Waarom wil je steeds weer verder? En waarom in een riksja?'

Ik glimlachte slechts raadselachtig.

Ik betaalde al de hele avond alle drankjes en zorgde ervoor dat hem dat niet kon ontgaan. Ik zou hem wel eens laten zien hoe je moest leven; hoe je al je ja's moest grijpen!

Na sluitingstijd verlieten we de kroeg, allebei behoorlijk teut, allebei zingend (maar helaas twee verschillende liedjes). 'Kom, Wag... gaan we nog naar een club... goed?'

'Nee, Dan... ik heb onderhand wel genoeg... "lol" gehad.'

'Kom op, wordt vast te gek! In een hoekje naar de meiden kijken! Ja zeggen tegen het leven!'

'Laat me nou eens met rust! Ik ben een beetje misselijk...'

'Nog eentje, Wag! Oké?'

Hij zag er gebroken uit. Ja, ik had hem een stevig lesje geleerd. 'Nog eentje dan,' zei hij.

We zaten bij Madame JoJo's, diep in sjofel Soho, en dronken bier uit een blikje. Wag zat te wiegen; ik was er nog erger aan toe – slechts de adrenaline van elk ja-moment hield me nog op de been.

Maar ook hier deed zo'n hippe tequilaverkoper de ronde, dus dwong ik Wag en mezelf tot nog een drankje. Daarna greep Wag me bij de arm en zei: 'Genoeg, genoeg... alsjeblíéft!'

Was dit een roep om hulp? Of, meer voor de hand liggend, een schuldbekentenis? Ik wíst dat het niet lang meer kon duren.

Enkele minuten later strompelden we naar de taxistandplaats. Wag kon amper een woord meer uitbrengen; ik kon alleen nog wat zien als ik één oog dichtkneep.

'Nou eh...' lispelde ik. 'Dat was een boeiende avond. Wat is jouw conclusie? Heb je nog wat te zeggen? Wil je je soms nog ergens voor verontschuldigen?' Om eerlijk te zijn, leek Wag té ver in zijn shocktoestand om zich nog te kúnnen verontschuldigen.

En toen waren daar ineens die woorden, waar wij op dat moment echt niet om stonden te springen... 'Trek in een verzetje, jongens?'

Toen ik opkeek, zag ik een vrouw op een kruk, onder een bordje MODELLEN zitten. Ik probeerde mijn blik scherp te stellen. De vrouw had een enorme bos haar en een gewaagde kledingstijl. 'Beneden is een goede show aan de gang: vijf pond de man.'

Shit! Ik keek naar Wag. Hij schudde zijn hoofd. Ik knikte met het mijne. Het zag er even naar uit dat Wag in huilen ging uitbarsten.

Op wat er vervolgens gebeurde, ben ik niet echt trots. Zeker niet omdat ik de schuld niet op de drank kan schuiven. Ik gaf de vrouw tien pond en sleurde Wag langs roodfluwelen gordijnen een morsig hol binnen. Dit werd het laatste waarmee ik hem mijn toewijding voor mijn jazaak zou laten zien!

Toen ik de volgende ochtend wakker werd, snapte ik niet wat er gebeurd was. Ik lag in een positie waarvan ik me afvraag of iemand ooit zo heeft gelegen – althans, niet uit vrije wil of buiten de worstelmat. En al wíst ik dat ik alleen was, toch leken er te veel armen te zijn. Ik lag met mijn gezicht naar beneden op de bank, mijn wangen nat van mijn eigen speeksel, en zowel de tv als de radio stonden aan... plus de computer en alle lampen. En dan bedoel ik werkelijk álle: de plafonnière, alle schemerlampjes, mijn bureaulamp... Ik weet bijna zeker dat als ik in de kast had gekeken, mijn zaklampen en de kerstverlichting ook brandden!

Blijkbaar was ik vrolijk bezopen thuisgekomen en ik had niet gewild dat de nacht ophield. Maar ik had alleen alles aangezet, had in mijn mailbox gekeken en was toen half bewusteloos op de bank gevallen... Ik had al mijn kleren nog aan, een kurkdroge mond en alles deed pijn. En ik voelde me koortsig, maar dat kwam vast doordat de zon door de open gordijnen vrij spel had... en ik onder mijn warme reservedekbed lag.

Ik vroeg me af waarom ik in vredesnaam op de bank lag. Misschien had ik 's nachts zo met mezelf geworsteld dat ik me naar de woonkamer had verbannen. Dat leek me niet eerlijk: bij de vrouwen was ik ook altijd degene die op de bank eindigde. Je zou toch zeggen dat als je alleen woont, je op zijn minst altijd het bed krijgt...

Maar toen drong een vage herinnering traag mijn hersenen binnen. Ik had geredeneerd dat het, gezien mijn dronken toestand, niet verstandig was de trap naar de slaapkamer te beklimmen. Maar... omdat ik vreesde dat ik het midden in de nacht koud zou krijgen, had ik natuurlijk wel een dekbed nodig. Dus rende (...) ik naar boven om er een te halen. Geen moment was het o-zo-logische idee in me opgekomen om dan maar gewoon boven te blijven. Nee, ik was zelfs gaan zoeken naar mijn reservedekbed, dat zo ver achter in de kast lag, dat ik er zelfs een stoel bij had moeten pakken. Erger nog: ik herinnerde me dat ik best trots op mezelf was, toen ik met dat dekbed onder mijn arm naar beneden was gestommeld, voordat ik op de bank buiten westen ging...

Omdat alles rondom me wazig bleef, reikte ik naar mijn bril. Ik vond alleen een pen. Ik reikte opnieuw: een afstandsbediening. Langzaam besefte ik dat ik, om mijn bril te kunnen vinden, eerst mijn bril zou moeten vinden... Je kunt van me zeggen wat je wilt, maar ik ben een verdomd goede probleemoplosser.

Maar dit probleem bleek verdomde lastig. Ik wíst dat mijn bril hier ergens moest zijn. Ik zocht met grote maaibewegingen op de salontafel, maar vond hem daar niet. Daarna probeerde ik de bank, de bijzettafel, de vloer. Ik kroop naar elk voorwerp dat ik kon ontwaren toe en ging er dan zo'n beetje bovenop hangen om te zien wat het was. Voorwerpen die voor iemand met goede ogen nog in geen duizend jaar voor een bril zouden worden aangezien, werden door mij nauwgezet bestudeerd en bevoeld. Op een gegeven moment zag ik zelfs een schoen voor mijn bril aan, en even later bestudeerde ik een houten olifantje – voor het geval dat een stel uitklapbare poten had waarmee ik het op mijn oren kon zetten... Als de glazenwasser vandaag had uitgekozen om mijn ramen te lappen, zou ik niet graag horen wat hij zijn maten te vertellen had; over die volwassen vent die hij door zijn eigen appartement had zien kruipen, zijn gezicht een paar centimeter boven de vloer, hier en daar dingen oprapend en veel te dicht bij zijn ogen houdend. Hij kon verdomme nog rustig blijven staan gniffelen ook: ik zou hem toch niet gezien hebben...

Ik begon nu een beetje in paniek te raken: mijn bril was het enige ter wereld dat het gewoon moest doen, het enige voorwerp waar ik echt niet buiten kon, dat voorkwam dat ik te dicht bij onbekenden moest staan, dat me hielp mijn Britsheid te bewaren...

Hoe dronken was ik vannacht eigenlijk geweest? Had ik soms ja gezegd tegen iemand die mijn bril wilde? Had ik hem opgegeten? Of was ik hem al eerder op de avond, zonder het te merken, kwijtgeraakt? Had ik mijn wazige blik daarna ten onrechte toegeschreven aan beschonkenheid? Of had iemand hem vannacht uit mijn huis gestolen? Was er een geveltoerist die op bestelling brillen jatte – zoals Nicholas Cage dat in *Gone in Sixty Seconds* met chique auto's deed? Waarschijnlijk niet: dan had daar vast wel eens iets over in de krant gestaan. Niet dat de slachtoffers dat dan konden lezen, maar toch...

Steeds wanhopiger inspecteerde ik met een bonzend hoofd de badkamer en de trap, en daarna nog maar eens de woonkamer. Ik bedacht dat ik al mijn stappen van de vorige avond kon nalopen, maar aangezien dat de stappen van een dronkaard waren, zou ik daar alleen maar draaierig van worden, en in mijn huidige toestand kon ik dat missen als kiespijn. Wie ooit een blinde heeft rondgedraaid, weet waar ik het over heb.

Nogmaals checkte ik badkamer, slaapkamer en woonkamer; een nauwgezet proces dat een groot deel van mijn ochtend in beslag nam. En uiteindelijk, tot mijn grote verbijstering en verdriet, moest ik het wel toegeven: ik was mijn bril kwijt! En, zoals de bebrilden onder jullie weten, is dat voor iemand met slechte ogen een vreselijk vooruitzicht. De wereld is groot en staat vol met... je weet wel... dingen... grote, wazige dingen. Als brildrager zonder bril verdwaal je daarin gemakkelijk: je ziet een bus aan voor een draak, een klein iemand voor een kobold, een man met een baard voor een tovenaar... Huiveringwekkend!

Hoe wist ik nu nog wat ik aanhad of wat ik stond te koken? Hoe kon ik nu nog doen alsof ik over een belangrijk vraagstuk nadacht, zonder dat ik met mijn bril in mijn mondhoek voor me uit kon staren? Ik wilde mijn bril terug!

De telefoon rinkelde, en ik raakte meteen weer in paniek: de telefoon, mijn god, de telefoon! Hoe moest ik die nu vinden? Maar toen herinnerde ik me dat de telefoon natuurlijk stond waar hij altijd stond, dus liep ik erheen en nam op. 'Hallo?'

'Dan, met Ian.'

'Ian, godzijdank!'

'Wat is er dan?'

'Wat er ís? Ik ben mijn bril kwijt!'

'O,' zei hij. 'Is dat alles?'

'Is dat álles?' herhaalde ik woest. Typisch voor iemand met goede ogen; typisch voor de manier waarop de maatschappij-als-geheel met mensen met een handicap als de mijne omgaat. 'Dat is alles, ja! Ik moet over een paar dagen naar Edinburgh! En zonder bril kan ik nergens naartoe; kom ik Londen niet eens uit!'

'Dan koop je toch een nieuwe?'

'Ja hoor, dan koop ik toch gewoon een nieuwe!' Mijn god, díe had lef; hoe durfde hij! Hoewel, ik kón natuurlijk best een nieuwe bril gaan kopen...

'Ach, joh: dé kans om je eens een ander uiterlijk aan te meten!' zei Ian. 'Stap naar een opticien en zeg ja tegen het eerste montuur dat ze je opzetten!'

'Maar ik wíl helemaal geen ander uiterlijk!' zei ik. 'Ik wil gewoon mijn eigen bril terug! Dat ding is een deel van mij, Ian!'

'Waar heb je hem voor het laatst gehad?'

'Op mijn gezicht natuurlijk!'

'Heb je daar al gekeken?'

'Of ik al op mijn gezicht heb gekeken?'

'Ja. Helemaal, bedoel ik.'

'Nee, niet helemaal: alleen mijn lippen. Wacht, dan check ik de rést van mijn gezicht ook even... Jezus!'

'Ja-ja, al goed... Wanneer heb je hem voor het laatst gebruikt dan?'

'Eh, gisteravond, denk ik. Als ik hem toen nog had, tenminste. Ik weet het allemaal niet meer, hoor. Had ik hem nog op toen jij me voor het laatst zag?'

'Kan ik me niet herinneren.'

'Hoezo? Je zou het je toch wel herinneren, als ik mijn bril níét op had gehad?'

'Hoe kan het dan dat jíj dat niet meer weet?'

'Dat is iets heel anders: ik kan mezelf niet zien.'

'Nou... herinner je je dan dat je míj hebt gezien?'

'Ja...'

'Nou, dan had je toen je bril nog op.'

Daar dacht ik even over na. Het was behoorlijk waterdicht. 'Maar waar is hij nu dan?' zei ik. 'Heb jíj hem soms op?'

'Nee.'

'Checken!'

'Dan, ik weet zo goed als zeker dat ik jouw bril niet op heb. Heb je je hele appartement al doorzocht?'

Wat dacht híj dan?

'Ja-haaa! Ian, dit is niet leuk! Ik wil geen draken, kobolds en tovenaars gaan zien. Zonder bril zie ik niks. Ik wist niet eens zeker of dit de telefoon wel was; ik had overal in kunnen gaan praten.'

'Heb je dan geen reservebril?'

'Nee. Maar wacht eens...' Ik had geen reservebril, maar wel nóg een bril; een die ik als kind had gedragen. Mijn ogen zouden in twintig jaar tijd toch niet zóveel slechter zijn geworden; dat brilletje deed het toch zeker nog wel? Mijn moeder had het ding een paar jaar geleden bij me gedumpt, in een doos met allerlei andere dingen, die ik bij hen had laten liggen. 'Ian, je bent een genie!' zei ik.

Ik zat op een stoel voor de spiegel en zag een volwassen vent met een kinderbrilletje op.

Als er leven na de dood bestond, en onze voorvaderen kwamen, zoals wel wordt beweerd, ons zo nu en dan bespieden, dan hoopte ik maar dat zij hun momenten zorgvuldig uitkozen. Want het laatste wat ik wilde, was wel dat hieraan tot in het hiernamaals ruchtbaarheid werd gegeven. 'Hoe was het met Danny?' zou een van mijn voorouders zeggen. 'O, prima,' zou de ander antwoorden. 'Hij is alleen niet goed snik geworden.'

En Maitreya, wat zou die ervan zeggen als hij net was binnengewipt om een kijkje bij mij te nemen? Dit vormde toch zeker geen onderdeel van zijn glorieuze plan?

De telefoon rinkelde: Ian weer. 'Ik sprak Wag net,' zei hij. 'Wat heb jij gisteravond in godsnaam met hem uitgevreten?'

'Niks! Ik heb hem alleen de ja-weg getoond.'

'Hij beweert dat je hem een striptent in hebt gesleurd, waar jullie zijn beroofd.'

'We werden binnen gevráágd, en het was geen striptent maar een herensociëteit – heel smaakvol.'

'Waar dan?'

'In een steegje.'

Ian liet een dramatisch 'Tss' horen. 'En daar zijn jullie beroofd?'

'Helemaal niet! We zijn gewoon vrijwillig naar binnen gegaan. En nadat we ons ervan hadden overtuigd dat daar niks illegaals of immoreels gebeurde, hebben we plaatsgenomen in een kleine ruimte, waar een dame in negligé ons twee lauwe biertjes inschonk. En toen kwam er een dikke Marokkaan in pak, die ons vertelde dat het bier vijftig pond per glas kostte en dat we weg moesten, omdat de show voorbij was.'

'Joh, dat was een nepzaak! Die zijn er voor de toeristen, niet voor jullie!'

'Maar ik snap het niet: waarom vraag je iemand binnen als je alleen zijn geld pakt en hem dan weer de straat op schopt?'

'Wag denkt dat jij op het punt van instorten staat.'

'Dat sta ik helemaal niet!'

'Ja, dat weet ík, maar híj niet! Hij vertelde dat jullie curry hadden gegeten... en toen in het restaurant ernaast nog eens hebben besteld.'

'Zwaar overdreven: ik heb daar alleen wat *poppadoms* genomen!'

'En hij zei ook dat hij denkt dat jij... een oogje op hem hebt.'

'Ik? Een oogje op Wag?'

'Ja. Volgens hem is die hele obsessie voor Hanne maar schijn. Hij vermoedde voor het eerst iets toen je hem die bloemen stuurde. Maar volgens hem ben je het tegenwoordig ook altijd met hem eens en wil je constant van alles met hem doen.'

'En is dat voldoende om te twijfelen aan mijn seksuele voorkeur?'

'Hij had het ook over jouw nieuwe liefde voor musicals, en dat je het er meer dan eens over hebt gehad dat mannen ook baby's kunnen krijgen.'

'O.'

'Waar het op neerkomt,' zei Ian, 'is dat Wag denkt dat jij een kind van hem wilt.'

'Aha.'

'Ik geloof toch niet dat Wag De Uitdager is, hoor.'

'Nee, dat geloof ik ook niet.'

Dus schrapte ik ook Wag van de lijst. Hij had bewezen slechts een verwarde vriend te zijn, in mijn voortdurende strijd tegen een geheimzinnige, schimmige vijand. Ook goed.


Twee uur later had ik mijn kater overwonnen en zat ik bij de opticien voor een nieuwe bril. Ik bad in stilte dat de vrouw achter de toonbank niet zou voorstellen een hip, nieuw kindermontuurtje te proberen. 'Oké,' zei ze. 'Eerst een paar vragen: uw naam alstublieft...'

'Wallace,' zei ik.

Ze tikte heel langzaam 'Wallace' in de computer.

'Oké. En uw achternaam?'

'O, sorry: dat wás mijn achternaam, of dat is-ie eigenlijk nog steeds. Van voren heet ik Danny.'

Ze zuchtte en deed alsof het overdreven veel moeite kostte om zeven maal op delete te drukken. 'Oké, beginnen we opnieuw. Naam?'

'Danny.' De vrouw typte 'Danny'.

'Achternaam?'

'Eh, Wallace.' Het leek wel een examen! Opgelucht zag ik toe hoe ze zwijgend en knikkend mijn antwoorden intikte. Pfft, ik heet echt Danny Wallace...

'En dan...' zei ze, bij de volgende vraag op haar scherm aangekomen. 'Is het "meneer"?'

Hè? Natúúrlijk was het meneer. Kijk dan naar me, mens: ik ben niet bepaald de vrouwelijkste man ter wereld (of je moet van stoppelige vrouwen houden). 'Pardon?' zei ik dus.

'Is het "meneer" Wallace?'

Ze keek niet op van haar toetsenbord. Maar ze had me toch zien binnen-komen; ze hoorde mijn stem toch? Hoe kón ze dit vragen; durfde ze het niet te gokken? Toch dacht ik even goed na en zei toen: 'Ja, het is "me-neer" Wallace.' Misschien werd ze wel in de war gebracht door het feit dat ik een kinderbrilletje droeg; misschien had ze gedacht dat ik zou zeg-gen: "Nee, het is jongehéér Wallace... maar ik ben al best een grote jon-gen, want ik mag van mammie helemaal in mijn eentje naar de brillen-winkel toe!"

'Juist, menéér Wallace. En u bent op zoek naar een bril?'

Jezus, zag ik er soms uit als iemand die blij was met zijn huidige mon-tuur? Maar ja, hoe kon zij dat weten: ze had het veel te druk met naar haar scherm staren... 'Ja.'

Ik keek hoe ze op 'ja' klikte, waarna het scherm veranderde en ze haar beste vraag tot nu toe stelde. 'En u bent reeds brildragend?'

Of ik reeds brildragend ben? KIJK DAN! Ik ben overduidelijk brildragend, daar kun je niet omheen! Ik ben zowel een brildrager als een meneer; noem mij maar meneer Brillenmans de Brildrager, Man/Jongen met Bril op Neus. Had ze nog nooit iemand van het mannelijk geslacht gezien, laat staan een brildrager? Wat kreeg zíj dan meestal in de zaak? Honden... met een monocle?

'Of ik reeds brildragend ben?' vroeg ik voorzichtig, voor het geval ik het verkeerd had verstaan en dat beeld van die hond met dat monocle niet had gehoeven.

'Het is voor het systeem,' zei ze, en ze keek voor het eerst sinds ze was gaan zitten op van haar scherm. Het drong echter nog steeds niet tot haar door dat alle 'voor het systeem' benodigde informatie letterlijk recht voor haar stond.

'Ja, ik ben brildragend.'

'Mooi!' zei ze toen, en stond op. 'Laten we dan maar eens iets gaan uit-zoeken.'

Mijn nieuwe bril zou over een uurtje of twee klaar zijn. Dankzij de kracht van ja had ik bovendien ingestemd met een maandlang gratis lenzen op proef.

Nu ik ineens wat tijd te doden had, greep ik de gelegenheid aan om wat inkopen te doen voor mijn reis naar Edinburgh. Ik kocht een pot vita-minepillen, zes paar zwarte sokken en een paar witte – voor het onwaar-schijnlijke geval dat ik daar ineens zou moeten sporten. Ik slenterde even door de TopMan, maar bleef mezelf daar overal maar in de spiegel zien, wat ik nu niet zo'n prettig gezicht vond. Daarop besloot ik nog iets dringends te doen, waarbij ik bovendien geen kinderbril op hoefde: ik ging naar de kapper.

Net voordat ik de kapsalon in Great Portland Street binnen wilde stappen, kreeg ik nog een irritant sms'je.

JE BENT ME VIJFTIG POND SCHULDIG.

Het kwam van Wag. Ik had nog geen zin gehad om hem te bellen: ik voelde me erg ongemakkelijk bij dat oogje-op-hem-verhaal. En je moet immers altijd twee dagen wachten voordat je na een afspraakje terugbelt...

Maar goed, die vijftig ballen (die ik hem had laten uitgeven aan een lauw biertje in een nepzaak in Soho) moest ik hem maar geven. Al zou je zeggen dat hij toch eigenlijk niet mocht zeuren, na dat gratis kaartje voor *We Will Rock You* en die kosteloze *bhuna*. Maar ja, dat is nu eenmaal het risico dat je als ja-zegger loopt.

Ik sms'te terug en sprak voor later die middag met hem af.

'Zo...' sprak kiwikapper Scott. 'De vraag die ík mijzelf stel is: wat kunnen wij vandaag voor jou doen?'

'Zelfde model,' zei ik. 'Alleen zou ik graag willen dat je er wat afknipt... dat het korter wordt, snap je?'

'Begrepen,' zei Scott, die dus gewoon uit Nieuw-Zeeland kwam, hè: niet dat je denkt dat hij de haren van kiwi's knipte... 'Da's niet zo moeilijk.' Maar toen deed hij iets merkwaardigs. Hij legde zijn handen op mijn schouders, leunde naar voren en keek me in de spiegel aan. 'Of...' zei hij. 'Wil je misschien iets heel nieuws proberen?'

Scott leek er zin in te hebben. Ik moest mijn bril afzetten – wat ik maar al te graag deed – en toen begon hij aan de zijkant van mijn hoofd met een tondeuse iets kunstigs te doen.

Dit alles gaf mij de kans me te verliezen in een waardevolle, uiterst welkome bespiegeling. Dat is het mooie van bijziend zijn: als je je bril afzet, kun je alleen nog maar denken. Toegegeven: daar heb je bij een knokpartij bar weinig aan, maar bij de kapper is het perfect.

Dus overpeinsde ik rustig het lijstje van nieuwe figuren, die de laatste tijd in mijn leven waren gekomen – van wie ik er sommige kende en sommige... niet.

Als Wag niet De Uitdager was: wie dan wel? Wie stuurde mij van die rare dingen, wie probeerde me belachelijk te maken? En: met welk doel? Gewoon een plagerijtje, of wilde hij me echt bang maken? Had De Uitdager gedacht dat ik echt naar Stonehenge zou gaan? En wist hij dat ik daar daadwerkelijk was geweest? Had ik Ian soms iets te snel van mijn lijstje geschrapt?

En hoe paste de man uit de bus in dit hele verhaal? Als hij werkelijk Maitreya was, zoals Brian, Pete en de Starburst-groep suggereerden, kon hij ook wel eens De Uitdager zijn. Misschien was ik slechts een pion in een zonderling spel... Hé, 'spel' rijmt op 'wel': misschien was dat wel een aanwijzing!

Wie wisten er allemaal van mijn experiment, wie had ik...

'Oké, klaar!' Scott deed een stap naar achteren. Ik reikte naar mijn bril.

'Mooi,' zei ik, en ik zette mijn brilletje op. En toen zei ik niet zoveel meer – keek ik alleen nog. Aan de zijkant was mijn haar nu superkort, bovenop stond een soort van hanenkam, maar dan veel piekeriger, en in mijn nek hing iets te kriebelen... Uiteindelijk besloot ik dat ik het... best leuk vond.

'Ik zal je de achterkant ook even laten zien,' zei Scott en hield een spiegel omhoog.

Hij trok hem echter alweer weg, voor ik goed en wel had gezien wat hij daarachter had uitgevoerd. 'Eh... mag ik de achterkant nog eens zien?'

'Tuurlijk,' zei hij, en hield de spiegel weer omhoog.

Ik beet bijna op mijn tong. Scott had... nee, dat kon niet... toch? Ik dacht dat... Scott had me...

... een matje gegeven!

Ik was nu een man met een matje en een kinderbril op zijn neus.


Ik zat in The Yorkshire Grey op Wag te wachten. Mijn nieuwe bril was gelukkig al klaar. Verder had ik een poging gedaan om mijn nieuwe kapsel wat minder maniakaal te maken, door er op het toilet wat water doorheen te wrijven – met als enige resultaat, dat de wax die Scott erin had gedaan, was gaan druipen en het nog erger zat dan eerst. Ik rilde: op de een of andere manier had ik de enige kapper in Engeland gevonden die Wags mening deelde: dat de mat een puike haardracht was. Mijn god!

Even later kwam Wag binnen. Hij staarde me aan. 'Wat is er in vredesnaam met jou gebeurd?'

'Ik eh... ben naar de kapper geweest.'

'Laat eens kijken,' zei hij.

Met grote tegenzin draaide ik mijn hoofd. 'Wat vind je?' vroeg ik.

Er viel een pijnlijke stilte.

'Je hebt dus besloten een matje te nemen.'

Ik knikte bedeesd. 'Daar ziet het wel naar uit,' zei ik.

'Juist,' zei hij. 'Alleen... nou ja... heb ík ook een matje.'

Verdomd, hij had het gezien.

'Ja...' zei ik. 'Daar lijkt het wel op.'

'Nu hebben we er dus allebei een: zijn we twee mannen met een matje.'

Ik grijnsde opgelaten. Misschien kon ik hem er nog wel van overtuigen dat dit eigenlijk heel erg oké was. Ik weet niet of jij ooit op een feest bent verschenen in dezelfde trui als iemand anders, maar dat is zo'n beetje een fractie van het gevoel dat je krijgt, als het erop lijkt dat jij iemands hele uiterlijk hebt trachten na te apen.

'Nou... die van mij is niet echt een matje,' probeerde ik nog. 'Ik bedoel, die van jou... dát noem ik nog eens een mat; een stevige ook. Die van mij, da's geen echte mat.'

'Wat is het dán? Hij ziet er anders precies zo uit als die van mij.'

'Echt niet! Goed, hij is enigszins mat-achtig, dat wel, maar toch maar een hele kleine mat... eerder een kleedje...'

Er viel een metersdiepe stilte. Ik schraapte mijn keel. Ergens kraakte een vloerplank.

En ik las grote vrees in Wags ogen. Ik dacht aan wat Ian had gezegd, en hoe dit eruit moest zien voor iemand die toch al dacht dat ik verliefd op hem was...

'Het betekent heus niet dat ik een kind van jou wil of zo,' zei ik.

Opnieuw een putdiepe stilte.

'Ik moest maar eens gaan,' zei Wag.


Toen ik mijn appartement binnen liep, zag ik mijn bril meteen liggen: op de grond naast de bank.

Even later kreeg ik een sms'je van Ian.

WAG BELDE NET. HOORDE VAN JE NIEUWE IMAGE. LOOK WHO'S STALKING!

O, mijn god.

Maar goed, Wag hoefde zich even geen zorgen te maken: de volgende ochtend vertrok ik al naar Schotland. Ik keek er erg naar uit, had de trein al gereserveerd, mijn sokken gepakt en kon niet wachten om mijn gewichtige BBC-taak daar te beginnen.

Maar er was nóg een reden waarom ik me opgetogen voelde. Toen ik die avond thuiskwam, stond er namelijk een pakketje voor mijn deur: een wit doosje, dat helemaal vanuit Tucson, Arizona, naar mijn nederige stulpje in het glamoureuze East End van Londen was gekomen. Erin trof ik een wonderlijke verzameling aan: een video, een cd, wat wierook, een plastic badge en een boek met handige toespraken. Ik was eindelijk predikant! De eerwaarde Amy E. Long van de Universele Kerk des Levens had mij alle benodigdheden voor het oprichten van mijn eigen kerkgenootschap toegestuurd – inclusief een bordje voor in mijn auto: DE BESTUURDER VAN DEZE AUTO IS EEN BEVOEGD PREDIKANT AAN HET WERK! Geweldig: nu kon ik de wet overtreden wanneer ik maar wilde. Dank u, God!

Ik had nu zelfs mijn eigen akten, die ik kon uitreiken na speciale plechtigheden bij huwelijk, verloving of doop! Ik mocht baby's een naam geven! Ik geloof niet dat ik ooit eerder zo opgetogen was geweest. Maar hoe moest ik zo'n baby dan noemen? Mocht ik zelf iets uitkiezen, of deden de ouders dat? Of kon ik ze gewoon een naam geven die ik bij ze vond passen? Dat zou magnifiek zijn! 'Ik doop u... Bolle!'

'Maar hij heet Tim!'

'Nu niet meer! En die daar naast hem; laat hem voor eeuwig bekendstaan als... Chao-Lee, Kind der Sterren...'

Parkeren waar ik maar wilde, benoemen wie ik maar wilde – iedereen aan de kant voor de prettig gestoorde predikant!

Omdat ik toch nog wat meer wilde weten over de Universele Kerk des Levens zette ik mijn computer aan en snelde het internet op. Tien minuten besloot ik een toga aan te schaffen en voelde ik me uiterst... diepzinnig.

Dit gevoel vervloog echter meteen weer toen ik mijn e-mail checkte. Tot mijn grote vreugde was er een mailtje van Lizzie. Ik begreep er alleen niets van.

**Aan: Danny**
**Van: Lizzie**
**Onderwerp: RE: Soho-ho-ho-ho**
**Danny,**
**Oké, ik geloof je! Koop maar een ticket voor me!**
**L**
**x**

Hè? Wat had dat nou te betekenen? Wát geloofde ze? Ze had vast per ongeluk een mailtje naar de verkeerde Danny gestuurd. Ik had haar immers helemaal niet gevraagd iets te geloven...

Ik had het berichtje al bijna gedeletet, toen ik het weer open klikte om de onderwerpsregel te bestuderen: *Soho-ho-ho-ho*? En er stond RE voor: een reply. Ze kon dus niet op 'beantwoorden' hebben gedrukt en de verkeerde Danny hebben gemaild.

Maar waar was dit dan een antwoord op? Wanneer had ik Lizzie voor het laatst gemaild? En waarover?

Mijn god, wat had ik gedaan? Mijn wangen begonnen ineens te gloeien, een gevoel dat ik herkende en haatte. Het was dat gevoel dat je na een stevige kater ineens kan besluipen: dat je misschien een mailtje hebt verstuurd op het aller-aller-allerslechtste moment... in een dronken bui. Een mailtje, dat maandagochtend om negen uur toch veel van zijn zaterdagnachtvibraties kwijt was; dat toen het om vier uur 's ochtends je appartement verliet nog hilarisch of fascinerend leek, maar zijn aantrekkingskracht en relevantie ergens in dat gigantische netwerk van kabels had verloren.

Wat had ik Lizzie geschreven? Had ik mijn hart bij haar uitgestort; haar mijn eeuwige liefde verklaard; tot tranen toe verveeld?

Ik ging naar 'Verzonden items'.

O, shit! Shit, shit, shit! Ik had Lizzie inderdaad gemaild: om 4.26 uur – zo'n beetje direct nadat ik vanuit die nepzaak in Soho mijn appartement was binnengestommeld, na een lange avond vol nonchalante, resolute ja's...

Ik klikte op mijn mailtje, hield mijn adem in, bereidde me voor op het ergste... en zag meteen dat het verdomd ernstig was.

**Aan: Lizzie**
**Van: Danny**
**Onderwerp: Soho-ho-ho-ho**
**Lizziiiiiie!**
**Hoe ist in australie is austrlie leuk? Lijk mij oo kwel leukinaustrali. Hebjal austaliers gezienn hahahaha.**
**Ik heb t hier harstike leuk in londen engelan ben net een avondjuit gewees met wag ken je die nog? wag is ok. we kwamen in een tent, een herensoos mocht iemand het je vragen en toen kwam r een marokaan die zei druit stelltje zuiplape.n**
**luister es, ikga vor me werk naar ht edinbugfestival jij zou het daar ook tegek vinde. het is groot en luek en heelveel lui. waarom kom je niet ook, word vast manjefiek als jij er ook bent je kun net als ik met de trein komen. hebbezin australi ook treinen?**
**oke misschien tot in edinburgh het is ech leuk daar l aat maar eve weten jij bent echt tof enmooi en ik misje**
**danyy**

Geen wonder dat ik Lizzies mailtje niet begreep: ik begreep mijn eigen mailtje niet eens!

Mijn eerste reactie was schaamte – voor dat doelloze, dronken geleuter van mij; mijn tweede reactie was een akelig besef... Heel langzaam vielen de stukjes op hun plek: ik had Lizzie voorgesteld naar Edinburgh te komen. En zij... had ja gezegd. Ook al zat ze in Australië. Maar niet gewoon ja. Nee, ze had gemaild: 'Oké, ik geloof je! Koop maar een ticket voor me!' Wat in wezen een voorstel was – grappend bedoeld en een beetje flauw ook nog, maar toch: een voorstel.

Laten we eerlijk zijn: ze kon toch op geen enkele manier geloven dat ik het meende. Ik had haar, duidelijk dronken, voorgesteld de trein (!) vanuit Australië te pakken, omdat Edinburgh 'tegek' was, want 'groot en luek en heelveel lui'. En zij speelde het spelletje mee – heel lief, heel aardig – maar toch: ze hield me gewoon voor het lapje.

Ik ijsbeerde door mijn flat. Wat moest ik nu doen?

Oké, stél dat ik het deed, dat ik een ticket voor haar kocht. Dan zou zij nog in geen duizend jaar op het vliegtuig stappen. Waarom zou ze? Ze kende me amper. Goed, ooit had ze me bijna léren kennen, maar dat was alweer maanden geleden en kilometers hiervandaan. En nu zat zij inmiddels in een ander werelddeel, was ze bezig met een heel nieuw leven. Daarbij dachten Wag en Hanne al dat ik een obsessie voor ze had; daar wilde ik echt niet nóg iemand aan toevoegen.

Stel dat ik een ticket voor haar kocht en zij kwam in een dolle bui wél? Wat dan? Waarom zouden we een fijne vriendschap verpesten? Tuurlijk: ooit hád er iets moois tussen ons kunnen opbloeien, maar nu niet meer. Of stel dat ze hier opdook en het klikte ineens niet meer: wat dán?

Het was stom, stom, verdomde stom, maar het was wel een voorstel.

Ach, sodemieter toch op, man! Een vliegticket vanuit Australië; en dan wilde ze natuurlijk nog een retourtje ook! Dat kon ik gewoon niet betalen, dat kostte minstens... Hoeveel zou het zijn?

Ik haastte me het internet op. Vijfhonderd vijfenveertig pond minimaal! Ik kon toch geen vijfhonderd vijfenveertig pond gaan uitgeven aan een meid waar ik niet eens wat mee had? Ik kon niet eens zoveel geld uitgeven aan een meid waar ik wél wat mee had! Ik moest hoognodig eens wat grenzen gaan trekken met dit ja-gedoe, want het begon onderhand zowel mijn financiële als mijn emotionele grenzen te overschrijden.

En niet alleen die van mij. Want hoe zou Lizzie zich hier eigenlijk bij voelen? Ik legde wel een enorme druk op haar.

Het was dus simpel: ik kon het niet doen.

Ik zuchtte. Ik had gefaald. Ik zou het Ian meteen de volgende ochtend vertellen. Ik zou zeggen dat hij gelijk had gehad; dat ik een lafaard was; dat er dingen zijn waar je gewoon geen ja op kúnt zeggen – waar ze ook toe zouden kunnen leiden.

Ik ritste mijn tas dicht, stopte mijn predikantenpasje tussen de creditcards in mijn portemonnee – voor het geval er in Schotland nog een paar baby's zaten te springen om een naam – en stopte hem met een melancholisch gevoel in mijn zak.

En toen... haalde ik mijn portemonnee weer tevoorschijn. Mijn oog was namelijk ergens op gevallen: op een glimmende, zilverkleurige creditcard; een nieuw type creditcard; een maagdelijke, smetteloze, nimmer gebruikte creditcard – met een flinke kredietlimiet, zes maanden renteloos.

Ik trok hem uit mijn portemonnee en staarde ernaar.

# 13

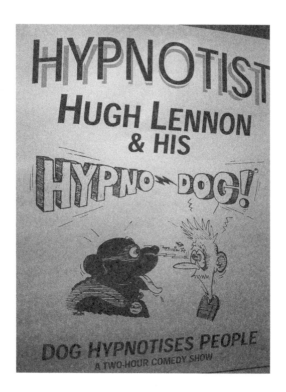

Buiten het treinraam rukte Edinburgh steeds verder op. Het weer leek fris
en helder, dus stopte ik mijn boek en aantekeningen in mijn tas en sloot
de rits van mijn jack.

Het boek dat die ochtend bij me was bezorgd, heette OMARM JA: *de kracht
van spirituele bevestiging* en was me anoniem toegestuurd door (gokje) De
Uitdager, in een poging me over te halen te stoppen met mijn ja-gerelateerde nonsens en gauw tot bezinning te komen.

Er zat een briefje in: *Misschien kun je hier wat tips uit halen.* Ik had geprobeerd er zoveel mogelijk in te lezen zonder door te draaien. Volgens de achterflap was het 'een reis naar de kern van acceptatie en vitaliteit via bevestiging' en 'een kans zich al mediterend te bezinnen op de vitaliteit van de bevestigende realiteit en te leren leven met de ja-houding.'

Volgens mij wist ik al heel aardig met die houding te leven, dankuwel, dus concentreerde ik me maar op de vraag wie me dit kon hebben gestuurd. Terwijl de trein door Berwick-upon-Tweed denderde, had ik een lijstje opgesteld.

## Verdachten
*Ian (kan best heel slim hebben gebluft)*
*Brian en de Starburst-groep*
*de man uit de bus/Maitreya/het kindeke Jezus*
*Elias Brown (als die paranormaal is of zoiets)*

## Mensen die het wellicht op mij hebben gemunt
*Hannes nieuwe vriend, Seb (?)*
*de man die ik in die club in elkaar heb geslagen (soort van)*
*Hanne (omdat ik haar afspraakje heb verpest)*
*Wag (die denkt dat hij het patent heeft op de mat)*
*opnieuw Ian (vanwege de kans mij te mogen straffen, als hij ooit nog iets bedenkt)*

Maar hoe ik ook mijn best deed, geen van allen pasten ze precies in het plaatje.

Op deze onbewolkte augustusmiddag stapte ik regelrecht vanuit de trein in een taxi en liet me van station Waverley naar de Travelodge rijden, waar ik voor de komende weken een kamer had gereserveerd.

Ik zat wat voor me uit te mompelen: De Uitdager was slim, uitgekookt, en probeerde me op een listige manier bang te maken. Hij was bovendien wraakzuchtig, verbitterd en verzette zich sterk tegen mijn nieuwe leefwijze. Hij wíst iets en gebruikte die kennis om mij te beïnvloeden. En hij hield van Stonehenge.

Al met al was het een raadselachtige zaak, maar wel een die ik pertinent wilde oplossen. Het was gewoon niet eerlijk: ik deed dit pas twee maanden en nu al had ik een aartsvijand.

Maar ik had nog veel meer aan mijn hoofd. Want hoe-o-hoe zat het met Lizzie? Ik had natuurlijk een ticket voor haar gekocht, ik kon niet anders.

Een ticket van Melbourne naar Edinburgh, via Londen lag voor haar klaar – als ze het hebben wilde. Het was nu aan haar; het was mijn verantwoordelijkheid niet meer. Ik had haar slechts de bevestigende mail van de vliegmaatschappij doorgestuurd, met de tekst: 'Daar dan!' Toen had ik mijn appartement afgesloten en was naar het station gelopen, blozend van de typisch Engelse gêne: opnieuw een dwaze missie op Niveau Vijf voltooid. Ik ben me er volledig van bewust dat dit stom was. Misschien was het zelfs, buiten mijn reisje naar dokter Molly van Brain, het stomste dat ik ooit had gedaan. Kijk, het zou haast romantisch zijn als ik het uit vrije wil had gedaan. Maar ik wist van het begin af aan dat een relatie tussen Lizzie en mij tot mislukken gedoemd was. En nu had ik ook nog eens vijfhonderdvijfenveertig pond uitgegeven om dat te bewijzen.

Maar ja is ja, en ergens had ik mezelf door dat ene woordje zelfs van een probleem verlost: door ja te zeggen tegen dat ticket, was het mijn pakkie-an niet meer; hoefde ík er niet meer over na te denken. Nu mocht zíj het probleem bij de horens vatten, bedenken wat ze moest doen: mij voorgoed negeren, op het vliegtuig stappen en me vriendelijk doch beslist duidelijk maken hoe zij over dit alles dacht, of me voor al haar Australische vrienden belachelijk maken...

Nee, die creditcard uit mijn portemonnee halen was helemaal niet zo'n heldendaad. Het was eerder typisch mannengedrag: ik veegde de troep gewoon naar haar kant van de stoep. Net als al die domme, onvolwassen kerels die op een dag besluiten hun vriendin als oud vuil te behandelen, in de hoop dat zíj het dan uitmaakt voordat ze dat zelf hoeven doen...

En naast laf en beschaamd voelde ik me ook een beetje... een gluiperd. Ik was nu definitief niet cool meer: ik had een ticket naar Engeland gekocht, voor een meid die ik amper kende. Zij dacht nu vast dat ik óf een rare rijke stinkerd was, óf een ongelooflijk luie stalker. (Eentje die tegen zijn slachtoffer zegt: 'Luister eens, ik heb het nogal druk... zou jij misschien eens naar míj toe kunnen komen?')

Kortom: een belachelijke situatie – maar wel... de hare. Ik moest het maar gewoon even vergeten.

En daar zat ik dan: in een taxi in Edinburgh, op weg naar mijn hotel, waar ik op zijn minst voorlopig kon doen alsof al mijn zorgen achter me lagen. Misschien dat ik – zonder Ian die zich constant met me bemoeide; zonder dat ik Hanne en Seb tegen het lijf kon lopen; zonder Wag, met wiens haardos ik vloekte; zonder Elias of Pete, die beweerden dat Jezus in (godbetert!) eethuis Pilau Palace was gezien; en zonder (duimen maar!) een in mijn nek hijgende Uitdager – ja weer tegemoet kon treden zoals in het begin. Nieuwe stad, nieuwe kansen!

'Danny! Ga zitten, jongen!'

Ik was op het binnenplein van The Pleasance Theatre, samen met Tom. Er hing een typische, opgewonden sfeer. Het festival was nog maar pas begonnen en overal om ons heen waren bezoekers, verslaggevers, blijspelfans, acteurs, kunstenaars en – niet te vergeten – drankorgels. Het weer was iets opgeknapt, de lucht voelde warm aan.

'Het plan is als volgt... Wij zijn op zoek naar een nieuwe lichting entertainers, begrijp je? Maar dan niet de voor de hand liggende, waar iedereen het al over heeft – nee, mensen waar we nog wat mee kunnen, die we kunnen kneden, ontwikkelen. Bezoek dus zoveel voorstellingen als je kunt. Wat wij zoeken is... eigenzinnigheid.'

'Eigenzinnig, juist.'

'Ga naar dingen waar je normaalgesproken niet naartoe zou gaan; voorstellingen waar geen enkele radio- of televisiemaker op let. We willen verborgen talent naar boven halen, en dan kijken wat we ermee kunnen. Heb je al een brochure?'

'Nog niet.'

'Hier heb je de mijne; blader er maar eens doorheen, kijk wat je aanspreekt... Ik moet nu gauw naar een voorstelling, maar je hebt mijn nummer, hè?'

'Ja!'

'Oké, zie je straks!' En weg was hij.

Ik slenterde naar de bar voor een biertje en ging toen zitten om het experimentele theateraanbod door te bladeren en te bedenken hoe ik mijn dag zou indelen. Mijn opdracht luidde dus: zo veel mogelijk dingen zien – bepaald geen slechte missie. Opgewekt sloeg ik het boekje open en las het tekstje van een willekeurige voorstelling.

*Dood is dood – maar leven is ook dood. Wij zijn allen reeds overleden of langzaam stervende. Het leven is een strijd; verdriet is de poel waarin wij verdrinken. De krankzinnigheid en agressie van de liefde is overal – de waanzin der worsteling, de overwinning van de dood.*

Nu heb je eigenzinnig... en ronduit luguber. Ik had niet het idee dat deze voorstelling onder de eerste noemer viel. Ik kon vast wel iets geschikters vinden. Ik bladerde verder.

*Wij zijn samen, en toch kúnnen we niet samen zijn. Saamhorigheid en de saamhorigen – samen zijn ze één, maar samen streeft niet naar het verkennen van eenheid, maar van tweeheid... Een toneelstuk in twee delen, samengevoegd en als eenheid opgevoerd. Een lichamelijke en figuurlijke verkenning van Brendan Fealey.*

Ik besloot maar eens een gepofte aardappel te gaan eten.

Maar voor ik kon opstaan, werd er een blaadje op mijn tafel gekwakt. 'Op zoek naar een voorstelling?' Een meisje met dreads in d'r haar en glitter op haar gezicht keek me hoopvol aan.

'Ja,' zei ik.

'The Gilded Balloon, half zes. In *The Scotsman* hebben we drie sterren gekregen.'

'O,' zei ik. 'En is het ook eigenzinnig?'

'Het is een toneelstuk over hoop, liefde, verraad, verkrachting en de dood.'

'Juist,' zei ik. 'Voor elk wat wils dus.'

'Nou ja... vooral over verraad, verkrachting en de dood.'

'Hmm, ik ben eigenlijk op zoek naar wat... lichters.'

'Maar dat is het ook!' zei ze. 'Het is heel grappig.'

'Echt?'

'Ja... maar ook weer niet.'

Ik keek op mijn horloge: vijf uur – nog net genoeg tijd om een hapje te gaan eten. Ik zou even kunnen binnenwippen bij The Tempting Tattie in Jeffrey Street, om daarna – voldaan en herboren – dit volgens dit meisje inmiddels hilarische stuk te gaan zien. Ik vouwde de flyer op, stopte hem in mijn zak, bedankte haar en wilde net weglopen, toen ik uit een andere hoek hoorde...

'Hallo, op zoek naar een voorstelling?'

Mijn god, die vervloekte folders! Het was me gelukt The Pleasance met slechts zes blaadjes in mijn zak te verlaten, maar in de buurt van The Royal Mile barstte het ineens weer van de folderaars – overal, als een woeste roedel wolven.

Ik was even vergeten hoe het er in Edinburgh aan toeging: een maand-lang dwarrelde dan iedereen op deze stad neer, voor het grootste kunst-festival ter wereld. Er waren letterlijk duizenden voorstellingen die je kon bezoeken, die elk vaak meer dan vijfentwintig keer werden opgevoerd. Dat zijn een heleboel kaartjes die moeten worden verkocht – en dus een heleboel folderaars...

De vertwijfeling hing haast voelbaar in de lucht; overal om me heen zag ik alleen nog meer folderaars – folderaars met hun armen vol folders, fol-deraars verkleed als hond, als ballerina, als een grote, grijnzende appel... Ze kwamen steeds dichterbij, net als toen bij die goede-doelen-nacht-merrie in Londen – maar dan zonder de o-zo-sympathieke smoes van 'Het is voor de arme kindertjes... (ik bedoel de provisie).'

*'Op zoek naar een voorstelling? Tien over acht in The Assembly Rooms. Het gaat over...'*

'*Zoekt u een show? Clowns en Russische dans! Twintig voor zeven in...*'
'*Wilt u iets horen over mijn toneelstuk? Het is een krachtig eenvrouwsstuk over...*'

Ik begon zo snel mogelijk te lopen, met mijn hoofd naar beneden en mijn handen naar voren. Ik pakte alles aan wat me werd aangeboden, propte het in mijn zak... en zag al mijn vrije tijd smelten als sneeuw voor de zon. Ik werd nog de eerste mens die bezweek onder het gewicht van duizenden folders!

Ik begon in te zien dat, wilde ik dit festival overleven, ik uiterst zorgvuldig moest plannen waar ik naartoe ging en op welk tijdstip van de dag. Ik moest rustig gaan zitten met mijn agenda en uitdokteren hoe ik zo veel mogelijk voorstellingen, uit de folders die ik nu had, kon gaan zien. Daarna moest ik bedenken hoe ik niet nog meer van deze krengen in handen gedrukt kreeg... En hoe legde ik mijn keuze vervolgens uit aan de BBC; want was dit wel waar zij me voor betaalden?

Ik wist uiteindelijk The Tempting Tattie te bereiken, nam er een gepofte aardappel met kaas en ging daarna naar een toneelstuk over de luchtige kant van verkrachting.

Het was laat en ik zat met Tom in de bar van The Assembly Rooms.
'Goeie dag gehad? Wat heb je allemaal gezien?'
Ik haalde diep adem. 'Een onheilspellend toneelstuk over verraad en de dood, een krachtig eenvrouwsstuk over de zoektocht naar een eigen identiteit in een identiteitsloze wereld, een clown, en een gemoedelijke goochelshow met een stuntelige Nederlander. Jij?'
Tom dacht even na. 'Ross Noble.'

Mijn rooster voor Edinburgh had ik redelijk snel voor elkaar. Ik voelde me best ingenomen met mezelf.

Ik had gezien dat *The Scotsman* elke dag een lijstje publiceerde: Vijf Voorstellingen Die U Echt Moet Gaan Zien. Dat, zo besloot ik, werd mijn systeem: ik ging naar alles wat zij aanraadden (voor zover dat qua aanvangstijd mogelijk was) en werkte me tegelijkertijd door mijn folders heen.

Daarnaast had ik iets bedacht tegen het welig tierende schrikbewind van nieuwe folderaars. Het was niet direct in de geest van Ja-man, maar dat was dagelijks achttien uur in een kleine, donkere ruimte, kijkend naar een stel Amerikaanse studenten die een Bhangra-versie van Shakespeare hadden gemaakt, ook niet.

Wat was mijn plan? Ik had bij de Argos een goedkope koptelefoon gekocht, die ik altijd bij me droeg. Zodra ik een folderaar zag, zette ik dat ding op, zodat de bewuste folderaar kon zien dat ik was ondergedompeld in een wereld vol harde, ondoordringbare muziek, en me met rust zou laten. Kon niet mislukken.

Hoewel...

'En wat heb je vandaag gezien?' vroeg Tom de avond erop, terwijl we aan de bar van The Assembly Rooms hingen.

'Een toneelstuk over hongersnood, een anderhalf uur durende monoloog over een pensioenboekje, een Canadees dansgezelschap dat duidelijk met een kater zat, een man op een kruk die alleen maar zei dat we moesten nadenken, de Oxford Revue en een Bhangra-versie van Shakespeare door een stel knapen uit Nevada.' Ik was doodop, en dat was me aan te zien ook. 'En jij?'

Tom hield een kaartje omhoog. 'Adam Hills.'

O.

'En morgen, Danny? Nog iets van plan?'

'Ja,' zei ik somber. 'Ik heb de kaartjes al: zeven voorstellingen, waarvan vijf op aanraden van *The Scotsman*. De eerste begint al om tien uur.'

'Zeven,' fluisterde Tom. 'Goeie genade!'

'En jij dan?' vroeg ik.

'Kweenie,' zei hij. 'Ik had gedacht eens een avondje vrij te nemen.'

Er was natuurlijk nóg een reden waarom ik me zo enthousiast op het Edinburgh Festival stortte. Als ik stilletjes in de achterkamer van een kroeg naar een acrobatische theatergroep uit Beieren zat te kijken ('Mis het niet!' – *The Times*), dwaalde ik tenminste niet buiten rond, waar ik me nog verder in de nesten zou werken. En (nog belangrijker) kon ik ook niet naar een internetcafé, waar ik de wraak van De Uitdager en de eh... weigering van Lizzie riskeerde.

En dat laatste was waarschijnlijk wat me nog wel het meest beangstigde. Die Uitdager kon ik misschien nog wel aan, maar de wrede, botte opdoffer van een afwijzing... Hoe zou Lizzie hebben gereageerd? Hoe zou ze nu over mij denken? Had ik hiermee alles verpest? Als zij had teruggeschreven, zou mijn hart zonder twijfel meerdere slagen overslaan; maar als ze níét had geantwoord... zou het wel eens kunnen breken...

Mijn telefoon ging ineens over.

'Dan, met Ian.'

'Hoi, Ian.'

'Heb je het een beetje naar je zin in Edinburgh?'

'Ja hoor, dank je.'

'Al wat gezien?'

'Een paar dingen.'

'Mooi. Zeg luister, ik heb eens zitten denken...'

'Ga door...'

'... en het geprobeerd uit te vogelen... en ik geloof dat ik weet wie De Uitdager is.'

En even later vertelde hij me dat ook. En het klonk volkomen logisch. We namen afscheid, ik pakte mijn agenda, zocht naar de bladzijde waar ik deze zaak al had getracht op te lossen, en voegde er een zin aan toe.

*Jason, die gozer van dat feest.*

Jason! Die kon via zijn vriend Thom gemakkelijk aan mijn adres zijn gekomen. En hij wíst niet alleen van mijn ja-project... maar minachtte het ook! Hij was iemand die werd verteerd door een onblusbare woede, die hij maar al te graag op mij zou botvieren. Iemand die voor de kost nee zei, mijn absolute tegenpool – de Lex Luther van mijn Superman, de Nee-man van mijn Ja-man! Het móést hem wel zijn!

Ik wist wat me te doen stond. Ik had Jasons eerste mailtje – dat waarmee hij me naar Stonehenge had gestuurd – nooit beantwoord. Maar ik had het nog wel, dus kon ik hem zo terugmailen! Ik blaakte ineens van zelfvertrouwen en energie. Het was tijd om terug te slaan, voordat Jason de inzet opnieuw verhoogde.

Ik vond een internetcafé in een zijstraat van Princes Street en bestelde er een kop thee. Hoog tijd om mijn e-mail te checken en wat mailtjes te versturen! Als De Uitdager intussen met meer eisen of instructies was gekomen, had ik nu de kracht deze te weerstaan. Het zou niet lang meer duren, voordat ik hier weer de overhand had: het was tijd om dit mannetje te ontmaskeren! Geen petten meer, geen boeken meer, geen spontane tripjes naar Stonehenge meer, maar slechts een zich diep schamende kerel in een lycra Uitdager-pak...

Deze hele onderneming was echter niet zonder emotionele risico's: zodra ik mijn e-mail checkte, stond mijn postbus immers ook wijd open voor Lizzie. En als zij me had teruggeschreven met de boodschap dat ze mij maar een zak vond, dat ze nooit meer iets van me wilde horen... Tja, ik wist nog steeds niet hoe ik daarop zou reageren.

Ik logde in en zag meteen twee dingen: geen nieuws van De Uitdager, wel van Lizzie. Mijn hart sloeg een paar slagen over. Ik durfde haar mailtje niet te openen. Althans, nog niet.

Dus schreef ik eerst naar Jason.

**Aan: wieisdeuitdager@hotmail.com**
**Van: Danny**
**Onderwerp: Ik weet wie je bent**
**Hallo 'Uitdager',**
**Stop maar: het spel is uit! Ik weet nu wie je bent en waarom je kwaad op me bent. Het spijt me, maar nu moet je er echt mee kappen.**
**Bedankt,**
**Danny**

Om het zekere voor het onzekere te nemen, schreef ik ook nog een mailtje aan Thom – degene die me zonder het te weten had voorgesteld aan mijn wreker...

**Thom,**
**Danny hier, die gozer van je auto.**
**Luister, sorry dat ik het kort hou, maar je moet me even terugmailen. Ik weet namelijk niet of dit e-mailadres nog wel werkt nu jij in Nieuw-Zeeland zit. Áls dit mailtje jou wel bereikt, schrijf me dan alsjeblieft gauw terug.**
**Ik ben namelijk dringend op zoek naar het telefoonnummer van Jason, die gozer die ook op jouw afscheidsfeest was, die ambtenaar. Ik ben bang dat ik hem toen wat heb geërgerd en dat hij me daarvoor nu op nogal obscure, bizarre wijze terugpakt.**
**Heb jij hem mijn adres gegeven? Laat alsjeblieft z.s.m. wat van je horen.**
**Danny**

O, Jason! Was dit nu echt nodig?
Ach, eigenlijk was het ook mijn eigen schuld. Ik had die aanvaring met hem diep weggestopt, in de hoop dat hij vanzelf zou verdwijnen. Ik had me met mijn onthulling compleet bij Jason voor schut gezet: in zijn ogen leefde ik schaamteloos onvolwassen. En, wat nog veel erger was: het was onvoorstelbaar lomp van mij geweest om hem aan te raden 'gewoon wat vaker ja te zeggen'. Dat kon hij immers niet; hij was iemand met een gigantisch verantwoordelijkheidsgevoel! Goed, hij haatte zijn werk, maar hij had mij ook doen inzien dat je het leven soms gewoon moet dragen, met of zonder glimlach. Soms neem je nu eenmaal een besluit dat simpelweg niet meer terug te draaien is en waardoor je de rest van je leven... nee zult moeten zeggen. Dan is het gewoon niet anders. Dát had Jason mij geleerd.
Ik klikte terug naar mijn berichtenlijst. Ik wist dat ik niet langer om Liz-

zies mailtje heen kon. Wat zou zij te zeggen hebben? Wat zei iemand zoals zij tegen zoveel kinderachtige dommigheid, zo'n dubieuze obsessie? Ik klikte op haar naam en las huiverend...

**Wátte?**

Dat was het. Alleen dat ene woordje.
Mijn hart sloeg een paar slagen over. Maar het brak niet.
Ik schreef terug: *Ik weet het, sorry,* en ging toen op zoek naar een kroeg.

Edinburgh bij nacht is een stad van hartverwarmende schoonheid. Het verlichte, erboven uittorenende kasteel, Parliament Square, het Balmoral (het meest indrukwekkende hotel waar ik nooit heb gelogeerd, dat met elk verlicht raam laat zien hoeveel rijkdom er in de stad vertoeft), The Canongate Tollbooth, Fettes College, de huizen van Ramsay Gardens...
Maar niets daarvan kon mij nu boeien – wat mij betrof was het allemaal van legoblokken gemaakt. Humeurig betreurde ik mijn besluit via Fleshmarket Close te lopen – de enige kortere weg die afstand bespaart, maar zowel tijd als moeite verveelvoudigt. Buiten adem bereikte ik de laatste van die duizend-en-één stomme, steile treden, en keek recht in het gezicht van een vrouw met een stapel flyers.
'Interesse in een voorstelling?' Ik nam het blaadje van haar aan, terwijl zij aanvulde: 'Het gaat over verraad, verkrachting en de dood.'
Balen!

Even later omklemde ik een bierglas in The Greyfriars Bobby – een kroeg die is genoemd naar een hond uit een Schotse legende, die tot aan zijn eigen dood trouw op het graf van zijn baasje zou hebben gelegen. Het leek me de juiste droefgeestige ambiance om mijn verdriet te verdrinken. Dus toastte ik de hond (waarmee ik bedoel dat ik mijn glas naar hem hief, niet dat ik een aansteker en een braadspit pakte).
Ik werd omringd door studenten op kroegentocht, een paar rugbykerels, wat toeristen en een lange, gebruinde man, die me net ook al had aangekeken en nu op me af kwam...
'Danny?'
Ik maakte een sprongetje van schrik. 'Ja?'
Hij had iets zeer bekends over zich. 'Danny Wallace?'
'Ja, goedendag.'
'Ik ben het: Hugh... Hugh Lennon!'
Hugh Lennon, de hypnotiseur! Een van de leukste kanten van het Edin-

burgh Festival is dat het je de kans geeft bij te kletsen met lui die je anders nooit treft. Ik had Hugh al in geen jaren meer gezien – niet meer sinds die borrel die ik met hem was gaan drinken nadat ik voor *The Scotsman* zijn show had gerecenseerd...

Mijn god: ik hoopte dat ik hem destijds een goede recensie had bezorgd.

'Geweldig om jou weer eens te zien!' riep hij.

Oef... blijkbaar wel, dus.

'Hoe lang is dát wel niet geleden?' zei ik.

'Dat moet in... 1996 zijn geweest. Wat maf dat we dan hier tegen elkaar op lopen!'

Hugh is een hypnotiseur die zich van alle andere hypnotiseurs onderscheidt door het bezit van de enige hypnotische hond ter wereld: Murphy. Zij reizen, al hypnotiserend, samen de wereld rond, als een soort magische Shaggy & Scooby. 'Murphy is al op de lokatie,' zei hij, 'dus ik moet zo weer terug. Ik was hier even binnengewipt voor een colaatje en een kleine boodschap. Maar hoe is het met jou, joh? En wat doe je hier?'

'Werken: voorstellingen bezoeken voor de BBC, je kent het wel...'

'En? Al iets goeds gezien?'

Ik kon maar beter gauw van onderwerp veranderen. 'En jij dan? Heb je een show hier?'

'Nou, niet echt... Dat wil zeggen: vanavond heb ik een eenmalige voorstelling – gewoon wat hypnotiseren en zo... Vind je het soms leuk om mee te gaan? Ik zie het meer als een soort warming-up: ik sta binnenkort op het Leeds Festival, zie je.'

'Eh...'

'Gaan we daarna samen wat drinken!'

'Ja, lijkt me te gek.' Ik dronk mijn glas leeg en toen verlieten we samen de kroeg. Hè fijn, gezelschap.

Hughs auto zag je niet gemakkelijk over het hoofd: het was namelijk de enige met in koeienletters HYPNOHOND op de zijkant. Misschien moest ik ook maar zoiets met mijn ja-mobiel doen...

Hughs optreden was in het achterzaaltje van een kroeg in een buitenwijk van de stad. Ik ging er zitten met een biertje.

Hugh is begin vijftig, maar als je kijkt naar zijn gedrag en de hoeveelheid energie zou je hem zo dertig jaar jonger schatten. Hij was op zijn achttiende vanuit Mauritius naar Engeland gekomen en zijn lichte accent en bruine huid versterkten het mysterieuze van zijn podiumact enorm.

Eigenlijk was ik niet erg in de stemming voor een avondje komisch hypnotiseren (wat me zelden overkomt), maar zodra Hugh met zijn publiek begon te dollen, zijn vrijwilligers eruit pikte en wat grappen had verteld, vergat ik waar ik eerder zo over had zitten piekeren.

Weldra stonden er twaalf mensen op het podium (oud, jong, man, vrouw), die stuk voor stuk in de ban van Hugh verkeerden. Ruim een uur lang keek ik geboeid toe hoe hij daar een hele voorstelling van fabriekte, die niet alleen hilarisch was maar je ook een goed gevoel gaf en zelfs iets knus had.

Ik vergat alles om me heen, terwijl ik me kapot lachte om Hughs vrijwilligers, die allemaal tegelijk dachten dat ze Madonna waren, of onzichtbaar, of dat er een klein eendje hun drankje wilde pikken. Echt, als je ooit somber, moe of neerslachtig bent, zoek dan een dikke Schot die denkt dat hij kan vliegen... Ik snap niet waarom Lieve Lita's zoiets niet vaker aanraden.

Maar van wat Hugh in de laatste minuten van zijn show deed, viel het publiek de mond pas echt wijd open. 'Nu wil ik u allen verzoeken muisstil te zijn,' zei hij met een ernstig gezicht, 'als ik een zeer speciale gast op het podium vraag...'

Toevallig kende ik het verhaal achter deze zeer speciale gast. Jaren geleden had Hugh eens een oude, wijze boer ontmoet, die hem op geheimzinnige toon en vol ontzag had verteld over een labradorpup die duidelijk anders was dan de rest van zijn nest. Het diertje was erg eenzelvig, had de man verteld, en bezat een opmerkelijk talent. Geïntrigeerd was Hugh gaan kijken naar het hondje, dat Hypnohond zou gaan heten...

Er klonk muziek, het thema van *2001: A Space Odyssey* – de menigte viel stil en Hugh verdween van het toneel... om even later terug te keren met Murphy.

Nog eens tien minuten later juichte dezelfde menigte luid, toen twaalf Schotse vrijwilligers op het podium lagen te slapen, nadat ze diep in de bodemloze put van Murphy's chocoladebruine ogen hadden gekeken...

Na de voorstelling kwam Hugh met een kop koffie bij me zitten.

'Geweldige show,' zei ik.

'Dank je. Ze waren vanavond weer dol op Murphy, hè?' Alsof hij was geroepen, kwam Murphy binnenlopen. Hij snuffelde even wat rond en liep toen weer naar buiten. Als hij niet op de planken stond, mensen de vergetelheid in starend, zag hij er tamelijk onschuldig uit.

'Weet je dat ik hem eens een jaar kwijt ben geweest?' zei Hugh. 'Hij was afgedwaald en ik kon hem nergens meer vinden. Het heeft de krant zelfs gehaald: hier in Schotland was iedereen als de dood; de krantenkoppen schreeuwden: 'Pas op voor deze hond!' De pers dacht echt dat hij overal mensen zou aanstaren, waarna deze zouden denken dat ze een kip waren of zo...

Maar goed, ik dacht dus dat ik hem kwijt was, toen er ineens allerlei telefoontjes van Europese persbureaus kwamen, en daarna zelfs uit Amerika en Japan. De telefoon blééf maar rinkelen; het was zelfs groot nieuws in China: 'Hypnotische hond in Schotland ontsnapt!' We waren nog beroemder dan Nessie!'

Toen werd Hughs verhaal onderbroken door een vrouw uit het publiek, die hem even wilde spreken. 'Meneer Lennon... ik ben vreselijk bang voor spinnen... is dat ook iets waarbij u zou kunnen helpen?'

'Jazeker,' zei Hugh. 'Met behulp van hypnose is zo'n beetje alles te genezen, zolang het maar tussen de oren zit... waar de meeste problemen zich bevinden.'

'Echt? Dus ik moet naar een hypnotiseur?'

'Als u iets tussen uw oren heeft, kan een hypnotiseur daarbij helpen – wát het ook is. Hier...' Hij gaf haar een Hypnohondflyer, waar zijn telefoonnummer op stond. 'Ik weet zeker dat Murphy en ik het uwe kunnen oplossen.'

Glimlachend pakte de vrouw de flyer en liep tevreden weg.

'Laat je haar bij je thuis komen?' vroeg ik.

'Ja,' zei hij. 'Maar dan trek ik eerst mijn spinnenpak aan en bespring ik haar al op het station – dat moet genoeg zijn.'

Ik lachte.

'Maar serieus,' zei hij. 'Het is fijn om mensen te helpen als je dat kunt.' Ik was onder de indruk.

'Verdorie, moet je de tijd zien! Ik moet er helaas weer eens vandoor, Danny,' zei Hugh, 'Murphy en ik hebben nog een lange reis voor de boeg. Maar hier...' Hij gaf me een Hypnohondflyer. 'Als je ooit in Wales bent, kom dan langs, oké?'

'Top!' zei ik. 'Bedankt, Hugh.'

Hij glimlachte en keek me iets langer dan nodig aan. Heel even was ik bang dat hij me stond te hypnotiseren, dus wendde ik mijn blik af en keek naar de hond – die me ook al stond aan te staren. 'Tot gauw dan maar,' zei ik, en ik vertrok gehaast.

Ik sliep die nacht als een roos. Ik had op de terugweg nog een patatje gekocht en besloten dat het leven eigenlijk helemaal zo slecht nog niet was. Ik viel bij de televisie in slaap en had vast dagen geslapen, als ik niet om vier uur die ochtend door een vreemd piepje was ontwaakt. Ik keek om me heen en zag dat mijn mobieltje licht gaf: ik had een sms'je.

Gapend zette ik de tv uit, zocht mijn bril en pakte de telefoon. Het was vast Wag, die met zijn dronken kop in Londen was verdwaald, en mij sms'te voor het geval ik toevallig in de buurt was. Ik kneep mijn ogen tot spleetjes om het bericht te kunnen lezen. Er stond wel een boodschap, maar geen afzender, en het kwam van een mij onbekend buitenlands nummer.

*0061? Waar was dat?*

Toen las ik de boodschap... en zat meteen rechtop in bed.

BEL ME. IK KOM NAAR EDINBURGH.

Het was van Lizzie.

Vier dagen later zat ik in de aankomsthal van Edinburgh International Airport te wachten, met vlinders in mijn buik en een bloem in mijn hand. En daar was ze dan: breed glimlachend en met een koffer achter zich aan. Niet te geloven: Lizzie!

'Hoi,' zei ik.

'Hoi,' zei zij.

We omhelsden elkaar en keken elkaar lachend aan. En toen sprak zij de woorden waar ik zo naar had uitgekeken.

'Wat moet jij nou met een mátje?'

# 14

*Waarin Daniel en Lizzie een berg beklimmen,
een koperpolijstcentrum bezoeken en
een slecht toneelstuk zien*

Greetings from Edinburgh

Ik lag al heel lang – het leken wel dagen – te wachten tot Lizzie eindelijk wakker werd.

Nadat tot me was doorgedrongen dat ze daadwerkelijk op mijn aanbod
inging, had ik haar meteen gebeld. Of ze het wel zeker wist, had ik gevraagd, heel zeker? En ze had verteld dat ze al een hele poos had zitten
vlassen op een kans om terug te komen – dit was het perfecte excuus.
Met haar werk was alles geregeld, ze was van niemand afhankelijk, dus ze
kón gewoon komen – zeker nu ze een ticket had.

Ik was totaal overdonderd... en bloednerveus. Ik bedoel, wie doet er nu
zoiets; welke meid is zo spontaan; wie laat er nu alles vallen en zegt: 'Ja,
ik doe het; waarom ook niet?'

'Ik heb je kaart uit Amsterdam ontvangen,' vertelde ze in de taxi. 'Die waarop je zei, dat je sommige dingen gewoon maar moet doen. Ik vond toen al dat je daar gelijk in had.'

Dus had ze vierentwintig uur gevlogen om in Londen te komen, gevolgd door nog eens een uur naar Edinburgh. En hier lag ze nu dan te slapen, in een sjofele Travelodge in de binnenstad. Wat een ansichtkaart al niet vermag...

Die ochtend was ze aangekomen; het was inmiddels bijna negen uur 's avonds. Buiten kleurde Edinburgh oranje, de straatlantaarns waren rode blossen op de beslagen ruit. Met het geluid op zacht keek ik naar het nieuws. En ten slotte viel ik zelf ook in slaap.

'Ik kan nog steeds niet geloven dat jij een ticket voor me hebt gekocht!' zei Lizzie, terwijl ze haar toast beboterde.

Het was de volgende ochtend. We zaten elk achter een uitgebreid ontbijt in The City Café om de hoek; ik voelde me onbeschrijfelijk vrolijk. 'En ik kan nog steeds niet geloven dat je echt hierheen bent gekomen,' zei ik.

Het was allemaal weer precies als acht maanden geleden in Londen; er leek helemaal niets anders of te ontbreken. Het voelde gewoon volkomen... natuurlijk tussen ons. Maar ook heel spannend. 'Maar vind je het niet ook een beetje... vreemd?' vroeg ik.

'Wat? Dat ik op het vliegtuig ben gestapt, of dat jij dat ticket voor me hebt gekocht?'

'Eh... allebei.'

'Ja, heel vreemd,' zei ze. 'Maar dat is toch juist goed? Het leven móet een beetje vreemd zijn.'

Daar dacht ik even over na. En ik bedacht dat ik het helemaal met haar eens was.

'O, ik heb nog een cadeautje voor je,' zei Lizzie.

'Wat dan?'

Ze maakte haar tas open en haalde er een foto uit – een foto van een Grote Koe.

'Magnifiek!' riep ik uit.

'Gekkie!' zei ze.

Ze zijn blijkbaar echt iets voor jongens, die Grote Dingen. In Melbourne, Adelaide en Canberra zullen ze uit de wijde omtrek jongens aantrekken, terwijl de meiden zich in de auto zitten af te vragen wat ze in godsnaam met hun leven doen.

'Oké,' zei Lizzie. 'Wat zullen we vandaag eens gaan doen?'

'Wat jij maar wilt,' zei ik. 'Het hele festival is van ons.'
We gingen naar de dierentuin.

De dagen vlogen voorbij. Leuker kon het gewoon niet. We deden wát er maar in ons opkwam, wannéér het maar in ons opkwam. Kuierend door Princes Street liepen we een eind mee met een spokenroute; in Leith wandelden we langs de kust en moest ik van Lizzie kabeljauw kopen; we verhuisden van de Travelodge naar het statige Balmoral – gewoon omdat we daar zin in hadden – dronken er whisky in kamerjas en keerden de volgende dag weer terug naar de Travelodge; en Lizzie wilde zowel *haggis* als een gefrituurde Marsreep proeven, maar zag na een hapje van beide toch een beetje groen... Kortom: we hadden plezier samen.
En ik verwonderde me over de kracht van ja.
Op een gegeven moment zaten we warme chocolademelk te drinken en haalde Lizzie ineens die brochure met experimentele voorstellingen te voorschijn. Ze bladerde door het boekje, las hier en daar wat, klapte het toen dicht en gooide het op tafel. 'Weet je wat wíj zouden moeten doen?' zei ze.
'Nee, wat?' zei ik.
'We zouden gewoon naar buiten moeten lopen en naar de eerste voorstelling gaan waar we een flyer van krijgen. Wat het ook is, hoe slecht het ook klinkt.'
Ik lachte. Dat had ik natuurlijk allang gedaan, maar nu leek het nog leuk ook – omdat Lizzie en ik een ja zouden delen. 'Oké,' zei ik dus.

Een paar uur later had ik – voor de derde en hopelijk laatste keer – een stuk gezien over verraad, verkrachting en de dood.
Terwijl we door Clark Street slenterden, namen we nog een folder aan en reserveerden we plaatsen voor later op de avond bij *The Ladyboys of Bangkok*, in een grote tent op een weiland.
In de dagen daarna beklommen we de zestienduizend treden van het Scots Monument en testten we de brouwsels in alle twee miljoen kroegen van Edinburgh. Op een regenachtige ochtend kochten we een stadsgids en prikte Lizzie met haar ogen dicht in het museumgedeelte, waarna we een uur door het Museum van Vroege Klavierinstrumenten aan Cowgate liepen. Later die dag kwamen we langs The Oxford Bar, dronken er thee en voelden ons alsof we in een Ian Rankin-roman figureerden. We aten een patatje op de trappen van het kasteel en kochten spullen waar we in Kookie Hill niets mee konden. We stapten binnen bij het KoperPolijstCentrum, deden alsof we gefascineerd waren en liepen zo

snel mogelijk weer naar buiten. We kochten kaartjes voor Hot Hot Heat en Franz Ferdinand. We lazen de krant in The Drum & Monkey. Ik leerde Lizzie woorden als *stushie, bampot, weejie* en *youze*; zij leerde mij *barrack* en *doodle*.

En op een ochtend zigzagden we, om vijf uur in de ochtend, met een halfvolle wijnfles in de hand, door de verlaten stad terug naar ons hotel, toen ik opeens wist hoe ik dit alles voor Lizzie nóg bijzonderder kon maken. Ik bedacht namelijk dat er vast sneeuw op Arthur's Seat lag, de slapende vulkaan die over Edinburgh uitkijkt. Goed, ik was dronken, maar ook onvermurwbaar, dus vertelde ik haar dat ik een verrassing voor haar had en dat ze mij maar moest volgen.

Giechelend liepen we zeker een uur (al leek het nog niet de helft) tot we, tweehonderd vijftig meter hoger, op de top van de heuvel uitkeken over Firth of Forth and Fife, en een stad die er in de vroege ochtendzon zo schitterend uitzag dat ik er geen woorden voor had. Natuurlijk lag er geen sneeuw (het was verdomme augustus), maar dat hinderde niet: dit was een verrassing voor ons allebei.

Ik realiseerde me dat ik, in al die jaren dat ik in Edinburgh kwam, nog nooit boven op Arthur's Seat had gestaan; dat ik er bovendien nog nooit een galerie had bezocht, een museum of al die andere dingen waar je het hele jaar door naartoe kunt. Die waren er altijd geweest, maar ik had er gewoon nooit gebruik van gemaakt; ik had nooit ja gezegd tegen al die mogelijkheden, waarvan ik dacht dat die er toch altijd zouden zijn. Het was alsof ik – dankzij Lizzie – een heel nieuw Edinburgh ontdekte.

Maar op de een of andere manier betekende het nog veel meer; alsof de hele wereld propvol ja's zat of zoiets.

Maar je moet één ding begrijpen – ik geloof althans dat het belangrijk is dat jij dit begrijpt: ik zei niet ja omdat dat nu eenmaal bij mijn ja-spel hoorde; dat hele gedoe deed er niet meer toe. Ik zei niet langer ja om mezelf, Ian of wie dan ook wat te bewijzen: ik zei ja omdat ik dat wílde; omdat het opeens allemaal als vanzelf ging. Want als je verliefd bent zit de wereld vol mogelijkheden, die je dan ineens allemaal wilt uitproberen...

En dat is dus mijn omslachtige, ietwat stuntelige manier om jou duidelijk te maken dat ik... jawel... je weet wel...

verliefd was... of zoiets.

'Verliefd?' riep Ian door de telefoon.

'Ja,' mompelde ik schuchter. 'Of zoiets.'

'Wauw,' zei Ian. 'Tof!'

'Ik bedoel, het móét wel: ik blíjf maar overal ja op zeggen.'

'Goh... wat een ommekeer!'

'Ja, maar als ik bij haar ben, denk ik daar niet eens bij na. Dan zeg ik gewoon ja omdat ik het wíl; álles lijkt ineens een prima idee, zolang ik het maar met háár kan doen. Ik heb een soort ja-kolder, geloof ik.'

'"Jolder" dus...'

'Nee, dat klinkt niet.'

'Da's waar. Maar dat is toch fantastisch, of niet?'

'Ja,' zei ik. 'Misschien móét je je ja's dus wel delen. Misschien is dát wel waar het allemaal om draait: dat je je mogelijkheden met een ander deelt. Meer is het leven ook niet, als je er zo over nadenkt: een reeks van mogelijkheden om te delen...'

Ian leek niet helemaal overtuigd. 'Lulhannes...'

Maar misschien dacht Lizzie daar wel anders over (niet of ik een lulhannes was – god weet dat ik hoopte dat zij daar heel anders over dacht – maar over de rest). Ik wist het gewoon niet: misschien leefde zij wel altíjd zo: open voor alle mogelijkheden, spontaan, altijd klaar om ergens heen te gaan, om iets te gaan doen. Misschien was zij altíjd wel een ja-meid, met of zonder mij...

Een paar dagen later vloog ik samen met Lizzie terug naar Londen. We gingen naar dezelfde vertrekhal, als waar we de laatste keer afscheid hadden genomen, en omhelsden elkaar stevig. En toen – zo snel als ze was gekomen – was ze weer verdwenen. En ergens wist ik dat dit de allerlaatste keer was dat ik haar had gezien.

Ja had me tien extra dagen met haar geschonken; tien dagen die ik nooit meer had verwacht. Maar Ja had me ook wat gekost: ik had afscheid moeten nemen van iemand die ik ooit gewoon leuk vond – en op wie ik nu verliefd was.

Maar dat zou ik me pas de dag erop realiseren, toen Lizzie al duizenden kilometers bij me vandaan was, en ik bij het wakker worden om me heen keek, en voor het allereerst zag hoe eenzaam ik eigenlijk was.

# 15

*Waarin Daniel onverwacht nieuws ontvangt*

Een paar weken lang deed ik bitter weinig. Ik had het gevoel dat ik weer helemaal opnieuw moest beginnen. Dat hele gedoe met Lizzie had me behoorlijk uit het lood geslagen. Ze zeggen dat het beter is om de liefde te hebben gekend en te verliezen, dan om nooit te hebben liefgehad... Misschien wel, maar dan niet zo verdomde snel.

Ik bracht weer wat meer tijd door bij de BBC; stortte me helemaal op mijn werk. Ik schreef een dik, gedetailleerd verslag van alle voorstellingen die ik op het Edinburgh Festival had bezocht, met woorden als 'krachtig' en 'indringend' erin, om Tom duidelijk te maken met wie hij volgens mij maar eens moest gaan praten. Ik zei ja op alle vergaderingen waarvoor ik werd gevraagd – en dan niet vanwege Ja, maar omdat ik gewoon goed werk wilde afleveren voor een prima bedrijf. Ik kwam zelfs naar kantoor op dagen dat ik volgens mijn contract thuis mocht zitten pierewaaien. En zo werd mijn werk langzaam de spil waar mijn leven om draaide – want zolang ik werkte, was ik... veilig. Hard werken kon immers nooit kwaad.

De Uitdager leek ook van de aardbodem verdwenen; mijn mailtje naar Jason had blijkbaar gewerkt. Dat wat ik naar Thom had gestuurd, was niet teruggekomen, maar ook niet beantwoord. En zijn mobiele nummer was afgesloten, waarschijnlijk om de weg vrij te maken voor een Nieuw-Zeelands nummer.

Maar dat maakte ook allemaal niet meer uit: Ja-man had gezegevierd! Toch had ik gedacht dat dit feit me blijer zou maken. Eigenlijk was ik best teleurgesteld dat het zo gemakkelijk was gegaan. Nu had ik ineens geen liefdesleven en geen wreker meer. En leven met een wreker is best spannend, hoor.

Mijn inspanningen voor de BBC begonnen echter hun vruchten af te werpen. Die paar maanden ja en mijn overdonderende inzet en betrokkenheid bij het festival hadden me neergezet als een toegewijd, positief iemand. En dus vroeg Tom me op een gegeven moment of ik eens wilde komen praten over een vacature bij het tv-centrum. Volgens hem kon ik best eens de juiste man voor die plek zijn, maar hij wilde eerst wat met mij van gedachten wisselen.

Ik zei natuurlijk ja.

Dat weekend deed Ian een wanhopige poging erachter te komen wat ik eigenlijk wilde. Ik lag futloos en ongeschoren in onderbroek en T-shirt op de bank; hij zat keurig gekleed en geurend naar aftershave op de fauteuil tegenover me. 'Wil je naar de kroeg?' vroeg hij.

Ik haalde mijn schouders op. 'Ja.'

'Of... naar de bioscoop?'

Ik knikte.

'We kunnen ook gaan poolen.'

'Prima,' zei ik mat.

'Daar zegt-ie ook al ja op!' riep Ian. 'Goed, zullen we dan... wat zal ik zeggen... gaan joggen?'

'Ja,' zei ik, schouderophalend. 'Wat je wilt.'

Ian hád het niet meer. 'Dan, je hoeft toch niet ja blíjven zeggen; je hebt het tegen mij, hoor.'
'Mm-mm.'
'Ik probeer erachter te komen waar je zin in hebt.'
'Best.'
'Dus wat doen we: kroeg, film, poolen of joggen?'
'Ja,' zei ik. 'Klinkt goed, alles. Laten we nu maar gaan.'
Ik was in de war, maar zei nog wel overal ja op. Alleen genoot ik er niet meer van: de spanning was weg, het was een automatisme geworden. Ik zag de zin er niet meer van, zoals eerst; zoals ik had gehoopt dat het voor altijd zou zijn. Maar ik wilde er ook niet meer over nadenken.
'Dit is zeker niet het juiste moment om je te vertellen wat ik als perfecte straf heb bedacht, voor wanneer je het niet volhoudt?' zei Ian.
Ik keek hem dreigend aan; hij leek echt bang.
'Dit is nog erger dan toen je altijd nee zei,' zei hij. 'Toen hoefde ik tenminste niet steeds met jou op te trekken.'
We gingen uiteindelijk poolen.

Ian had al bijna alle ballen van tafel gestoten. Ik kon met moeite de energie opbrengen er een spannend partijtje van te maken.
'Dan... jij gaat toch niet terugglijden naar eerst, hè?'
Ik keek op van mijn keu. 'Hoe bedoel je?'
'Nou, je gaat het toch niet opgeven en weer zo worden als een paar maanden geleden? Want in dat geval... wil ik De Straf iets eerder in werking stellen...'
'Ach, rot toch op met dat straf-gedoe; je hebt er toch nog geen bedacht!'
Hij keek alsof hij oprecht gekwetst was. 'Wel waar!'
'Wat dan?'
'Oké, ik heb nog niks... Maar ik bedenk heus nog wel wat... en dat wordt niet misselijk, mannetje!'
Nadenkend leunde ik tegen het biljart. 'Toen ik die 25.000 pond won en meteen weer verloor, deed me dat echt niets, weet je dat?'
Ian knikte.
'Omdat Ja me iets had gegéven. En het feit dat ik dat ook weer verloor, deed daar helemaal niets aan af.
Maar toen schonk Ja me nog iets veel beters: Lizzie. En dat was gemeen, want ik mocht haar ook niet houden. Ja schonk me iemand die aan de andere kant van de wereld woont, liet me verliefd op haar worden en haalde haar toen weer weg.
Dáárom heb ik nu zo'n rothumeur; vind ik Ja maar stom; sta ik hier in

deze kroeg met jou te poolen; vind ik het leven maar een zootje... een verdomd treurig zootje... en wou ik dat ik iets vaker nee had gezegd. Nee is het enige wat ik nu nog wil zeggen, Ian! Ik wil niet weer worden zoals ik vroeger was, maar ik ben dat ja zeggen ook zo verdomde zat! Ik word er alleen nog maar moe van, terwijl Ja me zou moeten helpen; opwindend zou moeten zijn.'

Ian legde zijn keu neer en knikte somber. 'Tja... wat Ja schenke,' zei hij, 'ontneme Ja ook weder...'

Ian had vast Hanne gebeld. Want de volgende dag wilde ze met me afspreken, in een café bij Old Street.

'Hoi,' zei ik, en ik ging zitten. Ik was twintig minuten te laat, maar ze zei er niets van; ze was blijkbaar in een milde bui.

'Hoi,' zei ze zacht. 'Ik vond dat wij elkaar maar weer eens moesten zien; het is alweer een hele poos geleden. Ik wilde weten hoe het met je gaat.'

'Prima, hoor.'

'Weet je dat zeker? Je ziet er bepaald niet prima uit.'

'Echt, het gaat goed met me. Ik ben de laatste tijd alleen wat in de war.'

'Maar er ís iets; dat zie ik gewoon.'

'Dat zie jij helemaal niet, want er is echt niets.'

'Wel waar! Ik kijk recht door je heen, Dan. Ik ken jou beter dan wie dan ook.'

'Ik heb gewoon een hoop aan mijn hoofd, meer niet.'

'Luister, ik weet dat het allemaal een beetje raar is, met Seb en mij en zo...'

'Hanne echt, daar gaat het helemaal niet om! ik heb absoluut geen obsessie voor jou, ik wilde ook niet mee op dat rotafspraakje van jullie, en het spijt me zeer van die bloemen en dat Afrikaanse kind. Ik weet dat ik me als een idioot heb gedragen, maar alsjeblieft... als je het niet erg vindt laten we dat allemaal achter ons; dat heb ik al eeuwen geleden gedaan, serieus. Jij en Seb, dat vind ik echt best; jullie zijn een prachtig stel. En jij en ik... wij zijn vrienden, hele goede vrienden.'

En toen begon haar telefoontje ineens te piepen. Ze wilde het afzetten, maar ik – blij met de onderbreking – gebaarde dat ze gewoon moest opnemen. Het was haar telefoonmaatschappij, hoorde ik, blikkerig en luid: ze wilden weten of ze even tijd had om het over haar abonnement te hebben. Ze antwoordde: 'Niet echt, nee' en ik glimlachte voor me uit. Het moest heerlijk zijn om zoiets te kunnen zeggen. Ik gebaarde opnieuw dat ze vooral moest doorgaan. Ik hoefde nog lang niet weg: mijn afspraak met BBC-Tom was pas over een paar uur.

'Oké, dan...' zei ze en mimede 'Sorry' naar mij. 'Mijn achternaam is Knudsen...' en toen somde ze achter elkaar haar adres, geboortedatum en beveiligde wachtwoord op. 'Noorwegen, N-O-O-R-W-E-G-E-N.' Ze rolde met haar ogen. 'Het land, ja.' Wat dachten zij dan: de kleur? 'Klinkt goed,' zei ze. 'Oké, bedankt...' en hing toen op.

'Ik ben op een gunstiger belpakket overgestapt: gratis sms'en en twintig procent korting op mijn abonnement, blij dat ik dat telefoontje toch heb aangenomen...'

Ja zeggen pakte in sommige gevallen dus toch goed uit.

'Maar, goed...' zei ze toen.

'Heus, ik red me wel,' onderbrak ik haar. 'Mijn leven ziet er momenteel gewoon een beetje... vreemd uit.'

'Hoezo vreemd?'

'Nou ja, het wás heel saai... toen ineens niet meer... en nu... weer wel... Maar eigenlijk bevalt dit me ook wel. Ach, ik ben gewoon moe, Hanne.' Ze trok haar neus op, in een poging mijn gebazel te volgen. 'Nooit gedacht dat ik dit ooit zou gaan zeggen, maar eh... het klinkt alsof je weer aan een StomJongensProject toe bent,' zei ze.

O, ironie, dacht ik.

'Want je weet toch dat dat nu weer mag? Je kunt doen wat je wilt, je bent een vrij man! Je weet wel, weer eens alle haren op je benen gaan tellen bijvoorbeeld, da's alweer eeuwen geleden. Kijken of er nog zijn bij gekomen, er foto's van maken – dat soort dingen.'

Ik knikte. Het klonk interessant.

'Heus, ik red me wel, Hanne. Maar eh... hoe gaat het eigenlijk met Seb?'

'Goed, hoor. Hij is er alleen nog steeds een beetje van ondersteboven dat jij toen met ons meeging.'

'Hij vroeg het me zelf! En ik had het gevoel dat ik niet kon weigeren!'

'O ja! Je had zeker ook niet kunnen weigeren als hij je had gevraagd in het kanaal te springen!'

Ik koos ervoor daar geen antwoord op te geven.

'Maar... er is nog een reden waarom ik je wilde zien,' zei ze.

'En dat is?'

'Eh... er is iemand aan wie ik je wil voorstellen...'

'Hè?'

'Een meisje dat ik ken.'

Nee, hè! 'Hanne, het gaat prima met mij...'

'En net zei je nog dat je je kapot verveelde!'

'Niet dat ik me verveelde: dat mijn leven een beetje saai was.'

'Doe het dan voor mij: ga gewoon een keertje wat met haar drinken. Joh, wat heb je te verliezen?'

'Hanne, ex-vriendinnen moeten ex-vriendjes niet koppelen.'

'Danny, ex-vriendjes moeten ook geen Afrikaanse kindjes voor ex-vriendinnen sponsoren en toch gebeurt het.'

Ik bloosde.

'Maar ik wil het niet.' Ik wist hoe kinderachtig ik klonk.

'Ach, kom op: durf te leven! Tot voor kort leek je het weer helemaal door te hebben, leek je echt weer lol te hebben.'

'Dat was ook zo.'

'Nou, ga dan wat drinken met Kristen, meer niet. Volgens mij zullen jullie het prima met elkaar kunnen vinden. En daarna voel je je vast een stuk beter.'

Misschien had Hanne wel gelijk. Ik bedoel, ik moest toch wel ja zeggen, maar misschien dat het op een ander niveau ook wel goed voor me was. Ik kende de situatie waarin ik me bevond en ik wist de oplossing: me eroverheen zetten. En hoe zet je je over zoiets heen: gewoon doorleven – niet omkijken, maar vooruitkijken. 'Goed, dan ga ik borrelen met die Kristen. Ik bel haar wel.'

Hanne glimlachte eigenaardig tevreden en schreef Kristens nummer op een servet. 'Geweldig,' zei ze, 'echt geweldig. O, en luister... je moet maar zeggen als je me te bemoeiziek vindt, maar eh... ik sprak Ian laatst, enne... nu moet je niet kwaad worden, maar eh... ik denk dat jij misschien eens iemand moet gaan zien.'

'Dat blijkt wel! Anders zou je me niet proberen te koppelen aan die vriendin van je.'

'Nee, ik bedoel een psycholoog, een psychiater of zo.'

O.

'Wat heb jij in godsnaam tegen Hanne gezegd?' vroeg ik Ian.

'Pardon?'

'Heb jij haar verteld dat ik tegenwoordig overal ja op zeg?'

'Tuurlijk niet, hoezo?'

'Omdat zij wil dat ik naar iemand toe ga: een psychiater of zo!'

'Ik zou eerder zeggen dat Hanne wil dat jij naar iemand toe gaat omdát ze niets van dat ja-gedoe weet: zij denkt dat je ze niet meer allemaal op een rijtje hebt.'

'Ik ben niet gestoord!' zei ik, iets te hard.

'Niet zo hard, man!' zei Ian. 'Zo lijk je pas gestoord. Bedenk eens hoe het er voor háár uitziet: je sluit je maandenlang in je appartement op, in een soort cocoondepressie; dan ben je ineens dag en nacht in touw, koopt een malle auto, lijkt helemaal in de zevende hemel; en dan BAM!... ben je weer supersomber. Dat riekt toch naar schizofrenie of de eerste tekenen van een midlifecrisis? Geen wonder dat ze wil dat je naar de dokter gaat! Je moet je er ook eens overheen zetten, man; je bent al weken terug uit Edinburgh. Straks doe je al onze goede werken nog teniet!'

'Ónze?'

'Je moet gewoon weer greep op je leven zien te krijgen. Jezus, denk toch eens aan wat ja-zeggen allemaal met je heeft gedaan. Aan alle goede dingen die je zijn overkomen áls die er zijn. Leer ervan of laat het rusten.'

'Rusten?'

'Ja. Ik zal je je straf zelfs kwijtschelden. Je houdt er gewoon nu meteen mee op, en dat is dat. Geen gedoe meer, geen nare gevolgen – alleen een vrolijkere jij.'

Ik dacht na over zijn woorden, en over wat ik tot nu toe had bereikt. Mijn leven was inderdaad veel leuker geworden: ik had interessante mensen ontmoet, nieuwe dingen gedaan... Ja was over het algemeen een klein succes geweest.

Maar dat was in het begin, toen de consequenties nog niet zo belangrijk leken. Nu zat ik in een slappe periode en wilde ik alleen nog dat mijn leven weer normaal werd. Het was nog niet eens oktober! Als ik dit fatsoenlijk wilde doen, wilde vasthouden aan mijn Ja-manifest, had ik nog een lange weg te gaan – een onmogelijk lange weg. Was ik echt pas halverwege? Ik kon wel janken! Ik wilde iemand beetgrijpen, om het even wie, en hem het hele verhaal vertellen – van begin tot eind.

Maar ik wist nu al dat het einde me niet beviel. Althans, niet als dít het was. Hanne wilde dat ik een professional inschakelde. Misschien had ze wel gelijk; zij zou zoiets nooit zeggen als ze het niet belangrijk vond.

Die avond in bed lag ik maar te piekeren. Moest ik stoppen, of ging ik door? Welke richting moest ik mijn leven nu op sturen? Ik zocht naar een teken!

De volgende ochtend ging de telefoon. Ik nam op. Er werd niet opgehangen. Ik had mijn teken.

'Een fles champagne, alstublieft. De goedkoopste die u heeft.'

'Hoeveel wilt u uitgeven, meneer?'

'Eh, vijf pond of zo?'

'Wij geven momenteel twee pond korting op de Dom Perignon, à £ 26,88. Is dat wat voor u?'

Ik genoot even van het moment en riep toen: 'Ja!'

'En wilt u er ook een koeler bij?'
'Ja!' zei ik. 'Doet u maar!'

'Wat hebben we te vieren?' vroeg Ian in de deuropening. 'En waarom sta jij zo te grijnzen?'
'We vieren schokkend nieuws,' zei ik en ik duwde hem opzij. 'En een nieuw begin.'
'Wat dan?'
'Mijn promotie,' zei ik.
'Promotie?'
'Exact.'
'Maar je bent nooit op je werk!'
Die rotopmerking negeerde ik maar. Ik vond twee mokken in zijn keukenkast.
'Allemachtig, Dom Perignon: doe maar duur!'
'Tja... ik wílde iets goedkopers, maar die man stelde nu eenmaal deze voor.'
'En waarom die kurkentrekker?'
'Die was in de aanbieding.'
'Dus eh...'
'Jep! "Net toen ik dacht dat ik eruit was, sleurde Ja me weer naar binnen." Weet je wie dat gezegd heeft? Al Pacino.'
Ik schonk de champagne in; Ian trok een zak nootjes open. 'Nou, wat is het voor baan?'
'Op een kleine afdeling in het tv-centrum, piepklein eigenlijk, nieuwe ideeën bedenken, nieuw talent zoeken, dingen uitwerken, dat werk.'
'En wat is de naam van je nieuwe functie?'
Ik haalde diep adem. 'Hoofd Ontwikkeling.' Ik straalde van top tot teen.
'Hoofd Ontwikkeling?' herhaalde Ian. 'Jij: hoofd ergens van? Maar da's toch bespottelijk!'
'Weet ik. Maar als het je een beter gevoel geeft: ik heb letterlijk niemand onder me... Alsof je Hoofd Kantoorbenodigdheden wordt – enkel omdat je je eigen potlood hebt.'
Hij schudde zijn hoofd. 'Als ik het goed begrijp,' zei hij, 'heb jij net promotie gemaakt bij de BBC – de best gewaardeerde omroep ter wereld – en wel naar leidinggevend niveau... dankzij het feit dat je vaker ja zegt.'
We klonken met onze mokken. 'Ja,' zei ik.
'En je gaat dus door met ja-zeggen?'
'Ja.'

Wat Ian zich niet realiseerde, was wat dit alles werkelijk betekende. Want het hád een reden, dat wist ik zeker. Het was immers precies op het juiste moment gekomen: net toen ik hevig twijfelde aan de waarde van wat ik aan het doen was; net toen ik erover dacht mijn leven weer een heel andere draai te geven – meer richting verstand, voorspelbaarheid en gemak... had het bevestigd dat mijn keuze toch de juiste was.

Een optimist zou zeggen dat Ja me opnieuw een enorme kans had geboden, en dat ik het daarom niet mocht opgeven. Een maand of twee eerder had ik hetzelfde gezegd. Inderdaad, ja zeggen op die eerste bijeenkomst had een hele reeks van gebeurtenissen in gang gezet, die op de een of andere manier hadden geleid tot de aanschaf van een fles champagne en het klinken op een nieuw begin. Een realist zou echter inzien wat er werkelijk achter stak.

Ik besefte maar al te goed dat je niet als pure optimist door het leven kunt gaan. Ik zag ineens de onderliggende, geheime reden voor deze promotie: deze wilde me aansporen gedag te zeggen tegen mijn domme, onverschillige houding; tegen een leven dat alleen maar draaide om pret, feest, avontuur.

Op een gegeven moment moet je nu eenmaal volwassen worden en verder durven gaan, dat had Hanne me al die tijd geprobeerd duidelijk te maken; nu had ik het zelf ontdekt. En ook Jason had gelijk gehad, die avond van dat feest: we krijgen allemaal verantwoordelijkheid, het leven kán gewoon niet draaien om lol alleen. Soms moet je je vrijheid opofferen om vooruit te komen. Ik moest hem nog maar eens mailen en hem bedanken voor deze wijze les. Wie had dat ooit gedacht: De Uitdager had toch nog gewonnen. Nee was gewoon het beste.

Wat ik daar precies mee bedoel? Nee is macht, Nee zegt: 'Ik heb het hier voor het zeggen.' Denk maar eens aan al die keren in het afgelopen jaar, dat jij ja hebt gezegd terwijl je nee had wíllen zeggen. Als je nee kunt zeggen, voorkom je dat je op een gegeven moment doordraait.

Sommige mensen blijven hun hele leven maar ja zeggen, op dingen waar ze eigenlijk geen zin in hebben, maar zich ertoe verplicht voelen – waardoor anderen misbruik van hen kunnen maken. En zo gaat het al eeuwen. Sommige mensen moeten gewoon leren nee te zeggen, want telkens als ze ja zeggen tegen een ander, zeggen ze daarmee nee tegen zichzelf.

Al die ja-momenten waarop ik iets deed wat ik eigenlijk niet wilde; die nergens toe hadden geleid, niets voor me hadden gedaan... Stel nou eens dat ik daar nee op had gezegd? Dan had ik ja kunnen zeggen op dingen dat ik wél wilde.

Nee verschaft je toegang tot een proces van eliminatie, dat uiteindelijk leidt tot een beter leven. Als ik nee zou kunnen zeggen tegen dat deel van mij dat zijn tijd verdoet met dingen die het niet zou moeten doen... zou ik ja kunnen zeggen tegen dat deel van mij dat vooruit wil!

Dit alles probeerde ik Ian uit te leggen. Uiteindelijk was hij het ook met me eens. 'Ik geloof dat je daar gelijk in hebt. En dat dit het eerste positieve is dat jou sinds het begin van deze ja-missie is overkomen. Ik bedoel maar: je hebt geld gewonnen en weer verloren (waarbij ik altijd heb gezegd dat dat érger was dan het nooit te hebben gewonnen); je bent verliefd geweest en hebt haar ook verloren (waarbij ik níét vind dat dat beter is dan nooit te hebben liefgehad); je dacht tv-presentator te worden, maar dat is ook nooit werkelijkheid geworden (wat teleurstellender is dan wanneer zoiets nooit bij je was opgekomen); je staat duizenden ponden rood op creditcards die je nooit had moeten activeren; je wordt constant gebeld door onbekenden, die ophangen zodra je hebt opgenomen; je hebt een auto gekocht die je niet nodig hebt; je hebt je een kapsel laten aanmeten dat voor het laatst in de mode was in 1985... in Hongarije; je uitvindingen werken niet; je...'

Nu voelde ik me beledigd. 'Mijn uitvindingen zijn anders best goed. Die van die lepel misschien niet, maar de Wonderbaarlijke Automatisch Terugspoelende Videodoos... daar is niks mis mee, hoor!'

'Mm... Jouw idee werkt door middel van een magneet, die aan de binnenkant van de doos wordt geplaatst: daarmee wis je de hele band bij het terugspoelen – basiskennis, jongen! En daarbij: over vijf jaar zijn video's hopeloos achterhaald.'

Mijn god, dat was niet zo best! Ik had die terugspoeler als appeltje voor de dorst gezien. Maar goed, dan moest ik dit maar zien als een wijze les.

Die avond verliet ik Ians woning met een positief gevoel over pessimisme. Al deze dingen gebeurden niet zomaar. Godzijdank had ik het teken gezien; misschien was er toch sprake van een allesomvattend plan.

Opeens moest ik weer denken aan die man in de bus, en toen aan Maitreya. Het klonk misschien bizar, maar misschien zat daar tóch iets in; misschien was Maitreya toch dezelfde als die man uit die bus, degene die dit hele gedoe had aangezwengeld. Misschien werd ik toch door een hogere macht in de gaten gehouden, een hogere macht die wilde dat ik eindelijk eens volwassen werd.

Alles leek ineens mogelijk. Aanvankelijk was ja een manier geweest om terug te keren naar mijn oude, zorgeloze ik. Nu bleek het ineens de manier om mij de fouten van die oude ik te laten inzien. Mijn ja-experiment vertegenwoordigde dus het einde van mijn geprolongeerde jeugd. En dat was toch zeker goed? Zeker.

Zo zou ik het gaan doen: ik ruimde dat hele ja-gedoe uit de weg en ging dan verder. In januari begon ik met mijn nieuwe baan. Dan zou ik dit hoofdstuk van mijn leven afsluiten – niet alleen het ja-hoofdstuk, maar alles wat daarop leek.

Ik moest echter wel nog steeds slagen: ik wilde niet dat het leek alsof ik een volgende stap zette, omdat ik met ja had gefaald. Dus voorlopig zou ik doorgaan zoals ik bezig was – in de wetenschap dat dit de laatste stommiteit was die ik ooit zou uithalen.

Het traject was duidelijk; dit werd makkelijker dan ooit.

Minder dan een week later ontving ik echter opnieuw een pakketje.

# 16

*Waarin Daniel wordt verleid door het Kwaad*

De Uitdager was terug. En ik was razend. Ik had dit toch opgelost? Allang! Dat die Jason me een vals gevoel van veiligheid had gegeven, en me
nu met zo'n nieuw pakketje weer vol in het gezicht sloeg, maakte me
werkelijk furieus.

Mijn beslissing om voort te gaan op de ja-weg, als afscheid van mijn stu-
pide, achteloze verleden, was nobel en puur geweest. En nu ging híj die
beslissing weer bezoedelen: alsof het meer om hém draaide dan om míj.
Dit was de ultieme test in zelfredzaamheid, mijn persoonlijke odyssee –
geen kat-en-muisspelletje met mij als muis!

Ik stampte vanuit station Oxford Circus richting The Yorkshire Grey, in-
tense woede op mijn gezicht. Ik moest Ian hoognodig spreken.

'*Big Issue*, maat?' vroeg een man bij de Boots.

Zonder te stoppen draaide ik me naar hem om. 'Nee!'

Ja, inderdaad: nee.

Wat me aan de hele situatie vooral razend maakte, was dat De Uitdager de inzet opnieuw had verhoogd. En wat het allemaal nog wat pijnlijker maakte, was dat het ook nog mijn eigen schuld was. Ik had Jason zelf ge-maild en hem verteld van mijn nieuwe gemoedstoestand: dat híj al die tijd gelijk had gehad, dat ik het ware gevaar van ja en de ware kracht van nee had ingezien.

En nu... had hij me dít gestuurd.

Bij de McDonald's vroeg een man om kleingeld. Ik had geen tijd, maar wel een passend antwoord. Zo snel en scherp als ik kon, blafte ik hem toe: 'Nee!' Hij keek enigszins geschrokken, maar dat kon me niet sche-len.

Toen ik de deur van de kroeg open trapte, zag ik Ian bij de open haard in de hoek al zitten. Ik stopte even bij de bar om mezelf bijeen te rapen. 'Wat kan ik voor u inschenken?' vroeg het meisje achter de bar.

Zonder mijn oogcontact met Ian te verliezen, antwoordde ik luid: 'Niets, dank je.'

Ian sperde zijn ogen wijd open. Hij wist dat er iets heel erg mis was.

Ik ging naast hem zitten.

Hij zei geen woord; staarde me alleen maar aan.

Ik stak mijn hand in mijn jaszak en haalde er een briefje uit. Er stond slechts één getypte zin op. Ik legde het papier op tafel en schoof het rich-ting Ian.

Hij leunde naar voren en las voor: *Ik zag dit en dacht aan jou.*

Ian keek me weer aan, trok zijn schouders op en schudde met zijn hoofd, zoals mensen doen als ze niet precies begrijpen wat iets betekent. 'Van wie heb je dat?' vroeg hij.

'Drie keer raden...' zei ik.

Hij wist het al; hij wist exact wie mij dit had gestuurd. 'Maar waar slaat dat op? Wát heeft hij dan gezien?'

Ik ritste mijn jack open en liet hem het helblauwe T-shirt zien dat ik aan-had. Er stonden drie simpele woorden op: JUST SAY NO.

Ian keek me vol afschuw aan. Hij herkende de slogan uit die antidrugs-campagne van de jaren tachtig, die meestal stond onder een foto van een crackverslaafde tiener (of naast het fraai getroffen houtskoolportret van een man met een mini-hondje op zijn schouder). Maar hij wist ook wat dit voor míj betekende... 'Nee, toch!'

Ik knikte zwijgend. 'Verbaast het je?'

'Ik dacht dat hij het had opgegeven!'

'Dat dacht ik dus ook.'

'Wat denk je dat hij ermee bedoelt?' vroeg hij.

'Dat ik gewoon nee moet zeggen.'

'In plaats van ja?'

'Nou, da's dus precies mijn probleem: moet ik nu ja of nee tegen nee gaan zeggen? Moet ik tegenspartelen en nee zeggen... of is dat dan precies wat hij wil?'

'Of betekent het dat je nee moet gaan zeggen tegen ja?'

'Ja... nee... ik weet het niet.'

'Maar als je nee gaat zeggen, waar je anders ja had gezegd,' zei Ian vertwijfeld, 'heb je gefaald! Want dat druist dwars tegen het Ja-manifest in! En ik kan het weten, want dat heb ik op mijn koelkast geplakt. Ik kan geen kop thee drinken zonder aan jouw gelofte te worden herinnerd...'

'Maar als ik nee zeg tegen nee, zeg ik eigenlijk toch ja tegen nee, omdat ik dan toch een keer nee heb gezegd. Of kun je het dan tegen elkaar wegstrepen?'

'Nee-nee!'

'Precies: een dubbele ontkenning.'

'Nee, ik bedoel dat je niet nee tegen nee kunt zeggen: je móét ja zeggen tegen nee, anders zeg je nog nee!'

'Moet ik dan vanaf dit moment nee gaan zeggen, en wachten tot De Uitdager me een T-shirt met "Zeg maar weer ja" stuurt? Echt niet!' Ik begon te wensen dat ik toch wat te drinken had besteld en wierp een verlangende blik op Ians bier.

Hij zag het. 'Biertje?'

Ik zuchtte. 'Nee.'


Twintig minuten later hadden we in deze heftige crisisbespreking een soort van oplossing gevonden. Een eerlijke, waardige oplossing voor een ongewoon, lastig probleem. Ik moest duidelijk doen wat De Uitdager zei.

Ik kon het echter niet helpen dat ik me afvroeg of Ian soms met Jason onder één hoedje speelde. Tuurlijk: Jason leerde me een lesje door mijn hele leven overhoop te gooien, maar wie profiteerde daar uiteindelijk van; wiens straf moest ik straks ondergaan? En hoe kwam Jason aan zijn informatie: hoe wist hij dat ik op zijn eisen inging? Ik besloot deze angst echter voorlopig te laten voor wat hij was, en te zien hoe dit alles uitpakte, voordat ik iemand onterecht beschuldigde.

Onze oplossing luidde als volgt: ik zou een dag lang nee gaan zeggen. Zo was dit hele ja-gedoe immers ook ooit begonnen: met één dag van extreme positiviteit. Nu zou ik hetzelfde doen met negativiteit. Vandaag zou ik dus de hele dag overal nee op zeggen – op alles en iedereen. Ik zou De Uitdager wel eens laten zien hoe onkreukbaar ik was.

Vol vertrouwen stapte ik vanuit The Yorkshire Grey een geheel nieuw avontuur binnen. Het zou me vast niet zo'n fijn gevoel geven als mijn ja-avontuur, maar het moest nu eenmaal. Ik kon niet zeggen dat ik er zin in had, en het zou me vast op de zenuwen gaan werken, maar...

'Pardon, meneer...' Het was een man in een groene kiel. 'Heeft u misschien even wat tijd voor Help Onze Ouderen?'

Ik glimlachte. 'Nee.'

Hé, dat voelde... goed!

Ik zat thuis in mezelf te gniffelen. Waarom had ik me niet eerder gerealiseerd hoe goed nee kon voelen; waarom had ik eigenlijk gedacht dat het vervelend zou zijn? Hoe kon het dat ik de kracht van dat drieletterwoord niet had vermoed – het krachtigste korte woordje ter wereld?

Thuis had ik eerst de rest van de post van die dag geopend: de post die ik was vergeten, zodra ik dat pakketje had gezien. De mensen van American Express wilden me een nieuwe creditcard aansmeren. Ik schreef een ansichtkaart terug: 'Nee'. Ik deed expres níét wat er in een reclamefolder stond, en belde níét om te vragen naar de lokatie van de eerstvolgende, dichtstbijzijnde WeightWatchers-bijeenkomst. Op de uitnodiging voor het vrijgezellenweekend van Paul Lewis schreef ik – bulderend van het lachen – dat ik er helaas niet bij kon zijn, als hij en zijn ruige, onnozele bende legermaten boten sloopten en hele dorpen met de grond gelijkmaakten (waarna ik dit alles weer doorkraste en er een nettere versie onder zette – ik ben niet gek!). Ik kocht níét de Vijf Mooiste Albums Die Iedereen Echt In Huis Moet Hebben; sloeg het aanbod van een gratis, geheel vrijblijvende offerte van Kitchens Direct af; en gilde vrolijk: 'Nee!' toen ze op de kabel-tv zeiden: 'Wordt het niet eens tijd dat u pasta leert klaarmaken als een echte kok?'

En er gebeurde iets met me, iets vreemds: ik genoot.

Ik kreeg een sms'je van Hanne.

IK HEB VOOR VANAVOND EEN EXTRA KAARTJE VOOR DAMIEN RICE. DUS ALS JE MEEWILT...

Damien Rice: daar ben ik wég van!

Vrolijk beantwoordde ik haar sms'je.

NEE!

Een paar minuten later was er alweer iets van Hanne.

WAT BOT! Inderdaad. Maar het kon me niet schelen: ik was Nee-man. En dit was precies wat ik nodig had.

Het was alsof de Duistere Kant het in me had overgenomen. De Uitdager had zijn Darth Vader-achtige kop weer opgestoken, maar ditmaal had hij mij weten om te turnen, en was de strijd tussen Goed en Kwaad in mij losgebarsten.

Nou ja, kwaad... eerder een tikje chagrijnig. Precies: ik werd opgeslokt door de strijd tussen Goed en Chagrijnig.

Nee was opeens goed; geweldig zelfs, dat voelde ik nu. Maar kon ik Nee ook de boel laten overnemen? Het wás verleidelijk. Als ik deze nee-periode nu eens wat oprekte? Dat had ik immers ook gedaan met Ja; het zou het alleen maar eerlijker maken. Wilde ik vandaag om middernacht terug naar de goede kant, of wilde ik weten waar een gezonde dosis negativiteit toe kon leiden? Natuurlijk, het was link; en als ik in januari met mijn nieuwe baan begon, ook niet bepaald handig... maar het was een intrigerende gedachte.

Ik wilde natuurlijk niet dat mijn leven precies zo werd als eerst. Maar toen had ik de touwtjes ook niet in handen gehad. Nu zou ik me niet meer door de nee-wereld laten overheersen: ík stond aan het roer! Ik wist nu hoe ik Nee op de juiste manier kon gebruiken, moest hanteren. En ik kon tenslotte ophouden wanneer ik maar wilde.

Ian vond dat ik veel te heftig reageerde op de eisen van De Uitdager. Volgens hem blies ik dit alles buiten proportie op; liet ik me overweldigen door een tegenstander die ik zelf tot een soort kwade genius had gemaakt, terwijl het waarschijnlijk gewoon ging om iemand die ik kende, die me alleen maar een beetje op de kast wilde jagen, zonder te beseffen wat hij allemaal aanrichtte.

Kwade Genius, dacht ik. Iemand die ik kende... Interessante woordkeus, Ian: wel eens in Liverpool geweest?

Ik bleef Jason er maar van verdenken De Uitdager te zijn. Nee, ik wist het zelfs zeker: deze man die ik steeds als vijand had beschouwd moest ik nu opnemen als een bondgenoot – gezien alles wat hij voor mij had gedaan. Ik had hem kwaad gemaakt door te ontkennen dat zijn manier van leven deugde, en nu liet hij me er zelf van proeven.

En het beviel me dus nog ook! Ik moest hem nog eens mailen (dat zou dan de derde keer zijn): spoedig zou ik ook zo zijn als hij, me onder de nee-zeggers begeven, mijn nee cultiveren en me verbinden met de Duistere Kant...

Opgetogen zette ik de televisie aan – net op tijd om Graham Norton te horen zeggen: 'Ik zie u na de onderbreking terug,' waarop ik riep: 'Nee, Graham Norton, mooi niet!' en de tv weer uitzette. Heerlijk!

Die avond bleef ik thuis: er was immers niets wat mij naar buiten kon lokken. Alles wat ik bedacht werd beantwoord met een zuiver, galmend nee. Fantastisch: precies wat ik nodig had!

Ik staarde een poos uit het raam, keek naar de voorbij denderende treinen, en de mensen onderweg naar een avondje uit. Toen op de radio een reclame voorbijkwam van Domino's Pizza en Tony Hawks opperde dat ik hun nieuwe 2-voor-de-prijs-van-1-combi eens moest proberen, zette ik hem maar uit en probeerde ik mijn honger te vergeten.

Ik ging naar de slaapkamer, pakte mijn dagboek en een pen, en begon op te schrijven waar ik allemaal ja had gezegd tegen nee. Niet naar een optreden van Damien Rice geweest: fantastisch. Geen willekeurig aanbevolen albums aangeschaft, die me zouden hebben verrast, verrukt of verrijkt, of mijn zintuigen naar geheel nieuwe, essentiële richtingen zouden hebben gestuurd. En dat was ook maar het beste, want ik weet allang van welke muziek ik van hou en daar hou ik het liever bij. Niet Wag, Hanne of Ian bij hun lurven gegrepen en bij mij thuis uitgenodigd, om te laten zien hoe ik als een echte kok pasta voor hen klaarmaakte en vervolgens gegeten, gekletst en gelachen tot diep in de nacht – ook allemaal erg, je weet wel... leuk.

Toch?

Ik zat al vanaf 23.37 uur naar mijn digitale klok te staren... te wachten... en te wachten... en te wachten... op middernacht. Het duurde ééuwen.

Ik keek nog eens naar wat ik in mijn dagboek had genoteerd, overpeinsde wat dat alles betekende, en wist: helemaal niets – niets bereikt, niet geleefd, níks. Ik probeerde er nog een goed gevoel bij te krijgen; me in te prenten dat nee vrijheid betekende, keuzes, inzicht...

Maar ik smachtte naar de begintijd van ja, toen alles nog zo simpel was; toen ik nog met een kraslot won, en genoot van een biertje en het gezelschap van mijn vrienden.

Wanneer was het eigenlijk verkeerd gegaan? Toen ik die auto kocht? Toen ik naar Liverpool ging? Waarom betekende dit zoveel voor mij; waarom kon ik het niet gewoon opgeven? Kon ik me er niet gewoon bij neerleggen dat er een nieuwe baan en een heel ander leven in het verschiet lagen? Kon ik er niet gewoon mee kappen en rustig wachten?

Ik zette een kop thee en ging op mijn bed zitten piekeren. Ik wíst dat deze periode in mijn leven eens moest eindigen – dat besefte ik nu meer dan ooit. Maar dan toch niet zó: eenzaam op mijn bed, mijn uiterste best doend me goed te voelen bij mijn besluit?

Nee! Nee was verkeerd, het werkte niet. Het was een ijdele, boze verleiding, die geprobeerd had af te houden van het ware werk. En dat werk móést slagen, anders kwam ik nooit verder!

Langzaam en met zeer veel tegenzin begon ik in te zien dat ik wellicht inderdaad wel wat hulp van buitenaf kon gebruiken. Niet alleen het soort hulp dat Ian me had gegeven, maar professionele hulp. Goed, het was Hannes idee geweest; zij wilde immers dat ik een psychiater bezocht, of iemand anders die me de weg kon wijzen.

Nou, ik zou wel voor een stukje begeleiding zorgen! Ik had een idee gekregen; een manier om dit alles een stuk gemakkelijker te maken en te zorgen dat ik gegarandeerd zou slagen. Met de hulp van deze man kón ik namelijk niet mislukken; werd ik hernieuwd bezield; was ik klaar voor de juiste strijd, het ultieme gevecht – vol van ja.

Ik opende mijn agenda en haalde er de flyer uit, waar het telefoonnummer van de betreffende persoon op stond. Morgenochtend zou ik hem bellen en een kaartje reserveren.

Ik ging met iemand praten over een hond.

# 17

*Waarin Daniel Hugh de Ongelofelijke, een minisoldaat*
*en een toverhond met een hoofddeksel ontmoet*

Ik had Hugh Lennon gezegd zich voor te bereiden op het zwaarste geval uit zijn hele hypnocarrière: hij moest me die middag nog van treinstation Cardiff Centraal ophalen, waarna hij onmiddellijk kon beginnen aan het ontwarren van een delicate kwestie van hoofd én hart.

Hugh had daarop besloten dat dit maar één ding kon betekenen. 'Dat klinkt alsof we wel een afhaalhap kunnen gebruiken.'

En daar stond hij dan, toen ik uit de trein stapte, met een portie wontons die hij onderweg bij een Chinees had gehaald. 'Lekkers voor later!' riep hij enthousiast. 'Onmisbaar bij het aanpakken van lastige psychologische problemen: houdt het energieniveau op peil. Ik heb ontdekt dat wontons daar uitstekend voor geschikt zijn; en ik ben dol op wontons, vooral die met varkensvlees. Ik geloof niet dat ik veel kan bedenken dat ik liever eet.'

Ik knikte instemmend. Ik had het gevoel dat we maar beter op één lijn konden zitten.

'Maar kroepoek is ook erg lekker!'

Ik knikte opnieuw, nog wat enthousiaster zelfs. Ik had nu eenmaal besloten dat ik deze man nodig had, en was bereid mee te gaan met ál zijn ideeën, of ze nu over Chinese voedingsmiddelen gingen of wat dan ook. Hugh zou alles voor me vereenvoudigen. Hij wás er zelfs al bij betrokken; hoorde al bij mijn grote avontuur: Ja had me die avond in Edinburgh immers naar hem toe geleid. En nu deed het dat opnieuw. Hugh moest me helpen mijn gedachten op één ding te concentreren, de boel te ophelderen.

Ik stapte in zijn Renault, waarna we vanuit Cardiff richting Mountain Ash reden, het voormalig mijnwerkersstadje waar Hugh tegenwoordig woonde.

'Zo...' zei Hugh, terwijl we ons steeds verder de winderige, beurs gebeukte dalen in boorden. 'Het enige wat ik weet, is dat je mijn hulp nodig hebt. Maar waarbij eigenlijk?'

'Tja... dat ligt een beetje gevoelig,' zei ik. 'Ik heb besloten iets te doen, waarvan ik denk dat ik het ook moet blíjven doen – nee, dat weet ik zelfs zeker – tot aan het eind van het jaar. Maar nu zit ik een beetje met een tekort aan wilskracht.'

'Aha,' zei hij. 'Wilskracht.' Hij sprak het woord uit zoals een wijze, oude zeekapitein, in de verte starend, het woord 'wind' zou uitspreken – alsof het om een oude vijand ging. 'Wilskracht,' zei hij, peinzend ditmaal. 'Wat dan? Roken? Ik kan je in vijf minuten laten stoppen.'

'Nee, dat is het niet.'

'Drinken?'

'Ook niet.'

'Wat is het dán?'

Ik dacht na over hoe ik het moest brengen. 'Ik moet vaker ja zeggen.'

Hugh knikte. 'Prima.'


'Eerst even een potje snookeren?' vroeg Hugh, toen we Mountain Ash binnenreden. 'Bij hypnose is het goed om al vroeg een staat van ontspanning te bereiken. Daar is de arbeiderssociëteit van het dorp.'

'Eh... oké dan,' zei ik, hoewel ik vermoedde dat de werkelijke reden was dat Hugh zelf graag snookerde.

Hij zette zijn auto op de parkeerplaats van de sociëteit, in een zijstraat van de hoofdstraat. Het viel me op dat er bar weinig mensen op straat waren: bij de bushalte stond een korte rij bejaarden en ik had een man in zijn voortuin met een tuinslang zien rommelen, maar verder leek het hier nogal... verlaten.

'Ik geef hier elke vrijdagavond een show,' zei Hugh. 'Meestal hadden ze hier wat zang en zo, maar nu doe ik dus mijn hypnose, met wat gegoochel, en dat loopt behoorlijk goed.'

Hij duwde de deur open en we liepen de trap af naar de bar. Het lawaai was het eerste dat me opviel, gevolgd door de sterke geur van bier. Daarna realiseerde ik me dat zo'n beetje het hele dorp met een biertje in de hand naar ons opkeek. Ik keek op mijn horloge: kwart voor één, op een dinsdag... en iedereen zat in de kroeg...

Er heerste een vrolijke sfeer, die waarschijnlijk een droevige achtergrond had. Eens was Mountain Ash een bloeiend industriestadje: uit heel Wales kwam men hiernaartoe, om in de kolenmijnen het zwarte goud naar boven te halen. Maar daar was in 1980 een eind aan gekomen, met de sluiting van de laatste grote mijn. Dit had voor het dorp in feite het einde van alle arbeid betekend; en dat leidt altijd onvermijdelijk tot het begin van verveling; en verveling was wat iedereen, van iedere leeftijd, naar deze kroeg had gebracht.

Maar we waren nog geen drie stappen binnen, of er gebeurde nog iets merkwaardigs; iets wat je gewoonlijk alleen in films ziet... maar hier leek het bijna een dagelijks ritueel. Iemand die Hugh opmerkte, gaf een kreet van blijdschap. Vervolgens juichte er nog iemand, en nog iemand... toen barstte het applaus en gefluit los, en algauw stond iedereen hypnotiseur Hugh Lennon uitbundig te begroeten.

Terwijl we ons een weg baanden door de wijkende menigte keek ik verbluft toe hoe grote kerels hem op zijn rug klopten, vrouwen naar hem zwaaiden... zelfs het aanzienlijke aantal aanwezige baby's had het glas naar hem opgestoken – als ze dat hadden gehad... Ik had de term 'plaatselijke held' natuurlijk wel eens gehoord, maar er nog nooit eentje in actie gezien. Ik was verbijsterd.

Toen we het heiligdom van de snookerruimte hadden bereikt, vroeg ik Hugh of dit gebruikelijk was.

'Ach weet je, het is natuurlijk nogal ongewoon om een hypnotiseur in de stad te hebben. Niet veel mensen hebben al eens zo iemand van dichtbij gezien, dus eh...'

Een man van rond de dertig smeet de deur open. 'Hugh! Wil je voor me vliegen?' riep hij. Zijn brillenglazen waren zo mogelijk nog dikker dan zijn Welsh-accent en hij hield een mobieltje in zijn hand, dat zo klein was dat ik twijfelde of het geen speelgoed was.

'Nu even niet, Tommy, want eh...'

'Ach Hugh, alsjeblieft... vlieg voor mij! Ik heb de jongens aan die tafel daar verteld dat jij dat kan, maar ze geloven het niet. Kun je niet heel even komen vliegen?'

Hugh legde een hand op zijn schouders en keek de man even diep in de ogen. 'Later misschien,' zei hij. 'Mijn krachten zijn nu wat zwak.' Toen pas leek hij het te snappen. Hij liep achteruit weg, met zijn hoofd naar beneden – in een soort buiging.

'Dat heb je mij nooit verteld, dat je kunt vliegen!' zei ik, toen de deur achter de man dichtviel.

'Kan ik ook niet echt! Het is gewoon zo'n David Blaine-foefje. Je weet wel, je gaat in een bepaalde hoek op één been staan, zodat het lijkt alsof je een beetje opstijgt. Ik heb het die arme jongen ooit een keer voorgedaan; ik wilde hem niet teleurstellen.'

Wat was hij toch een aardige man.

Hugh stopte twintig *pence* in de biljarttafel, waarna de ballen naar beneden donderden. Ik begon ze op de juiste plekken op de snookertafel te leggen. 'Dus dit is zo'n beetje het middelpunt van de stad?' vroeg ik.

'Ja, ze hadden hier altijd zangers, afgewisseld met wat karaoke, dus ik geloof dat het een welkome afwisseling is, dat ze nu op vrijdagavond kunnen kijken hoe hun vrienden worden gehypnotiseerd. Ik ben er in eerste instantie mee begonnen om de lui hier wat te leren kennen. Ik was hierheen verhuisd, kende niemand en knoopte een gesprekje aan met degene die mijn tv kwam repareren. Ik vertelde hem dat ik gedachten kon lezen – hoofdzakelijk omdat ik hoopte dat hij me dan niet te veel zou rekenen – en toen zei hij dat ik hier ook eens zo'n voorstelling moest geven. Dus organiseerden we 'een avond vol gedachtelezen en hypnose', hingen een spandoek op en beloofden alle inkomsten aan een goed doel te schenken. Die avond kwam iedereen, de hele stad! De volgende ochtend kon ik me nergens meer vertonen, zonder dat men wist wie ik was. Tegenwoordig is dat soms een beetje vervelend: sta ik in de winkel en begint ineens iedereen naar me te zwaaien... Maar het is ook wel weer leuk.'

Hughs leventje beviel me wel. En deze arbeiderssociëteit ook. Het was er gezellig en warm, en je kon zien dat de soos een belangrijke plek in het hart van de inwoners van Mountain Ash had.

'Maar ze zijn hier ook nogal ouderwets,' zei Hugh, en hij wees op een deur achter me. 'Daarachter is de mannenruimte.'

'De wc's, bedoel je?'

'Nee, de mánnenruimte: een ruimte waar alleen mannen mogen komen.'

'Wauw! En wat gebeurt daar dan allemaal?'

'Nou...' zei Hugh. 'Niet zoveel, eigenlijk.'

'Dat zoiets nog steeds bestaat!' riep ik. 'En wat vinden de vrouwen daar dan van?'

'O, die accepteren het gewoon. Ze weten dat ze de sociëteitsraad toch niet op andere gedachten kunnen brengen. Die is namelijk zeer star: vorig jaar heeft een van de leden nog woedend zijn lidmaatschap opgezegd...'

'Waarom?'

'Omdat er een jukebox kwam.'

'O.'

'Het was alsof we hier schreeuwend en schoppend de jaren zestig in werden gesleurd!'

Ik begon te begrijpen wat Hugh met 'ouderwets' bedoelde. 'Mag ik even gluren?' vroeg ik. 'Ik wil wel eens zien wat die mannen daar allemaal doen.' Hugh knikte.

Ik deed de deur open en keek naar binnen: vier oude mannen zaten er zwijgend voor zich uit te staren, elk aan hun eigen tafel, er kuchte iemand, en ze keken geen van allen bepaald vrolijk... Maar ze hadden dat verduivelde vrouwvolk toch maar mooi op hun plek gezet – en nu zouden ze volhouden ook! Ik sloot de deur zachtjes en draaide me om.

Op dat moment vloog de andere deur ook weer open. 'Heb je je krachten alweer terug, Hugh?'

'Die gebruik ik nu om te snookeren, Tommy!' zei Hugh, waarop Tommy naar mij grijnsde en weer verdween: hij wist dat ik geen schijn van kans maakte tegen Hugh en zijn magische ballen (wat een zin is die ik nooit had gedacht te zullen opschrijven).

'Wat een figuren hier, zeg!' zei ik. Bij het binnenkomen was me al opgevallen dat iedereen hier wel uit een catalogus voor excentrieke filmfiguranten of zo leek te komen.

'Ja, die kom je in het hele dorp tegen, onvoorstelbaar gewoon. Maar allemaal even aardig: Tommy, Gekke Harold...'

'Wie is dat?' vroeg ik.

'Gekke Harold komt elke zondag voor een kop thee naar het café. Als hij die op heeft, gaat hij op de hoek van de straat staan en zwaait de hele dag naar het voorbijkomende verkeer. Doordeweeks is hij vaak in de bibliotheek te vinden, waar hij hardop voorleest uit de bijbel. Vorige week zag ik hem met een stofzuiger het wegdek staan bewerken. Het is een vrolijke snuiter.' Mm, ik had een iets andere omschrijving in mijn hoofd.

'Hugh!' riep Tommy voor de derde maal vanuit de deuropening. 'Arlene is er.' – waarop Hughs vriendin binnenkwam.

'Arlene, dit is Danny,' zei Hugh.

'Hallo,' zei ik en schudde haar de hand.

'Zo, staan jullie lekker te snookeren, jongens?' Ze had net zo'n monotoon Welsh-accent als Tommy.

Ik knikte en zei: 'Ja, speel je een potje mee?'

Ze schudde glimlachend haar hoofd. 'Vrouwen mogen niet snookeren.'

Grinnikend reikte ik haar een keu aan.

'Nee, serieus,' zei ze, en maakte een afwerend gebaar. 'Vrouwen mogen hier niet snookeren.'

Ik keek naar Hugh. Hij haalde zijn schouders op en knikte.

'Hè? Mogen vrouwen hier niet snookeren?' zei ik, vol ongeloof. 'Hoezo dat dan?'

'In officiële bewoordingen heet het dat "vrouwen niet mogen snookeren, omdat ze het laken zouden kunnen scheuren".'

'Omdat ze het laken zouden kunnen scheuren?' herhaalde ik, ietwat overbodig. 'Maar dat is toch bespottelijk?'

Arlene glimlachte.

'Waarom is die regel er?' vroeg ik. 'Is er dan ooit een vrouw geweest die dat heeft gedaan?'

'Ik geloof van niet,' zei Arlene. 'Maar ja... het zál je maar gebeuren.'

Ik was verbijsterd. 'Maar dat kan een man toch net zo goed overkomen?'

Daar dacht Arlene even over na. 'Ach, om eerlijk te zijn, Danny, hou ik niet eens zo van snookeren.'

'Maar stel nou eens dat je er heel erg goed in was... en je werd uitgenodigd voor een groot damessnookertoernooi in Tokio of zoiets... maar je kon nergens oefenen, omdat ze hier denken dat je het laken zult scheuren!'

Ze dacht opnieuw na. 'Ik heb niet zo'n behoefte om naar Tokio te gaan.'

Hugh en ik maakten ons spelletje af, dronken ons glas leeg en maakten ons op om te gaan. Ik stond nog steeds te springen om mijn hachelijke situatie met hem te bespreken. Bestond er een manier om dit alles te vergemakkelijken; om mijn zenuwen, mijn spijt- of angstgevoelens weg te nemen, waardoor ja gewoon de enige verstandige keuze leek? Ik zat met zoveel vragen!

Ik keek om me heen. Ik kon er nog steeds niet over uit, in wat voor tijdslus ik leek te zijn beland. Maar de omslag liet vast niet lang meer op zich wachten. Over een paar jaar zaten er geen vier oude mannen meer in die mannenruimte... maar nog maar drie... dan nog twee... nog één... En op een dag – heel, heel misschien – zouden ze de jukebox wat harder zetten, lieten ze de vrouwen binnen en dansten ze met zijn allen op de snookertafel, scheurden ze het laken expres aan flarden, maakten er biljartgroene jurken van en gingen helemaal door het snookerlint...

Ooit, lang geleden, was dit een echte mannenstad geweest. En nu de industrie weg was, hadden sommigen misschien het idee dat ze enkel hun tradities nog hadden; was dát de reden dat ze zich daar zo verbeten aan vastklampten. Niet alleen de oude mannen, maar ook de jongere, die hadden gezien hoe hun vader in 1980 van de ene dag op de andere zijn baan was kwijtgeraakt.

Hugh en ik verlieten de arbeiderssociëteit via de achterdeur en wachtten bij de auto op Arlene. Zij moest omlopen. Regels zijn regels.

'Ik warm die wontons wel even op,' zei Arlene. 'Kunnen jullie vast beginnen, jongens.'

'Kom binnen, Danny,' zei Hugh. 'Dan zullen we het eens gaan hebben over dat waar jij maar over door ratelt...'

'O, Hugh...' zei Arlene met een samenzweerderige blik. 'Misschien moeten we eerst even de gordijnen dichtdoen...' Waarom moest dat? Het was pas twee uur en prachtig weer.

'Je hebt gelijk,' zei Hugh, en trok ze dicht. Ik besloot maar niet te vragen waarom dit was. Misschien haalde Arlene zo een geheime snookertafel tevoorschijn en wilde ze voorkomen dat ze een boete kreeg...

Ik liep achter Hugh de woonkamer in. 'Toen je daarnet met die Tommy sprak,' zei ik, 'toen je hem bij zijn schouders pakte en zei dat je krachten te zwak waren... Hypnotiseerde je hem toen?'

'Nee,' zei Hugh. 'Ik praatte gewoon langzaam en duidelijk, dat is soms het beste.'

'Het zag er anders uit als een soort Jedi-breinbeheersing,' zei ik.

Hugh lachte. 'Weet je dat ik daar nog aan heb meegedaan?'

Ik snapte niet wat hij bedoelde. 'Waarmee?'

'StarWars.'

Mijn ogen werden zo groot als vliegende schotels. 'Jij? In StarWars?' zei ik. 'Nee! Echt waar? Dat kan toch niet!'

'Toch is het zo: ik ben een tijdje beroepsfigurant geweest.'

'En toen zat je in StarWars?' Dit was wel erg veel ineens: deze man hier voor me had een rol gespeeld in de film die mijn hele leven had bepaald! Hij maakte deel uit van mijn jeugd! 'Wat was jij dan?' informeerde ik.

'O, gewoon... een van die lui in het wit.'

'Een *stormtrooper*?' gilde ik haast, en klonk ineens weer als een kind. 'Jij bent een echte *stormtrooper* geweest?' Dat waren verdorie de gaafste figuren uit de hele film!

'Een *stormtrooper*... zo heette het, ja. Jazeker: ik was zelfs een van de hoofd-*troopers*. Maar ik heb de film zelf nooit gezien.'
Ik hád het niet meer. 'Jij hebt StarWars nooit gezien? Terwijl je er zelf in meespeelde?' Niet te geloven! Dat zou het allereerste zijn dat ik iedereen zou vertellen; ik zou de hele dag rondlopen in een zelfgemaakt *storm-trooper*-uniform; visitekaartjes laten maken met 'Danny Wallace, *storm-trooper*'...
'Nee, nooit.'
Ik moest er even bij gaan zitten.
'Ik weet nog dat we een keer een scène filmden,' begon Hugh, 'waar-in de helden in een grote hangar met hun ruimteschip probeerden te vluchten... toen opeens ik en nog twee *stormtroopers* eraan kwamen op een soort hefgeval, en onze laserwapens op hun begonnen te legen...'
'Ik weet exact welke scène je bedoelt!' riep ik. 'Han Solo en de anderen proberen te ontsnappen in de Millennium Falcon...'
'Eh, dat zal wel...'
'En dan haalt Obi Wan Kenobi ineens zijn lichtzwaard tevoorschijn!'
'O ja, die werd vermoord of zoiets... daar stond ik naast.' Wie kon dat nou zeggen: dat hij ernaast stond, toen Obi Wan Kenobi werd gedood? Als je dan ook nog bedenkt dat dit duizenden jaren geleden was, in een melk-wegstelsel ver, ver hiervandaan...
'Maar goed, er moesten toen een paar explosies plaatsvinden... maar er was iets verkeerd verbonden of zo, waardoor de hele boel vlak bij ons hoofd ontplofte. Een van de jongens raakte gewond, ik had vreselijke pijn in mijn oren... Dus moesten we naar een ziekenhuis. Maar daar konden we natuurlijk niet als *stormtroopers* binnenstappen. Dus trokken ze ons dat uni-form uit... en liepen we daar rond in zo'n spierwit schaatspak met gigan-tische rubberlaarzen...'
'Geen beste beurt voor een stoere *stormtrooper*,' zei ik, nog steeds verbluft.
'Niet echt, nee. Zeg, maar ik denk dat ik Murphy er maar eens bij haal...'
En met die woorden verliet hij de kamer – een man die ik dus al twin-tig jaar eerder had gezien, in een van de gaafste jongensfilms ooit ge-maakt. Het moest niet gekker worden...
Even later keerde hij terug, met Hypnohond Murphy. De grote, zwarte labrador ging voor me op de grond zitten. Nog nagrijnzend van Hughs StarWars-onthulling, viel me toch iets ongewoons op aan het dier dat voor me zat. 'Eh, Hugh...' zei ik, 'Hypnohond Murphy heeft een fez op.'
'Watte?' zei Hugh afwezig. 'O... dat ouwe ding, daar loopt hij altijd mee rond.'
Ik keek nog eens naar Murphy, die me van onder zijn fez zat aan te sta-

ren. Het zag er toch niet echt natuurlijk uit. 'Jij hebt hem dat ding net opgezet, hè?'

'Klopt,' gaf Hugh toe. 'Ik dacht dat jij zoiets wel kon waarderen.'

Dat was ook zo. En het kon dus wel nog gekker...

'Het is een fascinerend probleem,' zei Hugh, kauwend op een wonton. 'Gewoonlijk wordt me gevraagd mensen te helpen die vaker nee willen zeggen – je weet wel, tegen dingen waar ze verslaafd aan zijn. Weet je zeker dat jij blindelings overal ja op wilt zeggen?'

Ik dacht even na. Zonder de hulp van hypnose had ik al een indrukwekkende creditcardschuld weten op te bouwen (met kaarten die ik nooit had moeten aanvragen, laat staan gebruiken); had ik een gemaskerde vijand gekregen, die eropuit was mij te kwellen en te breken; had ik me een Coupe Heikneuter laten aanmeten, een auto gekocht, en de liefde leren kennen en weer verloren...

'Ja,' zei ik, schouderophalend. 'Ik móét gewoon weten of er ook een makkelijke weg is, snap je – een betere manier om dit aan te pakken. Ik heb nog een paar maanden voor de boeg, voordat ik er voorgoed mee kap. Ik had eigenlijk gedacht dat het op den duur eenvoudiger werd, maar er zijn bepaalde... dingen gebeurd, die het zelfs nog ingewikkelder hebben gemaakt.'

'Wat voor dingen?'

'Een vrouw bijvoorbeeld.'

Hugh knikte en zei: 'Aha.'

'En een eh... Nemesis.'

'Jij? Een wreker?'

'Jep: iemand die me maar blíjft treiteren en uitdagen, omdat hij weet dat ik niet anders kan dan ja zeggen. Maar ik weet niet wie het is. En ik ben bang dat als ik nee tegen hem zeg, ik daarmee alles verknal en al mijn inspanningen voor niets zijn geweest.'

'Dus jij wilt ja zeggen om je inspanningen meer betekenis te geven?'

Ik knikte. Mijn telefoon piepte, ik nam op, er werd meteen weer opgehangen. Ik begon onderhand goed ziek te worden van al die non-gesprekken. Wat was er mis met een fijne babbel?

'Mm, interessant,' zei Hugh, en hij begon een sjekkie te draaien. 'Ik denk dat het allemaal neerkomt op het trotseren van je angst. Mensen blijven soms maar leven met angst, zonder zich te realiseren dat die in luttele minuten voorgoed kan worden weggenomen. Maar, Danny, zegt niet iedereen constant nee? Veel mensen zijn bang voor veranderingen; te zeer gewend aan de sleur van de dingen op een bepaalde manier doen. Maar zoals je bijvoorbeeld in de zakenwereld ziet, zijn degenen die risico's durven te nemen, die níet bang zijn voor verandering uiteindelijk het meest succesvol.'

'Ik geloof inderdaad dat het allemaal is begonnen met angst,' zei ik. 'Ik leefde vrij negatief en begon daardoor allerlei dingen te missen. Ik geloof dat ik bang ben voor wat je in het leven allemaal kunt mislopen, iedere dag weer.'

'Goed,' zei Hugh, en likte aan zijn vloeitje. 'Het is in jouw geval dus een soort angst voor het onbekende; een negatieve manier van denken. Je loopt inderdaad veel dingen mis als je zonder erbij na te denken nee roept... en snapt niet dat je jezelf daardoor pas echt beperkt... Neem Arlene: toen ik haar net kende, bood ik haar een keer een wonton aan, maar het leek haar niks. Toen ze uiteindelijk toch een hapje probeerde, vond ze het heerlijk.'

'Klopt!' riep Arlene vanuit een andere kamer. 'Nu ben ik dol op wontons!'

Ik wist niet wat ik moest doen met een gesprekspartner die zich in een andere ruimte bevond. Normaal gesproken was een glimlach genoeg geweest, maar omdat zij die nu niet kon zien, zei ik maar, nogal hard: 'Ik vind wontons ook erg lekker.'

Hugh stak zijn sjekkie aan en vervolgde: 'Het is net als met reizen. Mensen die besluiten thuis te blijven, zeggen: "Waarom zou ik naar Spanje gaan; wat heb ik daar te zoeken? Ik heb alles wat ik nodig heb, hier in Pontypridd" – en ze missen daardoor een heerlijke, nieuwe ervaring, die ze nooit zullen kennen. Omdat ze altijd nee zeggen.'

Ik dacht hier even over na.

'Tom Jones heeft in Ponty gewoond,' riep Arlene. 'Hij liep er altijd alle kroegen af en zong er voor een biertje. Mijn oma heeft hem nog eens uitgejoeld.'

Ik glimlachte. Toen ik me realiseerde dat zij dit natuurlijk weer niet zag, zei ik: 'Tom Jones is een goede zanger.'

Hugh knikte. 'Een verdomd goede zanger,' zei hij.

Murphy's fez was van zijn kop gegleden. Hij had niet eens de moeite genomen het ding op te rapen en weer op te zetten. Dat heb je nou met honden: luie donders zijn het! Hij had zijn poten op mijn schoot gelegd en keek naar me op met die grote, bruine ogen, die hem tot de ster van het transcontinentale dierenvariété hadden gemaakt.

Ik zat in een gemakkelijke stoel, klaar om onder zeil te gaan. We keken naar video's van Murphy en Hughs televisieoptredens overal ter wereld. Hugh wilde me laten zien wat me te wachten stond, als we deze hypnose doorzetten. We hadden hun optreden in de Amerikaanse sensatieshows *Hard Copy* en *Inside Edition* al gezien, en zaten nu te kijken naar een Discovery Channel-programma genaamd *Animal X.*

'Dit is... Hypnohond!' bulderde een Amerikaanse stem bij slow-motionbeelden van de labrador, die kwijlend opsprong naar de camera. 'Slechts weinigen kunnen zijn mysterieuze starende blik weerstaan!'

Er klonk wat onheilspellende muziek en toen kwam Hugh ineens in beeld. Hij zat onder een schemerlamp op de bank, met zijn hond op schoot. 'Ik moet toegeven dat het hoogst ongewoon is,' sprak hij.

'Dat is het zeker!' bulderde de Amerikaan weer (het moest een ware nachtmerrie zijn om in de bioscoop naast deze vent te zitten). 'Animal X vond Hypnohond in... Luton, Engeland!'

'Eigenlijk was het Harrow,' zei Hugh droog.

Ze vonden Luton zeker mystieker klinken.

'Maar er zijn nog meer honden die mysterieuze krachten schijnen te bezitten!' riep de stem. 'Zo is deze terriër...' Er verscheen een foto van een kleine hond. '... in de Verenigde Staten beroemd geworden, omdat hij een jongen uit coma heeft weten te halen!'

'Hoe dan?' zei ik. 'Door op zijn ballen te springen?' Hugh en ik lachten ons tranen in de ogen, want het was dan ook een topmop.

'Maar Hypnohond schijnt de vreemdste krachten van hen allemaal te bezitten... namelijk, die tot het overheersen van de menselijke geest! Dierendeskundige dokter Roger Mugford kent nog meer dieren met hetzelfde talent...'

Dokter Mugford verscheen in beeld. 'Een mangoeste kan een slang hypnotiseren!' zei hij enthousiast. 'En een tijger een aap!'

Dit moest ik onthouden voor mijn volgende 'Neem-een-feit-mee'-feest.

'Maar van Hypnohond wordt gezegd dat hij wel eens een man heeft gehypnotiseerd, die hem daarop zijn lunchpakket voerde. Zij die in zijn ban raken, vallen als een rijtje dominostenen om, zodra ze in die diepe, bruine poelen van hem hebben gekeken...'

Ik keek naar beneden, naar Murphy. Ik wist niet of ik wel als een rijtje dominostenen wílde vallen – om te beginnen was ik maar in mijn eentje, dus zou ik steeds weer moeten opstaan om mezelf omver te duwen...

Murphy keek terug. Ik voelde me opeens niet zo lekker meer. Ik had in zijn diepe, bruine poelen gekeken: wat stond me nu te wachten?

Toen stond Hugh ineens naast me. 'Als je nog steeds de zenuwen hebt, moet je hier maar eens wat in lezen...' En hij gaf me een knipselboek met honderden artikelen, van over de hele wereld. 'Blaf tot nadenken!' gilde de *New York Post*, '*Trances with wolves!*' riep *The Mail.*

'Wees gerust: Murphy en ik hebben al heel veel mensen gehypnotiseerd. Je bent in goede handen.' Maar het waren niet de handen waar ik me zorgen over maakte, het waren de poten...

En wat was dít verdorie? 'Ho even!' zei ik. 'Waar gaat dit over?' Ik wees op de krantenkop 'Na hypnose nieuwe cupmaat gekozen!'

'Ach ja,' zei Hugh. 'Ik heb eens de borsten van een Duits meisje vergroot.' En daar liet hij het bij. 'Maar jij wilt dus dat wij jou wat onbevangener maken...' zei hij toen, en legde een hand op mijn schouder.

'Eh, ja... en ervoor zorgen dat ik helemaal geen nee meer kan zeggen, eigenlijk... op zijn minst een paar maanden. Tot en met 31 december om precies te zijn.'

Hugh deinsde wat terug. 'Aha, mm, zo-zo... Da's weer heel andere koek dan onbevangen ja zeggen... Dat is... nou ja, daar kun je in twee maanden tijd behoorlijk mee in de problemen raken.'

'Kun je er dan misschien een soort rem op zetten?' vroeg ik. 'Me laten stoppen bij dingen als moord en roof?'

'Je zult sowieso niets doen dat indruist tegen je eigen normen en waarden: zo werkt hypnose niet. Maar het betekent wel dat je je remmingen verliest... Ik zal in je onderbewustzijn moeten duiken.'

'Is dat gevaarlijk?'

'Tja, het onderbewustzijn is een wonderbaarlijk instrument. Mensen realiseren zich vaak niet dat je je onderbewuste van alles kunt vragen; en wanneer je dan op je aller-relaxed bent, krijg je je antwoord. Je stelt je vraag letterlijk hardop, laat het los, en je onderbewustzijn zoekt het voor je uit.'

'Maak jij daar ook gebruik van?'

'Constant. Vorige week nog: ik probeerde een titel te bedenken voor een zoektocht naar een tweede Hypnohond. Je weet wel, een auditie voor nog een hond die mensen kan hypnotiseren. Maar ik deed zo hard mijn best om iets te verzinnen, dat het me niet lukte. Dus vroeg ik het aan mijn onderbewuste.'

'En?'

'Nou ja, soms duurt het wat langer.'

'O.'

'Maar goed, als ik in jouw onderbewustzijn duik, zal ik dus je twijfel aan jezelf, je angst om ja te zeggen uitschakelen.'

'Maar het was niet alleen angst waardoor ik telkens nee zei, hoor: soms kon het me ook gewoon niet boeien. Dan vroeg iemand: "Ga je vanavond mee naar die-en-die band?" en dan zei ik, zelfs als ik vrij was: "Nee, ik heb al wat anders," en ging vervolgens thuis naar *Neighbours* zitten kijken.'

'Dus jij verlangt terug naar je kinderlijke enthousiasme! Ook goed, kan ook. Ik geloof dat we jou op de een of andere manier moeten zien te... herstarten.'

'Goed, hoe gaan we het aanpakken?' vroeg ik, en ik klapte erbij in mijn handen, om te laten zien dat ik er klaar voor was. In werkelijkheid begon ik echter steeds nerveuzer te worden.

Murphy legde zijn kop op mijn schoot. Hoorde dat er al bij? Als Hugh nu hetzelfde deed, was het niet best...

'Ik zal even een muziekje opzetten. Ik gebruik meestal barok – zestig slagen per minuut, net als het hart – of een cd'tje van Richard Clayderman. Dan ontspan jij je een poosje, kijkt vervolgens op mijn teken in Murphy's ogen, en dan beginnen we... Ik zal je verlossen van je vooroordelen, je ja's weer nieuw en opwindend maken.'

Ik vroeg me af welke vooroordelen Hugh bedoelde: ik liet me nota bene hypnotiseren door een man en zijn hond! Maar Hugh las mijn vraag blijkbaar al in mijn blik.

'Wat ik bedoel, is... het is zoiets als met gevaar: leg een plank tussen twee gebouwen en niemand loopt eroverheen. Leg diezelfde plank op de grond en men heeft er geen enkel probleem mee. Ik ga nu dus al jouw ja's op de grond leggen.'

Ik snapte het: als elke keuze risicoloos leek en elke kans veilig aanvoelde, zou ik er veel eerder voor kiezen!

Ik wilde Hugh nog veel meer vragen, maar werd afgeleid door Murphy, die me vrij opdringerig begon te besnuffelen. Toen hij zachtjes jankte, was ik ineens niet meer zo zeker van mijn zaak. Ik wilde eerlijk gezegd niet ontwaken en erachter komen dat Hugh me een stel grote, Duitse borsten had gegeven – hoewel ik dan vast meer kans maakte bij die zoektocht naar Engelands Meest Duits-uitziende Man (waar ik overigens nog steeds niets van had gehoord). Natuurlijk, ik kon wel een oppepper gebruiken, en dit was vast het perfecte wondermiddel voor mijn huidige toestand... maar klopte het allemaal wel? Speelde ik nu niet vals? Was ík het straks nog wel die overal ja op zei, of eigenlijk Hugh via mij? En als ik niet anders meer kón dan ja zeggen, dan kóós ik er toch niet meer voor?

Hugh zette nu de videorecorder uit en zocht naar de afstandsbediening van de tv. Hij had de juiste cd al opgezet en het licht gedimd.

Wat was ik aan het doen? Ik werd zo meteen gehypnotiseerd door een *stormtrooper* en zijn ruimtehond! Wanhopig zoekend naar iets om tijd mee te rekken, keek ik de kamer rond. 'Heb jij dat geschilderd, Hugh?' Ik wees naar de poster aan de muur.

'Nee, joh...' zei Hugh. 'Dat is een Rembrandt.'

Wat kon ik nog meer gebruiken? Ik zag ineens iets op de tv dat me intrigeerde: nadat Hugh de video had uitgezet, verscheen er op het scherm een merkwaardig bekend beeld... 'Wat is dat nou?' vroeg ik.

'Wat?' vroeg Hugh.

'Daar, op de tv...' wees ik. 'Da's toch jouw uitzicht?' Was dat bizar of niet? Waarom sloot iemand zijn gordijnen, om vervolgens zijn uitzicht op tv te bekijken? Dat leek me meer iets voor zo'n excentrieke rapper van MTV-Cribs (of misschien was Hugh showbizzeriger dan ik dacht).

'O, dat,' zei Arlene, die ineens ook weer in de kamer stond. 'Er staat een camera op onze vensterbank.'

'Juist... uit beveiligingsoogpunt of zo?'

Ik was dankbaar voor haar aanwezigheid: kon ze mooi wat tijd voor me rekken. 'Nee-nee: het is hier heel veilig.'

'Hoezo dan?'

'Tja... wij hebben een buurjongetje,' zei Hugh, terwijl hij de achterkant van de cd stond te bestuderen. 'Dean: een hartstikke leuk joch... maar hij wil constant naar ons toe, echt constant. En hij houdt precies in de gaten wanneer we thuis zijn. Dus sluiten wij de gordijnen en zetten die camera aan, zodat we weten wie er aanbelt... anders zit ik hier de hele dag goocheltrucjes te doen. Gewoonlijk zetten we als we iets horen meteen de tv aan... waarna zijn gezicht meestal het hele scherm vult – drukt hij zich helemaal tegen de camera aan, om ons te laten zien dat hij het is...'

'Dus hij weet dat dat ding er staat?' vroeg ik – dit was de perfecte afleidingstechniek...

'Ja hoor,' zei Arlene. 'Maar dat houdt hem niet tegen. Hij is gewoon helemaal gek van goochelen... en Hugh kan hem niets weigeren.'

'Nee, daar ben ik te aardig voor... Dus heb ik die camera maar laten installeren.'

Niet te geloven! Deze mensen hadden een camera voor het raam gezet, om hun buurjongetje te ontlopen... omdat ze te aardig waren om nee tegen hem te zeggen. Zij zaten gevangen in hun eigen huis – door een ja!

'Maar kun je dan niet gewoon vragen of hij een andere keer terug kan komen?' vroeg ik, ondertussen bedenkend waarmee ik nog meer tijd kon winnen.

'Hij is erg slim,' zei Hugh. 'Zo gauw je de deur opendoet, duwt hij zijn voet ertussen. En soms, als we zijn vergeten de gordijnen dicht te trekken, moeten we ons achter de bank verstoppen en heel stil blijven zitten. Dan staat hij wel tien minuten met zijn gezicht tegen de ruit, te wachten tot we ons verraden.'

'Vorige week was hij er ook weer,' zei Arlene. 'En toen we de camera aanzetten, duwde hij zijn schoolrapport voor de lens, zodat wij het konden lezen! Zo'n joch kun je toch niet wegsturen?'

Ik vond het geweldig van Hugh en Arlene: zij werden in wezen geterroriseerd door een jongetje dat alleen maar vrienden met ze wilde zijn. Maar zij wilden hem niet zeggen dat hij moest ophoepelen, beklaagden zich niet tegenover zijn ouders, en weigerden hem voor het leven te tekenen door hem openlijk af te wijzen. Ik vond het ook geweldig dat ze breed glimlachend en vol liefde en enthousiasme over hem spraken: ze waren duidelijk dol op hun buurjongen. Ze wilden alleen dat hij thuisbleef.

'Kijk,' zei Hugh, 'dit kreeg ik laatst van hem...' Hij trok een la open en haalde er een A-viertje uit. 'Het is een Beste-Vriend-certificaat. Er staat op: "Een vriend zoals jij is moeilijk te vinden; wie geluk heeft, kent een of twee van zulke vrienden; maar echt goede vrienden zijn een zeldzaamheid; en jij, jij bent er voor mij altijd!"'

'Maar dat ben je helemaal niet!' zei ik. 'Je verstopt je meestal achter de bank!'

Toen werd er op de deur geklopt. 'Sst!' siste Arlene en ze legde een vinger tegen haar lippen.

Er werd opnieuw geklopt: *Boem-boem*-BOEM!

Hugh zat doodstil, Arlene zat doodstil, ik zat doodstil. We staarden met zijn drieën naar de televisie.

En daar stapte hij in beeld: een jongen van een jaar of elf, twaalf, met kort, blond haar en grote, blauwe ogen. Hij staarde in de camera, kwam nog wat dichterbij, bleef maar staren, tikte nog een keer tegen het raam, staarde nog wat meer.

Niemand zei iets. Het was een van de beklemmendste momenten die ik ooit had meegemaakt.

Toen schudde de jongen zijn hoofd, sloeg zijn armen over elkaar en liep weg.

'Het is echt een hele leuke knaap,' zei Hugh. 'Soms als hij hier is, doet hij zijn trui uit of een schoen of zo, en dan verstopt hij die ergens in huis, zodat hij later nog eens terug kan komen. Of hij laat een cadeautje achter. Zo gaf hij me laatst een asbak, die hij ergens in een kroeg had gejat...'

'Wij noemen hem het "Nieuws van de Vallei",' zei Arlene. 'Als je hem iets vertelt, weet aan het eind van de dag iedereen het.'

'Vlak voor kerst,' zei Hugh, 'zei ik tegen hem dat ik af en toe zo horendol van hem werd, dat ik had besloten naar Bosnië te emigreren. De volgende dag kwam hij met een "Vaarwel"-kaart en koekjes voor onderweg.

In de stad kon ik me vervolgens nauwelijks meer bewegen, door alle mensen die me veel geluk in Bosnië wensten...'

Toen klapte ineens de brievenbus open: Dean, die ons probeerde te betrappen. Hij bleef een paar tellen openstaan; wij bleven met grote ogen zwijgend op ons plekje zitten. Net op het moment dat de klep weer dichtviel, nieste Murphy... en vloog hij weer omhoog. Het was net een scène uit *Jurassic Park*. Ik hield mijn adem in. Even later viel de brievenbus echt dicht en zagen we op de tv een knorrig kijkende jongen wegslenteren.

'Maar afijn,' zei Hugh. 'Gaan we jou nog hypnotiseren, of hoe zit het?' En ineens, volkomen uit het niets, viel me iets in. 'Hugh... die show waar jij nog een titel voor zocht...' riep ik opgetogen uit.

'Welke?'

'Met die audities voor een nieuwe Hypnohond!'

'Ja, wat is daarmee?'

'Die moet je *PupIdols* noemen!'

Hughs gezicht klaarde op. 'Briljant! Ik zei het je toch: je onderbewustzijn! Je concentreert je op iets heel anders, en het antwoord komt vanzelf naar boven! Even gauw een telefoontje plegen, hoor...'

Een uur later werd ik wakker.

Mijn *PupIdols*-idee had me nog wat tijd opgeleverd... maar niet genoeg. Ik was onder hypnose geweest! Ik wist niet of en in hoeverre de hond daarbij betrokken was geweest (altijd zorgwekkend als je in een vreemd huis ontwaakt), maar hij zat me nu in ieder geval strak aan te staren – Murphy en een... kleine soldaat; de kleinste soldaat die ik ooit had gezien. Ik herkende hem eigenlijk meteen. Het was Dean, het zoontje van de buren. Hij zat op de bank tegenover me. 'Hallo,' zei ik.

'Hallo,' antwoordde Dean. Hij droeg een grote, zwarte baret, een camouflagepak en glanzende, zwarte schoenen. Eerlijk gezegd begreep ik het niet helemaal; het zag eruit alsof tijdens mijn slaap de buren de macht hadden overgenomen...

'Zo, Danny... Tja, ik dacht, die laat ik maar eens even uit zichzelf wakker worden,' zei Hugh, die de kamer binnen kwam en Murphy een wonton toewierp. 'Je hebt dus al kennisgemaakt met Dean.'

'Ja,' zei ik. 'Maar heb je me nou zo gehypnotiseerd dat ik kinderen voor soldaten aanzie? Want dan moet je dat meteen weer opheffen, hoor.'

'Nee, Dean gaat zo naar het KGC.'

'Het wát?' zei ik.

'Het Korps Gewapende Cadetten,' zei Dean.

'O,' zei ik, onder de indruk, maar gapend. 'Waar zijn jullie dan mee gewapend?'

'Nergens mee.'

'Met humor!' zei Hugh. 'Deze knaap hier gapt al mijn grappen.'

'Die zijn niet van jou,' zei Dean, 'maar van Tommy Cooper.'

'Ja, wij kijken graag samen naar Tommy Cooper-video's, hè?'

Dean knikte grijnzend. Opeens snapte ik Murphy's fez ook. Ik vond het geweldig om te zien hoe die twee met elkaar dolden; ze waren duidelijk dikke vrienden.

Goed, allemaal leuk en aardig, maar ik dacht eigenlijk maar aan één ding: had het gewerkt? Was ik nu een echte Ja-man – of ik het leuk vond of niet? Ik stelde mijn innerlijk een vraag: Lust je zo een kop thee? Ja. Mm, het léék te werken.

'Danny, wist jij dat Tommy Cooper hier een eindje verderop heeft gewoond, in Caerphilly?' vroeg Hugh. 'Ja, d'r hebben hier aardig wat beroemde lui gewoond: Tommy Cooper, Tom Jones...'

Toen stak Arlene haar hoofd weer om de deur. 'Ik zag laatst die ster uit de jaren zeventig, Don Estelle, nog in de stad. Hij stond mee te zingen met zelfgemaakte cassettebandjes.' Ze wachtte even. 'Maar niemand kocht ze.' Haar accent maakte het plaatje zo mogelijk nog schrijnender. Ik slikte. 'Maar Dean, jij moet gaan: je komt nog te laat bij het KGC...' zei ze.

De jongen knikte, salueerde naar ons alledrie en zei dat hij straks nog wel even langskwam (en Hugh rolde met zijn ogen). Hij liep al naar de voordeur – ik wilde Hugh net vragen hoe het nu met mijn hypnose was gegaan – toen hij zich weer omdraaide. 'Trouwens... ik was hier net ook al, maar toen deed je niet open,' zei hij beschuldigend.

'Toen was ik er niet,' loog Hugh.

'Maar je auto stond voor de deur!'

'Ik eh... was gaan lopen.'

'Nee, je was gewoon binnen.'

'Hoe weet jij dat?'

'Nou, toen ik door de brievenbus keek, zag ik je sleutel in het slot steken.'

Hugh bloosde. 'Oké, ik was er wel. En nu eruit, jij!'

Dean trok de deur achter zich dicht.

'Je hebt hem dus toch maar binnengelaten,' zei ik.

'Nee, Arlene zette de vuilnis buiten en toen rende hij achter haar rug om naar binnen.'

'Toch is het een leuk joch.'

'Hartstikke leuk!'

Er viel een stilte. Ik wist wat ik zeggen wilde, maar niet precies hoe.

'Maar eh... ik voel me niet, je weet wel... zo heel erg anders.'

'Nee?'

'Nee. Ik bedoel, na mijn... je weet wel, nadat jij...'

'Nadat je in slaap was gevallen?'

'Ja! Nou, nee... ik bedoel nadat jij die Richard Clayderman-cd had opgezet... en me hebt gehypnotiseerd...'

Hugh ging zitten. 'Danny, luister eens... nu moet je niet kwaad worden, maar eh... ik heb besloten jou niet te hypnotiseren, althans, niet echt.'

'Hè? Hoezo? Dat is toch wat je doet – samen met Murphy?'

'Nou, ik doe het meeste, hoor: Murphy blijft toch een hond. En ik heb dus besloten het niet bij jou te doen.'

'Maar waarom dan?'

'Ik heb een beetje met je gepraat toen je onder zeil was, enne... je hebt het gewoon niet nodig. Van wat ik van jou hoorde, begreep ik dat je dit doet omdat je het wilt én omdat je vindt dat je niet anders kan. Dat vraagt om een bepaalde overgave en jij hébt je al overgegeven. Zoiets betekent veel meer als het ook kan mislukken: je kunt pas slagen als je ook kunt falen. Zoals ik het zie, betekent dit project veel meer voor jou als je het echt helemaal zelf doet. Mensen trachten eerder pijn en moeite te vermijden dan dingen te verbeteren: we lopen liever weg dan dat we de boel aanpakken. Herken jij dat ook een beetje?'

'Ik geloof het wel,' zei ik, maar ik wíst al dat hij gelijk had. Als ik dit wilde volhouden tot eind december, dan móést ik het op eigen kracht doen. Want wat heeft het voor nut je leven op orde te brengen, als je het niet zelf doet? Het is toch geen prestatie als je daartoe bent geprogrammeerd? Wat is dan de les die je leert: dat je je altijd kunt laten helpen? Nee, als ik me onverantwoordelijk wilde gedragen, was het minste wat ik kon doen, daar zelf de verantwoording voor te dragen.

Een halfuur later reed Hugh me weer naar het station. In de auto wachtten we op mijn trein. De regen tikte tegen de vooruit en Hugh hield me een doosje met snoepjes voor. 'Als je er zo over nadenkt,' zei hij, 'dan overkomen je de beste dingen altijd, omdat je ergens ja op hebt gezegd – anders blijf je eigenlijk zo'n beetje steken.'

Deze gedachte bleef even tussen ons in hangen.

'Ik bedoel, vraag het maar aan Arlene: die kan verdorie geen genoeg meer krijgen van wontons! Ze wilde dat ik er op de terugweg nog een paar meenam!'

Ik grijnsde. Nooit gedacht dat wontons een symbool voor hoop konden zijn.

'Maar sommige dingen moet je nu eenmaal zelf doen,' zei Hugh. 'Neem mij nou: ik had ooit een angst, een afschuwelijke angst. Maar die heb ik overwonnen, door er hard aan te werken en in mezelf te blijven geloven – niet door hypnose.'

'O? Waar was jij dan bang voor?'

Hugh bloosde. 'Voor honden.'

'Hónden?'

Hij knikte.

In de trein terug naar Londen zette ik me schrap voor de laatste ruk.

# Enkele fragmenten uit het dagboek van een ja-man – III

## 28 september

Laatst, op de terugweg vanuit Wales, viel mijn oog op een krantenadvertentie: SCHRIJVER WORDEN? – waarna ik plichtsgetrouw een informatiepakket heb aangevraagd. Per kerende post vroegen ze om een voorbeeld van mijn schrijfvaardigheid: driehonderd woorden, genrekeuze vrij. Ik heb gekozen voor sciencefiction en vanochtend het volgende stuk geschreven. Ik heb het de onheilspellende titel 'Toekomstoorlog' meegegeven.

*Met een overwinnaarslach richtte Tex McBellamy zijn blik op de hemel. Hij had het eigenhandig opgenomen tegen het voltallige Kraxxon-volk, met slechts zijn trouwe vriend – de robot Figgy5000 – als rechterhand. 'Ik denk niet dat we die ooit terugzien,' zei Tex, wat niet zo vreemd was aangezien iedereen dood was.*

*'BLIEP ik geloof dat BLIEP wij naar...' zei Figgy5000, maar toen werd hij onderbroken door het geluid van een gigantische explosie aan de horizon.*

*'Wat krijgen we...' begon Tex, niet van plan die zin ooit af te maken – wat hij dan ook niet deed.*

*'BLIEP,' zei Figgy5000.*

*Het was de HeliHakker: een futuristische kruising tussen een helikopter en een keukenmachine, het favoriete vervoermiddel van senator Greenglove, de schurk die Tex jaren geleden in de cel had gesmeten.*

*'Greenglove!' riep Tex. 'Hij is teruggekomen om het karwei af te maken...'*

*'McBellamy!' riep Greenglove door de enorme luidspreker voor op zijn HeliHakker en schudde zijn handelsmerk naar Tex – een groengehandschoende vuist. 'Wij treffen elkaar dus weer! Bereid je voor op je ondergang! Je weet toch dat het in de twintigmiljoenste eeuw verboden is er je eigen gedachten op na te houden? Nou, jij hebt al veel te veel bedacht: het is afgelopen! Je gaat terug naar die grote ijsgevangenis, die ik voor jou heb gemaakt!'*

*Tex gromde; hij haatte die ijsgevangenis. 'Stomme zak!' schreeuwde*
*hij. 'Smelt toch, samen met die bevroren bajes van je! Ik ga niet terug!'*
*'Dat ga je wel!' klonk Greengloves antwoord.*
*'Figgy5000,' fluisterde Tex. 'Op mijn teken verwissel jij de polariteit*
*van je positron-deactivators.'*
*'BLIEP,' antwoordde Figgy5000, die overigens was gevormd als een*
*prachtige vrouw.*
*'Nou, senator Greenglove, dan zal ik me moeten overgeven...' zei Tex.*
*Maar Greenglove hoorde hem niet – ze waren nog vele kilometers van*
*elkaar verwijderd, en Tex had geen luidspreker...*

Ik heb er een briefje bij gedaan met: 'Wordt vervolgd...' en de mededeling
dat dit slechts een klein stukje is van de heldhaftige Tex McBellamy-
trilogie, die ik nog in mijn hoofd heb. Ik hoop dat ze het wat vinden, zodat we ergens begin volgend jaar tot publicatie kunnen overgaan.

**5 oktober**
Paul Lewis was een jongen bij mij op school, die altijd iedereen pestte. Hij
heeft me via Herenigde Vrienden opgespoord en zei dat we maar eens
een biertje moesten gaan drinken. Ik kon niet anders dan ja zeggen.
Mijn levendigste herinnering aan hem is dat hij aan het eind van elke
schooldag Anil Patel, die in een rolstoel zat, een enorme slinger gaf –
'omdat hij het zo leuk vond om hem rondjes te zien draaien'.
We hebben volgende week donderdag in Bath afgesproken.

**7 oktober**
Zag iets in *The Standard*: BENT U GEÏNTERESSEERD IN DEELNAME AAN EEN KLI-
NISCH ONDERZOEK NAAR HET LIBIDO VAN VROUWEN IN DE OVERGANG? Toen ik belde, kreeg ik echter te horen dat ik niet in aanmerking kwam. Soms verbaast het me hoe ver discriminatie in dit land gaat.

**8 oktober**
Mijn moeder heeft me een artikeltje gestuurd, dat ik volgens haar wel
interessant zal vinden: Laura, een meisje dat ik rond mijn twaalfde
kende, is inmiddels zesentwintig en heeft in Trowbridge een winkel in
droogbloemen geopend.
Toen ik het blaadje openvouwde, zag ik echter op de andere kant in
koeienletters staan: ONTDEK MIDSOMER NORTON! Het was een advertentie,
bekostigd door drie plaatselijke middenstanders: Docky's Delicatessen
('Naast een breed assortiment aan Europese kaassoorten verkoopt Doc-

ky's ook stokbrood!'), The Barber Shop ('Na zestien jaar in de kappersbusiness zag Emma, drijvende kracht achter The Barber Shop, een gat in de markt en besloot in Midsomer Norton een herensalon te openen!') en Katona Cast Stone Ltd ('Kom naar Katona Cast Stone Ltd, voor al uw potten, tuinornamenten, vogelbadjes, urnen, enz.!').

Midsomer Norton ligt vlak bij Bath. Ik zal deze drie zaken aanstaande donderdag gaan ontdekken – vóór mijn afspraak met Paul.

**13 oktober**

Paul Lewis vindt dat wij contact moeten houden en dikke vrienden moeten worden. Hij zit tegenwoordig bij de Territoriale Troepen, wat hem volgens hem doel en richting heeft gegeven en zijn hele leven heeft veranderd. Hij vindt dat ik me ook moet aanmelden, zodat we naast dikke vrienden ook kameraden kunnen worden. En hij heeft me uitgenodigd voor zijn vrijgezellenweekend, dat zal plaatsgrijpen op een boot, samen met zijn legermakkers. Ik ben bang dat Paul me wil ontvoeren en daarna vermoorden.

Ik heb Midsomer Norton ook ontdekt. Best aardig, maar bij Docky's was het stokbrood op!

**14 oktober**

Ik kreeg een herinneringsmailtje van roemruchte bullebak Paul Lewis, over mijn aanmelding bij de Territoriale Troepen. Volgens hem moest ik hun on-line inschrijvingsformulier invullen, waarna ik alle verdere bijzonderheden zou ontvangen.

Ik ging naar de site en vulde de vakjes in. Op een gegeven moment vroegen ze of ik de TT speciale vaardigheden te bieden had. Ik klikte op 'ja' en kreeg een enorme lijst van mogelijkheden voorgeschoteld. Ik koos voor 'receptionist'.

**15 oktober**

Ik heb drie haren op mijn borst... maar niet lang meer. Vandaag heb ik namelijk een geheel risicoloos, dertig-dagen-op-proef, niet-goed-geld-terug proefpakket van HairBeGone besteld: een 'verbazingwekkend, nieuw product dat afrekent met scheermes, pincet en hars!' Binnenkort ontvang ik twee tubes haarverwijderingscrème en een haargroeiremmer in sprayvorm.

Ik zag echter geen aanbevelingen van artsen, noch een betrouwbaarheidsverklaring, dus wie weet wat dit met mijn borsthaar zal doen. Op dit soort momenten wou ik dat Stuart de kat echt bestond... Ik weet dat dierproeven verkeerd zijn, maar iets zo harigs móét zich toch af en toe onzeker voelen.

Plus: *resultaat!* Als ik nu ja zeg op hun aanbod mijn mobiele telefoon te upgraden naar een nieuwere, hippere Siemens, krijg ik van mijn telefoonbedrijf een gratis retourvlucht naar een willekeurige stad in Europa. Wat een schitterende ja!

Tevens een informatiepakket aangevraagd over Vlaams leren in achtentwintig dagen. Ik had vast ook nog een andere taal kunnen kiezen, maar ik heb gisteren toevallig een wafel gegeten en die sfeer is blijkbaar blijven hangen...

**16 oktober**
Paul Lewis mailde weer: alleen de groetjes ditmaal.

**17 oktober**
Weer een mailtje van Paul Lewis: of ik binnenkort weer eens met hem wil afspreken. Ik ben een beetje bang voor hem.

# 18

Het was zeven uur 's ochtends toen mijn telefoon rinkelde. In wat voor wereld leven we, als iemand je al om zeven uur in de ochtend kan gaan bellen? Dat zou toch verboden moeten worden!

'Hallo?' zei ik nors, knijpend met mijn ogen.

Geen antwoord.

'Hallo?' zei ik nog maar eens.

Op de achtergrond hoorde ik iets wat klonk als een trein en het *ding-dong* van een omroepinstallatie.

'Wie is daar?' vroeg ik, maar er kwam opnieuw geen antwoord. Ik wilde net ophangen, toen...

'Met Paul,' zei iemand met een noordelijk accent voorzichtig. 'Hoezo, met wie spreek ík dan?'

'Met Danny.'

'Aha...' zei Paul. 'En wat wil je?'

Ik snapte het niet: wat ík wilde? Ik dacht diep na... maar ik wist het echt niet. Waarom had ik Paul aan de lijn; wat wilde ik ook weer met hem? 'Ik weet het niet,' zei ik. 'Ik dacht dat jij míj belde...'

'Dat is ook zo,' zei Paul. 'Omdat ik wilde horen wat je wilde.'

Dit is echt niet het soort gesprekken dat ik gewoonlijk om zeven uur 's ochtends voer. 'Ik vrees dat ik het niet helemaal begrijp,' zei ik. 'En ik weet ook niet wat ik wil. Maar wat wil jíj dan?'

'Eh... ik zag gewoon een sticker met BEL MIJ en dit nummer, en dat bleef maar door mijn hoofd spoken, dus...'

'Ooo!' riep ik, kwam rechtop en voelde me ineens weer heer en meester van de situatie. Het noemen van het woord 'sticker' was als een emmer water in mijn gezicht. 'Ja, die was van mij! Niet ophangen!' Een wonder: iemand die was geïnteresseerd in een goed gesprek!

'Goed... Wat is nou precies de bedoeling?'

En dat vertelde ik hem.

Paul bleek helemaal geen goed gesprek met mij te willen voeren, althans niet op dat moment. Hij zou het op een bepaald moment dolgraag willen, maar een stuk later. Nu moest hij namelijk de trein naar zijn werk halen, zo vertelde hij – waar hij eerst een vergadering over Europees beleid en handelsintegratie had, waar hij beslist naartoe moest, omdat hij de volgende vergadering over dat onderwerp zou voorzitten, en zich ervan wilde verzekeren dat hij de opzet kende, omdat ze bij zijn laatste bedrijf de dingen heel anders hadden aangepakt... maar hij vroeg zich af of ik na werktijd misschien dat goede gesprek met hem wilde voeren, als hij met de trein terugkwam, wat ergens rond kwart over zes moest zijn, al kon het net zo goed kwart over wie-weet-hoe-laat worden, met die toestanden van tegenwoordig... maar hij had de laatste tijd aardig wat overgewerkt, zodat hij waarschijnlijk zonder al te veel problemen weg zou kunnen... en, o kijk, daar had je zijn trein al, hij moest gauw ophangen...

Eerlijk gezegd had ik het gevoel al een stuk of zes goede gesprekken met Paul te hebben gevoerd. Maar hij klonk als een best aardig iemand, die gewoon wat wilde kletsen, en ik was blij dat mijn opzetje eindelijk succes had. Dus spraken we wat af.

Ik voelde me opgetogen. Dit was exact wat ik met mijn leven moest doen: de deuren wijd opengooien, kijken wie er binnenwandelde en ja zeggen tegen nieuwe vrienden!

Ik had de afgelopen dagen erg veel over dit soort zaken nagedacht. En veel daarvan had te maken met wat Hugh had gezegd:

*Als je er zo over nadenkt, overkomen je de beste dingen altijd, omdat je ergens ja op hebt gezegd. Anders blijf je eigenlijk zo'n beetje steken.*

Dat klopte helemaal. Hoe langer ik erover nadacht, hoe gemakkelijker het me afging, om zo'n beetje alle goede dingen die me ooit waren overkomen, terug te voeren naar één enkel ja-moment.

Misschien kun jij dat ook wel. Bedenk maar eens het beste wat je ooit is overkomen... en bedenk dan hoe het zover is gekomen.

Ik probeerde het op een avond met Wag, toen we samen een biertje zaten te drinken. 'Wag, jongen, wat is nou het beste dat jou ooit is overkomen?'

'Newbury, 1998, laat op de avond: Domino's bracht de verkeerde bestelling, waardoor wij vier pizza's kregen in plaats van...'

'Het allerbeste?'

Hij dacht diep na. 'Mijn vriendin.'

'Juist! En hoe heb je haar ontmoet?'

'Pure mazzel! Ik was toevallig bij een optreden, waar zij ook was... en: tjakka!'

'Maar hoezo was jij daar?'

'Omdat ik was gevraagd voor iemand in te vallen: ik speelde bas.'

'Oké... en jij had dus ja gezegd?'

'Ja.'

'Omdat je zin had om te spelen?'

'Nee, omdat ik die lui niet wilde teleurstellen.'

'Aha: Jiveau Drie, juist. En wie had jou gevraagd?'

'Ben.'

'Wie is dat?'

'Een jongen die ik ken van een feest.'

'En door wie was je op dat feest uitgenodigd?'

'Neil.'

'En hoe ken je die?'

'Van de universiteit.'

'Maar het had maar weinig gescheeld, of jij was helemaal niet gaan studeren. Toch?'

'Eh, ja... maar...'

'Dus: door ja te zeggen tegen de universiteit, kwam jij Neil tegen, die jou op zijn beurt hielp uit te komen bij – jouw woorden – het allerbeste dat jou ooit is overkomen.'

Wag leek geroerd. 'Vind je dat ik hem een kaartje moet sturen?'

Het eerste wat me opviel, was dat Wag alles ophing aan pure mazzel. Maar hij had er zélf voor gezorgd dat hij die mazzel kreeg, al realiseerde had zich dat niet. Hij had zelf een reeks van 'goede' keuzes gemaakt, die hem (met zijn basgitaar in de hand) rechtstreeks naar zijn vriendin hadden geleid.

Misschien is dat wel iets wat iedereen kan: misschien kan iedereen zijn geluk beïnvloeden; misschien bestaat zoiets als Het Lot helemaal niet, maar gaat het slechts om een reeks van keuzes, die je zelf creëert.

Het is pas wanneer je beseft hoe een nee je leven in negatieve zin had kunnen beïnvloeden, dat je de waarde inziet van al die ja'tjes die je dagelijks om de oren vliegen. Het was een openbaring. Misschien bezat iedereen wel de macht zijn leven een positieve draai te geven – door middel van dat ene, simpele woordje: ja.

Oké: Ja had me ook voor Lizzie doen vallen... maar in plaats van blijven kniezen en hunkeren naar een droombeeld, kon Ja me in dit geval misschien ook helpen: helpen om over Lizzie heen te komen. Jazeker, misschien kon Ja weer wat voor me doen! Ik zat met een leegte in mijn hart, waar zij had gezeten, en ergens voelde ik de behoefte die leegte op te vullen. Het enige wat ik daarvoor hoefde te doen, was ja zeggen.

Dus zocht ik het nummer van Hannes vriendin Kristen, haalde diep adem en belde haar.

Ik kon die nacht maar moeilijk in slaap komen; ik lag over van alles en nog wat te piekeren.

Mijn gesprek met Kristen was nogal stijfjes verlopen: zij had tijd en plaats voorgesteld, ik had: 'Fantastisch, lijkt me leuk' gezegd. Moest ik dit echt wel doen? Zoiets zou ik vroeger nooit hebben gedaan – een blind date. Hanne vond het een prima idee, maar Hanne vond het ook een prima idee om om vijf uur in de ochtend nog een vruchtensapje te maken, met de rumoerigste blender ter wereld. En wat zou Lizzie ervan vinden? Goed, onze relatie had geen toekomst, maar ging het allemaal niet wat... snel?

Maar ik had nog meer aan mijn hoofd. Ik bleef me maar afvragen wat De Uitdager nog voor me in petto had. De behoefte hem te ontmaskeren werd steeds groter. Elke paar weken kwam er weer iets anders, iets ergers – en het was bijna weer zover. Bovendien was me wel duidelijk dat Jason (als hij het was) de ernst van zijn uitdagingen langzaam aan het opvoeren was: van 'Zet dit op' via 'Rij daarheen' naar 'Gooi het roer honderdtachtig graden om'... Ik moest hem echt snel zien te vinden, voordat hij het volgende onheilsniveau bereikte. Want wat stond me nog te wachten? 'Sprint hierheen', 'Vlieg daarheen', 'Vermoord die-en-die'...? Nee, het werd echt hoog tijd het heft in eigen hand te nemen, en De Uitdager te stoppen, in plaats van op al zijn grillen in te gaan.

Ik stond op en zette mijn Mac aan. Eerst nog maar eens naar zijn hotmailadres mailen.

> **Aan: wieisdeuitdager@hotmail.com**
> **Van: Danny**
> **Onderwerp: Stop!**
> **Luister eens,**
> **Waarom schrijf jij niet terug? Ik weet exact wie je bent en wat je van plan bent. Ik heb tot nu toe alles gedaan wat je wilde, maar als ik je eenmaal heb ontmaskerd, zul je niet meer anders kunnen dan het bijltje erbij neergooien. Je kunt het echter beter nú opgeven, om mijn wraak te ontlopen – die behoorlijk heftig kan zijn, als je me eenmaal op de kast hebt. Het is maar dat je het weet.**
> **Danny**

En voor de zekerheid mailde ik ook nog maar eens naar Thom.

> **Thom,**
> **Hier is Danny weer eens. Sorry dat ik jou weer lastig val, maar zou je me even willen laten weten of je dit mailtje hebt ontvangen? Heb je mijn laatste berichtje ook wel gekregen? Ik geloof dat je vriend Jason nog steeds geintjes met me aan het uithalen is. Ik moet dan ook met hem in contact zien te komen, maar ik weet niet hoe. Schrijf alsjeblieft terug!**
> **Danny**

Ik drukte op Verzenden en leunde toen zuchtend achterover. Dit mysterie móést worden opgelost.

Twee avonden later zat ik in een kroeg in een zijstraat van Oxford Street, met Paul – de man die me had gebeld voor een goed gesprek. Hij was een aardige kerel van in de veertig, met een keurig kapsel, een blauw pak, een enorm horloge en verhoogde schoenen. Ons goede gesprek was prima begonnen, maar nam algauw een wat vreemde wending.

'Er wordt zoveel onzin verteld over borderterriërs,' zei Paul.

En daar moet ik het verhaal al even onderbreken: borderterriërs was namelijk zo'n beetje het enige onderwerp dat Paul en ik die avond bespraken. Of beter: het enige onderwerp waar Paul het over had. De zin *Laten we een goed gesprek voeren* impliceert toch – en ik hoop dat je het daar mee eens kunt zijn – dat twee mensen ideeën met elkaar uitwisselen, nietwaar? Maar Paul kon zeker niet zo goed lezen, want hij dacht blijkbaar dat het betekende: *Kom met een paar langdradige monologen, over onderwerpen waar alleen jij een mening over hebt* – hij zaagde er maar over door en door en door...

'Het allereerste wat er altijd over borderterriërs wordt beweerd...' zei Paul – en mijn nekharen vlogen overeind omdat ik een hele waslijst voelde aankomen – '... is: "Borderterriërs verharen niet." Nou, dat is dus een totale misvatting: ze verharen wel; sommige zelfs flink. In tegenstelling tot wat algemeen wordt aangenomen, is het géén niet-verharend ras.'

'Oké,' zei ik. 'Helder.'

Maar Paul was nog niet klaar; hij stak zijn wijsvinger in de lucht en zei: 'Het tweede dat je altijd hoort, is: "Borderterriërs zijn makkelijk af te richten." Dat hangt er dus helemaal van af wat je onder "makkelijk" verstaat.' Hij lachte erbij alsof het de grappigste fout was die je als groentje in de borderterriërwereld kon maken. Nog nahinnikend vervolgde hij: 'Snap je wat ik zeg, Danny: wat is de definitie van makkelijk?'

'Precies,' zei ik. 'Dat varieert nogal.'

'Exact, Danny, klopt: dat varieert nogal.'

Deze zin – Dat varieert nogal – is overigens mijn toptip, voor als je wilt doen alsof je het helemaal volgt, terwijl je in feite met je gedachten mijlenver weg bent – cadeautje van mij voor jou.

'Nummertje drie: "Borderterriërs zijn prima met kleine kinderen." Tot op zekere hoogte is dat nog waar ook. Maar, Danny... je moet geen enkele hond ooit zonder toezicht alleen laten met een kind, absoluut taboe.'

'Absoluut.'

'En weet je waarom?'

Ik wist mijn eigen naam niet eens meer! 'Eh... dat varieert nogal?'

Paul staarde me alleen maar aan.

(Hé, ik heb nooit beweerd dat die toptip van mij tweemaal achter elkaar werkt...)

'Nou... dat geloof ik dus ook.'

(O... wél dus.)

'Nog een biertje, Danny?'

Inwendig lag ik onderhand onder de tafel. 'Ja, lekker!' zei ik enthousiast.

'Jij bent aan de beurt, maestro!'

Ik stond op en ging bier halen.

Ik mocht Paul best – hij was een heel vriendelijke man – maar nog eens tien minuten later wilde ik eigenlijk toch dat hij eens een ander onderwerp verzon.

We spraken af elkaar over een week of twee weer te ontmoeten. Paul zei dat hij mij zou bellen. Daar twijfelde ik niet aan: ik was inmiddels de tweede autoriteit ter wereld als het ging om borderterriërs. Wie zou er nu níét met mij op stap willen?

Toen ik die avond thuiskwam, wachtte me een opwinding van explosieve omvang. Dat had twee oorzaken.

De eerste was een bericht op mijn antwoordapparaat, van Gareth van *Richard & Judy*. Hij bood zijn excuses aan dat het zo lang had geduurd, maar ze hadden eindelijk besloten *Danny's Pad naar Verlichting* door te zetten, en nu wilde hij weten of ik komende zaterdag vrij was, om in Yorkshire een reportage met boeddhistische monniken op te nemen! Natúúrlijk was ik vrij! Maar omdat ik had besloten cool te blijven, luidde de inhoud van mijn reply: 'Ja hoor, lijkt me prima, spreek je nog.' Helemaal top, mijn ja had gewerkt, ik ging een stel monniken ontmoeten – voor de tv!

De tweede reden voor grote opwinding was het feit dat Thom eindelijk mijn mailtje had beantwoord.

**Danny!**

**Hoe gaat het met mijn auto? Ik heb al je mailtjes over Jason ontvangen, hoor. Sorry, maar het is hier nogal hectisch geweest, met dat verhuizen en zo. Heb hem al proberen te mailen, maar hij geeft momenteel niet thuis – irritant! Kan nog wel een paar wegen bewandelen; geloof bijvoorbeeld dat zijn zus bij Lancaster Uni werkt. Ik kom daar nog op terug. Wat is trouwens jouw adres? En wat heeft die stoute Jason eigenlijk uitgevreten?**

**Thom**

Dat was fantastisch nieuws! Ik bedoel: oké, ik stond nog helemaal niet op het punt om Jason op heterdaad te betrappen, maar nu had ik tenminste een bondgenoot. Thom kende de situatie en ging me nu helpen, om te zorgen dat Jason zijn straf niet ontliep. Nog even en het was met De Uitdager gedaan!

Vrolijk stapte ik in bed. Alles begon er eindelijk weer wat beter uit te zien.

Ik geloof dat Kristen had uitgekeken naar ons knusse samenzijn – evenals al haar vrienden. 'Ik ben Kristen,' zei een lange, knappe kakker toen ik de kroeg binnen kwam. 'En dit zijn Dan, Michael, Bri, Jane, Rudi en Nick.'

'Hallo... iedereen,' zei ik.

'Hallo,' zei iedereen terug.

Kristen had de plaats en het tijdstip uitgekozen: een nogal groezelige kroeg in Islington, tijdens de wedstrijd Arsenal-Tottenham, met zo'n beetje iedereen die ze kende. Niet bepaald het klassieke afspraakje.

'Toen Hanne voorstelde dat ik maar eens iets met jou moest gaan drinken...' zei ze, '... had ik zoiets van... Stelletje rukkers!' Ze vloog op en gilde dat laatste in de richting van de tv, net als Dan, Michael, Bri, Jane, Rudi en Nick: Arsenal had net gescoord.

'Maar weet je, toen ik er eens over nadacht...' zei ze, toen ze weer zat, '... dacht ik, ach...'

'Doe verdomme eens normaal, achterlijke, blinde, klotescheids dat je d'r bent!' riep Nick naast haar. Kristen gaf hem een klopje op zijn knie.

Er zijn maar weinig dingen die ik huiveringwekkender vind dan een meid in de kroeg die werkelijk om voetbal geeft. Het zijn de luidruchtigste, engste wijven die er bestaan: voor je het weet staan ze op hun stoel te gillen. Hoe vaak het me niet is overkomen, dat ik dacht dat het meisje naast me in rook was opgegaan, terwijl ze in werkelijkheid schunnige dingen stond te roepen, waarvan ik het bestaan niet eens kende...

Zoals je waarschijnlijk wel hebt geraden, ben ik niet dol op voetbal. Landenwedstrijden vind ik nog wel leuk, maar zo'n doorsnee Arsenal-Tottenham in de kroeg, daar loop ik liever een straatje voor om. Misschien komt dat wel omdat mijn vader supporter van Carlisle United is – een club die éénmaal, in de jaren tachtig, succesvol is geweest. Op de een of andere manier was dat gewoon niet genoeg om mij warm te maken voor de competitie – hoewel ik me die gebeurtenis nog heel goed herinner, omdat pa toen koekjes had gekocht om het te vieren. Hem kun je tot op de dag van vandaag aantreffen in lege, tochtige stadions overal in het land, waar hij verregend staat te zwijgen tussen een stel gepensioneerden, net als hij oud genoeg om zich de gloriedagen nog te herinneren (maar ook oud genoeg om beter te weten).

Ik zat er stilletjes bij, terwijl iedereen om me heen strak naar het scherm zat te staren. Het lukte me maar niet om het gevoel dat ik hier niet op mijn plek was, van me af te schudden. Ik voelde me een beetje alsof ik... vals speelde. Maar ach, het was maar een blind date; het was maar een ja.

Maar toen bedacht ik dat ik er natuurlijk ook voor kon kiezen me hier wel goed bij te voelen! Dus draaide ik me naar Kristen en zei: 'Het is dus de rooien tegen de witten?' – slechts half voor de grap.
Ze keek me aan. 'Hou jij soms niet van voetbal?'
'Niet echt, nee. Wie is die vent in het zwart? Een van hun vaders?'
Ze glimlachte. Het was een mooie lach. En ineens leek de avond zo slecht nog niet. 'Da's de scheidsrechter,' zei ze. 'Maar ik geloof dat je dat wel wist. Eerlijk gezegd ben ik ook niet zo'n voetbalfan... macht der gewoonte; van mijn vader overgenomen.'
'Ik ook! Wat doet die van jou eigenlijk?'
'Hij gaat volgend jaar met pensioen.'
'O. En haal je dan een nieuwe?'
Ze lachte: 1-0 voor mij. 'Ach kom op, stelletje kloothommels!' gilde ze opeens weer. Als Kristen niet dol op voetbal was, dan was ze zeker dol op schelden in het openbaar. 'Wat een onzin ook,' zei ze toen. 'Zullen we ergens anders naartoe gaan?'

We gingen naar een kroeg aan Upper Street.
Mijn telefoon piepte, ik nam op, er werd weer opgehangen.
Kristen boog zich over de tafel heen. 'Vond jij het niet een beetje vreemd om door Hanne te worden gekoppeld?' vroeg ze.
'Ja,' zei ik, terwijl ik mijn telefoon uitzette. 'En jij?'
Ze nam een slokje wijn. 'Best wel. Maar waarom ben je dan toch gekomen?'
'Ach, noem het... openstaan voor dingen.'
'Openstaan,' zei ze. 'Dat is goed.'
Er viel een stilte, maar geen ongemakkelijke. Ik pakte een soepstengel.
'Relaties zijn maar lastig,' zei ze opeens. 'Soms weet je precies waar je staat, of je dénkt dat te weten... en op een dag besef je dat je het eigenlijk helemaal niet weet – zomaar, van het ene moment op het andere. Heb jij dat ook wel eens?'
'Ja,' zei ik. 'Soms.'
'Met mijn vorige vriend, Ben, was alles top. We gingen al met elkaar sinds de universiteit. Maar op een dag kwam hij iemand anders tegen. En dat was dat: vier jaar, in één avond voorbij.'
'O,' zei ik. 'Het spijt me, dat moet...'
'Dat was goed klote, ja. Maar waarschijnlijk wel het beste. Beter nu dan wanneer we al een gezin hadden of zo.'
Ik knikte.
'Het maakt me alleen zo, ik weet het niet... Sinds ik alleen ben, ben ik

constant bang dat ik iets mis... Voorheen was ik veel... tevredener. Ik denk dat dat komt, doordat ik niet...'

'Alsof je niet alle kansen grijpt; kansen die ergens toe zouden kunnen leiden, al weet je niet precies waarheen?'

'Exact!' riep ze. 'Ja... alsof ik alle belangrijke dingen misloop...'

Ik wist niet wat ik nu moest zeggen. Ik wist precies wat ze bedoelde, maar als ik die gevoelens zou benoemen, zou dat er op de een of andere manier afbreuk aan doen; ze minder uniek voor haar maken – zoals ik, tot op dit moment, had gedacht dat dit gevoel uniek was voor mij...

'En jij?' vroeg ze. 'Hoe was jouw laatste relatie? Of was dat met Hanne?'

'Eh, relatie... er was wel een meisje, maar dat kon gewoon niets worden: de afstand tussen ons was veel te groot. Ik bedoel, het hád misschien iets kunnen worden, maar eh...'

'Absoluut,' zei ze. 'Dat is op een bepaalde manier lastig: dat nooit-weten-of... Dat is in wezen nog erger dan er wél achter komen. Het maakt gewoon niet uit hoe groot je vriendenkring is, soms wil je gewoon maar bij één iemand zijn...'

Ik mocht Kristen wel. En ik had medelijden met haar; het was voor haar ook allemaal nog erg vers. En ik? Ach, ze had vast ook medelijden met mij... Ik pakte nog een soepstengel en wist ineens dat ik er niet met hart en ziel bij was (bij het afspraakje, bedoel ik; niet bij die soepstengel). Kristen had gelijk: soms wil je gewoon maar bij één iemand zijn.

Toen glimlachte ze en zei: 'Zullen we een hapje gaan eten?'

Ik voelde me echt op mijn gemak bij Kristen. Het was fijn iemand te ontmoeten die me begreep. Ik was blij dat ik hier ja op had gezegd.

We dineerden heerlijk met pasta en wijn, kletsten en lachten, en algauw leek de tijd er niet meer toe te doen. We gingen nog naar een bar, waar we al ons leed, het verleden en nog veel meer vergaten.

Toen de bar ging sluiten en we ons opmaakten om elk onze eigen weg te gaan, vroeg Kristen opeens: 'Koffie?'

Wat bedoelde ze nu? Maar het was natuurlijk ook een ja-moment; een kans die ik moest grijpen, zoals zij ook had gezegd. Maar het enige wat ik kon uitbrengen, was: 'Eh...'

Waarop zij riep: 'Ach, toe: ik bedoel écht koffie; ik woon hier om de hoek! Je drinkt een kop koffie en dan bel je een taxi. Als je geluk hebt, krijg je er zelfs een koekje bij...'

Ik grijnsde en zei: 'Top!', waarna we naar haar huis liepen.

Ik hoorde hoe ze in de keuken een fles wijn openmaakte en lachte toen ze ermee binnenkwam. We praatten en praatten: over vakanties, onze jeugd, onze familie... En toen ze zei dat ze kaartjes wilde proberen te krijgen voor een concert in Camden, en of ze er ook eentje voor mij moest kopen, zei ik (hoewel ik zelfs nog nooit van de betreffende band had gehoord) glimlachend ja.

Toen ik mijn jas stond aan te trekken, om naar huis te gaan en mijn eigen bed op te zoeken, hield zij haar hoofd een beetje scheef en zei: 'Eh, dit doe ik anders nooit, maar eh...' Mijn hart sloeg een slag over en mijn schouders verstrakten, toen ik begreep wat er komen ging. 'Zou je misschien vanavond hier willen blijven?'

# 19

*Waarin de lezer wordt geacht tussen de regels door te lezen*

Ik moet het er waarschijnlijk niet over hebben.
En ik weet ook niet zeker of ik dat wel wil.
Nu niet althans. Nog niet.
Het spijt me.

# 20

*Waarin Daniel afreist naar het fraaie Dobroyd Castle en er op nog meer Maitreya-wijsheid stuit*

Als er één ding is dat wij allen op school hebben geleerd, dan is het wel dat de dorpen en steden van West-Yorkshire het mondiale middelpunt vormen van internationale boeddhistische activiteiten. Wat dan ook de reden was waarom ik daar nu naar onderweg was, voor een ontmoeting met een paar monniken. Mijn nieuwe, nooit-verwachte werkgevers van *Richard & Judy* hadden mij een opwindende opdracht toebedeeld: ga naar

West-Yorkshire, trek een poosje op met een stel boeddhisten en film daarvan een kort verslag. Het klonk simpel en best spannend.

Ik kon nog steeds niet geloven dat ze mij hiervoor hadden gevraagd. Ik bedoel, er waren zát lui geschikter dan ik. Su Pollard maakte nota bene reclame voor stoomreinigers: die had toch tijd? Waarschijnlijk hadden Gareth en Dan na hun onderhoud met mij besloten dat van iedereen die wat verlichtende vorming kon gebruiken, ik er het hardst om zat te springen.

Van Londen naar Yorkshire is een heel eind. Ik reed samen met producent Robin en geluidstechnicus Ricky. We waren al uren onderweg, en hingen nu al een hele tijd op een smalle weg achter een blauwe stationcar, met op de achterruit een sticker BABY AAN BOORD. Pas na ruim een halfuur bedacht ik dat ik – tenzij die baby achter het stuur zat – helemaal niet hoefde te weten wie zij allemaal aan boord hadden! Toen het ons uiteindelijk was gelukt hen in te halen, zagen we tot onze grote vreugde ook algauw de afslag naar Todmorden.

In een afgelegen kasteel in dit stadje zou ik de regisseur en cameraman van *Richard & Judy* ontmoeten. Daar werd ik dus een beetje zenuwachtig van. Tenslotte, zo had ik stap-voor-stap bedacht, bestaat Todmorden uit twee woorden: *tod* en *mord* – *Tod* betekent in het Duits dood, en *Mord* moord. Ik weet niet hoe het met jou staat, maar een dag op een afgelegen kasteel in een stadje met de naam Doodmoorden, klinkt voor mij niet als het ideale uitstapje. Zodra ik zou worden benaderd door een zich Professor Plum of Kolonel Mustard noemende monnik, was ik weg: de auto in – mét de loden pijp (een scenario waar ze bij Cluedo dus nooit rekening mee hebben gehouden)...

'Jij bent dus de man die op zoek is naar verlichting?' vroeg regisseur Tim. 'Eh, ja,' zei ik en schudde hem de hand. 'Hier wordt dus verlichting geschonken?'

We stonden voor Dobroyd Castle – een indrukwekkend maar vriendelijk uitziend kasteel, midden in de bossen. Het was in 1865 gebouwd, als symbool voor de liefde tussen man en vrouw, maar dat was ietsje anders gelopen. Hij was de rijke zoon van een fabrikant, zij een arme arbeidster. Hij werd smoorverliefd op haar; zij zei dat ze hem enkel wilde trouwen als hij haar een kasteel als huwelijksgeschenk gaf – waar hij vervolgens, in een groots gebaar van liefde, gehoor aan gaf. Maar zij vond het allemaal maar niks en nam haar intrek in een eenvoudig huisje op het landgoed. Zijn hart brak, zij stierf als alcoholiste. Het kán gewoon geen toeval zijn dat kort daarop de cadeaubon werd uitgevonden...

'Goed,' zei Tim. 'Dit is wat we gaan doen...' En hij trok me mee. 'Ik heb al een kijkje genomen: het stikt hier van de mooie lokaties, dus dat zit wel goed. We doen het als volgt: we filmen hoe jij hier aankomt, vervolgens hoe je met een paar monniken praat, en dan hoe je weer vertrekt.'
'Juist, klinkt makkelijk zat.'
'Ja, het zal in totaal niet meer dan zes, zeven uur in beslag nemen.'
'O.'
'Heb je al eerder voor de tv gepresenteerd?'
'Nee, dit is mijn eerste keer.'
Tim trok een beetje bleek weg. 'Juist... dan zal het in totaal niet meer dan negen, tien uur gaan kosten. Robin zal je even briefen over hoe we het precies gaan doen, Ricky doet je een microfoon om.'

'In feite,' zei producent Robin, die een baseballpet droeg en een kin als een superheld had, 'willen we dat je onder de huid van een boeddhistische monnik kruipt; dat je probeert uit te vissen of boeddhisme jouw ding is: wat drijft zo'n monnik? Daarnaast moeten we zien te verwerken wat ze hier allemaal doen: het cursusaanbod, wat je hier kunt leren en met wie je dan te maken krijgt. Klinkt dat een beetje oké?'
'Ja hoor: breng me maar naar een monnik en filmen maar!'
Toen kwam geluidsman Ricky in actie. Hij trok de hals van mijn trui naar voren en plakte een microfoontje op mijn borst. 'Mooi, helemaal glad,' zei hij. 'Daar trek ik tenminste geen haren uit.'
'En dat alles dankzij HairBeGone,' zei ik.
Ricky lachte – ik geloof dat hij dacht dat ik maar een grapje maakte.
'Zo,' zei Robin. 'We hebben een ontmoeting voor je geregeld met...' Hij wachtte even. 'Samten!'
'Wie is dat?'
'Samten is de baas hier, de oppermonnik, de grote bobo. We hebben hem bereid gevonden jou te ontvangen.'
'Top!'
'Maar loop eerst maar eens even rond; leer je de boel hier een beetje kennen.'

Dobroyd Castle is in 1995 voor een paar honderdduizend pond door de monniken aangekocht. Het was toen weinig meer dan een bouwval. Zij openden er het Losang Dragpa Centre, dat betaalbare cursussen, opleidingen en meditatie biedt, voor iedereen die daar behoefte aan heeft. Opmerkelijk gul, aangezien ze in ruil daarvoor enkel van hun gasten verlangen dat ze helpen bij de wederopbouw van het kasteel. Iedereen is er welkom, het hele jaar door. Als je even niets te doen hebt, kan ik je een verblijf hier van harte aanbevelen!

'Hallo,' zei een man, die opeens voor me stond. Hij had een geschoren hoofd en droeg een lang, rood gewaad.

Dit moest een monnik zijn. 'Hallo,' zei ik. 'Mooi hier, zeg.'

'Dank u. Hoort u bij dat televisiegezelschap?'

'Ja,' zei ik.

'Welkom,' zei hij, en liep met me mee.

De monnik bleek Liam te heten. Hij vond het hier heerlijk. 'Dit is dé plek om je innerlijke vrede te voeden,' zei hij. 'Iedereen kan hier zijn toevlucht zoeken; daar hoef je helemaal geen boeddhist voor te zijn. Je komt hier gewoon langs om je hoofd van negatieve gedachten te bevrijden. Wij willen helpen om de vrede en het geluk op aarde te vermeerderen.'

Al pratend liepen we om het kasteel heen. Ten slotte zochten we een bankje en gingen zitten. 'Wij leren hier dingen als, je weet wel... dat je elk moment op waarde moet schatten,' zei Liam. 'En dat je elke dag moet leven, alsof het je laatste dag op aarde is. Of eh... dat is eigenlijk wat al te kras uitgedrukt... ik zal het anders zeggen... Wat ik bedoel, is dat wij ons er constant van bewust moeten zijn dat vandaag onze sterfdag zou kunnen zijn.'

Ik trok mijn wenkbrauwen op.

Liam dacht diep na. 'Dat is eigenlijk nog krasser, hè? Ik wil zeggen dat we ons ervan bewust moeten zijn dat er een goede kans bestaat, dat jij en ik vandaag komen te overlijden.'

Verdomd: ik zat op het terrein van een afgelegen kasteel, in een stadje genaamd Doodmoorden, met een man die me nu al meerdere keren had gezegd dat er een grote kans bestond dat ik vandaag zou overlijden!

'Ik bedoel, het kan ook best dat wij vandaag niét sterven,' zei hij, met zijn vinger in de lucht. 'Maar het kan ook best van wel.'

Eerlijk gezegd vrolijkte me dat niet op, maar Liam was niet meer te stoppen: we bewandelden reeds het pad van het existentialisme. 'Beide beweringen – dat wij mogelijk vandaag overlijden, en dat wij mogelijk vandaag niét overlijden – zijn waar. Het krijgt meer betekenis als we zeggen dat we vandaag zouden kunnen overlijden, omdat we dan beter in staat zijn elk moment op waarde te schatten.'

'Maar het is ook verontrustender,' zei ik – iets wat ik op dat moment aan den lijve ondervond. Goed-goed, ik zou voortaan elk moment op waarde schatten (maar waarschijnlijk wel van onder mijn bed).

'Mm, misschien. Maar weet je wat het is, Danny: het is wel erg gemakkelijk om zelfgenoegzaam te zijn. Volgens Samten maakt bewustheid van je eigen sterfelijkheid je opener; geeft het je, ironisch genoeg, het gevoel intenser te leven. Maar kom, we gaan weer eens verder...'

Anderhalf uur lang filmde de *Richard & Judy*-crew me, terwijl ik selderie stond te hakken met de monniken, wc's schoonmaakte met de monniken, door de tuin wandelde met de monniken, me inliet met allerlei monnikachtige activiteiten... En ik vond het nog leuk ook. De monniken verwelkomden me met open armen en geschoren hoofden, leerden me mediteren, zetten me een picobello lunch voor, vertelden me van alles over hun leer... Ik begon heel langzaam voor hun manier van leven te vallen. Ik kan het niet zo goed uitleggen, maar iedereen leek wel een soort van... gloed over zich te hebben: ze waren zo gelukkig, zo sereen. Uiteindelijk kondigde de regisseur een draaipauze aan.
'Is het een beetje wat jullie willen?' vroeg ik.
'Het is prima,' zei Tim. 'Maar eh... er mist nog iets.'
Ik knikte fanatiek. 'Wat dan?'
'Ik weet het niet... gewoon... het is allemaal zo... braaf.'
'Maar monniken zíjn braaf: dat is nu eenmaal 'des monniks' – zeker boeddhistische monniken, die staan bekend om hun braafheid.' Dat is waar: je hoort zelden dat een boeddhistische monnik heeft geprobeerd iemand te kidnappen of een oude man van zijn auto te beroven. Dat is een van de belangrijkste kenmerken van een boeddhistische monnik: het volkomen onvermogen tot het stelen van auto's van bejaarden. Ach, iedereen heeft wel wát.
'Monniken zijn braaf, ja,' zei Tim. 'Maar ik vraag me gewoon af... Weet je, jij lijkt al helemaal verkocht voor het boeddhisme...'
'Ja, ik vind het heerlijk!'
'Precies! Maar zie je, als jij nu al besluit dat jouw toekomst bij het boeddhisme ligt, dan heeft het weinig nut om nog meer afleveringen met jou te maken – jij hébt dan al gekozen. Dus denk ik dat je moet proberen anders naar hun manier van leven te kijken, dieper, scherper... deze monniken vanuit een andere hoek moet zien te belichten.'
'Juist,' zei ik, vastbesloten een oplossing te vinden. Ja had me deze kans geschonken; ik was niet van plan hem meteen weer af te staan.
'Ik laat je daar even alleen mee,' zei Tim, en wij ging iets belangrijkers doen.

Ik zat samen met Ricky een cracker te eten. Hij wist dat ik honger had, doordat hij op een afstand van tien meter mijn maag nog in zijn koptelefoon had horen rammelen. 'Ik moet proberen ze vanuit een andere hoek te belichten,' zei ik. 'Dieper, scherper naar hun manier van leven kijken. Hoe doe ik dat?'

Ricky nam een hap en dacht na. 'Je zou de boel een beetje in de war kunnen schoppen,' zei hij.

'Monniken in de war brengen?'

'Ja, hun zen verstoren. Het schijnen de kalmste lui ter wereld te zijn. Kijk gewoon eens of je er eentje op de kast kunt krijgen. Dat doet het vast geweldig op tv!'

'Jij zegt dat ik een monnik boos moet maken?' zei ik vol ongeloof. 'Dat lukt nooit; zijn ze veel te relaxed voor!'

'Je kúnt het proberen, dat geeft ze bij het monteren ook wat meer mogelijkheden. Gewoon: het wat pikanter maken, de duistere kant van een monnik laten zien.'

'Maar monniken hebben toch helemaal geen duistere kant!' Ik voelde me hier helemaal niet prettig bij. Robin had gezegd dat ik onder hun huid moest kruipen, niet dat ik ze naar de keel moest vliegen! Maar ja, het wás een voorstel – en nog wel van iemand van de televisie! En ik wíst waarom ik daar was en ik wilde ook niet meteen de primadonna uit gaan hangen... Dus knikte ik maar en zei dat dat een goed idee was. Nou ja, het énige idee. Met enorme tegenzin probeerde ik iets te verzinnen, waarmee ik een boeddhist het bloed onder de nagels vandaan kon halen.

Dwalend over het terrein zocht ik naar aanknopingspunten. Straks zou ik Samten ontmoeten en ik wilde eigenlijk niet dat hij mij zou zien als een soort malle monnikentreiteraar.

Toen ik een vijver zag, bedacht ik dat ik misschien, als al het andere mislukte, kon proberen 'per ongeluk' een monnik in het water te duwen – al leek dat me nogal cru. Het zou toch jammer zijn als in de verre toekomst jongeren mijn ja-lessen ter harte zouden nemen, en zich enkel zouden bezatten, om vervolgens een paar monniken in een vijver te douwen... De inspiratie wilde niet komen; met lood in de schoenen liep ik verder.

'Dus u heeft zo een gesprek met Samten?' vroeg de monnik naast me op het bankje.

Ik was even gaan zitten om tot rust te komen. 'Ja,' zei ik.

'Maar da's fantastisch: u boft maar! Samten is wonderbaarlijk. Ik weet zeker dat u hem meteen zult mogen. Hij is echt wonderbaarlijk.'

'Echt?'

'Ja, wonderbaarlijk.'

'In welk opzicht dan?'

'Gewoon, wonderbaarlijk. Als hij met je praat, geeft hij je het gevoel dat je de enige persoon op aarde bent; hij is de meest spirituele man die je ooit zult ontmoeten; en hij wéét dingen. Je kunt hem van alles vragen, en hij weet het gewoon. En hij is uiterst geduldig; een voorbeeld voor eenieder die hem ontmoet.'

'Hij klinkt magnifiek,' zei ik, en ik meende het nog ook.

'Is hij ook,' zei de monnik, 'en wonderbaarlijk.'

Toen klonk Tims stem achter ons: 'Danny, ben je er klaar voor?'

Ik gebaarde van 'ja-ja' en trachtte mijn gedachten weer op een rijtje te krijgen. 'Maar eh...' zei ik tegen de monnik. 'Wat ik me afvroeg... niet dat het ergens mee te maken heeft, maar... wat maakt iemand zoals u nu boos?'

De monnik ademde in door zijn neus, en dacht lang en diep na. 'Oorlog,' antwoordde hij toen.

'Oorlog?' herhaalde ik.

'Ja,' zei hij, en keek me grimmig knikkend aan.

Als ik verdorie een oorlog moest beginnen, voor ik een monnik op de kast had, kon dit nog een hele lange dag worden!

'Oké, Danny,' zei Robin. 'Samten kan je nu ontvangen. We doen gewoon een algemeen interview met hem, oké?'

'Oké,' zei ik. 'Ik ben er klaar voor.'

Ricky knipoogde en stak beide duimen naar me omhoog.

En toen stapte de grootste monnik die ik ooit had gezien de ruimte binnen. Met een brede glimlach schudde hij mijn hand. 'Mijn naam is Samten,' zei hij.

'Wauw!' stamelde ik, oprecht geïmponeerd. 'U moet wel de langste monnik ter wereld zijn – de Koning der Monniken!'

'Nou, dank u,' zei Samten, die het blijkbaar als een compliment opvatte. 'Zullen we in de lounge gaan zitten?' Hij had een stem die álles sereen en aanlokkelijk deed klinken. Als hij had gezegd: 'Zullen we een plakje spek op uw gezicht binden en een wolf in de kamer loslaten?' had ik nog geroepen: 'Doen we!'

Terwijl de crew de camera's en microfoons opstelde, babbelde ik alvast wat met Samten in de hal van Dobroyd Castle. Ik mocht hem meteen. Hij had een vriendelijk gezicht, een rond brilletje, een keurig kort kapsel en hij glimlachte veel.

'Ik moet u wel waarschuwen,' zei ik. 'Ik heb dit nog nooit eerder gedaan, dus misschien bak ik er wel niets van.'

'Het komt allemaal goed,' zei Samten.

En ik geloofde hem.

'Heeft u *Richard & Judy* wel eens gezien?' vroeg ik.

'Nee,' zei hij. 'Wij hebben hier geen televisie. Maar ik weet zeker dat dit goed voor ons is. We steunen hier op donaties en praktische vaardigheden: wij hebben liever dat mensen ons helpen, in plaats van te betalen voor hun verblijf hier. Een elektricien kan ervoor zorgen dat onze bedrading veilig is; wie goed is in tuinieren, kan helpen met het bijhouden van het erf; of in uw geval...' Hij keek me even aan en zweeg toen. Hij had er duidelijk moeite mee iets te bedenken wat iemand zoals ik kon doen, om een kasteel vol monniken mee van nut te zijn.

Ik probeerde hem te helpen. 'Ik werk voornamelijk voor de radio,' zei ik. 'Misschien kan ik eh... een halfuurtje licht amusement verzorgen, over monniken en monnik-georiënteerde zaken.'

'Mm,' zei Samten.

'Een programma vóór monniken dóór monniken.'

'Misschien wel.'

'We zouden het *Monk Business* kunnen noemen...'

Hij knikte. 'Ja... Of eh... bent u een beetje goed in schoonmaken?'


Een paar minuten later begon het echte interview.

De eerbiedwaardige, extreem lange Samten Kelsang bleek al vanaf 1983 boeddhist te zijn. 'Tijdens mijn studie kwam ik voor het eerst in aanraking met het boeddhisme,' vertelde hij mij.

'Wat studeerde u dan?'

'Eh... ik ben begonnen met wiskunde en statistiek... Maar algauw kwam ik erachter dat dat niets voor mij was... en toen ben ik overgeschakeld op dierkunde.'

'U bent dus zoöloog,' zei ik, onder de indruk. Van wiskunde naar dierkunde leek me een hele stap.

'Nou... dat heb ik een poosje gestudeerd... maar toen ik merkte dat dat ook niet bij me paste, ben ik begonnen met psychologie.'

'Wauw, dus u bent eigenlijk psycholoog.'

'Eh nee... dat heb ik ook weer niet zo lang gedaan... uiteindelijk ben ik wéér op iets anders overgestapt.'

'O. Waarop dan?'

'Eh...' Hij kuchte even. 'Pottenbakken.'

Ik hád het niet meer. 'U bent van wiskunde uitgekomen bij pottenbakken?'

'Via dierkunde en psychologie.'

Natuurlijk: de klassieke route.

'Het mooie daarvan... was dat ik me na al die overstappen uiteindelijk niet meer mocht inschrijven op de universiteit – het was immers overduidelijk dat ik nooit iets zou afmaken. Dus kon ik gewoon uit die hele mallemolen stappen! Normaal gesproken word je immers regelrecht naar de universiteit geduwd en vandaaruit in een vaste aanstelling... Maar ik niet, ik had de tijd: ik kon rustig uitvogelen wat ik met mijn leven wilde. Ik vind dan ook dat iedereen er tussen middelbare school en universiteit een jaartje tussenuit zou moeten. Het is erg belangrijk dat je rustig kunt overwegen wat je precies wilt. Ik noem het de sleutelmomenten van het leven: waarop één beslissing de volgende twintig jaar kan beïnvloeden – waarna je pas weer de vrijheid hebt tot het maken van een nieuwe keuze... die dan weer de vólgende twintig jaar beïnvloedt.'

Deze woorden raakten me in mijn hart. Mijn beslissing om die nieuwe baan bij de BBC aan te nemen was zo'n sleutelmoment geweest. Het betekende het einde van leven van de ene klus naar de andere, en het begin van een echte carrière. Een carrière die best wel eens de volgende twintig jaar van mijn leven kon gaan beïnvloeden. Onwillekeurig dacht ik aan Jason, en de bitterheid die deze realiteit hém had gebracht. Ik moest ervoor zorgen dat ik niet in dezelfde val trapte.

'Ja,' zei Samten. 'Je moet als mens zorgvuldig omspringen met alle keuzes die je in je leven maakt.'

'Ach, en anders is er natuurlijk altijd nog een vólgend leven...' lachte ik – en vond het zelf best een sterke reïncarnatiemop.

Mijn boeddhistische vriend liet het even tot zich doordringen. 'Mm, dat zal dan wel.'

'Oké,' riep Tim. 'Daar stoppen we even! Danny, zou jij Samten eens kunnen vragen wat mensen naar een plek als deze drijft?'

'Zekers!' zei ik, nog wat nagrinnikend.

Tim liet de camera weer draaien.

'Samten, wat drijft mensen eigenlijk naar een plek als deze?'

'Dat kan van alles zijn. Ik praat vaak met mensen over wat hen hierheen heeft geleid; welke mijlpaal in hun leven hen bij ons heeft gebracht. Soms is het niet meer dan een gevoel; soms lijkt het puur toeval; soms is het iets wat iemand in het voorbijgaan tegen hen heeft gezegd; soms komt het door een dier of een levenloos voorwerp...'

Mijn hart stond even stil. 'Ho even, ga eens terug... Wat zei u daar over een terloopse opmerking van een vreemde?' Ik voelde hoe Tim me aanstaarde, vanaf zijn plekje naast de camera, maar ik deed dit even niet meer voor *Richard & Judy*, maar voor mezelf.

'Dat zal u verbazen,' zei Samten, 'maar soms komen mensen dus inderdaad bij ons terecht, door een toevallige opmerking van een volslagen vreemde: iets wat een klik teweegbracht, de spijker op zijn kop sloeg, een

gevoelige snaar raakte... Vaak heeft degene die het zei geen flauw benul van de impact van zijn woorden; maar soms ook is 't het werk van een... verlicht wezen.'
Ik schrok. Wát zei hij daar? 'Een verlicht wezen?' stamelde ik.
'Ja,' zei Samten.
'Zoals... Maitreya?'
Hij knikte. 'Exact. Dus u weet van Maitreya?'
Of ik van Maitreya wist? Ik kon amper geloven wat hier gebeurde. Ik zat hier verdorie ook vanwege een terloopse opmerking van een vreemde, een vreemde van wie sommigen zeiden dat hij... een verlicht wezen was! Dit kon toch niet waar zijn! Mijn hoofd tolde ervan. 'En óf ik van Maitreya weet; ik weet alles van Maitr...'
'En... stoppen maar weer even!' riep Tim. 'Eh... ik heb het gevoel dat dit hele verhaal voor ons publiek een beetje vaag aan het worden is, jongens. Laten we die ene vraag nóg eens stellen, maar dan wat algemener. En... actie!'

Ik was helemaal in de war, gefrustreerd. Maitreya leek tegenwoordig wel overal te zijn (wat natuurlijk wel zo handig is voor iemand die in alomtegenwoordigheid doet). Het enige waar ik het nu over wilde hebben, was Maitreya, mijn vreemdeling in de bus en wat dit alles zou kunnen betekenen – al die dingen die mij ogenschijnlijk toevallig hiernaartoe, naar deze Samten, hadden geleid.
Maar Tim had natuurlijk gelijk: er moest ook gewerkt worden. Dus babbelden Samten en ik, dwalend over het terrein van Dobroyd Castle, verder over hun cursusaanbod.
Het was hier werkelijk fantastisch, en ik mocht mijn slungelige vriend steeds meer. Hij liet me alles zien, vertelde allerlei verhalen, stelde me voor aan verschillende monniken... Pas toen hij zei dat hij nu echt even het verband om zijn duim moest verschonen, stopten we met filmen.
'Wat heeft u aan uw duim?' vroeg ik.
'Van de trap gevallen, gewoon stommigheid. Ben zo terug.'

Terwijl de crew op zoek ging naar nieuwe lokaties, besefte ik dat ik me eigenlijk prima vermaakte. Televisie maken was simpel: gewoon een beetje kletsen.
'Denk eraan, Danny,' zei Tim in het voorbijgaan. 'Probeer hem gauw uit te dagen, een reactie uit te lokken, wat in zijn boeddhistische overtuigingen te graven. Televisie maken is niet zo simpel: het is echt wel meer dan een beetje kletsen!'

Ricky grijnsde naar me. Hij keek duidelijk uit naar het gedeelte waarin ik zou proberen de monniken op stang te jagen. Ik knikte sip naar Tim, me afvragend hoe ik deze onwaarschijnlijke missie tot een goed einde moest brengen.

Even later zag ik Liam de hoek om komen. 'Hoi,' zei ik.
'Hallo! Vermaak je je nog een beetje?'
'Het is hier fantastisch,' zei ik, en liep met hem mee de tuin in.
'Heb je er ooit over gedacht monnik te worden, Danny?'
Ik glimlachte. 'Nou... toen ik klein was, had ik een paar video's van oosterse vechtsporten,' zei ik. 'Met Shaolin-monniken: de ene helft van de tijd zaten ze te mediteren, de andere helft sprongen ze over tafels heen en sloegen ze bakstenen op hun kop kapot. Het zag er te gek uit! Dichter bij een aanmelding voor het klooster ben ik niet gekomen...'
'Zo is het in het echt natuurlijk niet,' zei Liam. Dat dacht ik eigenlijk al.
Liam bukte zich naar een bloem en ik ging verder: 'Een van die films heette *Shaolin-monniken tegen de Ninja*.' 'Daarin namen Shaolin-monniken het op tegen een machtige ninjakrijger.'
Liam keek van de bloem op naar mij. 'Echt? Wat gebeurde er dan precies?'
Ik haalde mijn schouders op. 'Er werd wat gevochten en zo, en er sprong iemand over een tafel heen, waarna hij een baksteen op zijn kop verpulverde.'
'En wie won er?'
'Weet je dat ik dat niet eens meer weet? Maar tegen het einde zullen de monniken en de ninja vast meer respect voor elkaar hebben gehad.'
Dat beviel Liam wel. 'Mooie moraal.'
Ik keek hem aan. 'Heb jij wel eens met een ninja gevochten?'
Hij schudde enigszins bedroefd zijn hoofd. 'Nee.'

Samten was weer terug. Ik zat te springen om mijn interview met hem voort te zetten, en hem te vragen naar al die dingen die mijn gedachten op dit moment beheersten. We zaten in het Wereldvredecafé, op het kasteelterrein, te wachten tot de crew klaar was voor dit laatste gesprek. Door de zenuwen zei ik niet veel. Dit werd mijn laatste kans om te doen wat de mensen van *Richard & Judy* van me wilden: een boeddhist op stang jagen...
Toen Tim riep: 'Oké, we draaien!' en Samten zijn rug rechtte, borrelde er slechts één ideetje in me op – en dat moest ik nú gaan uitvoeren...
'Samten... zou u zeggen dat u sinds u boeddhist bent,' begon ik, 'ook rustiger bent geworden?'

'Ja, ik denk...'

'Goed zo, want dat zeggen ze toch altijd van boeddhisten, hè: dat het zulke kalme lieden zijn, nietwaar?'

'Ik geloof van wel, ja...'

'Maar is er dan helemaal niets dat u irriteert?'

'Nou ja... als boeddhist leer je met bepaalde situaties omgaan; je te realiseren dat wat er om ons heen gebeurt...'

En toen deed ik het. Ik weet echt niet waarom ik dacht dat dit zou werken, maar het was het enige wat ik had kunnen bedenken: ik begon Samten te prikken. Prik-prik-prik in zijn arm...

Hij keek een beetje verbaasd en stopte midden in zijn zin.

'Ik bedoel... irriteert dít u soms?' vroeg ik. 'Als ik u zo prik?'

Hij keek me verward aan, maar ik ging gewoon door.

'Want dat is best irritant, nietwaar?' zei ik. Ik voelde dat ik inmiddels knalrood was – ik zat verdorie in een monnik te prikken!

'Nou... nee,' zei Samten, die op de een of andere manier zijn kalmte had weten te hervinden. 'Het is...'

'Behóórlijk irritant, toch? En als ik eens van tempo verander?'

Prikprik-prikprik-prikprik...

Samtens ogen werden groot. Toen ik opkeek, zag ik dat Tims ogen zo mogelijk nog groter waren; en Robins mond hing open.

Ik zat nu akelig hard en snel in Samtens arm te prikken. 'Bent u al boos? Kom op, zeg dan dat u boos bent!' Ik smeekte het bijna. Ik wilde heel erg graag dat dit hem irriteerde, maar ik had geen flauw idee of het werkte; of ik zijn zen al verstoorde, of hij die kast al op klauterde of niet... Ik wist alleen dat ík me afschuwelijk voelde.

Ik keek weer naar Tim, in de hoop dat hij zo '*Cut!*' zou roepen, maar dat deed hij niet: hij zat me alleen maar aan te staren. En de cameraman keek ook al niet meer door zijn lens, maar gluurde er met hoog opgetrokken wenkbrauwen omheen. Het was doodstil, op het ge-prik-prik-prik na, van een kerel die een monnik in zijn arm zat te prikken.

'Danny,' sprak Samten uiteindelijk kalm. 'Er is iets wat je moet weten.'

Ik begon wat langzamer te prikken.

Samten keek me diep in de ogen. 'Ik ben een zeer gewelddadig man, Danny... met een heel kort lontje.'

Ik hield op met prikken. 'Goed...' zei ik. 'Vertel nog eens wat meer over jullie centrum...'

'Was dat goed, Tim?' vroeg ik. 'Ik geloof toch werkelijk dat ik hem een beetje op stang had, hoor!'

'Dat zal best, Danny... Maar eerlijk gezegd bedoelde ik dat je hem geestelijk moest uitdagen. Snappie? In zijn overtuigingen peuren, niet in hem...
príkken.'
'O.'

Dat was natuurlijk maar een grapje van Samten, dat hij een zeer gewelddadig man was, dat was zijn manier van omgaan met vreemde situaties.
We waren klaar met filmen: de crew begon de spullen in te pakken en zo
direct zou ik met Ricky en Robin terug rijden naar Londen. Maar ik
wilde per se Samten nog een keer spreken.
Ik vond hem bij de vijver, waar hij in het water stond te staren. Ik wilde
al op zijn schouder tikken, toen ik bedacht dat hij daar waarschijnlijk wel
genoeg van had. 'Samten...' zei ik voorzichtig. 'Kan ik u misschien nog
ergens over spreken, onder vier ogen?' Ik weet niet waarom ik dat laatste
eraan toevoegde: we waren immers al alleen.
Samten keek me met enige argwaan aan. 'Je gaat toch niet weer in me
prikken, hè?'
'Nee, dat doe ik niet meer. Nog mijn excuses daarvoor, trouwens. Ik beloof dat ik nooit meer een monnik zal prikken; ik begrijp nu dat dat een
hoogst onbezonnen actie was.'
Samten knikte traag en gebaarde me hem naar binnen te volgen. We
kwamen in een ruimte die baadde in het zonlicht. 'Ik zal zo het water
opzetten,' zei hij. Toen trok hij zijn gewaad omhoog en begon zijn schoenen uit te trekken.
Tot mijn verbazing droeg hij wandelschoenen, al weet ik niet of dat wel
zo ongewoon is; misschien behoren wandelschoenen wel tot de stan-
daarduitrusting van een monnik. Ik weet niet wat ik dán had verwacht
– een paar slappe mocassins of jutezakken of zo – maar, nee dus. Er schoot
door me heen dat Samten misschien wel een fan van *Extreme Monking*
was; dat er misschien zelfs een deltavlieger onder dat gewaad school...
Samten zette water op en trok de koelkast open. 'Melk in je thee?'
'Alstublieft.'
'Juist... je kunt kiezen voor zónder melk... of mét yoghurt.'
'Eh... wat voor smaak?' vroeg ik.
Hij zakte even door de knieën, keek nog eens goed en kwam weer over-
eind. 'Aardbeien.'
Ik dacht even na. 'Doe dan maar zonder.'
Hij kwam met de thee binnen, ging in de stoel naast de mijne zitten,
keek me met een vriendelijke glimlach strak aan en knikte – als teken dat
ik maar moest vertellen wat ik op mijn lever had.

Ik wist niet waar ik moest beginnen – maar begon toch maar. 'Samten, beneden hadden we het heel even over... Maitreya.'

Hij knikte.

'Eh... wie ís dat eigenlijk? Want ik... heb wel eens van hem gehoord.'

'Maitreya is de boeddha der liefde, de volgende Aardse Leermeester.'

'Juist... wat ik dus zou willen weten... zou het kunnen dat ik hem kort geleden in een bus heb ontmoet?' Ik trilde; misschien ging ik nu toch iets te snel.

Maar Samten leek het niet erg te vinden. 'Eh... ik denk dat dat wel mogelijk is. Hoezo?'

'Omdat dat – indirect – de reden is dat ik hier nu zit. Ik heb nooit eerder gepresenteerd; ben helemaal geen tv-man... maar iemand bood mij deze kans, en in plaats van dat ik zei: "Nee, dat kan ik niet," of "Nee, zoiets heb ik nog nooit gedaan," zei ik ja. En ik had de kans om op zoiets ja te zeggen enkel gekregen, omdat ik daarvóór op een feest was beland waar ik een halfjaar eerder waarschijnlijk nooit naartoe was gegaan.

Ik greep deze kans – net als nog veel meer kansen... En als ik sommige mensen die ik intussen heb ontmoet, mag geloven, komt dat allemaal, doordat ik in een bus Maitreya heb ontmoet.'

Samten knikte alsof hij het helemaal begreep (maar toen ik mijn verhaal in mijn achterhoofd nog eens afspeelde, wist ik dat het onwaarschijnlijk was als hij het werkelijk begreep). Toen zei hij: 'Ik weet niet zeker of ik je goed begrijp.'

En dus vertelde ik hem het hele verhaal: hoe ik eerder dat jaar veel negatiever had geleefd, en nee had gezegd tegen elke kleine kans die ik tegenkwam; hoe ik opeens bang was geworden dat het nooit meer anders zou worden, hoe het me was gaan spijten dat ik nooit zou weten wat ik allemaal misliep.

En hoe op een avond, in een bus in East End, een vreemdeling die zin had uitgesproken die alles zou veranderen: een zin zo puur en simpel; een zienswijze zo glashelder, dat ik hem aanvankelijk als onuitvoerbaar had weggewuifd: 'Zeg vaker ja.' En ik vertelde Samten dat dat exact was wat ik had getracht te doen: vaker ja zeggen. En ik had ervan geleerd, had meer plezier gehad... ja, ik had weer geleefd!

Samten dacht lang na over mijn woorden.

Ik bedacht dat in zijn aanwezigheid elke stilte zwaar, maar tegelijkertijd buitengewoon natuurlijk aanvoelde.

Uiteindelijk glimlachte hij en zei: 'Het klinkt alsof jij je pad naar verlichting reeds hebt gevonden.'

De crew was klaar met inpakken en begon zich voor te bereiden op de lange reis naar huis. Ricky kauwde op een stuk bleekselderij, Robin zocht de toiletten. Samten en ik wandelden nog even over het terrein en praatten nog wat na over mijn ja-project. De zon scheen nog steeds vol-op en, op een enkele monnik op de fiets na, waren we alleen.

'Wat ik vooral interessant vind,' zei Samten, 'is dat idee van de touwtjes loslaten en je de weg laten wijzen door wat jij ja-momenten noemt. Want eigenlijk hébben we de touwtjes helemaal nooit in handen, dat is een mythe: in het leven kan je werkelijk alles overkomen.'

'Zoals dat u uw duim bezeert.'

'Precies. Ik wist helemaal niet dat dat ging gebeuren.'

'Nee, ik ook niet.' Wat nogal een overbodige opmerking was...

'Maar het gebeurde wél, dus moest ik het maar accepteren en me aanpassen. Wanneer je erop vertrouwt dat hogere machten, verlichte wezens, je helpen bij je spirituele ontwikkeling, ga je volkomen anders tegen het leven aankijken: alles wordt magischer. Elk voorval moet je zien als een kans om iets te leren; je moet je openstellen voor alles wat er gebeurt – goed én slecht. Want alles wat er gebeurt, is een mogelijkheid om je wijsheid te vergroten, en verder te komen op het pad naar verlichting. Als je de bus mist, valt er wat te leren; als je ziek wordt, leer je wellicht wat over compassie.'

'En wat heeft u dan geleerd van het bezeren van uw duim?'

'Hoofdzakelijk dat het niet slim is om van de trap te vallen...'

Ik lachte.

'Maar in feite... zorgde het bezeren van mijn duim voor een lichamelijke beperking, waardoor ik meer tijd kreeg om te mediteren. Het was dus ook een waardevolle buitenkans.'

'Leuke draai, hoor!'

'Dank je.'

'U zou dus vaker uw duim moeten bezeren.'

'Ik geloof niet dat dat veel zin heeft.'

We namen plaats op een bankje.

'Het is zeker net als toen u erachter kwam dat u waardeloos was in wiskunde,' zei ik, 'en uiteindelijk bij pottenbakken uitkwam. Dat betekende dan wel dat u niet naar de universiteit kon, maar dat bleek achteraf ook maar het beste, nietwaar? Want daardoor kon u iets gaan doen waar u werkelijk om gaf.'

'Exact.'

'En nu maakt u zeker uw eigen bekers en zo.'

'Eh... ik bleek uiteindelijk ook niet zo'n ster in pottenbakken...'

'O.'

Er stak een briesje op; we luisterden er allebei even naar.

'Maar vertel me eens een aantal dingen die jou zijn overkomen, als gevolg van dat ja-zeggen,' zei Samten.

Ik dacht even na over wat ik hem kon vertellen. Toen wist ik het: iets naars dat tevens iets goeds was. 'Ik stuitte bijvoorbeeld op een kraslot. Daar doe ik normaal gesproken nooit wat mee, maar bij deze kaart vóélde ik dat ik moest meedoen: ik won 25.000 pond.'

'Wauw!' zei Samten.

'Maar toen verloor ik dat geld ook weer.'

'Ai,' zei hij.

'Maar weet u wat het is? Dat bewees mij alleen maar dat het klopte waar ik mee bezig was. Het maakte niet uit dat ik dat geld kwijt was: het belangrijkste was dat ik het in eerste instantie had gewonnen! Toen ik dat lot vond, had ik geen 25.000 pond en na afloop nog steeds niet. Ik had dus in feite niets verloren, maar had wél het gevoel te hebben gewonnen.'

Samten dacht er even over na. 'Leuke draai, hoor,' zei hij.

'Dank u.'

'Jij zou dus vaker grote sommen geld moeten verliezen.'

'Ik geloof niet dat dat veel zin heeft.'

Ik wachtte op Samtens volgende reactie. Ik wilde dolgraag weten wat hij werkelijk van mijn kraslotverhaal vond. Hij was echter ver weg, in gedachten verzonken. Toen hij ten slotte zijn mond weer opendeed, was dat om een zin uit te spreken die in elke andere situatie waarschijnlijk zou hebben geleid tot een korte schermutseling en een gebroken neus. 'Jij bent een pauw.'

Pardon? 'Een wátte?'

'Een pauw... Weet je, wie openstaat voor een situatie, kan deze ook naar zijn hand zetten. En jij bent als een pauw: die gedijen prima op giftige bessen, waar andere dieren doodziek van worden. Als je een gesloten mentaliteit hebt, beland je ook niet in situaties die je een rotgevoel kunnen geven; wie zich wel openstelt, kan zelfs in lastige situaties prima gedijen.'

'Zoals wanneer je je duim bezeert?'

'Of een grote som geld verliest. Wat heb jij tot dusver allemaal geleerd dankzij je ja-zeggen?'

'Heel veel eigenlijk: dat mannen ook kinderen kunnen krijgen, dat de piramides door buitenaardse wezens zijn gebouwd, dat geen mens zou moeten rondlopen met een kat aan een riempje, dat ik een pauw ben...'

Samten keek wat onzeker, toen ik alle waardevolle lessen opsomde die ik op mijn pad was tegengekomen. Eerlijk gezegd begreep ik dat ook wel:

als dit een aflevering van *Quantum Leap* of *Highway to Heaven* was, zou ik ook teleurgesteld zijn als dat de hele moraal van het verhaal was. Maar ik wist gewoon nog niet wat ik allemaal had geleerd, niet precies, nog niet. 'Hoe dan ook,' zei hij. 'Wat ik maar wil maar zeggen: wij kunnen heel veel leren, door gewoon te accepteren hoe we zijn, in plaats van ons te blijven vastklampen aan hoe we wíllen zijn.'

Hij had gelijk, het klonk volkomen logisch. Samten was een wijs man. Ik heb niks met religies, maar mocht dat ooit veranderen, dan schaarde ik me vast aan de zijde van mensen zoals hij (dat zou me bovendien een fortuin aan shampoo besparen).

'Mag ik misschien nog wat vragen...' zei Samten, toen we terugliepen naar de crew. 'Had je het idee dat jou meer toevalligheden overkwamen toen je je gecontroleerde leventje losliet en je wat meer openstelde?'

'Ik geloof van wel,' zei ik. 'Ik bedoel, alleen al het feit dat iedereen het constant over die Maitreya heeft... en dat ik dankzij Ja nu weer hier ben beland – waar u ook weer alles over hem weet...'

'O ja... we zouden het ook nog over Maitreya hebben.'

We bleven stilstaan, en ik stelde eindelijk mijn brandende vraag: 'Samten... denkt u écht dat het mogelijk is dat die man die ik die avond in die bus heb ontmoet, Maitreya was?'

'Dat weet ik net zo min als jij. Maar het ís mogelijk, dat wel...'

Ik schrok. Ditmaal was het niet Brian die dit zei, niet zijn vriend Pete of zelfs Elias Brown... nee, het was wéér iemand anders. Nu waren er al vier mensen die zeiden dat ik Maitreya best wel eens zou kunnen hebben ontmoet; da's bijna een club!

'Wat jij je eens zou moeten afvragen,' zei Samten – we liepen inmiddels weer bij de voorkant van het kasteel – 'is wat die man in vredesnaam heeft bezield, om die zin tegen jou uit te spreken. Waarom hij de woorden: 'Zeg vaker ja' uitsprak tegen iemand die vaker ja zou moeten gaan zeggen?'

Ik knikte, verbaasd. Ik hoorde Ricky mijn naam roepen: ze waren klaar om te vertrekken. Ik gebaarde dat ik eraan kwam.

Samten vervolgde: 'Wij, boeddhisten, spreken in zo'n geval van bezieling uit een verlichte bron. Soms voel je inspiratie om iets te zeggen, al begrijp je niet waar dat ineens vandaan komt. In feite is zoiets dan via verlichte wezens tot ons gekomen.'

'Verlichte wezens zoals...'

'Zoals Maitreya, ja. Elk verlicht wezen werkt constant voor alle menselijke wezens, bevindt zich constant onder ons. Dus ook Maitreya is in deze wereld altijd en overal aanwezig, en werkt keihard om alle mensen te helpen.'

'Een soort Superman dus?'

'Soort van... Maar hij helpt eenieder van ons, of we nu weten dat hij er is of niet. Net zoals de zon op iedereen even hard schijnt: een blinde zal haar niet zien, maar dat betekent nog niet dat ze niet op hem schijnt...' Robin drukte nu op de claxon.

'Maar als die man in die bus inderdaad Maitreya was,' vervolgde Samten, 'dan was hij eerlijk gezegd wel een beetje vroeg: hij zou eigenlijk pas over een paar duizend jaar moeten opduiken. Maar misschien was dit wel een soort voorproefje. Het kán hem dus best zijn geweest. En misschien zul je, op jouw pad naar verlichting, nog wel vaker hulp van verlichte wezens ontvangen – of van mensen om je heen van wie je het niet direct zou verwachten. Luister altijd naar wat zij jou vertellen, want soms dringt de inspiratie zich op de vreemdste momenten aan je op. Ook het alledaagse kan magisch zijn; stel je daar dus voor open.'

Ik zei: 'Oké,' en meende het nog ook.

'Ik denk dat het met jou helemaal goed komt, Danny. Jij lijkt me op veel manieren al een behoorlijk vrije geest; en er is veel te zeggen voor kinderlijke onschuld.'

Ik grijnsde vriendelijk. Toen pas besefte ik dat hij me in feite zojuist een simpele ziel had genoemd. Ik wilde net protesteren, toen ik eraan dacht dat hij had gezegd dat hij best een gewelddadig man was. Dus kneep ik mijn lippen stijf op elkaar, voor het geval dat.

Ergens langs de snelweg stopten we, om een verveloos wegrestaurant binnen te lopen. Ricky wilde een milkshake en Robin moest weer naar de wc (dat was al de derde keer in drie uur tijd – die vent had een blaas als van een reiger).

Ik ging zitten aan een tafeltje; Ricky plofte even later naast me neer. 'Dat was lachen, zeg!' zei hij. 'Ik vínd dat boeddhistengedoetje wel wat: vrede, vreugde, de hele reut... Heb jij je ook een beetje vermaakt?'

'Zeker weten,' zei ik. 'En nog bedankt voor de tip, trouwens: ik geloof dat dat prikken uitstekend werkte.'

'*No problemo*,' zei hij, roerend in zijn milkshake. 'Dus dit was jouw eerste presenteerpoging? Hoe ben je eigenlijk aan deze klus gekomen?'

'Gewoon: door ja te zeggen. Ik ontmoette Gareth op een feestje, we praatten wat over koetjes en kalfjes, er volgde een bespreking, ze vroegen of ik het eens wilde proberen, en toen zei ik dus ja.'

'Zo simpel?'

'Jep: gewoon ja gezegd!'

Hij grijnsde en mompelde iets voor zich uit.

'Wat zei je?' vroeg ik.

Hij herhaalde het, nu iets harder. '*Si!*' zei hij. '*Si a todo!*'

Ik knipperde een paar maal met mijn ogen. 'Hè?'

'*Si a todo*, dat betekent... ach, wat was het ook alweer? "Ja op alles" in het Spaans.'

'Ja op alles?'

'Ja... eh, *si.*' En hij slurpte aan zijn milkshake – een afgrijselijk geluid.

'Maar waar komt dat dan vandaan? Ik bedoel, is het een spreekwoord of zo, een Spaans gezegde?'

'Kweenie... Een paar jaar geleden werkte ik voor een vakantieprogramma van BBC 2... en in Barcelona ontmoetten we toen een gozer, ene Marc of Marco of zoiets, die dat als levensmotto had: ja op alles – *si a todo!*'

'*Si a todo*,' herhaalde ik nog maar een keer.

'Ja. Hij had een tapasbar of zoiets, en leefde zijn hele leven al volgens die ene stelregel.'

'Hij is dus een... *Si*-man...' stamelde ik.

Ricky keek me verbaasd aan. 'Wat zei je nou... zeeman?'

'Nee-nee: Ja-man... die vent is een Ja-man!' Ik kon het maar niet geloven! Al die tijd had ik gedacht de enige te zijn, maar daar... liep nog zo iemand als ik rond!

Ricky grinnikte en zei: 'Zoiets, ja.'

'En was die gozer... gelukkig?'

'Gelukkiger kom je ze zelden tegen.'

Ik leunde achterover en keek om me heen: een schoonmaakploeg was met de vloer van het restaurant bezig, een dikke man zat een hamburger te verorberen. Ik keek weer naar Ricky, die het laatste restje milkshake met zijn vinger uit de beker veegde. Ik schudde mijn hoofd: soms dringt de inspiratie zich op de vreemdste momenten aan je op, soms is zelfs het alledaagse magisch.

'Ben jij er wel eens geweest, in Barcelona?' vroeg Ricky, en hij likte aan zijn vinger.

'Nee,' zei ik. 'Nog nooit.'

'Is echt wat voor jou! In deze tijd van het jaar is het er geweldig.' Toen hij Robin naar onze tafel zag komen lopen, stond hij op. 'Moet je echt eens naartoe!'

Ik knikte. Dat moest ik zeker.

# 21

*Waarin Daniel zijn gelijke ontmoet*

Ik zat in de bus toen mijn mobieltje piepte.

'Hallo?'

'Danny? Hallo... Gareth van *Richard & Judy* hier.'

'Ha, die Gareth!'

'Ik wilde je even op de hoogte stellen van de laatste ontwikkelingen.'

'Oké...'

'Jouw verslag, dat afgelopen maandag is uitgezonden... heeft een eh... nogal ongebruikelijke respons opgeleverd.'

'Ongebruikelijk?'

'Ja: we hebben een eh... abnormaal groot aantal klachten ontvangen.'

'Echt?'

'Wij denken dat dat komt doordat jij de hele tijd in die monnik zat te prikken.'

'Aha.'

'Waar ben je nu?'

'Ik zit in de bus.'

'Bel dan even terug zodra je thuis bent. We willen graag de opnamen van je volgende verslagje inplannen...'

'Eh... maar ik ben morgenavond pas weer thuis...'

'Oké... dan bel je dán toch...'

'Doe ik. Hé, maar luister eens, zou jij iets aan Ricky willen doorgeven?'

'Tuurlijk. Wat dan?'

'Zeg hem maar, dat ik onderweg naar Barcelona ben...'

Het was pas drie dagen geleden dat ik een monnik had zitten prikken, en er was alweer zoveel gebeurd!

Ik vond het nog steeds haast niet te geloven dat er ergens nog zo iemand was als ik – die geen ja zei omdat hij kon kiezen, maar als een manier van leven. Uit Ricky's woorden had ik echter begrepen dat dit geen amateur was zoals ik: hij deed dit niet slechts tot aan het nieuwe jaar omdat hij het gevoel had dat het iets was wat hij moest doen, of omdat hij er niet onderuit kon... Nee, hij leek dit alles te doen omdat hij gewoon zo wás: hij was een man die ja zei – op alles.

Zelfs als Ricky níét had gezegd dat ik echt eens naar Barcelona moest, had ik deze man willen ontmoeten. Maar toen had ik dus daadwerkelijk ja gezegd en kón ik zelfs niet meer anders. Dus had Ricky me een e-mailadres gegeven dat volgens hem nog wel klopte, en ik had het erop gewaagd.

Ik vertelde Marc meteen de waarheid: dat ik hem wilde spreken over *si a todo*. Dat ik wist dat ik voor hem een volslagen vreemde was, en dat het vast een beetje merkwaardig overkwam, maar dat iemand die ik ook nog maar pas kende – via een ja – mij over hem had verteld. Dat hij de Ja-man van Barcelona was en ik die van Londen... en dat het me niet meer dan logisch leek dat wij onze aantekeningen eens naast elkaar legden... Hij schreef diezelfde dag nog terug. Vanzelfsprekend om *si* te zeggen!

*querido* danny,

ik zit op het moment in la riviera (italië), op een berg te midden van woeste natuur. op heldere dagen kun je van hieraf tot aan corsica kijken; in de tuin eten de *cinghiale* het fruit van de bomen...

na twee bliksemreisjes kan ik aanstaande donderdag weer in barcelona zijn - kunnen we in een in *taller de tapas* lekker *shock proteico de gambas* en andere zeevruchten eten, en daarna half barcelona op zijn kop zetten...

*si a encontrarnos, si al shock proteico y SI A TODO !!!*

ik zou het puik vinden jou te ontmoeten... ben jij donderdag vrij om te komen??

*saludos cordiales, me parece atomico el encuentro,*

marc

Donderdag! Was ik dan vrij om te komen? Hé, wat was ik voor Ja-man, als ik nu al nee zei?

Dus daar zat ik dan die donderdagochtend: opgewonden, in de bus naar het vliegveld. Ik had alles geregeld: een nacht in Barcelona; en de vlucht was me welwillend ter beschikking gesteld door de mensen van Siemens (omdat ik weken geleden ja had gezegd tegen een nieuwe handset, waarna ik een gratis retourticket naar waar-dan-ook-in-Europa van ze had gekregen). Ik kon mijn geluk niet op: het was alsof Ja opeens alles voor me verzorgde.

Ik wist niet wat ik van dit reisje naar Barcelona kon verwachten; ik wist niet eens meer wat ik van het leven kon verwachten. Ik ging naar het vliegveld, stapte in het vliegtuig en liet me naar een ander land vliegen.

Zoals afgesproken stond ik op het Plaza del Juamo op Marc te wachten. Ik had geen idee hoe hij eruitzag, wat we vanavond gingen doen, of wat ik over het algemeen kon verwachten. Ik wist niet hoe oud hij was, hoe hij zich kleedde... het enige wat ik wist was zijn naam. Ik wist niet hoe hij was, en of we, buiten onze neiging overal ja op te zeggen, nog meer overeenkomsten hadden. Maar het was nu te laat om me daar nog zorgen over te maken.

Mijn blik dwaalde over het plein. Een oude man met een hoed en zijn handen diep in zijn zakken, dat kon hem best zijn, leek me. Of daar: een man van middelbare leeftijd met een pijp, dat kon ook. Maar zij leken geen van beiden iemand anders – mij dus – te zoeken.

Er gingen vijf minuten voorbij, en nog eens vijf minuten. Toen kwam er aan de overkant van het plein een taxi aan geracet, die abrupt tot stilstand kwam. Een knappe, gebruinde dertiger in colbert en T-shirt sprong eruit. Hij gaf de chauffeur door het open raampje heen een *high-five* en bukte zich toen om hem ook nog eens te omhelzen. Toen zwaaide hij hem gedag en tuurde over het plein. Hij zocht iemand. Dat was dus Marc.

'We gaan eerst naar een vriend van me,' zei Marc, 'en daarna doen we Barcelona op volle kracht! *Atomico*, Danny! Kom, hierlangs...' Hij leidde me door de achterafstraten en donkere steegjes van de gotische Oude Stad, één en al vriendelijkheid en energie.

En hij floot erbij, of eigenlijk was het meer een soort... getsjirp – in korte uitbarstingen, als van een vrolijk vogeltje. Het was een geluidje dat leek op niets wat ooit in mijn bijzijn door een mens was gemaakt. En hij deed het nog vaak ook: tussen een paar zinnen in, als we een hoek om sloegen... Telkens weer klonk kort en scherp: *krrriep.* Geen onprettig geluid, maar beslist ongewoon. 'Kom, het is nu niet ver meer...' *Krrriep.* 'Mijn vriend is vast in zijn winkel...'

Ik moest behoorlijk mijn best doen zijn tempo bij te houden. Met grote stappen beende hij voort, alsof er anders niet genoeg tijd was voor wat we vanavond nog allemaal moesten doen.

'*Hola*, Marc!' klonk het opeens hoog boven ons. Toen ik opkeek, zag ik een grote, kale man uit het raam hangen. Hij zwaaide naar Marc.

'*Hola*, Emilio!' riep Marc terug, maar we liepen zonder in te houden verder. We stampten over een plein, waar een paar tieners hevig rokend experimentele muziek uit hun keyboards rammelden. De muren zaten er vol met kogelgaten. Marc bleef een fractie van een seconde staan, om mij uit te leggen dat die nog van de Burgeroorlog waren. 'Ik vind Barcelona de mooiste stad ter wereld,' zei hij. 'Ik heb hier altijd gewoond, tot voor kort. Tegenwoordig woon ik in Italië, in een superrustig dorpje. Maar Barcelona zal altijd mijn thuis blijven. Het is een bijzondere plek, de enige echte mediterrane stad van Europa...'

'Hé, Marc!' riep opnieuw een stem boven ons hoofd.

Marc stak zijn hand op, tsjirpte even en liep door. 'Ben jij hier al eerder geweest?' vroeg hij.

'Nee, nog nooit,' zei ik. 'Maar het bevalt me hier nu al...'

En daar gebeurde het alweer: iemand leunde – drie, vier verdiepingen hoger – uit een raam en riep Marcs naam... En opeens begreep ik het: hij tsjirpte alleen als we door een woonstraat liepen, waar de ramen open stonden, waardoor zijn geluidje naar binnen kon zweven: Marc tsjirpte naar zijn vrienden! Iedereen hier kende dat *krrriep*: zíjn manier om te zeggen dat hij weer in de stad was.

Ik probeerde het ook een keer, maar het klonk nergens naar. Marc lachte en wilde net iets zeggen, toen er aan het eind van de steeg een stem klonk. Toen we omkeken, zagen we opnieuw iemand zwaaien. Die had het getsjirp blijkbaar gehoord, maar was net te laat met zijn reactie, waardoor hij ons bijna had gemist.

Marc zei: 'Zo terug!', rende weg en klauterde toen, in een paar indrukwekkend rappe bewegingen, tegen de gevel omhoog en verdween door het juiste raam naar binnen. Even later verscheen hij weer, in de voordeur van een huis aan de overkant.

Ik snapte er niets meer van.

'Zo,' zei hij. 'We kunnen weer verder...'

'Marc...' zei ik. 'Jij klom net tegen de gevel van een huis omhoog en kwam heel ergens anders weer tevoorschijn...'

'Ja,' zei hij, alsof zoiets doodgewoon was. 'Ik moest even een vriend begroeten.'

De volgende vriend bij wie we binnenvielen, had een antiekzaak, die verstopt zat in weer een ander smal straatje. Hij heette Jorge, sprak geen woord Engels en gaf me een krachtige hand. Daarna vertelde Marc hem blijkbaar waarom ik hier was, want hij riep enthousiast een paar maal: '*Si a todo!*' Toen rende hij weg en kwam terug met drie antieke glazen en een fles whisky. Hij stofte de glazen af, vulde ze tot de rand en gaf ons elk een glas. '*Si a todo!*' zei Jorge.

'*Si a todo!*' zei Marc.

'*Si a todo!*' zei ik. Ik genoot met volle teugen.

Een uur later zaten we in een aardige maar propvolle bar in de Oude Stad. Ik had me er al over verbaasd dat iedereen, zowel de klanten als het barpersoneel, had gejuicht toen Marc, de Ja-man van Barcelona, was binnengekomen. Misschien was Marc in het geniep ook wel hypnotiseur...

Sinds die whisky in dat antiekzaakje hadden zich, naast Jorge en zijn hondje Melvyn, nog een paar mensen bij ons gevoegd: de Duitse fotograaf Nino en de Spaanse soapster Marta (rechtstreeks van de set van een nieuwe aflevering uit een serie met de nogal deprimerende titel *Het leed van de stad*). Marc vertelde weer wat ik in Spanje deed, waarna iedereen opgetogen reageerde. 'Dus jij dacht gewoon: ik ga naar Barcelona?' vroeg Marta. 'Zomaar?'

'Zo'n beetje wel, ja.'

'Enkel omdat je een man was tegengekomen, die Marc kende?'

'Ja.'

'En je zei gewoon: "Marc, ik kom naar je toe"?'

'Klopt. En Marc zei ja.'

'En toen pakte je gewoon het vliegtuig? En je kwam helemaal naar Spanje? Voor een ontmoeting met een volslagen vreemde?'

Ik haalde mijn schouders op. 'Ja. Het was zo'n vreemd toeval: een man die ik leerde kennen, doordat ik ja had gezegd op een klus, had Marc een paar jaar geleden ontmoet en vertelde me dat hij ook altijd ja zei!'

'*La casualidad no existe*, Danny!' zei Marc. 'Toeval bestaat niet! *Si a todo!* Dat is de enige weg!'

'*Si a todo*,' zei Jorge, en iedereen stak zijn glas omhoog.

'Ja zeggen is goed!' riep Marta. 'Ja op alles!'

We waren een vrolijk stel, en ik voelde me verrassend welkom. Er hing zo'n overweldigende warmte om ons heen: voor mij, voor Marc...

Marc was echt iemand met een soort magnetisch optimisme: niets leek hem te veel moeite; hij hield van het leven, en het leven hield van hem. Misschien zat hij wel zo lekker in zijn vel, omdat hij wist wat belangrijk voor hem was – en helemaal boven aan zijn lijstje stonden zijn vrienden. Maar ik wilde vooral dolgraag weten wat ja zeggen voor hem betekende. 'Marc, mag ik jou iets vragen over... je weet wel, *si a todo?*' vroeg ik. 'Hoe heeft dat invloed gehad op...'

Maar Marc luisterde niet. 'Danny!' riep hij. 'Een ei!'

Pardon?

'Hier, pak aan...' En ineens produceerde Marc een ei (en dan bedoel ik dat hij er eentje uit zijn zak haalde; niet dat hij ging zitten en er eentje legde...). 'Een ei?' zei ik.

'Ja: voor jou!' En hij klapte het ei op tafel, rolde het even heen en weer, en trok de schaal er toen in één beweging vanaf. 'Een ei voor jou!'

Ik wist niet wat ik moest zeggen. Het overkomt me namelijk niet zo vaak dat mannen die ik nog maar net heb ontmoet, een ei uit hun zak toveren en voor me pellen.

'*Si a todo*,' zei Marc. 'Pak aan dat ei!'

'Pak aan dat ei?'

'Ja-ja, pak aan!'

Het enige wat ik kon bedenken, was dat dit een typisch Spaanse traditie was... en dat het weigeren van een gekookt, speciaal voor jou gepeld ei een verschrikkelijke vorm van discriminatie betekende. Dus pakte ik het ei en toonde het aan het meisje achter de bar. 'Ik pak het ei aan!' zei ik. En toen propte ik het ei in zijn geheel in mijn mond. 'Is dit nou een typisch Spaanse traditie?' vroeg ik tijdens het kauwen aan Nino.

'Welnee,' antwoordde deze. 'Marc is gewoon dol op gekookte eieren.'

'Kom,' zei Marc. 'Wij moeten verder... *Si a todo*, Danny. We gaan weer ergens anders naartoe: een feest vanwege de opening van een nieuwe club... Ik heb een uitnodiging voor ons allebei...'

'Te gek!' riep ik. Een feest! De exclusieve opening van een nachtclub, in deze coole, hippe stad! Nieuwe hoop stroomde door mijn aderen: dit was waar het ja-mannenbestaan om draaide. Dat wist Marc, en ik nu ook.

'Kom, we gaan...'

Dus lieten Marc en ik de anderen achter in de bar en vertrokken naar een fonkelnieuw feest. Deze keer was ík het eens niet die een ja najaagde, maar zei ik ja tegen iemand anders' ja – een soort ja in het kwadraat dus!

'Hé, Marc,' zei ik, terwijl we om een man heen liepen die een soort taichi stond te doen, 'mag ik je nu dan wat vragen over Ja? Want ik zeg nu al een paar maanden ja, en de meeste tijd was het fantastisch, maar ja-zeggen heeft toch ook zijn minder leuke kantjes; ik heb toch ook een aantal dingen gedaan die ik eigenlijk niet had moeten doen...'

'Zoals?'

'Nou ja... er zijn bepaalde dingen gebeurd, enne...' Ik dacht eerst aan Lizzie, toen aan Kristen, maar die gedachten duwde ik opzij. 'Ik wil zo graag weten of ik het wel goed doe. Ik bedoel, heb jij wel eens...'

'We zijn er! Barcelona's nieuwste club!' En Marc liep op een van de uitsmijters af, wees op mij en zei iets, waarop de man knikte en we naar binnen werden geleid.

Ik had Marc dolgraag om raad willen vragen, maar vrijwel meteen nadat we de club hadden betreden, raakte ik in gesprek met een vriendin-van-een-vriend-van-Marcs-vriend, die vastbesloten leek mij alles over haar hele leven te vertellen. 'Mijn ex-vriend,' zei ze, terwijl mijn blik door de ruimte dwaalde, op zoek naar Marc, 'is van de zomer in Londen geweest.'

'O ja?' zei ik. Ik zag Marc nergens: alleen tientallen ultra-elegante, trendy Spanjaarden in pak en laarzen, in de nieuwste (en fluweligste) club van heel Barcelona.

'Ja, hij vond het er erg leuk.'

'Da's mooi,' zei ik.

Er kwam een man in een zwart pak langs, zijn overhemd tot aan de navel open. Hij stopte bij een spiegel om zichzelf te bekijken. Zijn huid leek wel geschminkt.

'Hij is pleite,' zei het meisje.

Ik spitste mijn oren. 'Pleite?' herhaalde ik.

'Ja', zei ze.

Ze leek er totaal niet mee te zitten, maar toch leefde ik met haar mee.
'Goh,' zei ik. 'Wat rot voor je.'
De man stond zichzelf nog steeds in de spiegel te bestuderen; hij leek behoorlijk te kicken op wat hij zag.
'Hoe bedoel je?' vroeg het meisje.
'Nou... da's toch heel vervelend voor je?'
'Helemaal niet!' zei ze, en ze klonk zelfs een beetje beledigd. 'Hij is een heel beroemde pleiterik in Spanje!'
'Een beroemde pleiterik?'
'Ja, een criminele.'
De man bij de spiegel had gezelschap gekregen van iemand met de meest ingewikkelde geschoren gezichtsbeharing die ik ooit had gezien, die zichzelf nu ook stond aan te staren.
'Een in heel Spanje beroemde, criminele pleiterik? Weet je zeker dat dat goed is?'
De twee mannen knikten naar zichzelf en toen naar elkaar. Daarna liepen ze de zaal weer in, waarschijnlijk op zoek naar de volgende spiegel.
'Hij is anders pleiterik bij de beste rechtbank van Spanje, hoor!'
'Ooo!' zei ik. Ik snapte het eindelijk. 'Je bedoelt strafpleiter: advocaat!'
'Ja. Wat dacht jij dan?'
'Ik dacht dat je zei dat hij "pleite" was... maar jij bedoelde "pleiter".'
'Wat is het verschil?'
Het ís dat ik niet graag cynisch doe, anders had ik geantwoord dat ze gelijk had; dat beide woorden te maken hebben met gluiperigheid...

'Danny! *Si a todo!*' riep Marc. Hij had twee champagneglazen in de hand, gaf me een glas en een klap op mijn rug.
Ik lachte. Ik mocht hem echt heel erg graag. Het was moeilijk uit te leggen (tenslotte kenden we elkaar nog maar heel kort), maar hij leek een soort natuurlijke passie voor het leven te bezitten – iets wat ík tot nu toe had geprobeerd te forceren – en die eigenschap waardeerde ik zeer in hem.
'We gaan daar even zitten,' zei hij, wijzend naar een hoger gedeelte naast de dansvloer. Er zaten al wat mensen van hun drankjes te nippen, met een air alsof ze tot de fine fleur van Barcelona behoorden. Ook de man met de ingewikkelde gezichtsbeharing zat er in zijn glas te staren – die probeerde vast een glimp van zichzelf op te vangen in een ijsblokje...
'Oké,' zei ik. 'Misschien kun je me dan eens wat vertellen over jouw bestaan als Ja-man...' Ik wilde zo graag een band met hem opbouwen – niet alleen als vriend, maar ook als mede-Ja-man.
'Tuurlijk, doen we,' zei hij. 'Maar dit is nog maar het begin, hoor! We

hebben tijd zat!' Dit leek me niet het juiste moment om hem erop te wijzen dat ik de volgende dag alweer terug naar Londen moest.

Dus pakte ik mijn glas en ging mee naar de verhoging. Marc werd echter halverwege alweer meegesleurd door een glamoureus uitziende vrouw.

Even later kwam er een man in een glimmend lovertjespak naast me zitten. 'Hola,' zei hij.

'Hola,' zei ik, en daar zaten we dan, zwijgend naast elkaar naar de dansvloer te staren, die langzaam steeds voller begon te lopen.

Ik bedacht dat ik me niet zo moest fixeren op Marcs eerdere ervaringen met ja. Tenslotte zag ik het nu allemaal met eigen ogen gebeuren, hier in Barcelona: voor Marc was ja-zeggen lang niet zoiets technisch en gedisciplineerds als ik ervan had gemaakt. Hij had gewoon een over het algemeen zeer vrije, positieve levenshouding; deinde mee op de golven en zag wel wat er gebeurde.

Toen werd er ineens iets omgeroepen. Het was helemaal in het Spaans, dus had ik geen flauw idee waar het over ging. Maar het was blijkbaar een soort oproep om te gaan dansen, want meteen daarna stond iedereen op het verhoogde gedeelte op en liep naar de dansvloer. Ik en de man in het glitterpak bleven als enigen achter. We keken elkaar glimlachend aan. Maar ik voelde me er toch niet zo lekker bij en vroeg me af wat ik precies had gemist: had ik nu een directe opdracht genegeerd, per ongeluk een ja-moment overgeslagen? Waar was Marc? Die moest voor me vertalen! Ik keek om me heen, maar zag hem nergens. En op de dansvloer was het nu stampvol, maar niemand danste: ze stonden allemaal maar wat te kletsen.

Toen ik opstond om de zaal beter te kunnen overzien, deed de man in het glitterpak hetzelfde. Hij boog zich naar me toe en zei iets tegen me in het Spaans. Ik wilde niet laten merken dat ik hem niet verstond en grijnsde breed. Toen hij herhaalde wat hij had gezegd, trok ik glimlachend mijn schouders op.

En toen ging me, zonder enige waarschuwing, een lichtje op – oftewel: er werd een grote spot op me gericht... Er klonk ineens weer muziek... en toen het volume daarvan werd opgeschroefd, steeg er een luid gejuich op. Wat gebeurde hier in godsnaam?

Ik wilde net de man in het glitterpak op zijn schouder tikken, toen ik tot mijn afschuw zag dat hij een microfoon pakte. Mijn god, hij ging zingen... Hij was een zanger in een glitterpak, op een verhoogd gedeelte van een zaal, voor een dansvloer vol genodigden; een zanger, die een Spaans poplied ten gehore begon te brengen – met mij, een gigantisch in verlegenheid gebrachte toeschouwer, naast hem op het podium...

Ik probeerde nog van het podium af te komen, om fluks in de menigte op te gaan, maar Glitterman was naar voren gelopen en sloot zo de vluchtroute naar het trapje af. Ik kon hem natuurlijk niet zomaar opzij duwen. Ik zat gevangen! Dus deed ik het enige wat me restte: ik leunde achterover, deed schaapachtig alsof er niks aan het handje was, staarde naar mijn voeten en bad dat zijn lied snel voorbij was...

Toen ik halverwege opkeek, zag ik een zee van mensen naar mij staren, alsof ik een soort merkwaardig natuurverschijnsel was, of een onderdeel van de show dat ze gewoon niet begrepen. Algauw begonnen er een paar foto's te maken, en vanuit mijn ooghoeken zag ik zelfs een nieuwsploeg. Ik had geen idee wie deze vent was, maar hij was duidelijk beroemder in Spanje dan in Engeland. Met stijgend afgrijzen besefte ik dat op alle beelden van het openingslied van deze zanger, een bebrilde gozer met een knalrode kop te zien zou zijn, die er op de achtergrond knarsetandend van zat te balen dat hij geen Spaans verstond – waardoor hij niet had begrepen dat iedereen die geen Spaanse popster was, werd verzocht het podium te verlaten...

Zijn lied duurde wel een eeuw, of in ieder geval langer dan enig ander lied dat ik ooit heb gehoord. Maar het instrumentale gedeelte ervan was nog wel het ergste. De zanger kon daar tenminste nog een soort van dansje doen, maar ik... kon daar alleen maar zitten. Toen ik nog eens stiekem opkeek, zag ik dat de meeste lui niet naar de heupwiegende beroemdheid voor hen stonden te staren, maar naar zijn achtergrondkoortje – ik. Ik probeerde een zo nonchalant mogelijke houding aan te nemen en tikte op de maat mee, alsof het op een bizarre manier allemaal zo hóórde.

Eindelijk kwam het lied, toch nog vrij abrupt, tot een uiterst welkom einde. De menigte ging uit zijn dak; overal zag ik flitsen. Mijn beschamende aandeel in de geschiedenis van deze club werd voor eeuwig op de gevoelige plaat vastgelegd; er werd gegild, een man riep: 'Bis-bis!' Toen boog de man in het glitterpak, stak zijn hand op naar het publiek en liep het podium af – terwijl hij mij in het voorbijgaan nog een argwanende blik toewierp. De spot werd weer gedimd en er begon andere muziek te spelen. En ik stond langzaam en voorzichtig op, en probeerde het podium zo waardig mogelijk te verlaten – voor iemand die zojuist een belangrijk optreden heeft verziekt.

'Danny!' zei Marc, die ineens weer achter me stond. 'We gaan! Ik kreeg net een telefoontje van een vriend, die ons uitnodigde voor een drankje! Hij woont prachtig, hoog in de heuvels: je kunt er heel Barcelona overzien... Kom mee!'

Een halfuur later stond ik op het balkon van de vermaarde Spaanse kunstenaar Eduardo Arranz Bravo, en keek naar de stad die zich onder mij uitstrekte.

Arranz Bravo bleek wel 'een van de grootste, nog levende meesters ter wereld' te worden genoemd, omdat hij 'abstracte en figuratieve elementen met elkaar combineert – aldus de angst, het isolement en de onderdrukking van de moderne mens verkennend en het menselijk lichaam en zijn omgeving in hun voortdurende gedaanteverwisseling weergevend'. Althans, zo stond het in de brochure, die ik zittend op zijn sofa doorbladerde.

Marc en ik keken uit over Barcelona, terwijl Eduardo wijn voor ons inschonk. Het was een in alle opzichten willekeurig moment – opnieuw een voorbeeld van waar ja mij kon brengen, als ik het maar zijn gang liet gaan.

'Danny,' zei Eduardo, een imposante man met een baard. 'Ik heb het gevoel dat ik jou eerder heb gezien...'

'O?' zei ik. 'Ik ben anders nog nooit in Barcelona geweest.'

'In Londen dan misschien? Daar ben ik zeer recent geweest. Al geloof ik niet dat wij elkaar toen hebben ontmoet...'

'Dat geloof ik ook niet,' zei ik. Ik zou me een ontmoeting met een van de grootste nog levende meesters ter wereld echt wel kunnen herinneren. Zeker weten.

Ergens binnen – het was inderdaad een prachtig huis – klonk een telefoon. Eduardo verontschuldigde zich.

'Marc...' begon ik, en ik kreeg het bekende tsjirpje als antwoord. 'Ik vind het echt ongelooflijk dat ik hier nu ben, weet je dat? Ik bedoel, ik weet dat ik gewoon maar in het huis van een Spaanse kerel sta, maar tegelijkertijd voelt het alsof ik door het lot hier ben gebracht. Het enige wat ik heb gedaan, is alles over me heen laten komen... en hier sta ik dan toch maar.'

'Je móét de dingen ook over je heen laten komen,' zei Marc. 'De wereld weet heus wel wat hij doet. *Si a todo* is een zeer krachtig statement...'

'Maar wat betekent het precies voor jou? Want ik geloof dat – hoewel we beiden vaak ja zeggen – jij het toch ietsje anders doet dan ik.'

'Voor mij is het echt een levenshouding. Ik word ook vaak raar aangekeken, hoor, omdat ik *si a todo* zeg. Dan vragen mensen me bijvoorbeeld of ik ook ja zeg tegen oorlog, tegen *terrorismo*, tegen allerlei andere slechte dingen... Nee, dus: ik vind het gewoon fijn om op een positieve manier te leven. Ik zeg geen nee tegen oorlog, maar ja tegen vrede...'

Dat klonk wel heel erg bekend! 'Dat is exact wat iemand pas geleden nog tegen me zei!' riep ik uit. 'Ik liep in Londen een stel vredesdemonstranten tegen het lijf, die vroegen of ik wilde meedoen aan Krijten voor Vrede.

En zij hadden het toen ook over "ja tegen vrede" in plaats van "nee tegen oorlog".'

'*La casualidad no existe*, Danny!' zei Marc. 'De wereld weet wat hij doet.'

Op dat moment kwam Eduardo het balkon weer op. 'Sorry hoor,' zei hij, 'maar ik ben bezig met de voorbereidingen voor een grote tentoonstelling van mijn bronzen beelden. Die zijn nooit eerder geëxposeerd, en er moet nog van alles geregeld worden. Dat telefoontje was van een vriend van me; een Braziliaans kunstenaar die in Engeland woont.'

'O,' zei ik. 'Waar ergens?'

'In Bath.'

Ik stond paf. 'Daar ben ik opgegroeid,' stamelde ik. 'En mijn ouders wonen er nog steeds.'

Marc tsjirpte. 'Toeval bestaat niet: *la casualidad no existe!*'

'Goh, apart!' zei Eduardo. 'Maar dít is ook apart: toen ik het net met hem over mijn reis naar Engeland had, wist ik ineens weer waar ik jou van ken.' Hij kwam wat dichterbij. 'Ik heb je op tv gezien!'

Ai! Ik wist precies waar: in het journaal van negen uur, achter een man in een glitterpak, die een Spaans popliedje zong...

Maar toen betrok zijn gezicht, alsof hij zich iets probeerde te herinneren. 'Je deed... ach, hoe noem je dat ook alweer? Zoiets...' – en hij maakte een porrende beweging...

Mijn god: hij had me bij *Richard & Judy* gezien! 'Hoe... kan dat nou?'

'Ik was in Londen en er stond een tv op mijn hotelkamer.'

'Maar dat is nog maar een paar dagen geleden!'

'Inderdaad.'

Heilige maagd Maria!

Marc begon te lachen, en te lachen: '*La casualidad no existe!*' bulderde hij. 'Overal zijn verbindingen! Soms word je naar een bepaald punt gebracht, zonder dat je enig idee hebt waarom...'

Verbijsterd dacht ik aan Samten. Dit was toch belachelijk toevallig? En het ging ook nog niet om zomaar een Londense jongen van de straat, die mijn allereerste tv-werk had gezien: dit was een wereldberoemd kunstenaar uit Spanje; een man in wiens huis ik me nu bevond, doordat een andere man (die ik nooit zou hebben ontmoet als de geluidsman van een programma, waar ik nooit in had gezeten als ik niet een feest had bezocht, waar ik nooit naartoe had zullen gaan als...) me had gezegd dat... Ik bedoel maar, hoe groot is die kans nou?

'Het is ongelooflijk wat er allemaal kan gebeuren,' zei Marc, 'als je het maar láát gebeuren...'

En daar stond ik dan, op een balkon in Barcelona, onder duizenden sterren.

De volgende ochtend had ik nog wat tijd over, en ik besloot alvast één uurtje daarvan te doden in een internetcafé aan La Ramblas, de meest toeristische straat van heel Barcelona. Ik móest iemand – het maakte niet uit wie – vertellen wat er de vorige avond allemaal was gebeurd. En ik wilde Ricky bedanken omdat hij mij over Marc had verteld.

In die korte tijd die ik met hem had doorgebracht, was Marc werkelijk een inspiratiebron voor me geweest. Hij was een man die moedig genoeg was om alles gewoon over zich heen te laten komen, zich op de golven te laten meedeinen, te waaien waarheen de wind hem voerde.

En het was hem zelfs gelukt míjn houding een beetje te veranderen. Langzaamaan begon ik te beseffen dat ik mijn ja's had benaderd alsof ze tégen me waren; alsof het uitdagingen waren die ik moest zien te beteugelen; zaken waarin ik kon tekortschieten... Maar in wezen maakten ze gewoon deel uit van mijn leven. En als ik ermee omging zoals Marc dat deed, dan wérden ze zelfs mijn leven. Ik bedacht opeens dat dat hele Maitreya-verhaal misschien een soort vals spoor was: je kon dagelijks verlichte wezens ontmoeten, als je maar naar ze uitkeek. Het alledaagse kon immers magisch zijn.

Maar ik had nog een reden om een internetcafé binnen te stappen: ik wilde iets uitzoeken dat ik in een tijdschrift had zien staan, en waarvan ik had besloten dat het moest worden uitgevoerd. Die ochtend had ik in de lobby van het hotel een lifestylemagazine zien liggen: mode, muziek, sport, reizen, je kent het wel... Ik had er zonder al te veel belangstelling wat in zitten bladeren, maar één ding had me getroffen: een zin die ik moest zien te vertalen om vervolgens ten uitvoer te brengen...

Marc zou ik zo zien bij een restaurant aan het eind van de straat. We zouden er afscheid van elkaar nemen en ik wilde hem bedanken met een heel speciaal cadeau.

Ik bestelde een blikje cola, nam plaats achter een monitor, logde in en klikte meteen door naar mijn mailbox. Er stonden een paar mailtjes op me te wachten, maar één naam sprong er meteen uit: Lizzie.

**Hé daar!**
**Raad eens? Ik moet voor mijn werk naar Londen! Ik ben er vanaf 2 december, negen dagen lang... En, misschien een beetje brutaal, maar... kan ik dan bij jou logeren? Zeg het gerust als je dat niet wilt, maar ik zou het te gek vinden om jou weer eens te zien...**

**L**

**xx**

Beter nieuws was er niet! Twee december, dat was al over tien dagen! Niet te geloven wat het leven voor je doet, als je het maar loslaat!

Opgewekt stapte ik naar mijn afspraak met Marc. Marta, de soapdame, was er ook.

'*Hola, hombre*,' zei Marc, en hij zette er meteen weer flink de pas in. 'Ik laat je nog even wat van de stad zien, waar je nog niet bent geweest...' Ik vreesde dat daar niet genoeg tijd meer voor was, maar het moest er nu eenmaal tussen worden gepropt.

Marc kwam natuurlijk weer een hele hoop vrienden tegen en riep telkens: '*Sí*', als zij hem vertelden over dingen die hij echt moest gaan doen... 'Zij houden volgende week een feest,' zei hij na de ene ontmoeting; 'zijn huis moet geschilderd worden en daar ga ik hem bij helpen,' na een andere. Wat me daarbij voornamelijk trof, was níét het feit dat zijn agenda zo enorm volliep, maar de hoeveelheid mensen hij kende: hoeveel vrienden Marc had en hoeveel tijd hij voor iedereen nam – dáár draaide het om.

In een café (met de voor Engelse oren onwaarschijnlijke naam Colon: dikke darm) bestelde ik een sandwich en keek Marc toen recht aan. 'Marc... ik wil je bedanken.'

'Waarvoor?'

'Dat ik met jou mocht optrekken. Ik heb me gigantisch vermaakt.'

'Maar we houden toch niet op met vrienden te zijn? Dit is nog maar het begin!'

'Nee, maar... je hóéfde niet met mij af te spreken: ik was tenslotte een volslagen vreemde voor je.'

'*Sí a todo*, Danny: *si a todo!*'

'Nou, toch bedankt! En ik heb nog iets voor je...' Ik dook in mijn tas en toverde mijn presentje te voorschijn. God weet waarom ik dit thuis had ingepakt: als bewijsmateriaal voor Marc? Als inspiratiebron voor mezelf? Om me eraan te herinneren wat ik allemaal al had gedaan, en wat ik nog voor de boeg had? Het was mijn geborduurde blauwe ja-pet. Ik vond dat Marc er meer recht op had dan ik: hij was een man die zijn leven leefde vol positiviteit en bezieling; hij was een échte Ja-man.

Hij was verrukt. '*Atomico!*' riep hij. 'Dankjewel, Danny!' En om te bewijzen hoe blij hij ermee was, zette hij hem meteen op en gaf er een echt Marc-tsjirpje bij ten beste. 'En nu, Danny? Vandaag terug naar huis, naar Londen... en dan zie je wel weer wat het leven je brengt?'

'Nou, niet echt... Ik wilde hierover nog graag jouw advies...' Ik stak mijn hand in mijn zak, haalde er een papiertje uit en vouwde het open. Het was de advertentie die ik uit dat tijdschrift in de hotellobby had gescheurd. 'Wat betekent dit eigenlijk?' Ik wees de betreffende zin voor hem aan, die in grote, kleurige letters naast een foto van een vliegtuig, een glimlachende stewardess, een paar palmbomen en heel veel zon stond.

'Dat betekent: "Vlieg weg naar Singapore..."' zei Marc. Hij keek me grijnzend aan.

'Wat vind jij?' vroeg ik.

'*Si a todo*,' zei hij.

Even later piepte het opnieuw: een sms'je van Hanne.

LANG GELEDEN! HOE IS HET?

Ik sms'te meteen terug.

IK ZIT IN SINGAPORE!

Ik wachtte op haar antwoord – dat er binnen een halve minuut was.

WAT? HOEZO?

Ik lachte.

ZOMAAR!

Zo heet als het hier was, had ik het trouwens nog nooit gehad. En de air-conditioning van de taxi was niet bepaald je-van-het: een weeïg warme bries blies recht in mijn gezicht. We reden inmiddels door de binnenstad van Singapore: door brede, door bomen omzoomde straten, langs gigantische winkelgalerijen. Ik keek naar buiten en liet alles op me inwerken: Serangoon Road, Little India... en ik genoot.

Waarom was ik hier? Omdat mijn oog op een advertentie was gevallen, toen ik in Spanje was voor een ontmoeting met iemand die vaak ja zei, door wie ik zo geïnspireerd was geraakt dat ik haast letterlijk naar een Niveau Zes had gezocht. Ik had dit zélf veroorzaakt! Van de monnik Samten had ik immers geleerd dat in het leven alles kan gebeuren, waaruit ik had geconcludeerd dat het lot niet bestaat. En als dát zo is... heb je het leven dus zélf in de hand!

'Waar komt u vandaan?' vroeg de chauffeur opeens.

'Londen,' antwoordde ik.

'Aha,' zei hij. 'Leuk, Londen.'

Er viel weer een stilte.

'En hoe ver is Londen van Engeland?'

'Eh... Londen ligt ín Engeland; het is een stad.'

'Wat is een stad: Engeland of Londen? Wat is de hoofdstad van Londen dan?' Hij keek me met gretige jongehondenogen aan.

Ik legde hem uit dat Londen de hoofdstad van Engeland was, waarop hij zei zich dom te voelen, en ik hem geruststelde: in Londen zelf vind je met moeite een *minicab*-chauffeur die dat weet.

De man, Ong Chee Kieng, bleek al zestien jaar taxi te rijden. Hij was vanuit China naar Singapore gekomen, om er met zijn grote liefde te trouwen. 'Wij zeer gelukkig,' zei hij. 'Twee kinderen, ook zeer gelukkig. Singapore is goede plek voor kinderen: zeer schoon, zeer mooi.'

Schoon is Singapore zeker, en mooi ook. Dat komt met name doordat je er voor van alles en nog wat op de bon wordt geslingerd – en stevig ook. Het is niet meer zo dat toeristen met lang haar al bij aankomst op het vliegveld kunnen kiezen tussen rechtsomkeert maken of zich een bloempotmodel laten aanmeten (door een potige douanebeambte met een botte schaar), maar het is nog steeds een stad die weinig opheeft met viespeuken.

Er is maar weinig waar je hier mee wegkomt: er zijn boetes voor door rood lopen, voor roken in openbare ruimten, voor troep op straat gooien. Zelfs een boterham eten in de metro kan je portemonnee aanzienlijk lichter maken. Ong vertelde me dat de radicalen vroeger in liften urineerden, als protest tegen het systeem, tot ook daar camera's werden opgehangen (of de radicalen waren gewoon door hun plas heen).

En dan misschien wel het beroemdste voorbeeld: kauwgum is hier ten strengste verboden. De kauwgumhaat van Singapore is meedogenloos: op het verkopen, invoeren en zelfs gebruiken van kauwgum staat een boete van duizend dollar! Pas toen Ong me dit vertelde, herinnerde ik me met enig afgrijzen het halfvolle actiepak Wrigleys dat ik eens van Wag had gekregen, dat nog onder in mijn tas moest liggen. Er zaten nog zeker twintig strookjes in – wat me, in de ogen van de Singaporese wet, tot een soort drugskoerier maakte! Er zijn dingen die je voelt aankomen wanneer je besluit overal ja op te zeggen, maar gearresteerd worden vanwege kauwgumsmokkel zit daar niet bij...

Ik vond Singapore een beetje een land vol vrome tantes: je houdt van ze om hun minzame stiptheid en rechtvaardigheid, maar soms wou je dat ze eens wat te diep in hun sherryglaasjes keken en het met de dominee aanlegden... Grappig, dat mijn ja-leven me naar een nee-stad had geleid!

'Waarom bent u naar Singapore gekomen?' vroeg Ong me, waarna hij een zinnetje herhaalde dat hij duidelijk van de tv had gejat: 'Werk of plezier?'
Ik glimlachte. 'Geen van beiden eigenlijk,' zei ik. 'Ik... ben er gewoon.'
Ong keek verward om.
'Eh, plezier,' zei ik. 'Vakantie.' En ik bedacht dat dat eigenlijk nog klopte ook. Mijn andere buitenlandse reisjes hadden allemaal nog een vaag doel gehad: mijn prijs ophalen in de Spaanse loterij, een ontmoeting met een andere Ja-man... De reis was steeds slechts een bijproduct van een ja geweest. Maar dit was een op zichzelf staande ja.

Ong zette me af bij mijn hotel, Traders, gaf me een vergeeld visitekaartje en zei dat ik hem maar moest bellen als ik ergens naartoe wilde. Ik beloofde dat ik dat zou doen, checkte in, spoelde al mijn Wrigleys door het toilet en sliep vervolgens heel, heel lang.

Enkele uren later liep ik het hotel uit, recht in het soort hitte dat stante pede al het zweet uit elke vierkante centimeter van je lichaam perst. Ik had geen idee wat ik moest doen of waar ik naartoe kon, maar dat gaf ook niet: ik werd nergens verwacht, ik hoefde niks. Dus slenterde ik de lange, stijlvolle Orange Road af, een schaamteloos vertoon van kapitalisme, en in feite niet meer dan tientallen kolossale winkelcentra, onderling verbonden door ondergrondse tunnels en airconditioned loopbruggen.

Ik liep de McDonald's in voor een ontbijtje. Lichtelijk verbaasd staarde ik naar de speciale maandaanbieding: Kip Singapuree. Ik ben toch al niet zo dol op puree, maar het wordt nog minder als het blijkt te gaan om een kwakje puree met kipsmaak op een zacht bolletje. De slogan 'Voor de echte ontbijtsfeer!' kon me ook al niet bekoren, de sfeer van de gaarkeuken zeker! Maar oké: het was wel een grappige woordspeling (en bij de Burger King in Little India kon je zeker een Big Whoppadom bestellen).

Opgelucht dat ik geen directe opdracht tot het bestellen van een portie Singapuree zag, vroeg ik om een Big Mac, bevestigde dat ik wilde *supersizen* (sommige ja's zijn overal hetzelfde) en begon mijn plattegrond te bestuderen.

Maar het enige wat ik zag, was een tekening vol nietszeggende woordjes. Wat moest ik doen? Hoe kon ik me nu laten meevoeren op de wind, als er geen wind stond, wat in dit geval ook nog eens letterlijk zo was? Na enig denkwerk had ik de oplossing gevonden: ik moest dus wind máken. Ik ging Ong bellen!

'En? Wat wilt u zien? Singapore voor toerist of echt Singapore?' vroeg Ong, kauwend op een appel. Hij had er ook een voor mij meegebracht. 'Nou...' zei ik. 'Wat kunt u mij aanbevelen? Wat mag ik beslist niet missen?'

'Zal u eerst beetje rondrijden,' zei hij. Ik had Ong en zijn auto – tegen een haast gênante vergoeding – voor enkele uren gereserveerd: hij zou me de bezienswaardigheden laten zien en als gids optreden. Dus reed hij me naar alle klassieke toeristische trekpleisters: de zakenwijk, het standbeeld van stichter Raffles, de fiere, albastwitte Merlion, een Chinese tempel...

Toen stopten we bij een supermarkt voor een fles water en vroegen ons af wat we nog meer konden doen. Ik kreeg een idee – Ja draaide om ervaringen, nieuwe ervaringen met name: 'Hoe zit het met dingen die ik normaal gesproken nooit zou zien?' zei ik. 'Kunt u me daar niet iets van laten zien?'

Hij dacht even na. 'Ik u paradijs laten zien!'

Het wás dat ik wist dat Ong getrouwd was, anders had ik deze opmerking misschien verkeerd opgevat. 'Het paradijs?' vroeg ik. 'Wat is dat dan?'

'De kampong: Pulau Ubin.'

Van die hele zin begreep ik slechts het eerste woord. 'Pardon?'

'Kampong is paradijs; Pulau Ubin paradijseiland... voor mij.'

'Maar wat is een kampong dan?'

'Traditioneel dorp: erg rustig, veel natuur, geen haast. Pulau Ubin is geweldige plek.'

Ik bestudeerde mijn plattegrond, op zoek naar deze naam. Daar stond hij, iets ten noorden van het vliegveld.

Zoals negentig procent van alle Singaporezen woonde Ong in een gehorige torenflat. In Singapore is verschrikkelijk weinig ruimte; nergens kan men tot rust komen in de natuur, dankzij de razendsnelle verstedelijking en zijn steeds verder oprukkende winkelcentra. En terwijl op het grootste deel van het Maleisische platteland het traditionele kamponggevoel nog gemeengoed is, vrezen de Singaporezen dit voorgoed te zijn verloren. Pulau Ubin is hun laatste kans, hun laatste glimp van het plaatselijke paradijs, hun enige stukje nog ongerepte natuur.

'Zakenwereld zit al op Pulau Ubin te azen,' vertelde Ong. 'Niet lang meer... één, misschien twee jaar... dan rust verdwenen... zeer, zeer triest.'

Ik legde mijn kaart neer en Ong vroeg: 'Wilt u zien?'

'Ja,' zei ik.

Ong zette me af bij het haventje en zei dat ik maar moest bellen als ik terug was. 'Geen haast, geen haast,' zei hij erbij.

Ik nam plaats op een harde, houten bank, bij de bootjes die de Singaporezen heel charmant *bumboats*, schooiersboten, noemen. Ik zat en ik zat en ik zat daar maar en er gebeurde niets. Maar dat maakte me niet uit, want ik voelde me volkomen ontspannen, volkomen gelukkig. Ik zat gewoon te *zijn*. Ik zat er met nog vier mensen: zwijgend te staren in de verte, wachtend tot de kapitein ons eindelijk aan boord zou laten.

Na een halfuur had ik echter genoeg van al dat zijn en ik draaide me naar het meisje naast me. 'Sorry,' zei ik.

Ze schrok een beetje.

'Dit is toch de rij voor de boot naar Pulau Ubin?'

'Ja,' zei ze. 'Maar we moeten wachten.'

'Waarop?'

'Tot er genoeg mensen zijn. Wij zijn nog maar met zijn vijven: pas als het er twaalf zijn, kunnen we vertrekken.'

Ik ben blij dat het Engelse bussysteem anders werkt: stel dat de bus naar Swindon pas bij twaalf passagiers rijdt – die zou maanden bij de halte staan...

We gingen door met zwijgzaam zitten wachten. En, godzijdank, eindelijk voegden zich toen nog twee oudere mannen bij ons. De kapitein van onze *bumboat* zat zich waarschijnlijk onderhand ook helemaal kapot te vervelen, want hij besloot zijn verlies te aanvaarden en het met ons zevenen te doen. En dus gingen we op weg naar het paradijs.

Vijfentwintig minuten later waren we er. Ik stapte vanuit de *bumboat* op een lange, houten pier. Ong had beslist niet gelogen over de natuurlijke schoonheid van het eiland. Op het eerste gezicht was het er zo goed als ongerept: een breed, wit zandstrand, weelderig groene bomen en struiken, en een paar gammele pieren, die van keurige, kleine hutjes naar een paar amper zeewaardige vissersbootjes leidden.

Ik liep samen met de anderen het eiland op, tot we een houten bord passeerden met daarin uitgesneden: WELKOM OP PULAU UBIN. Ik stopte om het beter te bekijken, waarna iedereen me voorbij stampte. Voor ik het wist, waren ze allemaal verdwenen en stond ik eenzaam en alleen op dit eilandje, zonder te weten wat ik er moest. Dat voelde eigenlijk best lekker, losjes en vrij. Waar zou ik nu zijn als ik niet maanden geleden ja was gaan zeggen? Zou ik dan thuis hebben gezeten, in mijn appartementje, met *Trisha* op de tv, terwijl de winteravonden langzaam korter werden? Waar dan ook – in ieder geval niet hier.

Even dacht ik erover meteen weer terug te varen, maar toen zag ik nog een bord: BEZOEK DE TOERISTISCHE INFORMATIEKIOSK met daaronder een grote, wijzende hand, die ik dus maar gehoorzaamde. Ik kwam bij een groot, houten bouwwerk, waarvan ik me kon voorstellen dat het allerlei nuttige informatie en handige tips bevatte, over wat je hier allemaal kon zien en doen. Toen ik er echter binnenstapte, trof ik slechts een gigantische, nagenoeg lege ruimte aan: aan één kant stond een balie, met een deur erachter, en verder was er helemaal niets. Ik dacht al dat ik verkeerd was en wilde net weer naar buiten gaan, toen de deur achter de balie openging en er een man binnenkwam. Zonder een woord tegen me te zeggen, gooide hij een folder op de balie, keek me heel kort aan, draaide zich om en verdween weer.

Ik pakte de folder. *Pulau Ubin: eiland der ontsnapping – slechts een bumboat bij u vandaan.* Er stonden een paar foto's in, maar het geheel was vrij karig, zoals vaak in folders. 'Eh... pardon?' riep ik – een beetje klaaglijk in de grote, lege ruimte.

Geen reactie.

Ik probeerde het nog maar eens – wat luider nu. 'Pardon?'

De man stak zijn hoofd om de deur. 'Ja?'

'Eh... heeft u misschien nog wat meer informatie over Pulau Ubin? Andere folders?'

Hij keek me aan alsof ik hem had gevraagd een liedje voor me te zingen.
'Nee.'
'Helemaal niets?'
'Nee, dat is het enige wat ik heb. Maar alles wat u nodig heeft, staat erin.'
Ik bladerde de folder nog maar eens door. Er stond bijna niets in: wat vage fotootjes, een plattegrondje en een stuk of wat dichterlijke tekstjes. 'O... oké... dankuwel dan,' zei ik en liep naar buiten. Ik vond het maar maf dat ze hier voor het opbergen van een stel op roze papier gekopieerde flodders niet alleen een onnodig groot gebouw hadden neergezet, maar ook iemand in dienst hadden genomen die daar de hele dag zat, voor de piepkleine kans dat er een toerist voor zo'n ding langskwam – alsof je een bus kocht om als kinderwagen te gebruiken...
Toch was ik blij met wat ik had gekregen en begon te lezen:

LEVEN OP PULAU UBIN
*Hier hebben we geen wekker nodig: de dag begint zodra in de vroege ochtend de hanen beginnen te kraaien. Een vogelkoor daalt neer op de fruitbomen, voor hun eerste maaltijd van die dag. De pier ontwaakt, het geratel van motoren vult de straten. Alles klaar voor een ontspannen begin van de dag voor de eiland-bewoners.*

Goh, wat een ontspannen begin van de dag: om vijf uur 's ochtends worden wakker gekraaid door hanen en dan getergd door het geratel van motoren, tot aan het ontbijt (of het moment dat je jezelf ophangt)...
En eerlijk gezegd klonk het eind van de dag niet veel beter:

*Als de nacht over het eiland valt en de mensen tot rust komen, drijft het geluid van dieselgeneratoren door de lucht. De insectenetende vleermuizen kruipen uit hun slaapplaats te voorschijn en fladderen rond als stille, gezwinde schaduwen. Maar zorg ervoor dat u, terwijl u naar boven staat te turen, uw ogen openhoudt voor de felgroene oosterse zweepslang, die door het gras onder uw voeten glijdt.*

Jezus: ongezond vroeg wakker geschud, de hele dag geteisterd door motorbendes, en als het donker wordt gedood door een vleermuis of een slang! Geen wonder dat Pulau Ubin zo lang ongerept is gebleven. En als dat toeristenbureau het zo puik bleef verkopen, twijfelde ik er niet aan dat dat nog jaren zo bleef.
Toch wilde ik meer van het eiland zien en ik besloot dat een fiets daarvoor waarschijnlijk het best geschikt was. Dus huurde ik er eentje bij een opgewonden mannetje (dat deed alsof dit de eerste fiets was die hij ver-

huurde) en begon aan mijn rijtoer over wat Ong had omschreven als het Singaporese Utopia. Ik voelde me top: als een ontdekkingsreiziger die zich dapper het onbekende in trapte, op een te kleine fiets.

Ook al meet Pulau Ubin slechts anderhalve bij acht kilometer, toch is het 't op één na grootste eiland van Singapore, en volgens Ong de enige, echte kampong die nog niet onder de voet is gelopen door de grote winkelketens en Singapuree-zaken.

Ik fietste een kleine heuvel af, over een kronkelende weg, en zag toen een flinke berg voor me. Ik had echter energie en wilskracht genoeg en begon enthousiast op de pedalen te pompen, tot ik halverwege bijna van mijn fiets viel. Het was zeker vijfendertig graden en ik raakte zo bezweet dat mijn onderbroek een geheel eigen expeditie begon te ondernemen, en delen van mijn lichaam verkende, waar normaal enkel bevoegde lieden kwamen... Dus stapte ik af om de boel weer recht te trekken en trapte toen nog een paar kilometer.

Pulau Ubin heeft ongeveer tweehonderd bewoners, die allen volledig leven van het land (of een toevallige toerist die een fiets wil huren). Ik zag echter helemaal niemand: ik reed langs verlaten boerderijen, honden speelden rond vervallen hutjes, maar nergens, nergens zag ik ook maar één mens lopen. Misschien was dat wel waarom Ong zo dol op dit eiland was: in een stad waar je nooit verder dan een meter van een ander persoon verwijderd bent, moet een dergelijke rust ongekend zijn.

Na een poosje begon ik die stilte toch wat onheilspellend te vinden. Zeker toen ik op een weg kwam met hoge heggen en overhangende bomen erlangs, zodat ik echt alleen nog maar vooruit of achteruit kon... en waar volkomen onverwacht opeens een oorverdovend geluid aanzwol. Eerst was het niet meer dan een gezoem, toen klonk het alsof iemand een paar fluitketels op het vuur had gezet en toen was het nog harder dan een autoalarm. Ik had geen idee wat het was of waar het vandaan kwam.

Ik begon een beetje bang te worden. Hier fietste ik dan: in mijn uppie, mijlenver van de bewoonde wereld, zonder enig aantoonbaar doel, omringd door een kudde onzichtbare fluitketels. Wat zou men zeggen als mijn lichaam hier werd aangetroffen? Hoe kon men in godsnaam achterhalen wat er was gebeurd? Wat zouden ze als oorzaak aanwijzen?

Ik begon nu echt in paniek te raken en fietste zo hard als ik kon. Algauw drong tot me door dat er, in de struiken rechts van mij, iets luidruchtigs met me mee rende. Ik zag niet wat het was, maar het veroorzaakte zoveel beroering in het lange gras, dat ik wel kon concluderen dat het groot en snel was. Mijn god, wat wás het?

Ik kon nu niet stoppen en trapte maar door – sneller en sneller. Maar dat 'ding' bleef maar naast me denderen. Zat het achter me aan? Ik voelde me meer dan ooit iemand uit een roman van Stephen King. En hoewel ik steeds dieper doordrong in wat steeds meer op een echt oerwoud begon te lijken, durfde ik ook niet om te keren, uit angst oog in oog te komen staan met dit geheimzinnige iets (als dat al ogen had), dat nog steeds op slechts enkele centimeters naast me voort stampte...

Ik maakte een snelle bocht, mijn potentiële aanvaller ook. Ik hád het niet meer: was ik nu een prooi, werd er op me gejaagd? Stel dat dat ding had besloten mij te verslinden? Wat waren hier ook alweer allemaal voor dieren? Hadden ze het in die folder ook over krokodillen gehad, of neushoorns? Slangen konden toch niet rennen, wel?

Ik fietste maar door, keek niet op of om... En toen, godzijdank, begon het geluid uit het lange gras langzaam te verzwakken, tot het uiteindelijk helemaal weg was... Ook al was ik helemaal kapot, ik bleef maar trappen. Pas toen ik dacht ver genoeg te zijn, stopte ik, pakte mijn folder en kamde die honderd-en-nog-wat woorden uit, op zoek naar dodelijke fluitketels, of andere dingen die wel eens op onschuldige Engelse toeristen jaagden... maar niets – wat mijn nare voorgevoel eigenlijk alleen maar versterkte. Probeerde Ja mij soms te vermoorden? Het moest me juist helpen te leven!

De andere geluiden om me heen waren bepaald nog niet verstomd. Ik stond nu op een weg die werd omzoomd door hoge bomen, die al het zonlicht tegenhielden en zorgden voor een nogal benauwde sfeer. Toen ik plotseling achter mij iets hoorde schuifelen en het geluid gewaarwerd van bladeren die opzij werden geschoven, klapte ik van schrik met mijn schenen tegen de trappers. Een radeloze angst maakte zich van me meester. Ik probeerde op mijn fiets te springen, maar kon mijn evenwicht zo gauw niet vinden, mijn voeten leken ineens te groot... en dat geluid werd maar harder...

En toen ineens stoof er een hagedis, zo groot als een tank, langs me heen en bonkte laag en gespierd naar een gat in de struiken, waar hij doodstil bleef zitten. Mijn hart ging als een wilde tekeer: ik werd verdomme gestalkt door een hagedis! Dit klopte voor geen meter, dit was geen paradijs! En als het dat wel was, waarom wilden er dan maar zo weinig mensen wonen? Ik was nog steeds geen levende ziel tegengekomen! Waar was iedereen? Of woonden hier soms alleen hagedissen? Misschien had David Icke wel gelijk!

Ik sprong op mijn fiets en spurtte weg, daarbij trachtend zo goed mogelijk op het midden van de weg te blijven. Ik keek niet meer om, bang voor nog een doodschrik, en de hagedis besloot blijkbaar dat ik een waardeloze prooi was en gaf het op.

Afgepeigerd, met een knalrode kop en smachtend naar rust, zag ik ineens een wegwijzer, die me vertelde dat ik vlak bij het Nualong-strand was. Dat klonk me als muziek in de oren: een strand, ruimte, overzicht, veiligheid! Het was inmiddels wat bewolkt, maar nog steeds erg warm. Ik legde mijn fiets in het zand en ging zitten – finaal uitgeput. Het water was kalm, de zon warm... en ondanks alle voorafgaande perikelen was ik opeens mateloos gelukkig. Ik voelde me verder van Londen dan ooit, verder van iedereen, van de wereld. Hier draaide het alleen om mij – kilometers verwijderd van ieder ander levend wezen.

Ik dacht na over wat me hier had gebracht. Die reeks van ja's die ertoe had geleid dat ik hier op een strand op Pulau Ubin zat... Natuurlijk begon het hele rijtje weer met die man in die bus, maar dit weekendje Singapore kwam vooral door mijn ja tegen een saai feitenfeestje, door Gareth, Ricky en toen Marc.

Wie kon zeggen hoeveel reeksen ik al had gestart, en wat ik allemaal nog meer in gang had gezet? Waar leidde dit alles toe? Wat zou een ja die ik vorige week of vorige maand had gezegd, vólgende week of volgende maand voor me in petto hebben?

Het was nu eind november, bijna december dus. Dat betekende nog maar één maand ja, voordat ik aan een geheel nieuw leven begon: verantwoordelijker, met dagen van negen tot vijf, spreadsheets en overheadprojectors. Niet langer in een dolle bui met een creditcard op zak op het vliegtuig naar Singapore springen; geen genadeloze spontaniteit meer, maar slechts rust, zoals die nu om mij heen hing. Maar ik had nog een paar traktaties in het vooruitzicht – Lizzie bijvoorbeeld...

Ik zat daar maar in de zon en grijnsde wat voor me uit. Mijn ja-project naderde zijn ontknoping; nog maar een paar weken. Ik ging ervan genieten!

Een uur later zat er aan het eind van de pier een grote groep mensen, alsof ze uit de lucht waren komen vallen, geduldig te wachten op de komst van de volgende *bumboat*, die hen naar het vasteland zou brengen.

Ik slenterde kalmpjes op hen af. Een paar herkende ik van de heenreis; in totaal zaten er een stuk of veertien. Het maffe was echter dat ze met zijn allen op één bank zaten. Er stonden vier banken in een groot vierkant, en toch hadden zij allemaal op die ene bank plaatsgenomen. Deze hele groep van uiteenlopende mensen had ervoor gekozen naast elkaar te gaan zitten en allemaal dezelfde kant op te kijken: naar mij, de naderbij komende toerist.

Ik voelde me echter totaal niet geïntimideerd of in verlegenheid gebracht, omdat zij daar ook geen enkele blijk van gaven. Zij vonden het blijkbaar volkomen normaal om daar met zijn allen zwijgend op die ene bank te zitten. In Londen zou je zoiets nooit zien: wij zouden allemaal op een andere bank gaan zitten en ook nog kiezen voor de bank met de minste mensen. Wij Engelsen zijn liever op onszelf.

Maar ik vond dit eenvoudige plaatje hartverwarmend en stak glimlachend mijn hand op. Ik wist al waar ik ging zitten. Ik kon toch niet als enige op een andere bank plaatsnemen, wel? Dat zou me immers meteen neerzetten als de terughoudende, norse, typische westerling. Dus overwon ik mijn schaamte en deed ik wat ik anders nooit zou hebben gedaan: ik stevende op ze af en ging precies in het midden zitten. Omdat ik in een filosofische bui was, bedacht ik dat ja dit toch ook maar mooi weer had bereikt: ik was nóg een stukje opener geworden!

Niemand zei iets. Een paar van hen gluurden voorzichtig naar mij, ik glimlachte terug. Er hing een diep wederzijds respect rond die bank – een woordeloos respect tussen mij, iemand uit een ver land, en zij, eenvoudige Maleisiërs die me kalm en sereen in stille verwondering zaten te bekijken. Ik mocht dan een blanke vreemdeling zijn: ik was tegelijkertijd ook maar gewoon iemand die op die bank zat, het uitzicht met hen deelde en op de boot wachtte.

Ik haalde diep adem en mijmerde over dit onverwachte gevoel van eensgezindheid. Hoe wij, afkomstig van zulke verschillende plaatsen op de wereldbol, toch dit gevoel van onuitgesproken, onbedreigend aanvoelende saamhorigheid konden delen. Misschien was dít wel het paradijs, bedacht ik. Misschien was het niet Pulau Ubin zelf, maar de levenshouding van degenen die er verbleven. Misschien was het paradijs niet rondom ons, maar ín ons...

En toen begonnen ze ineens allemaal over mij te praten... waardoor het me duidelijk werd dat het om één grote familie ging, die dáárom naast elkaar zat en zich nu afvroeg wie ik in godsnaam was en waarom ik tussen hen in was gaan zitten, in plaats van op mijn eigen bank, zoals een normáál iemand...

Ik bloosde diep. Toen deed ik maar alsof ik nodig mijn benen moest strekken, stond gapend op, liep wat heen en weer, keek alsof een van de andere banken me plotseling fascineerde, ging erop zitten en begon mijn voeten te bestuderen.

Ongeveer een eeuw later arriveerde eindelijk de *bumboat*. Ik zorgde ervoor als eerste aan boord te gaan, om te voorkomen dat de familie me voor was en ging speculeren waar ik zou gaan zitten...

Eenmaal terug in mijn hotel nam ik een heerlijke cocktail en sms'te Marc. ZIT IN SINGAPORE. BEN AL ACHTERVOLGD DOOR EEN HAGEDIS.

Tien minuten later kwam zijn antwoord.

ATOMICO, DANNY!

Ik lachte. Ik hoopte echt dat ik hem nog vaker zou zien.

De tijd begon inmiddels te dringen: de volgende dag vloog ik alweer terug naar Londen. Dus bestudeerde ik mijn plattegrond, in een poging te bedenken hoe ik de rest van mijn tijd in Singapore het best kon besteden.

Ik had me de moeite kunnen besparen: de rest van mijn tijd in Singapore zou ik me namelijk zorgen maken, piekeren, stressen en tobben.

Ik toog naar het *business centre* van het hotel, om mijn mailtjes te checken. En ik wilde er een naar Lizzie sturen, om haar te vertellen waar ik was, wat ik daar deed en dat ik uitkeek naar haar bezoekje. Ik had er totaal niet op gerekend dat iemand míj had gemaild.

**Aan: Danny**
**Van: wieisdeuitdager@hotmail.com**
**Onderwerp: En nu...**
**Hallo Danny,**
**Vermaak je je een beetje? Zeg je nog steeds ja?**
**Waarom ga je dan niet naar...**
**Stonehenge II ?**

Mijn hart sloeg een slag over. Duizenden kilometers van huis en nóg was De Uitdager als mijn schaduw... Wie zat hier toch achter? Dit hele project had geen enkele zin, als hij mij maar bleef vertellen wat ik moest doen: ik moest zelf de touwtjes in handen hebben; meester zijn van mijn eigen lot! Als het Jason was, was hij opvallend volhardend voor iemand die weken geleden al verveeld had moeten afhaken. Was hij het wel?

En wat was Stonehenge II eigenlijk? Of was dat niks, maar bedoelde hij dat ik nog eens naar Stonehenge moest gaan? Ik ging gauw naar www.google.com en typte in: 'Stonehenge II'. Eén seconde later had ik resultaat: Stonehenge II bestond. Dus daar wilde hij me naartoe sturen! Maar wat wás het dan?

*Het originele Stonehenge, een Engels druïdenmonument uit de Oudheid, is gehuld in mysteriën.* Stonehenge II: Het Vervolg *is echter eerder een curiositeit, dan een mysterie. Deze holle gipsconstructie, met een diameter van dertig meter, gaat vergezeld van twee...*

Mijn ogen vlogen over de tekst. Stonehenge II was dus een monument voor een monument. Maar waar stond het? En toen zag ik het: Texas. Stonehenge II stond in Texas!

Het was alsof mijn wereld instortte.

Net nu ik had geaccepteerd dat je – om je in de ja-wereld staande te houden – gewoon maar achterover moest leunen en genieten van de rit, greep iemand het stuur...

# 23

*Waarin Daniel een vreselijke crisis het hoofd biedt*

Terug in Londen wist ik één ding zeker. Ik ging niet naar Texas! Het was genoeg geweest; de Uitdager had me al ver genoeg gepusht, door me naar het Éngelse Stonehenge te sturen... hij kon het vergeten, dat ik me ook nog eens naar de Texaanse versie daarvan liet commanderen! Het was afgelopen; het werd tijd dat ik de hakken in het zand zette.

Maar ja, als ik niet naar Texas ging; als ik zijn cryptische woorden naast me neerlegde... dan faalde ik ook; dan brak ik de regels; zei ik nee tegen iets waarop ik had gezworen ja te zullen zeggen. Dat kon ik ook niet maken... Ik wist in ieder geval zeker dat ik dit wilde hebben afgehandeld, deze strijd hebben gewonnen, voordat Lizzie naar Londen kwam. En dat was kwam over iets minder dan een week. Ik had al ja tegen haar gezegd: een ja die ik niet meer kon terugnemen. Dat hield in dat ik, als ik wel op deze gril van De Uitdager inging, mijn retourvlucht akelig snel moest zien te regelen én uitvoeren.

En hoe legde ik dit alles aan Lizzie uit? Hoe vertelde ik haar waar ik mee bezig was en dat ik in wezen een dubbelleven leidde? Misschien nam ze het best goed op. Ik blééf natuurlijk gewoon de zachtmoedige, bebrilde Clark Kent-achtige radioproducer die ze kende... maar dan met een streepje meer: een man in wiens leven meer gebeurde, een man met meer zelfvertrouwen en openheid, een man die zijn spontaniteit had hervonden. Misschien viel ze daar juist wel op. In Edinburgh leek dat er wel op. Of zou ze me erom haten? Zou ze het net als Hanne onvolwassen, nutteloos en stom van me vinden? En zou ze onze relatie minder waard achten als ze hoorde dat ik dat ticket Melbourne-Edinburgh niet uit een groots romantisch gebaar voor haar had gekocht... maar omdat zij het me had gevraagd? Omdat een bebaarde gozer in een bus had gezegd dat ja-zeggen goed voor mij zou zijn?

Hoe dan ook, ik móést het haar vertellen.

Maar hoe ze ook reageerde, er kon nog veel meer misgaan. Want zelfs áls ik naar Texas ging en ruim voor Lizzies aankomst weer terug was, zou dat nog helemaal niets hebben opgelost. Dan zat ik nog steeds met die vervelende Uitdager en zijn constante dreiging van lastige toestanden en penibele situaties...

Wanhopig mailde ik Thom nog maar eens.

Hij schreef dezelfde dag nog terug.

**Danny,**
**Het spijt me echt heel erg, maar ik heb nog steeds geen contact met Jason kunnen krijgen. Eerlijk gezegd zijn wij ook niet zulke dikke vrienden. Ik heb een berichtje achtergelaten bij zijn zus, en gevraagd of zij ervoor kan zorgen dat hij mij z.s.m. mailt. Ik heb wel nog een paar gegevens voor je...**

En daaronder stonden Jasons werkadres en mobiele nummer!

Fantastisch, nu had ik De Uitdager écht bij zijn lurven! Zijn hele macht draaide immers om het feit dat ik maar niet kon bewijzen dat hij het was. Als anonieme dreiging kon hij me van alles buiten mijn wil om laten doen, maar zodra ik zijn ware gedaante had onthuld, was hij gewoon een tweede Ian – iemand die ik kende, en wíst dat ik hem kende. Door hem te ontmaskeren zou ik hem dus beroven van zijn overwicht... en kon ik hem voortaan gewoon negeren!

Dus opende ik onmiddellijk krachtig de aanval op drie fouten... Eerst een pittig e-mailbericht:

**Jason,**
**Ik heb inmiddels je mobiele nummer en ik weet waar je werkt...**
**En ik doe het dus niet, hè: ik ga niet naar Texas. Nu ik weet wie je bent,**
**weet ik ook dat jij weet wat ik aan het doen ben – wat ook betekent dat**
**je me niet langer in je macht hebt!**
**Ik wil je echter nog wel spreken, om me ervan te overtuigen dat je be-**
**grijpt wat ik zeg.**
**JE KUNT ME NIET LANGER VAN ALLES LATEN DOEN, WANT IK WEET NU DAT JE**
**WEET DAT IK WEET DAT JIJ HET WEET.**
**En nu ga ik je bellen.**
**Danny**

Ik pakte mijn telefoon en toetste Jasons mobiele nummer in. Frustrerend
genoeg sprong die meteen over op de voicemail: 'Dit is de Vodafone voice-
mailservice voor 07★★★ ★★★ ★★★. Na de toon kunt u een boodschap in-
spreken.'

'Jason, met Danny,' schreeuwde ik haast. 'Het spel is uit: ik heb je nummer! Lees je mail maar gauw, en laat mij dan voortaan met rust! Het is
leuk geweest; jij hebt je er met je vrienden in de kroeg vast kapot om gelachen... maar nu is het feest voorbij. Gegroet en stik nu maar...'

Ik hing op en keek op mijn horloge: vier uur – nog ruim binnen kantoortijd. Dus draaide ik het werknummer dat Thom me had gegeven. Ik
voelde me helemaal opgepompt, klaar voor de confrontatie; klaar om
deze gozer te vertellen dat hij naar de maan kon vliegen!

'Welkom bij het Bureau voor Immigratie en Nationalisatie,' sprak een
stem op een bandje. 'Houdt u er alstublieft rekening mee dat alle gesprekken worden opgenomen.'

Er klonk een klik, toen ik werd doorverbonden met de telefoniste. 'Goe-
demorgen, ministerie van Binnenlandse Zaken. Waarmee kan ik u van
dienst zijn?'

'Ik wil graag ene Jason spreken.'

'Wat is zijn achternaam, meneer?'

'Die weet ik niet: ik heb hem maar één keer ontmoet. Maar hij werkt op
de afdeling Immigratie en neemt allerlei beslissingen over mensen...'

'Ik vrees dat ik u zonder achternaam niet kan doorverbinden.'

'Maar ik móét hem spreken, het is dringend!'

'Alle aanvragen moeten schriftelijk worden ingediend...'

'Maar ik wil helemaal geen aanvraag indienen. Ik wil Jason spreken...'

'Heeft u een RFRL ontvangen?'

'Ik weet niet eens wat een RFRL is! Het enige wat ik wil, is die Jason spreken – persoonlijk, en ik beloof dat ik het kort zal houden... Verbindt u mij alstublieft door met iemand van de afdeling waar beslissingen over dat soort zaken worden genomen...'

'Blijft u even aan de lijn...'

Mijn hart ging als een wilde tekeer. Maar ik boekte vooruitgang: mijn drievoudige aanval zou zo zijn climax bereiken; ik naderde degene die mij van een afstand had zitten uitlachen!

'Secretariaat,' zei een vrouwenstem.

'Hallo, is Jason er misschien?'

'Jason wie?' vroeg de vrouw.

'Eh, dat weet ik niet... maar hij werkt bij jullie, neemt beslissingen over mensen en zegt vaak nee. Ik móét hem spreken...'

'Momentje...' Ze hield haar hand over de telefoon, terwijl ze een collega iets vroeg. 'Die werkt hier niet meer,' kreeg ik vervolgens te horen. 'Er hééft hier wel een Jason gewerkt, maar die is weg. En ik ben nieuw hier. Het spijt me.'

'Waar is hij dan naartoe? Heeft u zijn nieuwe nummer dan misschien? Ik heb zijn mobieltje al geprobeerd, maar dat staat uit. Ik moet hem echt heel dringend spreken, nú...'

'Momentje...' Opnieuw een gedempt gesprek. 'Nee, sorry: wij mogen geen persoonlijke gegevens doorgeven.'

'Ik ben heus geen stalker of maniak of zo, hoor! Deze kerel heeft...'

'Het spijt me.'

Zuchtend wreef ik in mijn ogen. 'Nou ja... als u hem ziet, wilt u hem dan zeggen dat hij Danny moet bellen?'

'Natuurlijk. En ik zal het ook aan de anderen hier doorgeven.'

'Dankuwel.'

Lichtelijk verslagen legde ik op: ik had gedacht dat dit het einde zou zijn! Wat, als ik hem nooit te pakken kreeg? Als ik hem nooit kon vinden, beetgrijpen en roepen: 'Ik weet wie je bent!' Dan bleef De Uitdager voor eeuwig bestaan... en dan moest ik toch naar Texas.

En het was niet alleen dat ik moe was, genoeg had van al dat reizen, en nu het liefst thuis zou blijven, om Lizzie te zien en mijn laatste ja-maand in betrekkelijke rust te voltooien. Er was nóg een aspect van mijn project dat ik tot nu toe geheel had genegeerd: de kosten. Naar Texas gaan zou niet goedkoop zijn: ik wist al dat ik eerst naar New York moest, daar moest overstappen op een vlucht naar Austin, en van daaruit per taxi, trein of bus naar Hunt zou moeten zien te komen. En dat zoals ik tot nu toe alles had gedaan: op krediet.

Ik had nu negen creditcards – dankzij de verschillende aanbiedingen, voorstellen en uitnodigingen van die aardige mensen van Visa, Barclaycard, American Express en nog een paar andere – en ik had ze allemaal al een keer gebruikt. In het begin alleen nog voor kleinere dingen, zoals die curry met Wag en biertjes voor Nathan, Jon, Ben, Rich of een van die andere vrienden, die hadden ontdekt dat ze mij ineens wel heel gemakkelijk voor een biertje uit mijn appartementje konden lokken.

Maar later... waren de rekeningen gegroeid: de aanschaf van mijn ja-mobiel had al mijn spaargeld opgeslokt... en ik had de laatste tijd ook niet zoveel gewerkt (ik had eigenlijk alles zo'n beetje opgeschort, omdat ik wist dat er een nieuwe baan op me wachtte – in de hoop dat de boel zichzelf wel zou oplossen). En dan had je Lizzies vlucht, verzekering en wegenbelasting van mijn nieuwe auto, treinkaartjes naar Liverpool, naar Cardiff, die duizenden stickers die ik had laten drukken...

Tot een week geleden had ik alles nog net kunnen ophoesten. Maar op mijn volgende creditcardfactuur zou een hotel in Barcelona staan, een paar maaltijden, enkele haastige geldopnamen voor taxi's en treinen, een vlucht naar Singapore en terug... En nu kwamen daar misschien ook nog een serie vluchten en hotels bij om in Hunt, Texas te komen, om de kleinere versie van een monument te bezoeken, dat zelf al niet zo enorm was en dat ik een paar weken eerder al had gezien...

En wat hield ik eraan over, aan al die inspanningen, uitgaven en schulden? Een 'gevoel'. Nou, probeer dat maar eens aan de deurwaarder uit te leggen! Was het dat allemaal wel waard?

Het probleem was gewoon dat ik helemaal in het begin al die 25.000 pond had gewonnen. Dat had me het gevoel gegeven dat ik rijk was, dat alles wel goed kwam, dat Ja wel voor me zou zorgen. Maar nu ik hier aan mijn bureau naar al die onbetaalde rekeningen zat te kijken, bekroop me ineens een heel ander gevoel: Ja hield zich helemaal niet aan de afspraak! Dus deed ik wat iedereen die langzaam in de schulden verzoop, zou doen: ik stopte de rekeningen in een la en ging de deur uit. In januari sloeg ik een hele nieuwe weg in, begon ik opnieuw: ik zou alles afbetalen, zodra ik mezelf aan dat bureau had geketend, waar ik voor de rest van mijn leven zou blijven zitten.

Er was nog maar een maand te gaan – één maand!

Dus vanavond ging ik drinken, om te vergeten. Het probleem was alleen dat ik dat met Paul zou moeten doen...

Ik was onderweg naar mijn afspraak met de man die me voor de tweede maal had gebeld voor een goed gesprek. Tot dusver was hij de enige die op mijn aanbod was ingegaan. Ik had geen best humeur en was totaal niet in de stemming voor een ontmoeting met hem (sorry, Paul): ik zou liever bij iemand zijn die mij begreep, in plaats van bij iemand die alles van borderterriërs begreep...

We hadden afgesproken in The Yorkshire Grey. Ons goede gesprek verliep nogal stijfjes, maar ik geloof niet dat Paul dat in de gaten had. Hij zat weer midden in een lange monoloog; ik zat wat chagrijnig voor me uit te kijken. 'Muzikaal gezien,' zei Paul, 'lopen mijn voorkeuren nogal uiteen. Maar ik geloof dat ik het liefst naar Sarah Brightman luister. Hou jij daar ook van?'

'Zij is een zeer getalenteerd entertainer,' zei ik nietszeggend, terwijl ik eigenlijk zou willen zeggen: 'Ik kan Sarah Brightman niet áánhoren.' Maar een góéd gesprek was nu eenmaal de afspraak.

'Dan vind je het vast wel interessant om te horen dat zij begin volgend jaar weer gaat toeren,' zei Paul.

Nee, interesseert me geen bal. 'Wat een geweldig nieuws!' zei ik.

'Ik ben dol op alles wat zij doet, al sinds *Phantom of the Opera*. Toen ik van vrienden uit Brazilië daarna een album van haar kreeg, *The Songs That Got Away*, was ik zó blij dat ze die liedjes níét was kwijtgeraakt... Vanaf dat moment was ik verkocht! Je mag die cd wel een keer van me lenen, als je wilt.'

'Graag!'

'Ik ben ook al een paar keer naar een concert van haar geweest. Zo heb ik haar in 1997 in Edinburgh gezien. Ik had kaartjes voor de zevende rij, rechts van het midden: geweldige plekken, ook al stond Sarah net links van het midden...'

'Zeker,' zei ik, alsof ik die zaalindeling zo kon uittekenen. Ik had mijn bier al op en zat te wachten tot Pauls glas ook leeg was; ik wilde niet nóg een rondje aan mijn ja-rekening toevoegen.

'Op diezelfde tournee heb ik haar toen nóg eens gezien, in Norwich. Daar was nog meer publiek.'

Alstublieft, God, laat dit ophouden; laat hem maar weer over borderterriërs beginnen of zo.

'En ík was daar dus degene, die aan het eind van dat optreden het initiatief nam voor een staande ovatie! Als je haar bij de BBC nog eens tegen het lijf loopt, moet je haar maar eens vertellen dat jij degene kent die in 1997 in Norwich de staande ovatie is begonnen. Ben benieuwd wat ze daarop te zeggen heeft!'

'Zal ik zeker doen,' zei ik, spelend met mijn glas, mijn zeer lege glas...

'Ja, zal ze leuk vinden! Maar zoals ik al zei, geloof ik dat ze volgend jaar weer gaat toeren...'

Ik stak beide duimen omhoog.

'Hé... maar aangezien jij voor de BBC werkt, Danny... kun je misschien zelfs wel een handtekening voor me versieren!'

Ik keek hem blanco aan.

'Toch?' zei hij.

'Nou, als ik haar toevallig tegenkom...' zei ik.

'Je zou het haar ook via de fax kunnen vragen.'

Wat wilde hij dan dat ik schreef? 'Beste Sarah, de BBC wil graag een handtekening van je'?

'Zou je dat voor me willen doen?'

Zucht. 'Ja, oké.'

Toen keek Paul op zijn horloge. 'O. Ik geloof dat ik er maar eens vandoor moet... Ik ga vanavond naar de bioscoop.'

'De bioscoop?' zei ik, deels opgelucht omdat we nu een ander gespreksonderwerp hadden, deels omdat ik ons samenzijn, ondanks alles, toch nog wat wilde rekken. Ik wilde nu niet alleen zijn.

'Ja,' zei hij. 'Ik zou je wel mee willen vragen, maar iemand anders heeft de kaartjes gekocht. Het is een soort afspraakje, zie je.'

Ik knikte, blij dat de tijd dat ik afspraakjes verknalde, voorbij was. 'Is ze leuk?' vroeg ik.

'Ik hoop het,' zei hij. 'Het is een vriendin van een vriend van me.'

Ik wilde bijna iets over Kristen vertellen, maar hield me in: daar wilde ik nog steeds niet over praten. En nu Lizzie weer naar Londen kwam, voelde het ook gewoon niet... oké. 'Nou, succes dan maar!' zei ik.

'Dank je! Mijn vriend Simon heeft het geregeld: hij weet dat ik geen nee kan zeggen tegen een roodharige, daar heb ik een zwak voor... Dat heb je met kameraden, hè: die kennen al je zwakke plekken.'

Ik was echt blij voor Paul, en voelde me tegelijkertijd een beetje schuldig. Waarom had ik zo humeurig gedaan over mijn afspraakje met hem? Ik geloof dat ik in mijn achterhoofd het gevoel had dat ik hém daar een plezier mee deed. Hij leek zo eenzaam. Maar moest je hem daar eens zien zitten: een succesvol man, met vrienden die hem zo hoog achtten, dat ze afspraakjes voor hem regelden, een druk uitgaansleven... Goed, die Sarah Brightman-obsessie, daar hadden we het maar niet meer over. Maar voor de rest ging het prima met Paul; die had zijn leven uitstekend op orde! Als puntje bij paaltje kwam, had híj waarschijnlijk gedacht dat hij míj een plezier deed: ik, die nooit een gespreksonderwerp leek te weten; een man die de hele stad had volgeplakt met 'Bel mij alsjeblieft, een zielige, eenzame rare snuiter, die hunkert naar een goed gesprek met een vreemde'. Paul deed zijn jasje aan, gaf me een hand en zei toen: 'O ja, wat ik vragen wou... Ik moet morgenavond weer in de stad zijn. Heb je zin om dan weer even wat te drinken samen? Kan ik die cd voor je meenemen, en hoef jij niet de hele avond in je uppie te zitten...'

Ik voelde me miserabel: Paul zag me duidelijk als een nogal treurige einzelgänger.

Ik stak mijn duimen weer omhoog en zei dankbaar: 'Ja!'

En dat, ben ik bang, was mijn avondje uit: mijn poging om mijn zorgen te verdrinken. Begrijp me goed, ik heb heus nog wel wat rondgebeld: Wag, Ian, Nathan, Jonesy, Ben, Rich... Cobbett zelfs. Maar iedereen had een smoes; iedereen moest nodig ergens anders zijn, iets anders doen; iedereen had nee-vermogen. En ik merkte dat ik al die vrijheidslievende klootzakken steeds meer begon te benijden...

Ik sjokte naar de metro en daalde traag de trappen van station Oxford Circus af. Twee haltes later, bij Holborn, moest ik er alweer uit: er waren problemen op de lijn, een stroomstoring of zoiets. De reizigers werd verzocht een andere manier van transport te zoeken, of te wachten op de vervangende busdienst.

Het was natuurlijk iets wat wel vaker voorkwam, maar bij mij maakte het ditmaal iets los. Misschien, dacht ik, was dit wel een teken. Zo was het tenslotte ooit allemaal begonnen. Misschien zou Maitreya zo weer aan me verschijnen. Misschien zou ik de man uit de bus straks weer zien. Misschien betekende dit wel iets. Misschien was mijn project toch niet geheel zonder zin.

Niet lang daarna kwamen de bussen. Hoopvol bekeek ik de gezichten van mijn medegedupeerden; ontstemde forenzen en toeristen, maar ik zag hem er niet bij. Ik liep in de bus door naar boven, maar tevergeefs: ook daar geen verlicht uitziende mannen met baarden. Mannen zat in deze bus, maar geen 'Man in de Bus'.

De rit duurde lang, er moest vaak worden gestopt en tegen de tijd dat we langs Roman Road reden, zat ik alleen – een eenzame figuur op het bovendek, die op een donkere avond naar buiten zat te staren. Toen we bij een kruispunt snelheid minderden, liep ik de trap af en sprong uit de bus. Het laatste stukje naar huis kon ik wel lopen.

In het afgelopen halfuur waren me een hoop dingen duidelijk geworden: ik wist voor eens en voor altijd dat ik alleen was; dat Maitreya niet bestond; dat die man in die bus toen, gewoon maar een man in de bus was geweest; dat ik dit alles helemaal alleen had gedaan; dat er géén groots plan bestond; en dat ík alleen verantwoordelijk was voor al mijn daden... Onderweg liep ik een slijterij binnen, kocht een fles wijn en liep met een steen in mijn maag verder. Thuis zou ik moeten gaan uitzoeken hoeveel een retourtje Texas kostte. O ja, en een fax sturen naar de manager van Sarah Brightman...

Die avond nam ik een bad – een lang, uitgebreid bad. Het liefst was ik er nooit meer uitgekomen. Want zolang ik in bad lag, voelde ik me veilig: ver van mijn telefoon en internet; geen kansen, gunsten of verzoeken die door de dichte deur de badkamer binnen konden sluipen; alleen een warme, stomerige cocon. Een heel verschil met de bloeiperiode van mijn ja-project: in het begin had ik slechts de tijd genomen om snel even te douchen, omdat ik steeds weer naar buiten wilde, naar de andere kant van de deur, op zoek naar ja's, die ik met beide handen kon grijpen.

Ik had mijn dagboek meegenomen. Ik wilde zien wat ik allemaal had meegemaakt; mijn daden analyseren en begrijpen; beoordelen of – met nog één maand te gaan – het 't allemaal waard was geweest. Of Ja me kon inspireren nog één keer naar de andere kant van de wereld te reizen.

Ik bladerde er wat doorheen, bladzijde voor bladzijde, juli, augustus, september... en ik vroeg me af wat Ian er aan het eind van de maand van zou zeggen als hij en ik op oudejaarsavond in dezelfde kroeg zaten waar we ook hadden gezeten toen ik hem had verteld over die man in die bus. Wat zou hij zeggen als ik hem vertelde wat oktober voor me had gedaan, of wat november me had geleerd...

Goed, sommige dingen wist hij natuurlijk al: dat kraslot, Amsterdam, mijn onverdiende promotie, mijn nieuwe status als eerbiedwaardig predikant, én die als (mislukt) uitvinder... Maar er was nog zoveel waar hij helemaal niets van wist: ervaringen die ik had opgedaan, mensen die ik had ontmoet, plaatsen die ik had gezien, dingen die ik had gedaan... wijzigingen van gewoonten, kleine inspanningen die ik normaal gesproken nooit had gedaan...

En hoe goed hij me ook kende, veel daarvan zou hem beslist verbazen. Er was zelfs veel dat mij nog verbaasde.

Ik was opeens best trots op Ian. Hij was immers constant een steun voor me geweest, al die tijd mijn vriend gebleven. Hij had wat hij wist gemakkelijk kunnen misbruiken: om mij een lesje te leren dat ik nooit meer zou vergeten. Maar dat had hij niet gedaan. Hij had de waarde van mijn project ingezien.

Dat was vast ook zo'n beetje wat Paul bedoelde: *zij die je het beste kennen zijn ook degenen die je zwakke plekken kennen. Je vertrouwt er echter op dat ze daar niet op blijven doorhameren, dat ze er geen misbruik van zullen maken. En dat doen ze ook niet, omdat ze om je geven.*

Het zijn de vreemdelingen voor wie je moet oppassen: mensen zoals Jason, die een zwakheid zien en je, om welke reden dan ook, kapot willen maken. Vreemdelingen zijn slecht. Maar waarom zijn sommigen nou zó slecht?

Ik zat maar te bladeren in mijn dagboek, mijmerend over dit soort zaken en instemmend knikkend, onder de indruk van mijn eigen wijsheid... tot ik werd getroffen door één stukje erin, een serie ja's, een reeks van gebeurtenissen, een inval die omsloeg in een gevoel dat maar niet weg wilde...

*Zij die je het beste kennen zijn ook degenen die je zwakke plekken kennen...*

Maar ik las stug door, nam alles in me op, zag wie ik allemaal had ontmoet en wanneer, wat er daarvoor en daarna allemaal was gebeurd...

En toen kon ik het niet langer onderdrukken: ik voelde me steeds minder op mijn gemak, werd steeds nerveuzer. Ik kon er mijn vinger nog niet helemaal op leggen, maar het had iets te maken met een gedachte die me heel traag besloop, en die heel langzaam vorm begon te krijgen – een rottige gedachte, waar mijn nekharen recht van overeind gingen staan en mijn hart sneller van ging kloppen. Ik duwde hem opzij: het kón gewoon niet, het klopte van geen kanten; ik moest niet zo stom doen... Maar hoe meer ik las, hoe beter ik het begon te doorzien.

Ik stapte uit bad en begon te fluiten, in de hoop dat ik mezelf daar wel mee kon afleiden. Nee dus. Ik móést nu weten of ik dit alles bedacht, door een combinatie van een nog nasmeulende jetlag en mijn oude vertrouwde paranoia, of dat het echt waar was. Dus trok ik gauw een t-shirt en onderbroek aan, liep naar de woonkamer en zette mijn computer aan. Ik wilde een mailtje zien van een tijdje terug, van Thom. Daar stond iets in, een schijnbaar onbeduidend vraagje, waar ik toen geen aandacht aan had besteed, maar dat me nu ineens wat vreemd voorkwam.

Terwijl mijn Mac aan het opstarten was, trok ik de fles wijn open. Dit was stom, ik wist het, maar ik móést het checken... Eindelijk was hij klaar en kon ik naar mijn postvak. En daar stond het...

*Wat is trouwens jouw adres?*

Mijn hart sloeg een paar slagen over: Thom had mijn adres dus helemaal niet! En als híj het niet had... hoe was Jason er dan zo snel achter gekomen? Mijn god: het was waar! Jason had er misschien helemaal niets mee te maken.

Ik pakte mijn telefoon, begon het nummer al in te toetsen... maar legde toen weer neer. Ik kon toch niet zomaar bellen en iemand ervan beschuldigen een geheime identiteit te hebben, De Uitdager te zijn?

Ik schonk een glas wijn in en begon door mijn woonkamer te ijsberen.

Dit was een stom, achterlijk idee; het kón gewoon niet waar zijn! Maar hoe harder ik mijn best deed het idee uit mijn hoofd te zetten, hoe erger het me in zijn greep leek te krijgen.

*Zij die je het beste kennen zijn ook degenen die je zwakke plekken kennen...*

Was ik nu te achterdochtig, of was ik gek aan het worden? Ik wíst toch al wie De Uitdager was? Natuurlijk: Jason, die zich actief tegen mijn jamanier had verzet, had gevloekt en me het gevoel had gegeven een snotjochie met een stomme hobby te zijn – Jason, een volwassen vent die nee zei voor de kost...

Maar stel nou eens... stel nou eens, dat het Jason toch niet was? Dat het geen zo-goed-als vreemde was, maar... een vriend? Iemand die wist wat ik wilde, waar ik mee bezig was en waar ik woonde...

Misschien was er toch een manier om daarachter te komen (of op zijn minst mijn gedachten stil te zetten). Het was een gok, dat zeker, maar die moest ik dan maar nemen, hadden we dat ook maar gehad. Dus liep ik naar mijn bureau en gaf een duwtje tegen mijn muis.

Ach nee, het was geen vriend... die pet, dat boek, dat T-shirt... het kón gewoon geen vriend zijn geweest...

Ik ging naar hotmail.com en typte het e-mailadres in het inlogvenster; dat adres dat ik onderhand zo verschrikkelijk goed kende: wieisdeuitdager@hotmail.com. Meteen daaronder werd me gevraagd naar het wachtwoord. Wat zou dat van De Uitdager nou zijn? Met twee vingers typte ik langzaam een mij wel heel bekend negenletterwoord in. Ik keek er even naar. *Als dit werkt,* dacht ik. Mijn vinger zweefde even boven de muis... en toen klikte ik...

Het scherm werd wit, mijn computer snorde en toen verscheen er ineens... een inbox. Ik staarde er met grote ogen naar. Niet te geloven, een inbox: mijn wachtwoordtruc had gewerkt!

Er stond één (ongelezen) mailtje in: van mij. Dat boze berichtje dat ik een dag eerder had verstuurd, waarin ik Jason vertelde dat zijn spel uit was, dat ik niet langer naar hem luisterde, dat hij naar de maan kon vliegen. Maar alleen het feit dat ik dat hier nu zag staan, betekende dat het Jason nooit had bereikt...

Ik stond paf: de reden waarom ik dat wachtwoord in één keer had kunnen raden, was dat ik dat woord maar al te goed kende. En dat betekende dat ik deze Uitdager maar al te goed kende.

Mijn hoofd tolde. Toch pakte ik de telefoon en toetste ik een nummer in.

Achttien uur later zette ik mijn auto in de buurt van The Horse & Groom neer. Ik had nog geprobeerd met piepende remmen tot stilstand te komen, maar het remsysteem van een Nissan Figaro is akelig goed gemaakt. Ik stapte uit en smeet het portier met een klap dicht. 'Daar zou ik 'm niet neerzetten, vriend,' zei een straatveger. 'Het krioelt hier van de parkeerpolitie. Binnen vijf minuten heb je een bon aan je broek!'

O ja? Ze moesten vandaag niet al te veel met mij dollen! Ik opende het portier weer, boog voorover naar het handschoenenkastje, haalde er een geplastificeerd bordje uit en plakte het tegen de voorruit: BEVOEGD PREDIKANT AAN HET WERK. Zou ze leren!

Ik was degene die de ontmoetingsplek had voorgesteld: ik wilde dat het in míjn territorium gebeurde. De Uitdager wist nog niet dat hij was ontmaskerd: die dacht nog dat dit allemaal gewoon voor de gezelligheid was, een doodgewone dag en een doodgewone plek, zoals al die keren daarvoor.

Vanbuiten was ik een en al kalmte; vanbinnen gierde de adrenaline door mijn lijf. We gingen zitten en ik nam meteen het woord. 'Goh, fijn jou weer eens te zien,' zei ik. Ik laste een dramatische pauze in en vervolgde: 'Altijd fijn om... De Uitdager te zien!'

Er viel een diepe stilte, die ik expres niet opvulde omdat ik wachtte op een verklaring van degene die zich nu tegenover me zichtbaar zat te schamen. 'Hoe ben je erachter gekomen dat ík het was?'

Hoe ik daarachter was gekomen? Op dezelfde manier als De Uitdager erachter was gekomen dat ik Ja-man was. *Zij die je het beste kennen zijn ook degenen die je zwakke plekken kennen...*

Ik haalde diep adem en zei toen slechts één woord: 'Noorwegen.'

'Pardon?'

'N-O-O-R-W-E-G-E-N, het land.'

Toen pas begon er Hanne iets te dagen.

'Je hebt voor dat nep-hotmailaccount hetzelfde wachtwoord gebruikt, als je al vijf jaar zo'n beetje overal voor gebruikt,' zei ik. 'Waaronder je abonnement voor je mobiele telefoon.' Ik kan me zo voorstellen dat als Hanne dit boek uit heeft, ze 'Noorwegen' niet zo gauw meer als wachtwoord zal gebruiken – net goed!

Trouwens, haar pincode is 4626...

'O. Nou, dan zal ik je mijn excuses maar aanbieden, hè?' zei ze.

'Dat zou ik wel denken, ja! Hoe lang weet je het al, Hanne?'

Ze trommelde nadenkend met haar vingers op tafel. 'Ongeveer vanaf het begin. Ik bedoel, dat dénk ik. God weet hoe lang je het toen al deed... Maar in dat restaurant bestelde je vis, wat je nog nooit hebt gedaan. Vóór die tijd had je zelfs nog nooit vis gegéten – vond je eng, zei je. Volgens jou keek zo'n beest je zo luguber aan, zelfs als er geen kop meer aan zat. Maar toen die ober je aanraadde de vis te nemen, zei jij ja. Toen wist ik al dat er iets vreemds gaande was.'

Ik denk dat de les hier luidt: onderschat nooit de intuïtie van een ex-vriendin...

'En natuurlijk ook al het feit dat je met ons meeging,' zei ze. 'Dat was echt maf, Danny! Jij hebt al aardig wat maffe dingen uitgevreten, maar dat sloeg alles! Ik was ziedend – nog dagen! Ik wíst gewoon dat je iets in je schild voerde. En telkens als ik je zag of van je hoorde, deed je weer iets dat mijn vermoeden bevestigde. Ja, je vond het erg als ik iets met een ander zou krijgen... Je ging de zoon van een vermoorde sultan helpen – dat soort mailtjes krijg ik ook, hoor, Danny! Toen een Afrikaans kindje voor me sponsoren... Dacht je echt, Dan, dat ik die folders niet heb gezien? En toen die bloemen! Eerst dacht ik nog, dat je gewoon een gewillig slachtoffer van de reclame was, maar toen telde ik een aantal dingen bij elkaar op... en wat kreeg ik: een idioot – een idioot die altijd ja zei.'

'Maar waarom heb je toen dan niet gewoon gezégd dat je me doorhad? Waarom al dat gedoe met die Uitdager?'

'Ach, je was er nooit mee gekapt als ik het je gewoon had gevraagd! En zo was het ook een soort van... grap of zoiets.'

'Een gráp? Jij wilde me verdorie naar Texas sturen!'

'Naar Texas? Echt niet!'

'Jij schreef: "Ga naar Stonehenge II". Dat ligt toch in Texas!'

'Nee, ik wilde dat je naar Stonehenge ging – voor de tweede keer. Ik wilde je gewoon tweemaal naar Stonehenge sturen! Want toen ik je sms'te en jij in Singapore bleek te zitten, dacht ik: aha, meneer wil dus reizen... En toen bedacht ik dat ik je naar Stonehenge zou blijven sturen, net zolang tot je er genoeg van had, tot het een soort *Groundhog Day* was geworden! Over een paar weken had ik je "Ga naar Stonehenge III" gemaild.'

'Maar waarom Stonehenge?'

'Omdat jij een bloedhekel aan pretparken hebt, altijd al gehad ook.'

Ik verborg mijn hoofd in mijn handen. 'Stonehenge is toch geen pretpark! PlankAvontuur, dát is een pretpark! Stonehenge is een... je weet wel, een dinges... een monument, een bezienswaardigheid, geen pretpark! Ik zou het nóg begrijpen als je dacht dat ik een hekel had aan druïden, of grote stenen cirkels, maar eh...'

Toen bedacht ik nog iets. 'En je hebt geprobeerd me te koppelen!'

'Ook toen had ik nooit gedacht dat je erop in zou gaan! Een blind date, Danny, geregeld door je ex! Gruwelijker kan toch niet? Of had je soms gedacht dat ik jouw afspraakje ook zou verpesten, zoals jij het mijne? Daar had je gewoon nee tegen moeten zeggen!'

Ik zweeg. Het duizelde me nog als ik eraan dacht hoezeer ik in feite bofte. Ik was op het nippertje ontsnapt: ik moest er niet aan denken hoe weinig het had gescheeld of ik had een ticket naar Texas geboekt, waarna ik nog dieper in het schuldenmoeras was weggezakt... En dat alleen omdat ik me had laten meeslepen door zo'n foute Uitdager. Een foute Uitdager, die nu tegenover me zat en er helemaal niet zo fout uitzag... Ik had zélf zijn motivatie verzonnen; mijn eigen brein had zijn plannetje opgeklopt... En waarom? Om mijn leven nóg wat opwindender te maken? Ik was verdorie een fantast geworden!

'Ik dacht dat je een vent was, ene Jason,' zei ik tegen Hanne. 'Ik dacht dat hij "De Uitdager" was.'

'Zo wilde ik me helemaal niet noemen,' zei ze. 'Dat heb ik niet eens bedacht.'

Ho even. 'O? Wie dan? Seb?'

Ze krabbelde meteen weer terug. 'Nee, ik bedoel...'

Er begon me langzaam iets de dagen. 'Jij had hulp, hè? Je deed dit niet alleen!'

'Nee-nee, ik...'

'Het begon helemaal niet met die vis, hè, dat wás het helemaal niet; dat heb je maar verzonnen!'

'Ik maakte me zorgen om jou! Ik dacht ik je hiermee hielp!'

'En dat T-shirt, dat *Just Say No*-shirt... Dat kwam wel heel erg toevallig exact op het moment dat ik besefte hoezeer ik het woordje nee miste...'

'We probeerden jou te helpen – wij allebei...'

'Wie is "allebei"? Hoe kwam jij aan je informatie?'

Maar ze hoefde het niet eens meer te zeggen: ik wist het al. 'Mijn god... het was Ian, hè?'

Ze keek zwijgend naar het tafelblad en knikte.

Verraad! Ian had me verraden!

'Hij wilde alleen maar dat je ermee kapte,' zei ze. 'We hadden het gevoel dat het ook een beetje onze schuld was, Danny. Je was helemaal aan het doordraaien, vertelde Ian. En toen zei hij dat we deze nieuwe tic van jou moesten zien te stoppen; dat het belangrijk was dat we ervoor zorgden dat je ook weer eens nee zei.'

Mijn ogen puilden zowat uit hun kassen. 'Hij zei dat het belangrijk was dat ik weer eens nee zei? Natuurlijk zei hij dat: hij wilde dat ik nee zei... zodat hij mij kon straffen! Dat is waar hij al die tijd op uit was!'

'Straffen? Nee, Ian wilde je hélpen...'

Mijn hoofd tolde ervan... Al die tijd had ik gedacht te strijden tegen een duistere, brute geest; een Uitdager die op mijn ondergang uit was. En ik had iemand die ik nauwelijks kende deze schuld in de schoenen geschoven, terwijl de vijand in werkelijkheid steeds naast me liep: twee vrienden... die een gráp met me uithaalden, waarmee ze mij dachten te hélpen! Maar ik moest kalm zien te blijven. Misschien had Hanne wel gelijk: had ik dit alles veel te serieus genomen, er veel te veel waarde aan gehecht – de hele tijd al, vanaf het begin. Misschien was het wel de grootste tijdverspilling ooit in naam der zelfredzaamheid uitgevoerd...

'Het spijt me, Danny. Het was maar een lolletje...'

'Maar hierdoor is alles op de een of andere manier... in waarde gedaald...' zei ik. 'Al mijn inspanningen!'

'Het was gewoon een soort revanche voor al die StommeJongensProjecten, waar jij me mee hebt opgezadeld toen we nog bij elkaar waren... Maar weet je? Ik kwam er helemaal in, joh: het werd een soort Stom-MeidenProject... 's Avonds in bed lag ik nog na te giechelen over al die dingen die ik jou kon laten doen! Sorry, Danny, maar nu zie ik eindelijk in wat jij in al die projecten van je zag...'

Ik keek haar recht aan. 'Dat vind ik dan hoogst onvolwassen van je,' sprak ik. 'Ik ben blij dat ik dat station allang gepasseerd ben. En ik hoop dat je op een dag net zo volwassen zult worden als ik.'

Ze zag hoe ik mijn stoel achteruit schoof. 'Waar ga je nu naartoe?' vroeg ze.

'Luister: geen woord hierover tegen Ian, oké?' zei ik. 'Ik moet eens stevig gaan peinzen over een passende straf voor hem, want ik weet zeker dat hij de regels van het Ja-manifest ergens vreselijk heeft geschonden...'

Toen hoorde ik ineens een niet erg subtiel kuchje naast me, en herinnerde ik me iets wat me totaal ontschoten was. 'O, mijn god... sorry hoor. Hanne, dit is Paul: een nieuwe vriend van me. Ik heb hem een lift gegeven; wij voeren samen goede gesprekken.' Omdat ik al ja had gezegd tegen een drankje met Paul, had ik hem wel mee moeten nemen – en zat hij al zeker een kwartier verbluft zwijgend naast me. In mijn haast De Uitdager te ontmaskeren, was ik hem compleet vergeten.

'Hallo Paul,' zei Hanne.

'Hallo Hanne,' zei Paul.

'Hé... Hanne heeft een hond, Paul,' bedacht ik opeens. 'Nietwaar, Hanne?'

'Eh, ja...' zei ze. 'Een poedel.'

'Een poedel?' zei Paul, met een kort lachje. 'Daar kan ik je wel het een en ander over vertellen...'

En tot Hannes afgrijzen liet ik ze toen alleen.

Met een grote grijns op mijn gezicht reed ik door Londen. Ik voelde me ontzettend opgelucht: er zat niemand meer achter me aan; niets kon mij nog stoppen! De Uitdager was getrotseerd; de Ja-man had gezegevierd.

Ian, die pakte ik nog wel; laat daar geen misverstand over bestaan. Maar dat kwam later, zodra ik iets passends had bedacht; iets wat zijn grote verraad en al zijn flauwe geintjes zou vereffenen.

Maar niet vandaag; vandaag moest ik gauw naar huis: mijn huis schoonmaken voor Lizzie.

De wetenschap dat mijn leven er vandaag een stuk eenvoudiger op was geworden, maakte me vrolijk. December werd een makkie.

# 24

*Waarin Daniel tevreden is*

an invitation to

## Tim Miller's

GAY MEN'S PERFORMANCE WORKSHOP

This workshop is for gay men and queer boys to gather together and explore some performance stuff. Jumping off from a warm up, we'll tell stories and share some from what goes on in our lives: sex, growing up, our bodies, love, fears & more. We'll try different ways to bring the life and stories inside us into performance. No experience...
Bring your hearts...

Ik was tevreden.

Lizzie lag in mijn appartement te slapen. Enkele ochtenden na mijn overwinning op De Uitdager had ik haar opgehaald – moe, breekbaar en ietwat gehavend, na een heel etmaal in het vliegtuig.

Ik stond net in de keuken een kop thee te maken, toen ik haar wakker hoorde worden. Toen ik me even later omdraaide, stond ze daar: een slaperige brunette met een warrige bos haar. 'Hallo daar,' zei ze.

Heel even keken we elkaar alleen maar grijnzend aan.

'Thee?'

'Zo'n aanbod kán ik niet afslaan,' zei ze. 'Een kop thee weigeren als je nog maar net in Engeland bent...'

Ik zette de waterkoker weer aan.

Haar blik vloog door mijn appartement. 'Fijn om alles hier weer te zien,' zei ze. 'Je hebt voor me opgeruimd, hè?'

'Nee, hoor: het is hier altijd supernetjes.'

'Mm-mm, zal wel... En je hebt zeker ook altijd verse bloemen op tafel staan!'

'Ik kwam langs een stalletje aan Roman Road, en die man schreeuwde zo hard dat ik dit koopje niet mocht missen...'

'Tuurlijk!' Glimlachend begon ze door mijn kamer te dwalen; ze keek naar mijn boekenplanken, bestudeerde mijn boeken, tuurde uit het raam naar de voorbijrazende treinen...

Het was goed om haar weer hier te hebben.

'Wat is dat voor een ding?' vroeg ze, wijzend naar een plastic geval in een hoek.

'Dat,' zei ik trots, 'is mijn nieuwe *Light & Easy*-stoomreiniger: die is zowel schitterend eenvoudig, als eenvoudigweg schitterend.'

'Heb je hem al eens gebruikt?'

'Twee keer: de eerste keer verbrandde ik me bijna, de tweede keer ook.'

Ze trok haar wenkbrauwen op en vervolgde haar dwaaltocht. Ze pakte het boek dat op zijn kop op tafel lag en bestudeerde de voorkant. 'Ben je Vlaams aan het leren?'

'*Jah!*'

'Maar hoezo Vlaams?'

Ik haalde mijn schouders op. '*Spriekt oe Engkels?*' zei ik jolig.

Ze leek nogal onder de indruk. 'Wat betekent dat?'

'Dat betekent: "Vlaams is een zeer ingewikkelde, raadselachtige taal."' Dat is helemaal niet zo, hoor: ik heb geen idee wat het betekent.

Ze grijnsde en zei: 'Vind je het goed als ik even ga douchen?'

'Ik zal een handdoek voor je pakken.'


Twintig minuten later kwam ze de woonkamer weer in. Ze wreef haar haren droog met de handdoek, geurde naar munt en zag er prachtig uit. En ze had iets in haar hand. 'Wat is dít in 's hemelsnaam?' vroeg ze.

Het was een keurig ingelijst certificaat – een van de drie die ik in mijn badkamer had opgehangen. 'Dat is mijn diploma verpleegkunde van de Universiteit van Rochville,' zei ik.

'Rochville? Waar ligt dat ergens?'

Goeie vraag; geen flauw idee. 'Wat doet het ertoe?' zei ik – zo hooghartig als iemand die zijn diploma via internet heeft gekocht maar kon doen. 'Wat er wél toe doet, is dat ik nu een volledig gediplomeerd verpleger ben, op basis van mijn levenservaring en kijkgedrag.'

'Jij zit vol verrassingen! Waar zijn die andere dingen aan de muur dan van?'

'Het ene is mijn Certificaat van Uitmuntendheid, het andere mijn Erecertificaat. Ik had het erg goed gedaan; was misschien wel de beste van mijn klas.'

'Waarom heb je me dat nooit verteld dat je gediplomeerd verpleegkundige bent?'

'Ach, ik schep niet graag op...'

Ze liep een stuk achteruit – ik dacht om het certificaat terug te hangen – maar ze stopte en wees naar de hal. 'Er was nog iets wat me opviel... daar.'

Ik wist echt niet waar ze op doelde.

'Daar hangt een grote tekening van jou met een hondje.'

'O, datte.'

'Nou?'

'Eh... nou, kijk...' Ik wilde Lizzie eigenlijk niets van die psychotrope Hersenbom vertellen; dat zou haar een heel verkeerd beeld van mij geven. Maar hoe moest ik die tekening dan verklaren? En toen had ik het ineens! 'O, ik had meegedaan aan een wedstrijd van de wijkkrant: HuisdierPersoonlijkheid van het Jaar... en de hoofdprijs was een portret van mij en mijn hond.'

'Maar jij hebt toch helemaal geen hond?'

'Klopt. Eigenlijk had ik mijn kat Stuart ingeschreven... maar die tekenaar heeft het dus helemaal verprutst.'

'Maar je hebt ook geen kat.'

'Klopt opnieuw... Ach, we moeten het ook helemaal niet over die tekening hebben...' Het begon haar een beetje te duizelen, merkte ik. Ik kwam wat dichterbij. 'Het is denk ik beter om het over iets heel anders te hebben...'

Ze keek bezorgd, ik ook. 'Mm, dat klinkt ernstig,' zei ze. 'Zeg, als je liever niet hebt dat ik blijf, is dat ook prima, hoor. Ik kan best...'

'Nee-nee, dat is het niet. Het is iets heel anders... iets over mij... Ik geloof dat ik het je beter maar zo gauw mogelijk kan vertellen – want ik heb me daar al eens eerder in vergist, en die fout maak ik liever niet nog eens. Misschien moet je maar even gaan zitten...' Het was tijd voor mijn biecht: ik moest alles opengooien... waarna het meteen weer uit de weg kon worden geruimd. Het was tijd om mijn verborgen identiteit te onthullen.

Dus ging Lizzie zitten en vertelde ik haar wat ik had gedaan. Ik vertelde alles, vanaf het begin, het hele verhaal: de man in de bus, het Ja-manifest, Ians dreiging met straf, mijn volharding dit project tot een succes te maken. Ik vertelde haar van Jason, van Hanne en Seb, van die hypnotische hond in Wales, waarvan ik had gehoopt dat hij al mijn zorgen in één klap kon wegnemen.

En zij knikte, glimlachte, fronste, knikte opnieuw, en keek alsof ze het ondanks alles toch begreep.

Dus vertelde ik nog meer: over hoe het me soms naar de keel was gevlogen; dat ik het bij tijden zinloos, waardeloos en stom had gevonden; hoe ik heel even bij Maitreya naar diepgang had gezocht, maar vervolgens had beseft dat ik alleen mezelf de schuld kon geven; en hoe er telkens wanneer ik dacht er schoon genoeg van te hebben, weer iets was voorgevallen dat me weer helemaal bij de les had gesleurd.

En toen hield ik mijn adem in en vertelde haar over Edinburgh: dat ik anders nooit dat ticket voor haar had dúrven kopen, maar dat het ergens in orde had geleken, als ik Ja er de schuld van in de schoenen kon schuiven...

Ze knikte opnieuw stilletjes, maar ditmaal kon ik haar reactie absoluut niet peilen.

Dus ging ik maar verder, en vertelde hoe Ian en Hanne tegen me hadden samengespannen en hoe ik hen had verslagen; en hoe zij nu hier in Londen tegenover mij zat en dat, als ik nooit ja tegen dat vliegticket had gezegd, wij allebei hier nu niet zaten...

Kortom, ik vertelde Lizzie alles. Dat wil zeggen: bíjna alles – het enige wat ik verzweeg, was Kristen.

Het was veel, wat ze voor haar kiezen had gekregen. Maar uiteindelijk wist ze haar gedachten op een rijtje te krijgen en zuchtte ze diep. 'Godzijdank!' riep ze toen.

Niet bepaald de reactie die ik had verwacht. 'Hè?'

'Dan hoop ik dat dat ja-zeggen van jou ook dat PenisCorrectiePakket verklaart, die ik in de badkamer zag liggen.'

Ik werd knalrood: shit! 'Nee,' zei ik. 'Die is van Ian.'

Het was een koude, donkere wintermiddag; we zaten in The Royal Inn. Ik was blij dat ik Lizzie dat hele ja-gedoe uit de doeken had gedaan. Dus vertelde ik nog maar wat meer over wat ik allemaal had gedaan.

Ze genoot van het verhaal over Marcs geluidje; zei dat ze ook wel eens op Pulau Ubin achtervolgd wilde worden door een hagedis; en verbaasde zich er hardop over dat ik die *Geese for Peace*-campagne al in zo'n vroeg stadium had laten vallen. Dat deed ze deels om mij te paaien natuurlijk, maar ze leek ook oprecht geïntrigeerd door het hele idee. Dat van mijn ja-project bedoel ik dan, niet dat van die ganzen...

'Maar er is nog één ding dat ik van je wil weten...' zei ze, met haar wijsvinger een kras in het tafelblad volgend. 'Dat ik hier nu zit en bij jou logeer...'

'Nee-nee, dat hoort er niet bij! Dat is een ja die ik anders ook zou hebben gezegd.'

'Want dat verhaal van dat ticket naar Edinburgh, dat begrijp ik wel... toen lag de situatie nog heel anders. Maar als ik nu het gevoel zou hebben dat jij...'

'Nee, Lizzie: echt niet!'

'Oké, top!'

Maar ik wilde niet dat ze dacht dat ik zomaar wat zei. 'Serieus,' zei ik. 'Ik zou nooit...'

'Sst... ik geloof je al!'

En te oordelen naar de manier waarop ze me daarbij aankeek, twijfelde ik daar niet aan.

De dagen daarna vlogen voorbij, net als toen in Edinburgh. Lizzie bezocht allerlei bijeenkomsten voor haar werk; ik pikte haar na afloop op, waarna we samen de stad doorkruisten. Zo gingen we een keer lunchen met Ian (die de geheimzinnige Lizzie nog nooit had ontmoet) en ze zei louter de juiste dingen.

Ian maakte schoon schip en bekende zijn aandeel in het Uitdager-debacle zodra ik hem met de feiten confronteerde. Hij probeerde me er wel nog van te overtuigen dat het allemaal voor mijn eigen bestwil was geweest; dat hij bang was geweest dat ik me ging vervelen; dat hij het sowieso beter vond om ook af en toe nee te zeggen; en dat ik, omdat ik technisch gesproken nog steeds geen nee had gezegd, nog steeds aan de winnende hand was.

Ik deed heel streng tegen hem, maar als ik heel eerlijk ben, kon ik hem ook gewoon niks maken: er stond in mijn Ja-manifest niets wat hem expliciet verbood Hannes verdenkingen te bevestigen. Dus zei ik dat ik het hem vergaf, maar alleen (en dit moet echt tussen ons blijven) omdat ik nog iets heel speciaals voor hem in gedachten had.

Maar goed, Lizzie trakteerde ons op een ijsje en lachte lief om Ians grapjes. Ik denk dat ze medelijden met hem had vanwege dat PenisCorrectiePakket.

'Fantastische meid!' zei Ian, toen ze even naar het toilet ging. Ik knikte: dat was ze zeker!

Iets later persten we ons met zijn drieën in mijn auto, reden naar de bioscoop bij Canary Wharf en gingen, ondanks Ians protesten, naar de eerste film die de man achter het loket ons aanraadde. Daarna gingen we naar een kroeg in de Docklands, waar Lizzie Ian een beetje bestraffend toesprak: hij had toch maar mooi gesmuld van mijn ellende; had Hanne niet tegengehouden maar zelfs aangemoedigd; en had zijn mysterieuze straf al die tijd mysterieus gehouden.

'O, maar De Straf staat nog steeds,' zei Ian. 'Want je mag deze slag dan hebben gewonnen, Danny; de oorlog is nog niet beslist! Je kunt nog steeds falen... en ik kan mijn Straf nog steeds op je loslaten.'

'Maar wat ís De Straf dan?' vroeg Lizzie (ik geloof al voor de derde keer die avond). 'Die kun je toch niet geheim blijven houden? Je moet het hem vertellen – het geeft hem alleen maar meer motivatie om het vol te houden!'

'Het staat mij niet vrij dat te onthullen,' antwoordde Ian plechtig. 'Maar wees gerust: het is een hele goede straf.'

'Ja hoor,' zei ze. 'Je hebt niks, hè? Er ís helemaal geen straf. Jij dacht dat het hem toch nooit zou lukken, zolang jij De Uitdager hielp...'

'Er is heus wel een straf; ik zeg alleen lekker niet wat het is – zo goed is hij...'

Toen bedacht Lizzie iets. 'Ik vind het niet meer dan fair dat jij Danny pas mag straffen als je zelf hebt ervaren hoe het is om als Ja-man door het leven te gaan...' zei ze. 'Dan weet je tenminste waar je het over hebt...'

Ik grijnsde; ik wist waar ze naartoe wilde.

'... en kun je je straf daarop afstemmen. Dan pas kun je echt een goede, passende straf bedenken!'

'Nee-nee, ik ga echt niet overal ja op zeggen!' riep Ian. 'Dat moet onze Ja-man daar maar doen! Ik ga mooi niet al mijn geld aan diploma's en toverdrankjes van internet spenderen!' Waarop Lizzie en ik elkaar samenzweerderig aankeken. Ja-ja... Wij wisten precies wat Ian op internet had aangeschaft...

Maar zij bleef maar op hem inpraten en hem inpalmen, tot Ian er ten slotte mee instemde ja te zeggen, voor de rest van de avond. Hij betaalde de drankjes voor de drie jongens achter de bar; sms'te JA naar een supersaaie collega, die de avond erop met hem uit eten wilde; en had een leuk gesprekje met de blondine aan het tafeltje naast ons. Op een gegeven moment moesten we hem echter redden – van de fruitautomaat in de hoek. Telkens wanneer hij een spelletje had gespeeld, vroeg het ding: NOG EEN KEER? Pas na drie kwartier hadden wij door wat er aan de hand was...

De volgende ochtend reed ik met Lizzie naar Bath, om haar de stad te laten zien en kennis te laten maken met mijn ouders en onze kat Sammy. Terug in Londen gingen we op een regenachtige zaterdagmiddag voor een kip-*dansak* naar Madras Valley, en daarna voor een paar uurtjes naar Great Portland Street, waar ze met mij en een paar honderd van mijn allerbeste vrienden zat te lachen.

Het begon langzaam... iets te worden tussen haar en mij. Nee, streep dat maar door: we hádden al iets met elkaar. En dat was geweldig. Maar ook hopeloos.

Op een middag kwam ze terug met iets in haar hand. 'Dit vond ik in de metro; ik dacht dat jij er wel iets mee zou kunnen...' Het was een flyer, met als kop: *Uitnodiging voor Tim Millers homoperformanceworkshop.* 'Een kans voor homoseksuele mannen om hun persoonlijkheid te uiten via toneel en dans,' zei ze. 'Ik weet heus wel dat je geen homo bent, maar het ís een uitnodiging... En je houdt toch van dansen?'

Ik lachte. Lizzie snapte het helemaal; ze vond het absoluut niet stom.

'En...' zei ze, 'ik wilde het zelf ook wel eens proberen.'

'Wat? Je persoonlijkheid uiten via toneel en dans?'

'Nee: ja zeggen. Dus ben ik een reisbureau binnen gestapt en heb gevraagd wat een mooie plaats was om de vrijdagavond door te brengen. Het antwoord luidde Praag. En toen heb ik dus twee tickets gekocht.'

'Jij hebt wát gedaan?'

'Ik heb twee kaartjes naar Praag voor ons gekocht. Dus wat zeg je ervan: ga je met me mee?'

'Jij... wauw!' Het was voor het eerst dat een meisje zoiets voor me deed; ik wist niet eens dat vrouwen dat konden! Ik had een Ja-meid gevonden! Ik wilde Lizzie zeggen hoe magnifiek ik haar vond, hoe magnifiek dit alles was, dat Praag vast magnifiek zou zijn... maar het enige wat ik kon uitbrengen, was: 'Ja...'

Het was een geweldige trip: spontaan, zorgeloos, snel en boordevol plezier. Laat in de middag vlogen we ons avondje Praag tegemoet; tegen negenen liepen we al over het Oude Stadsplein. Het was een bitter koude decemberavond, maar helder en fris. We kochten een beker warme chocolademelk om onze handen aan te warmen, wandelden naar de Sint-Nicolaasdom en kusten elkaar op de Karelsbrug.

En ergens na tien uur keken we allebei omhoog, naar de hemel – omdat we instinctief voelden dat er iets te gebeuren stond. En ja hoor: toen begon het, langzaam en behoedzaam, te sneeuwen... We begonnen tegelijkertijd te lachen, maar er wás iets aan Lizzies lach... En ik realiseerde me dat dit de allereerste keer was dat ze sneeuw zag: hier, nu, met mij... Ik stond helemaal perplex. Dit had Ja voor haar gedaan; het was een ja-geschenk, puur en alleen voor Lizzie, in de mooiste stad ter wereld.

Sorry dat ik het zeg, maar het was helemaal áf.

De dag van haar vertrek wilden we het geen van beiden over de toekomst hebben; we vermeden het hele onderwerp gewoon. We hadden nu twee fantastische weken samen gehad: één in Edinburgh en nu ook nog één in Londen (en Praag). Daar probeerde ik me maar op te concentreren.

Ik was vroeg wakker geworden, had naar haar gekeken terwijl ze naast me sliep. En hoewel ik me kalm voelde, was ik tegelijkertijd één brok onrust. Ik wist dat ze vandaag weg moest – en ik wist dat er iets binnen in mij zou moeten veranderen.

Terwijl ik met het ontbijt bezig was, bestelde zij alvast een taxi naar het vliegveld. Toen ze klaar was met inpakken kwam ze naar de woonkamer, waar ik zwijgend aan een pakje vruchtensap zat te slurpen.

'Ik heb een ja voor je,' sprak ze kalm.

'Hoe bedoel je?'

'Iets waar je ja op kunt zeggen.'

'Wat dan?'

Ze glimlachte. 'Waarom kom je met de kerst niet naar Australië? Kan ik je aan iedereen voorstellen, kunnen we oudejaarsavond vieren – samen...'

Ik wist niet wat ik moest zeggen. Het was een prachtig plan, maar ik had er een hard hoofd in. Ik bedoel, technisch gesproken kon het wel: iets regelen met mijn ouders, een vlucht boeken en de kerst doorbrengen aan de andere kant van de wereld. Maar moest ik het wel doen? Dit was geen gewone ja, dit was een levensechte ja: een ja die me uiteindelijk kón en waarschijnlijk ook zóú kwetsen... 'Moet je horen, stél dat ik dat zou doen. Wat gebeurt er dan daarna?'

'Erna? Dat zien we dan wel weer... toch?'

Ja-ja: dat zien we dan wel weer. Maar ik zag het nú al voor me: hoe ik zou thuiskomen in Londen – moederziel alleen. In exact dezelfde situatie als een jaar eerder: waarmee ik in wezen al mijn inspanningen in één klap uitwiste. Als mijn band met Lizzie nog steviger werd dan al het geval was, bood ik mezelf in feite vrijwillig aan voor de grootste oplawaai van mijn leven. Ik was als de dood.

'Nou... als je met de kerst niet kunt,' zei ze. 'Wat dacht je dan van januari? Of februari?'

'In januari begin ik met die nieuwe baan,' zei ik, iets koeler dan ik wilde. 'Dan kan ik niet zomaar meer van alles uitspoken. Vanaf dat moment wil ik alleen nog maar vooruitkijken, me verantwoordelijker gedragen, verstandige keuzes maken. En ik denk ook niet dat ze me zo gauw al vrij zullen geven om naar jou in Australië te vliegen.'

'O... juist. Dus dan is het zo'n beetje nu of nooit...'

Ik haalde mijn schouders op en staarde naar mijn voeten. Ik voelde me afschuwelijk.

Begrijp me niet verkeerd: ik wilde heus wel gaan – echt, eerlijk waar – maar ik kon het gewoon niet. Als ik mezelf toestond te hopen dat dit iets kon worden; dat Lizzie en ik samen toekomst hadden; dat die afstand er eigenlijk niet toe deed... dan maakte dat het onvermijdelijke alleen maar erger. Want het was nu eenmaal een feit dat het niets kón worden, en hoe langer we hiermee doorgingen, hoe erger de pijn zou zijn. Dit hoorde nog bij mijn ja-leven, en dat liep nu ten einde. Het zou niet eerlijk zijn het nog mee te sleuren naar mijn volgende leven. Soms moet je een beslissing nemen om jezelf te beschermen. Soms is het beter een voet te verliezen, dan een been te riskeren...

'Ik kan echt niet...' begon ik. En toen besefte ik ineens dat ik nog iets achter de hand had wat dit alles een stuk eenvoudiger zou maken. 'Want zie je, er is nóg iets... Ik heb laatst iemand ontmoet, enne... ik weet nog helemaal niet of dat wel iets wordt, maar weet je... Zij woont tenminste wel in Engeland, enne...'

Ze keek erg gekwetst; ik haatte mezelf. Ze knikte voorzichtig en ik ontweek haar blik.

'Heel erg bedankt, Lizzie,' zei ik. 'Maar... het wordt dus een nee.'

Ze legde haar hand op mijn arm en zei dat ze het begreep. 'Jammer dat je eerste nee voor mij is,' zei ze.

Ik glimlachte bedroefd.

Een uur later droeg ik haar bagage naar de taxi. En toen was ze weg.

# 25

*Waarin Daniel iets vreselijks opbiecht,*
*diep in zijn hart kijkt en eindelijk aanvaardt*
*dat hij straf verdient*

Twee avonden later, in The Yorkshire Grey, leek Ian bijna net zo over-
stuur als ik omdat Lizzie weer weg was – zelfs nog erger dan toen ik hem
had verteld dat mijn grote ja-avontuur erop zat, dat ik ermee kapte, dat
dit het einde was... dat ik nee had gezegd.
'Ik kan het gewoon niet geloven... dat ze nu weg is,' zei hij hoofdschuddend. 'Waarom moet het nou zo?'
Ik knikte, maar eigenlijk ergerde zijn gejammer me ook een beetje: hij
moest met me meeléven, niet meelíjden.

'Ze fleurde de hele boel op, hè?' zei hij. 'Zo'n bijzondere meid! En nog grappig ook... en beide benen op de grond... en zo'n geinig accent...'
Zo maakte hij het er echt niet beter op. Toch knikte ik maar wat met hem mee.
'Op Lizzie dan maar!' riep Ian, stak zijn bierglas in de lucht en nam een slok. We zwegen een paar minuten.
'Ik heb toch wel de juiste beslissing genomen, hè?' vroeg ik.
'O, absoluut, zeker weten... ja hoor, de juiste beslissing.'
'Over dat nee tegen Australië, bedoel ik.'
'Ja-ja, helemaal goed, zonder twijfel. Maar vertel nog eens waaróm je ook alweer nee had gezegd?'
'Omdat we vroeg of laat toch weer afscheid van elkaar hadden moeten nemen. En dan kan dat maar beter vroeg zijn, want dan doet het minder pijn. Soms is het nu eenmaal beter om een voet te verliezen, dan een been te riskeren... Ze woont verdomme in Australië, man! Dat is zo'n beetje tweemaal zo ver als Singapore!'
'Tja... Nee hoor, je hebt de juiste beslissing genomen! Je kunt toch niet elk weekend naar Australië vliegen, alleen omdat je vriendin daar woont?'
Mijn vriendin? Het was voor het eerst dat iemand haar zo noemde.
'Maar... het is nog niet te laat, hoor,' zei hij toen. 'Ik bedoel, technisch gesproken kun je nog steeds gaan. Dan is het toch geen nee, maar gewoon een ja – wat betekent dat je nog steeds in het spel zit.'
'Ian...'
'Nee-nee, je hebt gelijk; zeker als ik denk aan dat voorbeeld van die voet... Het nemen van risico's is totaal overschat. Ik weet nog goed dat jij zei: "Het grootste risico loop je, wanneer je er nooit eentje neemt," en dat ik toen dacht: "Geldt dat ook voor kajakken?" Nee hoor, groot gelijk dat je dat risico niet wilt nemen: voorzichtigheid is de moeder van de porseleinkast!'
'Precies! Want het was niet maar gewoon ja tegen een reisje naar Australië: het was ja tegen de kans diep gekwetst te worden. Dat is vast een Niveau Zeven of zo – en dus volkomen onaanvaardbaar.'
'Volkomen! Maar weet je... het kán nog steeds. Ik bedoel: je hebt pas definitief nee gezegd tot je het definitief níét hebt gedaan. En je bent nog niet definitief níét naar Australië gegaan... Jouw nee tegen Lizzie verkeert nog in de misschien-fase: het kán nog steeds een ja worden, dat hangt er maar van af hoe alles loopt. Tot nu toe heb je immers nog steeds overal ja tegen gezegd...'
Als geroepen, verscheen er toen een serveerster aan onze tafel. 'Hallo, jongens,' zei ze, onze lege glazen oppakkend. 'Bijvullen?'

Ian glimlachte al, maar toen zag hij ineens de blik in mijn ogen. Hij staarde me met grote ogen aan; ik staarde kil terug. Hij wíst wat er nu gebeuren ging, dus toen ik mijn mond opende, stak hij zijn hand op om me tegen te houden; om te voorkomen dat ik zei...

'Nee, dank je.'

De serveerster draaide zich om.

Ian keek me woest aan. 'Jij stomme idioot!' riep hij. 'Jij vergooit het gewoon – alles! Je had het makkelijk gered; je had nog gewoon naar Australië kunnen gaan! Maar nee: Danny wil geen biertje meer, en wat Danny niet wil, dat doet Danny niet. Al dat werk, Dan; alles voor nop!'

'Da's niet waar,' zei ik. 'Pertinent niet zelfs. Oké: ik heb het nu verknald, maar kijk eens wat er allemaal is gebeurd; hoe ik ben veranderd. Ik leef weer, ik heb weer plezier!'

'Plezier? Je bent weer helemaal terug bij af: in de kroeg, met mij... Je bent Lizzie kwijt, zit zwaar in de schulden en je begint straks aan een baan waarvan ik niet eens weet of je die wel wilt.'

'Zeker wel! Ja is heel goed voor me geweest: ik ga vooruit in de wereld.'

'En Kristen dan? Hoe past zij in dit plaatje? Je kunt niet zomaar al je gevoelens voor Lizzie projecteren op een meid, met wie je toevallig een keertje naar bed bent geweest...'

Ik keek Ian recht in de ogen en hield zijn blik vast.

Heel langzaam begon het hem te dagen. 'O... mijn... god... Jij bent helemaal niet met haar naar bed geweest!'

Toen kon ik hem niet langer aankijken.

'Dát is het, hè? Jij hebt allang nee gezegd, een hele poos geleden al! Dit is al heel lang nep, namaak, poppenkast! Je hebt eerst nee gezegd tegen een meid en nu ook nog tegen een biertje! Jongen, dat druist niet alleen in tegen het Ja-manifest... dat gaat tegen alle wetten in!' Hij gooide zijn handen in de lucht en smeet zich tegen de rugleuning van zijn stoel. Zeker tien minuten, misschien wel een kwartier, zei hij niets meer.

Hij stond op om een biertje halen en nam er – voor het eerst in ons leven – niet ook eentje voor mij mee: ik had tenslotte nee gezegd. Misschien was dit Ians straf wel...

Maar nee, dat was het nog niet. 'Ik wil jou hier aanstaande dinsdagavond zien,' zei hij. 'Voor... De Straf.' Toen dronk hij zijn glas leeg en stampte de zaak uit.

Ja, ik weet het... Het spijt me: ik had het jou ook moeten vertellen. Maar ik was bang dat je me dan niet meer zou mogen; dat je me een mislukkeling zou vinden.

Ik had met Kristen niets gedaan wat ik hád moeten doen. En dat is dus exact waarom ik er toen niet over wilde praten. Natuurlijk was ik, als ik wel ja had gezegd, ook discreet gebleven; had ik jou de details ook bespaard. Maar dan had ik het tenminste wel kunnen afvinken, als wéér een fantastische ja in deze merkwaardige levensfase van me. Maar dat kon dus niet: dit was geen vinkje, maar een groot, rood kruis op mijn voorhoofd.

Ik had gedacht dat als ik het gewoon negeerde, het op den duur wel zou wegtrekken; dat het dan niet telde; dat ik dan nooit meer zou hoeven denken aan het feit dat ik had gefaald. Dus had ik me van de domme gehouden, het uit mijn dagboek weggelaten, helemaal niets gezegd – zelfs niet tegen mezelf.

Een ja tegen Kristen was me gewoon een ja te ver geweest: ik wilde en kón het niet. Het zou niet alleen mij, maar ook haar hebben geschaad – en misschien zelfs (als ik haar ooit nog eens zag) Lizzie.

Ironisch genoeg had mijn nee tegen Kristen er alleen maar voor gezorgd dat ik nog fanatieker ja ging zeggen. Vanaf dat moment had ik me pas werkelijk in de strijd gestort, vastbesloten recht te trekken wat ik zelf had verbruid. Dus vloog ik naar Barcelona en wist ik mezelf, net toen het weer begon terug te komen, nóg een stukje verder te pushen... en ik boekte een vlucht naar Singapore. Ik was niet zomaar op die advertentie gestuit: mijn onderbewuste had me er min of meer naartoe geleid; ik had ernaar gezocht...

En dat was dan dat. Ian had gelijk: ik had nee gezegd tegen een meisje én tegen een biertje – als tiener zou ik het niet meer gehád hebben, als ik had geweten dat ik ooit zoiets zou doen...

Mijn ja-avontuur was dus voorbij: ik had gefaald en Ian wist alles. Ik had niet gedacht dat het zo zou zijn: mislukken leek gewoon niet tot de mogelijkheden te behoren; ik hoefde immers alleen maar ja te zeggen... Ik had het willen volhouden tot oudejaarsavond, wanneer ik onder een hemel vol vuurwerk, omringd door mijn vrienden, mijn recht om nee te zeggen terug zou eisen... Maar vanavond was de hemel donker en betrokken, en was er niets wat hem oplichtte: slechts een wolkerige maan en zo nu en dan een passagiersvliegtuig, onderweg naar Wie-weet-waar. Natuurlijk had Ian gelijk: soms moest je gewoon nee zeggen. Dat wist ik nu ook, beter dan wie ook. Nee zeggen hoort gewoon bij de menselijke natuur, en ik had er goed naast gezeten, toen ik mezelf dat recht ontnam. Maar ik had wel plezier gehad en er erg veel van geleerd. En ik stond hier toch niet alleen in? Op de hele wereld namen mensen op dit moment beslissingen; miljoenen zeiden ja tegen hun vrienden, tegen nieuwe er-

varingen, tegen zichzelf. Maar eveneens miljoenen zeiden nee: tegen mogelijkheden, tegen kansen, tegen het leven. En misschien moest ík dat
ook maar weer een tijdje gaan doen, heel even maar: nee zeggen, thuisblijven, uitrusten... misschien was dat wel goed voor me. Want ik was, li-
chamelijk en emotioneel, uitgeput.

Thuis zocht ik meteen mijn dagboek op. Ik had het sinds Lizzies vertrek
niet meer bijgewerkt, en misschien was dit wel een goed moment ervoor.
Een dagboek is een maf verschijnsel. We nemen allemaal maar aan dat
wat wij meemaken, puur iets van onszelf is: dat we uniek zijn, net als onze
ervaringen. Maar elke gedachte die je ooit hebt gedacht, alles wat je ooit
hebt gezegd, telkens wanneer je jezelf verrast met een nieuwe ervaring
of idee, elke herinnering die je hebt, elk verhaal dat je hoort of vertelt...
is al eens eerder gebeurd. Ergens, ooit, op de een of andere manier deelt
iemand die ervaring met jou, zonder dat je dat ooit zult weten. Misschien
waren er dus nog veel meer dagboeken als dat van mij, van mensen die
precies hetzelfde hadden meegemaakt.

Ik was inmiddels on-line, maar ging niet naar mijn postbus of het laatste
nieuws, maar naar Google en typte: *Ik wilde dat ik nee had gezegd* en klikte op 'Zoeken'. Ik had duizenden resultaten verwacht, maar dat viel tegen. Om te beginnen zaten er opvallend weinig zakelijke sites bij – spijt
verkoopt blijkbaar niet. Wat ik wel te zien kreeg, was het internet dat je
alleen te zien krijgt als je ernaar op zoek gaat: de persoonlijke kant van
het Web; de menselijke kant, de kant die ik blijkbaar had opgezocht.

Er waren weblogs, opmerkingen in gastenboeken en een paar interviews
met beroemdheden. De blogs onthulden het meest, bevatten de intiemste
gedachten: dagboeken, getikt in Tulsa, Peckham of Moskou, door mensen die iets persoonlijks kwijt wilden, en wel tegen een onzichtbare wereld. Een dagboek dat werd gelezen door mensen die ze nooit zouden
ontmoeten; een manier om de held uit te hangen, door elk aspect van je
dagelijks leven te delen: saai, zinloos en zinvol door elkaar heen.

Ik las tientallen pagina's, op zoek naar Joost-mag-het-weten: advies...
steun? Maar in plaats daarvan vond ik exact wat ik had kunnen verwachten: mensen die ja hadden gezegd terwijl ze misschien eigenlijk nee
hadden moeten zeggen. Een meisje uit Oklahoma dat wilde dat ze nee
had gezegd toen ene Ryan haar mee uit vroeg, omdat hij uiteindelijk met
Stacey naar het betreffende feest was gegaan... Een man uit Frankrijk die
wilde dat hij nee had gezegd tegen de basketbalwedstrijd van die avond,
omdat hij zijn pols had verstuikt en daardoor nu niet 'fastoenlijk' kon typen... Ene Ken die wilde dat hij nee had gezegd tegen het inhuren van

onervaren vogelafrichters voor een valkerijevenement, omdat het 'gewoonweg gênant' was geweest... En nog vele, vele anderen...

*Vandaag, zaterdag, logeer ik bij mijn tante.* **Ik wilde dat ik nee had gezegd,** *want zij wil vast de hele avond rummyen en dan mis ik Idols.*

*Had gezegd dat ik dit weekend wel op de hond van Jon en Carol wilde passen.* **Ik wilde dat ik nee had gezegd:** *dat beest stinkt als een otter!*

**Ik wilde dat ik nee had gezegd.** *Toen hij kwam opdagen, had hij de theemuts van zijn oma op zijn hoofd, omdat hij volgens hem zo net een admiraal was.*

Gek genoeg leek het allemaal nogal banaal – op de crackgebruikers na, de dronken chauffeurs en de lui die iets hadden uitgevreten dat zo overduidelijk verkeerd was, dat ze het helemaal nooit hadden moeten overwegen. Maar vervolgens ontdekte ik iets heel anders – iets veel belangrijkers, leek me. Ik typte in het lege vak: 'Ik wilde dat ik ja had gezegd' en kreeg maar liefst vijfentachtig resultaten.
Ik scande er snel doorheen. Eerst leken ze weer allemaal even onbeduidend.

**Ik wilde dat ik ja had gezegd,** *toen hij aanbood om samsam te doen. Het kostte verdomme veertig ballen en was niet eens goed gaar!*

**Ik wilde dat ik ja had gezegd,** *omdat ik dan niet de halve weg door de regen had hoeven lopen.*

Langzaam begon ik echter bepaalde thema's te onderscheiden. Natuurlijk, er wáren lui die wilden dat ze ja hadden gezegd tegen dingen die niet meer waren dan tijdelijke ergernissen. Er waren er ook, die zichzelf door de jaren heen een paar maal voor het hoofd hadden geslagen, zich wellicht af en toe een 'tss' hadden laten ontvallen, als de herinnering eraan een lome middag verstoorde; mensen die wel eens een paar uur wakker hadden gelegen van een achteloze nee...
Maar er waren ook mensen die... pijn kenden. De pijn van iets te hebben gemist; van niet te weten wat er hád kunnen gebeuren; van erachter komen dat je soms echt maar één kans krijgt. De pijn van weten waar een nee je had gebracht, en te laat beseffen waar een ja toe had kunnen leiden. Niet per se de pijn van een nee die is gezegd, maar van een ja die níét is gezegd.

*Vandaag alle PlayMobil-spulletjes weggedaan. Als ik toch eens een cent had gekregen, voor elke keer dat Harry me vroeg met hem te spelen...* **Ik wilde dat ik ja had gezegd** *en bij hem was gaan zitten. Nu hij groter is, vraagt hij zijn vader nooit meer, en dat mis ik heel erg.*

*'Ja, natuurlijk!' was het gemakkelijkste antwoord geweest. Waarom ik dat niet gewoon heb gezegd, weet ik echt niet meer.* **Ik wilde dat ik ja had gezegd** *– tot op de dag van vandaag.*

*Ik kan niet zeggen hoezeer* **ik wilde dat ik ja had gezegd** *toen. Dan hadden we kunnen blijven en hem in onze armen kunnen houden, tot hij er niet meer was.* **Ik wilde dat ik ja had gezegd.**

*Ik mis haar, ik mis haar.* **Ik wilde dat ik ja had gezegd,** *omdat ik haar nu zo vreselijk mis.*

**Ik wilde dat ik ja had gezegd,** *telkens als hij om een knuffel vroeg. Maar ik had het altijd te druk, en nu kan het niet meer...*

Ik kende al deze mensen niet; wist niets van hun leven of achtergrond; en zou nooit te weten komen waarom geen ja zeggen op een bepaald moment in hun leven zoveel voor hen had betekend. Zij waren als schepen in de nacht, maar ik voelde hun droefheid wel.

Ach, misschien las ik het allemaal wel verkeerd, maar opeens leek géén ja te hebben gezegd tegen iets wat geweldig had kunnen worden, érger dan ja te hebben gezegd tegen iets wat vervelend was gebleken. Elk geval is natuurlijk weer anders, maar langzaam begreep ik dat je altijd kunt worden overvallen door spijt. Misschien was er wel een groot verschil tussen iets doen wat je later betreurt, en betreuren dat je iets níet hebt gedaan – en misschien was dat verschil wel... verdriet.

Neem nou eens het stomste dat jij ooit hebt gedaan: dat is in ieder geval over, voorbij, weg. Iedereen kan leren van zijn fouten, zichzelf corrigeren en weer verdergaan. Maar het is veel moeilijker om te leren, te corrigeren en verder te gaan na iets wat níet is gebeurd; iets wat je niet kent, iets ondefinieerbaars; iets wat misschien wel het beste zou zijn geweest wat je ooit is overkomen – áls je de sprong maar had gewaagd (adem inhouden, opstaan en het gewoon doen), áls je maar ja had gezegd...

Als...

Als ik naar Lizzie ging, en het werd niks tussen ons... zou ik dat dan net zo betreuren, als wanneer ik het zou betreuren dat ik het níét had gedaan? Zou weten beter zijn dan niet-weten?

Maar toen zette ik al dat gemijmer resoluut stil en sloot ik mijn computer af.

Ik moest niet zo stom doen! Ik had de juiste beslissing genomen; de enige mogelijkheid die er was. Dit was geen film, dit was mijn eigen leven! Een deel van mij (en misschien ook van jou) had gehoopt dat er, door het lezen van de ervaringen van al die mensen, het zien van al dat leed, iets in me zou knappen; dat ik me zou realiseren dat ík niet zo wilde zijn; dat ik geen spijt wilde krijgen; dat ik zou beseffen dat het nog niet te laat was, dat ik die kans nog steeds kon grijpen...

Maar nee. Het had me alleen maar het gevoel gegeven dat er meer mensen waren zoals ik; mensen die me begrepen en wisten hoe ik me voelde. En dat was op dit moment genoeg.

De volgende ochtend zou ik al mijn creditcards doormidden knippen; een afspraak maken met de kapper om die mat af te knippen en mijn oude ik terug te halen; de beste manier zoeken om mijn auto te verkopen. Terugkeren naar wie ik was – als voorbereiding op wie ik zou worden...

Het was bijna dinsdag. Nog een paar dagen om me schrap te zetten voor de straf die Ian voor me in petto had. Ik had me al voorgenomen op al zijn verzoeken in te gaan – met een grote grijns en een niet kapot te krijgen humeur. 'Jij wilt dat ik in een blauwe onderbroek in de kroeg kom dansen? Prima.' 'Jij wilt dat ik me als piraat verkleed en me drie weken lang meneer Shitler laat noemen? Oké.' Jazeker: ik zou alles doen wat hij wilde. Nog één keer, en slechts één avond lang, zou ik weer de jongen zijn die geen nee kon zeggen.

Dus ging ik gewoon verder met mijn leven: ik ging naar de supermarkt, huurde een paar dvd's, dacht na over wat ik in januari bij de BBC zou gaan doen, speelde wat videospelletjes, verving de batterijen van al mijn afstandsbedieningen, repareerde een kapotte pen, bleef lekker thuis voor de tv hangen.

Lizzie sprak een boodschap in op mijn antwoordapparaat: ze was veilig thuisgekomen en wenste me alvast een vrolijke kerst. Ik belde haar niet terug.

Maar net toen ik dacht dat alle hoop was vervlogen; dat de koers van mijn leven nu wel zo'n beetje vastlag... kreeg ik een ansichtkaart.

En die kaart, mijn vriend, veranderde alles.

# 26

## *Waarin er iets opmerkelijks gebeurt*

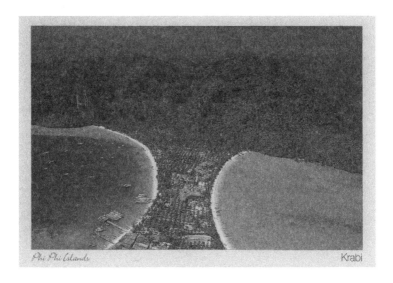

*Phi Phi Islands*      Krabi

Het was dinsdagmiddag: tijd om mijn straf tegemoet te treden.

Ik reed door het centrum van Londen naar Langham Street, waar Ian in The Yorkshire Grey op me zou zitten wachten. Ik parkeerde voor de kroeg, legde mijn BEVOEGD PREDIKANT AAN HET WERK-bordje op het dashboard en ging naar binnen.

Ian zat aan een tafeltje bij de open haard. Hij grijnsde toen hij me zag binnenkomen. Natuurlijk: die rotzak keek hier al vanaf de zomer naar uit, en het feit dat ik tegen hem had gelogen over Kristen had zijn venijn alleen maar verergerd.

Ik had mijn dagboek bij me: het resultaat van bijna een halfjaar intensief ja-zeggen; het bewijs van mijn besluit mijn leven nauwgezet te laten leiden door de ja-heerschappij – maar tevens het document dat mijn falen bevestigde. Toen ik het op tafel legde, zag ik dat Ian ook iets had meegenomen: een langwerpige, rode envelop met: *De Straf*.

372

'Is dat De Straf?' vroeg ik, nogal overbodig.

'Zeker weten! En een goeie ook! Ik denk dat je hem wel weet te waarderen. Ik heb er diep over nagedacht, Danny, heel diep.' Hij grijnsde. 'Je hebt het veel beter gedaan dan ik had verwacht,' ging hij verder. 'En ik vind het heel jammer dat het zo is gelopen. Maar afspraak is afspraak... Zoals reeds vastgesteld heb jij op drie punten gefaald, wat ruwweg neerkomt op een gemiddelde van één misser per twee maanden. Dat is geen erg indrukwekkende staat van dienst.'

Dat alledrie mijn nee's in de laatste zes weken waren gevallen, maakte voor hem blijkbaar geen verschil. En voor het gemak vergat Ian ook maar even zijn eigen rol in dat lafhartige complot, waarmee hij het me nog een stukje moeilijker had gemaakt.

Maar ik was dat niet vergeten: ik had nog steeds mijn wraakplan. Maar dat kwam later.

'Goed... laten we eens kijken naar alle keren dat jij nee hebt gezegd.'

'Ho even! En alle keren dat ik ja heb gezegd dan?' zei ik.

Hij dacht even na, en maakte me toen met een theatraal handgebaar duidelijk dat ik dat maar eens moest toelichten.

Ik voelde me net een lijfeigene die een audiëntie bij de koning is vergund. 'Wat ik bedoel... Ik heb echt heel hard mijn best gedaan om ja te zeggen, op alles. En wat ik daarvan heb geleerd, is dat ja een zeer krachtig woord is – een woord dat je kan bevrijden, een woord dat je hart kan openen, een woord dat je kan laten zweven, een woord...'

'Ach... zwijg nou maar, vriend. Het is een woord, ja! Het punt is echter dat het een woord is dat jij driemaal hebt nagelaten te zeggen: tegen een meid, tegen een biertje en tegen Australië. Welnu... met de macht, via het Ja-manifest berustend bij mij, zal ik...'

'Er is nóg iets wat ik je niet heb verteld.'

Ian begroef zijn hoofd in zijn handen. 'Als ik die verdomde Straf moet herschrijven...' gromde hij. 'Wat dan? Wat heb je me nog meer niet verteld?'

'Wat je daarnet zei, is niet helemaal waar... Ik bedoel... Ja: ik héb nee gezegd tegen die drie dingen, dus heb ik technisch gesproken gefaald... Maar...'

'Daar gaan we, hoor,' zei Ian, zijn handen in de lucht gooiend. 'Nu kom je zeker met een uitvlucht, hè? Of een onverwachte wending... Dat vind ik dus niet eerlijk! Je hébt nee gezegd, en dat is dat: jij hebt gefaald, jongen!'

'Klopt helemaal,' zei ik. 'Dat héb ik ook: ik heb inderdaad niet op alles ja gezegd. Maar... slechts in twee van de drie gevallen: ik heb op slechts twee punten gefaald.'

Hij keek me achterdochtig aan. 'Ben je bij Kristen geweest? Ik vónd al dat je er zo moe uitzag...'

'Nee... ik ben moe omdat ik de halve nacht heb lopen pakken.'

'Pakken?'

'Ja. Ik ga naar Australië, naar Lizzie – kijken hoe het loopt, het risico nemen... Ik zeg ja!'

'Párdon?'

'Ik vlieg er vanavond heen, dan ben ik kerstavond daar. Dus ik vrees dat die doortimmerde, weloverwogen Straf van jou zal moeten wachten tot ik terug ben.'

'Maar hij is briljant!' zei hij, met een wanhopige blik in zijn ogen de rode envelop omhoog houdend. 'Dit kun je me niet aandoen; ik heb hier heel lang aan gewerkt!'

'Ik moet eens gaan,' zei ik, en ik schoof mijn stoel achteruit.

Ian keek me smekend aan. 'Maar... waardoor ben je dan van gedachten veranderd?'

Ik pakte mijn dagboek, ging naar de laatste pagina en haalde de ansichtkaart eruit – die glorieuze kaart die ik twee ochtenden eerder had ontvangen. Ik legde hem op tafel en schoof hem naar Ian toe. 'Lees maar,' zei ik.

'Ooo...' zei hij. En toen: 'Wauw!' Hij gaf me de kaart terug; ik legde hem weer in mijn dagboek.

Vervolgens liep ik naar mijn auto, om naar het vliegveld te rijden. Er was echter nog één ding dat ik moest doen. Ik pakte mijn telefoon en toetste Wags nummer in. 'Wag?'

'Ha, die Dan!'

'Waar ben jij nu?'

'Ik zit in Italië.'

'Juist. Eh, het klinkt misschien een beetje vreemd... maar ik wil je iets vragen...'

Duizenden kilometers hoog in de lucht, dacht ik na over wat ik nu aan het doen was. Het was een risico, dat zeker; maar wel een risico dat ik maar al te graag nam.

Lizzie was door het dolle heen geweest, toen ik haar belde om te vragen of haar aanbod nog gold, en mijn gedrag van laatst te verklaren. Net als Ian had zij willen weten waardoor ik van gedachten was veranderd; wat er in godsnaam was gebeurd dat me had doen besluiten die ene creditcard te zoeken die ik nog níét had vernietigd (ik had hem bewaard 'voor noodgevallen') en een stoel te reserveren in het eerste vliegtuig naar Melbourne.

Ik klapte mijn dagboek open en haalde de ansichtkaart eruit. Hij was gekreukt, gescheurd en beduimeld, en kwam helemaal uit Thailand.

*Danny,*

*Hoe gaat-ie? Jason hier: wij hebben elkaar een tijdje
terug ontmoet, op Thoms feest in Liverpool. Sorry dat ik die
avond zo lullig deed - beetje te veel gedronken, denk ik.
Een paar dagen daarna realiseerde ik me dat ik toch met
mijn broer wilde reizen. Ik werd ook best depressief van
mijn werk (maar dat had je geloof ik wel door). Dus zitten wij nu in Thailand; geen idee waar we hierna nog
naartoe gaan. Het is hier fantastisch. Ik kreeg van Thom
jouw adres; hij zei dat je wilde babbelen. Ik ben over
een paar maanden weer thuis: is dat wat? Mijn nieuwe
e-mailadres is *******@hotmail.com of bel me op 07*** ***
***. Moet nu gaan: het strand roept...*
*Jase*

Ik grijnsde breed: Jason had ja gezegd!

Ik had geen idee of ík iets te maken had met zijn besluit zijn baan op te
geven voor iets waar hij wél gelukkig van werd. Over het geheel genomen waarschijnlijk niet, al hoopte ik natuurlijk stiekem toch een beetje
van wel.

Wonderbaarlijk hoe een paar woorden van iemand die je amper kent
zo'n impact op je leven kunnen hebben! Sommigen zouden het de Hand
van God noemen; dat Maitreya toch bestaat en dit alles zo heeft geregeld.
Maar ik wist één ding zeker: een vreemdeling kan je leven op duizenden
manieren beïnvloeden, met een nieuwe gedachte, een idee of een sug-
gestie.

Zoals ík mijn Man Uit De Bus had, had Jason misschien wel zijn Vreemdeling Op Het Feest. Misschien zat hij op dit moment wel op een Thais
strand, en vertelde hij een bloedmooie Thaise (met wie hij, zo stel ik me
graag voor, op een dag misschien zelfs trouwt) over die avond waarop hij
De Vreemdeling had ontmoet, die de woorden had gesproken die hem
met zijn oude leven hadden doen breken... Het lag eerder voor de hand
dat Jason zich momenteel op een Thais strand lag vol te gieten... maar
toch – een aardige gedachte.

Het was een feit dat mijn ja-project absoluut geen zinloze onderneming
was geweest, maar juist een uiterst zinvólle. Ja had de macht levens te veranderen, mensen te bevrijden – mensen zoals ik, zoals Jason, ja, misschien

zelfs zoals jij. Ja bezat de sleutel tot het avontuur. Soms hebben de kleinste kansen die ons dagelijks om de oren vliegen, de grootste draagwijdte! Gekreukt en slaperig in een passagiersvliegtuig, hoog boven de oceaan, zou ik wel zien wat Ja nog meer voor mij in petto had. Dit was het, dit was leven! Ik legde mijn hoofd tegen het raampje en viel meteen in slaap.

# Enkele fragmenten uit het dagboek van een ja-man – IV

**26 december**

Ik ben drie volle dagen in Australië geweest.

Alles is... geweldig.

Lizzie haalde me – met een kus en een brede glimlach – op van het vliegveld.

Op eerste kerstdag was er een barbecue met de hele familie, dronk ik bier met al haar neven, nichten en broers, en stond ik bij dertig graden rond een bak met hete kolen te kokkerellen. Omdat ik zeer hecht aan het behoud van alle internationale clichés (zoals dat Australiërs met kerst altijd barbecuen) had ik zelfs een hoed met kurken eraan weten te lenen.

Ondanks mijn gebrek aan spierbundels en een kleurtje pas ik hier helemaal: Australië is het land van de mat! Ik heb het gevoel eindelijk onder mijn eigen mensen te zijn.

Lizzie heeft net een kop thee voor me gemaakt; ze zorgt erg goed voor me. Ik maak mijn jetlag wat erger dan hij eigenlijk is, dan krijg ik nog meer thee...

**28 december**

Vanmorgen maakte Lizzie me wakker met de mededeling dat we een tripje in haar kleine, rode Nissan gingen maken. We reden naar een plaats genaamd Glenrowan, maar ze wilde me niet vertellen waarvoor. De reis duurde dik drie uur, en toen we er eindelijk waren, leek er bar weinig te doen: een zandweg, een paar stoffige, houten gebouwen en een oude man in een overall, en een baard die hij vast al sinds de negentiende eeuw liet groeien.

Lizzie stapte uit en vroeg: 'Waar vind ik Ned?'

De man wees met zijn duim en zei, nors en schor: 'Om de hoek.'

Ik vroeg Lizzie wie Ned was, maar ze legde haar wijsvinger op haar lippen en gebaarde me haar te volgen.

En toen zag ik hem: hoog boven ons uit torend – pistool in de hand, emmer op zijn hoofd – een Gigantische Ned Kelly! Een Groot Ding; mijn allereerste Grote Ding! Hij was zeker dertig meter hoog, als het niet meer was. Een echte Australische held, met liefde nagebouwd in beton, met een verbleekte pleisterlaag. Oké, het was niet De Grote Garnaal... maar toch: magnifiek.

Minutenlang stonden we stil naar boven te staren, naar Neds zwijgende grootsheid, met niets dan ontzag. Dit was dus een van de redenen waarom ik zo dol op Lizzie was.

Toen we weer thuis waren, ging ik zitten met een kaart en trachtte geestdriftig met een pen de meest efficiënte route door Australië uit te stippelen: een grootse, gedenkwaardige tocht langs De Grote Steen, De Grote Kreeft, De Grote Koe en De Grote Oester. Lizzie en ik, samen onderweg, in een klein, rood autootje – maanden en maanden en maanden...

**29 december**

De kaart blijkt op mysterieuze wijze verdwenen. Merkwaardig. Lizzie leek even geschokt als ik. Ze keek me aan met een blik die sommigen voor schuldig zouden hebben gehouden, maar die ik duidelijk herkende als oprechte teleurstelling.

**31 december**

Het is oudejaarsavond – exact een jaar na de vorige. De avond waarop mijn ja-project hád moeten eindigen, in een kroeg, met Ian: ofwel als zegevierende Ja-man, ofwel nederig mijn Straf ondergaand.

Maar in plaats daarvan ben ik hier, aan de andere kant van de wereld, en heb ik net de gewichtigste, meest onverwachte ja van mijn hele leven gezegd... En ik voel me nog gelukkig ook – gelukkiger dan ik in tijden ben geweest; blij dat ik toch hierheen ben gekomen.

Melbourne staat in lichterlaaie van het vuurwerk. We staan op Federation Square, hebben naar de live-muziek gekeken, flessenwater gedronken en afgeteld tot middernacht – waarna overal om ons heen vrolijke Australiërs elkaar omhelzen, handen schudden en 'Ooo' roepen naar het vuurwerk dat boven ons hoofd knalt, fluit en openbarst.

Lizzie en ik omhelzen elkaar ook. Dan kijkt ze ineens naar me op en zegt iets in de trant van: 'Wij zorgen er wel voor dat dit gaat werken, hè?' Ik kijk op mijn horloge en zie dat het 0.04 uur is – in een fonkelnieuw jaar. En ik besef dat ik voor het eerst in maanden mag zeggen wat ik wil, zonder enige beperking, zonder ergens spijt van te krijgen – alles wat ik maar wil...

Dus draai ik mijn hoofd naar haar toe... en zeg: 'Ja.'

# Epiloog 1

*Waarin Ian zijn verdiende loon krijgt*

**Aan: Danny**
**Van: Ian**
**Onderwerp: Help!**
**Beste Danny,**

In de afgelopen achtenveertig uur heb ik op mijn vaste lijn meer dan honderd telefoontjes ontvangen: allemaal van warrige Italianen, op zoek naar ene Charlie. Een van de hardnekkigste bellers is een tienermeisje, dat zodra ik heb opgenomen zeker een minuut lang begint te gillen.

Ik heb natuurlijk voor de verstandigste optie gekozen en mijn antwoordapparaat aangezet. Ik was echter vergeten dat ik in mijn boodschap daarop ook mijn mobiele nummer noem... waardoor ik vanochtend tweeëndertig sms'jes en veertig voicemails op mijn mobieltje vond – waarvan eentje slechts uit anderhalve minuut gegil bestond.

Dit kan geen toeval meer zijn. Vuilak die je d'r bent!

Je vroegere vriend, die nu wou dat hij De Uitdager nog vaker had geholpen,

**Ian**

**PS. Veel plezier in Australië.**

# Epiloog 2

*Waarin we eindelijk afscheid moeten nemen*

Nou, dat was het dan.

Ik ben me er volledig van bewust dat ik technisch gesproken als Ja-man heb gefaald. Dat spijt me en ik hoop dat je je niet al te bedrogen voelt. Maar ik hoop ook dat je met me eens bent dat ik uiteindelijk in iets veel belangrijkers ben geslaagd.

Niettemin is mijn ja-avontuur nu ten einde.

Ik hoop van harte dat jij op enig moment – vandaag, morgen, volgende week – ja zult zeggen tegen iets waar je anders nee tegen had gezegd. Let wel: niet noodzakelijkerwijs tegen een psychotrope Hersenbom, een grote gozer in de kroeg die denkt dat je naar zijn vriendin staat te gluren, of een reis naar een eilandje in Zuidoost-Azië... maar tegen kleine dingen: ja tegen een vriend, tegen een borrel na het werk, tegen een vreemde, tegen jezelf. Je zult versteld staan van waar zoiets toe kan leiden.

Verder zijn er nog een paar dingen waar ik je graag even over bijpraat, als je de tijd hebt.

De man uit de bus heb ik nooit meer gezien. Maar dat vind ik eigenlijk prima: zo kan Maitreya misschien toch over straat lopen en over ons allen waken. Het is best goed als je zoiets niet helemaal zeker weet. Al betekent het ook dat ik nooit meer een bebaarde vreemdeling voorbij kan lopen zonder even om te kijken, wat me vast nog eens in de problemen brengt...

Een paar maanden na mijn terugkeer uit Australië kwam Jason thuis uit Thailand. We dronken samen een biertje in Liverpool. Hij leek een stuk gelukkiger te zijn. Stomtoevallig bleek hij oudejaarsavond ook in Melbourne te hebben doorgebracht, zonder dat we dat van elkaar wisten. Een maf idee: als die ene avond in Londen dat ene treinstel er niet de brui aan had gegeven, hadden wij daar misschien geen van beiden gestaan – onder dat vuurwerk op Federation Square, het nieuwe jaar en een frisse start begroetend... Samten de monnik zou wellicht zeggen dat het een onvermijdelijk toeval was; Marc zou zeggen dat toeval niet bestaat; Joost-mag-weten wat Hypnohond ervan zou zeggen... dus laat ik het maar aan jou over om hier iets zinnigs over te zeggen.

Ians straf bleek achterhaald door de feiten. Bij mijn terugkeer overhandigde hij me zijn gekoesterde rode envelop. Toen ik die openmaakte zag ik: GA NAAR AUSTRALIË. Hij had blijkbaar besloten om, als ik het niet uit mezelf deed, Lizzie en mij hoe dan ook bij elkaar te brengen. Ik vond het een ongelooflijk lief gebaar, maar toen ik dat tegen hem zei, werd hij knalrood, noemde me een mietje, en zei dat hij me er alleen naartoe stuurde omdat 'ze in vroeger tijden criminelen ook zo straften'... Toen piepte zijn telefoon en liep hij weg om hem op te nemen.

En aangezien je je dat waarschijnlijk ook afvraagt... Ja: Lizzie en ik zijn nog steeds samen. Hoewel ik je nu wel kan opbiechten dat dat niet haar echte naam is: ze heeft hem zelf gekozen toen ik besloot alles wat me was overkomen, tot een boek te verwerken. Ze heeft altijd al zo willen heten, maar hoewel het haar tweede naam is, noemt niemand haar zo. Dus als ze een romanfiguur werd, wilde ze Lizzie heten – typisch iets voor haar.

Afijn, een paar maanden na nieuwjaar kreeg Lizzie een baan in Londen aangeboden. Ze verhuisde een week later...

... en staat op dit moment achter me, te kijken hoe ik dit typ. Je krijgt de groeten!

Lizzie vindt ook dat je moet weten dat, enkele maanden nadat ze bij mij was ingetrokken, ik besloot dat het mijn beurt was om haar een vraag te stellen – een heel gewichtige vraag.

Ze heeft ja gezegd.

# Yes Man! – De film

Nogmaals hallo!

En welkom in de verlengde filmeditie van *Ja*. Natuurlijk, het is wat laat om je nu pas welkom te heten. Je hebt het boek tenslotte al gelezen. Maar dan in ieder geval welkom in de speciale verlenging van deze speciaal verlengde editie. Een filmeditie – en ik hoop dat ik nu niet buiten mijn boekje ga – die je waarschijnlijk hebt opgepakt omdat het hoofd van Jim Carrey op de voorkant staat.

Of omdat je de film hebt gezien en je het stuk met de motor leuk vond, en je tijdens het lezen een vlaag van teleurstelling voelde toen je je realiseerde dat ik maar zelden gespot ben terwijl ik met honderdvijftig kilometer per uur op één wiel per motor door oost-Londen reed. En je je afvraagt hoe het eigenlijk komt dat Wallace nooit in een Telefoonmuseum in Nebraska is terechtgekomen? Waarom duvelde hij niet wat vaker om?

Welnu, daarvoor – en voor al die andere dingen – hierbij mijn excuses. Ja-zeggen levert verschillende dingen voor verschillende mensen op. De eerste ja die je uitspreekt is een beetje als het omgooien van de eerste dominosteen die je op je eigen persoonlijke avontuur stuurt, in je eigen persoonlijke richting, met je eigen persoonlijke set ja's, elk even uniek voor jou. Jim kwam bijvoorbeeld in dat Telefoonmuseum terecht, terwijl ik in het Museum voor Vroege Klavierinstrumenten verzeild raakte. Zie je hoe spannend het kan worden als je gewoon met de wind mee waait? Maar het kan ook tot nog grotere dingen leiden. Tot lol. En voor mij leidde het tot een paar telefoontjes per week. Een serie telefoontjes die opwindend was. En ongelofelijk. En een beetje surreëel. Telefoontjes over Grote Sterren uit Hollywood en Grote Producers uit Hollywood en Grote Beloftes uit Hollywood. Telefoontjes rond een uur of negen of tien 's avonds, die soms één op één waren, soms négen op één. Telefoontjes waarvan Lizzie en ik iedere keer als ze binnenkwamen weer niet helemaal konden geloven dat ze echt waren.

En iedere avond als ik de hoorn neerlegde, zette ik het nieuws aan en probeerde ik er niet meer aan te denken... maar dan belde ik toch Wag en Ian, en ging ik richting kroeg.

**CUT TO:**

**INT. DE KROEG. AVOND.**

DANNY, IAN en WAG staan voor een dartbord met een biertje. Ze zien er geen van drieën uit alsof ze goede darters zijn. IAN zet een stap vooruit en tuurt naar zijn doelwit.

**IAN**
Het lijkt me meer dan logisch dat Hollywood om mij roept. Ik kan me wel voorstellen dat ze door mij gefascineerd zijn.

Hij gooit een dartpijltje maar mist het bord. DANNY en WAG kijken vol bewondering toe.

**IAN (VERVOLG)**
Ik mag dan wel een bijrol zijn, Dan, maar wát een bijrol, zeg. Ik hoop voor jouw eigen bestwil dat het personage Ian jouw persona-ge niet van het doek speelt. Want dat zou voor iederéén genant zijn.

Hij gooit nog een pijltje. Het land landt op de grond.

Wag, daarentegen, was iets enthousiaster.
'Wie gaat mij spelen? Wie gaat mij spelen?'
'Wie zou jou moeten spelen, vind je?' vroeg ik. Ik gooide mijn pijltje en miste óók het bord. Dit was raar. Het was het soort kroegpraat dat we toch altijd wel uitwisselden. Maar nu was het écht.
'De Niro zou natuurlijk goed zijn. Of Baxendale.'
'Baxendale?' zei ik verward.
'Helen Baxendale. Uit *Cold Feet*. En uit seizoen vijf van *Friends*.'
'Helen Baxendale?' zeiden Ian en ik in koor. We staarden hem aan.
'Zij hééft gewoon iets,' schokschouderde Wag.
Maar terwijl we het erover hadden dat het zou gebeuren, voelde het toch nooit helemaal echt. Het voelde alsof het helemaal niet kon. Want dit soort dingen kunnen gewoon niet. En zelfs als ze wél gebeuren, dan kost het tijden voordat een film eindelijk af is. Honderden jaren, in sommige

gevallen. Volgens mij werd de eerste pilot voor *E.T.* al ergens rond het jaar 1700 gemaakt.

En toch... er bleef van alles gebeuren. Jago bleef met mensen praten. Hij gaf deadlines op. En toen, op een dag, kozen we iemand uit. Iemand die de film zou maken.

'Dit is fantastisch,' zei Lizzie. We omhelsden elkaar.

'Dit is knettergek,' zei ik. 'Maar fantástisch.'

Een bedrijf genaamd Heyday Films – dat de Harry Potter-films heeft gemaakt – had contact gezocht met Warner Bros. en gezegd dat ze de film zouden willen maken. Ik mocht ze onmiddellijk. Ze leken me... aardig. Maar oprecht aardig, niet we-willen-een-deal-met-je-aardig. Toegegeven, ik had ze nog niet daadwerkelijk ontmoet, maar ze leken te willen wat ik wilde... een film die goed en warm en grappig zou zijn. Een film met de juiste geest.

En zo was het beklonken. We zouden vrienden met hen worden.

**CUT TO:**

**INT. RESTAURANT WOLSLEY, LONDEN. DAG.**

DANNY zit bij de twee filmproducenten, ROSIE en DAVID. Hij heeft een biefstuk besteld. Dit omdat hij altijd biefstuk bestelt. Als hij weer thuis is, zal hij merken dat hij per ongeluk wat mosterd op zijn shirt heeft geknoeid. Dat was hem nog niet eerder opgevallen. ROSIE en DAVID wel.

Een maand of twee later zat ik in een ongelofelijk chic restaurant in Londen tegenover David Heyman en Rosie Alison.

Rosie had een zachte stem en een heel vriendelijk gezicht. David zag eruit alsof hij naar haaien dook en een aantal over Europa verspreide skichalets bezat.

En het was opwindend. Natuurlijk was het opwindend. Bovendien leek het erop alsof er al van alles speelde. Er werden namen genoemd. Van schrijvers. En regisseurs. En sterren.

'Hoe zou je het vinden als het verhaal zich in Amerika zou afspelen?' vroeg Rosie op een zeker moment.

'Ik denk dat het geweldig zou zijn,' zei ik. En dat dacht ik ook echt. De wereld van de film was iets nieuws. Maar wat ik wel zelf kon uitvogelen was dat een verhaal over een voormalig radioproducer bij de BBC die in een flat in Bow woont en in het televisieprogramma van *Richard & Judy* terechtkomt en die een tekening aan de muur heeft hangen van zichzelf en een klein hondje, wel eens precies de juiste ingrediënten voor een komische blockbuster zou kunnen zijn.

Noem het een voorgevoel.

Wat van belang was, was de toon van de film. Het boek was één ding. Dat ligt nu in je handen. Het zal nooit veranderen. Het is af. Maar nu was er de kans om iets heel nieuws te creëren, voor een heel nieuw publiek. Iets wat weliswaar vasthield aan de kern van de boodschap, maar dat op een heel andere manier deed.

Want is het niet een stuk beter om twee nieuwe dingen in de wereld te hebben, dan twee dezelfde dingen?

Dát was wat ik opwindend vond.

En acht of negen weken later was ik opnieuw opgewonden toen er een e-mail binnenkwam met als onderwerp: YES MAN – *ruwe versie*.

Ik draaide het meteen uit en las het. En ik moest erom lachen. En ik legde het neer, ging een potje thee zetten en ging toen weer zitten om het nog een keer helemaal te lezen.

**CUT TO:**

**EXT. VLIEGVELD LOS ANGELES. DAG.**

Het is twee jaar later. Onze held, DANNY – groezelig, ongeschoren en met halfdichte ogen tegen de felle zon van LA – staat buiten het vliegveld met een exemplaar van het script dat hij in het vliegtuig had zitten lezen.

Er stopt een lange, glimmende limo naast hem. De CHAUFFEUR stapt uit en opent de deur voor DANNY. Alsof dit de gewoonste zaak van de wereld is, klimt hij erin.

De definitieve versie van het script is af. Iedereen is er blij mee. Er zijn in het proces verschillende versies gesneuveld, of aangepast, of verder ontwikkeld, of op een of andere manier door elkaar gegooid. In sommige versies kwamen mijn favoriete stukken uit het boek naar voren; in andere versies verdwenen ze en ging het verhaal een andere kant uit.

Maar dit... Dít is de versie waar ze mee aan de slag gaan.

Ik ben in de tussentijd een paar keer naar LA geweest voor afspraken met Tiffany, een van de twee charmante en machtige producers. Ze is cool.

De eerste keer dat we elkaar troffen, nam ze me mee naar een vreemd maar hip restaurant waar iedereen een ander gerecht koos, maar waar alle maaltijden er precies hetzelfde uitzagen. We troffen er schrijvers en producers. En daarna ging ik terug naar mijn hotel en bestelde ik een hamburger.

Maar deze keer ben ik er om een heel andere reden: om te kijken terwijl *Yes Man* wordt gefilmd. En ook... om de hoofdrolspeler te ontmoeten!

Ik was in Nieuw Zeeland bij Lizzie toen ik het telefoontje kreeg. Hij had het script gekregen. Hij had alle gesprekken gevoerd. En nu... deed hij mee!

'Jim Carrey!' zei ik tegen Lizzie terwijl we langs het strand liepen van een stormachtig Great Barrier Island. 'Jim Carrey!'

'Ik weet het,' zei ze verguld. Ze schudde haar hoofd. 'Jim Carrey!'

Ik was stil blijven staan en had haar stilgehouden. Ik keek haar aan.

'Jim Carrey!' zei ik.

En nu, nog maar zes maanden later en aan de andere kant van de wereld, zat ik in LA in een gelikte en gelakte zwarte limo, met een jetlag maar volslagen gelukkig, en stond ik op het punt de set te betreden.

Warner Bros was goed voor me geweest. Ik was mede-producent van de film, kreeg toegang tot de scripts, er werden me interessante vragen voorgelegd (zoals: 'Vind je het goed als we je naam in de film veranderen in Carl? Dat klinkt wat geloofwaardiger.'), ik mocht eersteklas vliegen, werd gehaald en gebracht door een chauffeur en er werden voortreffelijke hotels voor me geregeld.

De afgelopen maanden was alles snel gegaan. Tiffany belde me steeds op om me op de hoogte te houden van wie er nog meer voor de film hadden getekend. Zooey Deschanel. Terence Stamp. Bradley Cooper. Maar dat was nog niet alles: ineens waren er editors. En setbouwers. En assistent-regisseurs.

Er was een ontwerpafdeling. Een stuntafdeling! Een dierentrainer! Een docent Koreaans! Sterker nog... er waren honderden mensen.

Onder wie een geweldige regisseur.

Peyton Reed was geloof ik de allereerste die ik op de set ontmoette. Niet dat ik meteen doorhad dat het om een set ging...

**EXT. STUDIO'S VAN WARNER BROS, HOLLYWOOD. OCHTEND.**

DANNY en TIFFANY lopen over het parkeerterrein, langs een parkeerplek waar een bordje hangt met 'G. CLOONEY' erop. Het is halverwege de ochtend en ze hebben zojuist tientallen stakende schrijvers gezien en een man die met beide armen in het gips zit, ofwel omdat hij enorm pech heeft gehad of omdat hij bij *ER* werkt.

Ze gaan een groot bruin gebouw binnen met STAGE 23 op de zijkant.

### JAREN 70-STIJL. INT. STAGE 23. OCHTEND.

Onmiddellijk bevinden ze zich in een blokhutachtige kroeg. Er lopen cameramannen rond, en sommige mensen zitten aan tafel met een biertje. PEYTON REED staat aan één uiteinde van de bar naar van alles te wijzen. DANNY kijkt vol ontzag en verbazing rond.

**DANNY**
Dat is nog eens leuk, zeg.

**TIFFANY**
Wat is leuk?

**DANNY**
Dat ze hier zo'n fijne bar hebben gemaakt waar de acteurs zich lekker kunnen ontspannen.

**TIFFANY**
Dit... ehm, dit is een set.

**DANNY**
Sorry?

**TIFFANY**
Een sét. Dit is een set die speciaal voor de film is gemaakt. Dit is geen echte bar. We hebben 'm gebouwd.

TIFFANY kijkt geschokt naar DANNY. DANNY beseft wat een blunder hij heeft begaan en probeert zich eruit te redden.

**DANNY**
Ja. Dat bedoelde ik. Toen ik dat zei. Daar had ik het over.

**TIFFANY**
Waarover?

**DANNY**
*[verandert van onderwerp]* Ik hou erg van films, hou jij ook van films?

'Danny, dit is Peyton Reed,' zei Tiffany, en ik gaf de man voor me een stevige handdruk.

'Hai, Danny!' zei hij. 'Ik hoop dat je tevreden bent met wat we met je boek aan het doen zijn!'

'Ik sta in een kroeg!' zei ik. 'Tot nu toe slaan jullie de spijker op de kop!'

En daar, langs zijn schouder heen, zag ik een ongelofelijk vertrouwd figuur. Hij was lang en sportief gekleed, en hij stond een paar blaadjes door te lezen. Het was Jim Carrey. Jim Carrey! Uit de film! Jim Carrey op wie ik al dol ben sinds ik hem zag in *In Living Color* op een van de illegaal gekopieerde videobanden die mijn vrienden uit Amerika me hadden gestuurd! Jim Carrey uit *The Mask*! Jim Carrey die zo geweldig was in *The Truman Show* en *Liar Liar* en *Dumb and Dumber* en *Eternal Sunshine of the Spotless Mind* en het zwaar onderschatte *The Majestic!* Het was JIM CARREY!

Ik keek de andere kant uit omdat ik hem niet wilde storen, maar een moment later stond hij recht voor mijn neus.

'Hé, kerel,' zei hij. 'Ik ben Jim!'

En we begonnen te praten.

Zodra ik terug was in het hotel, zette ik de televisie aan. Het shownieuws was bezig. Iemand is erin geslaagd om Jim te filmen terwijl hij in de weer was met het draaien van een scène.

'En het is allemaal speciaal voor een nieuwe film, *Yes Man...*' zei de verslaggever.

Dat was een heel vreemd moment.

Wat als ik mijn boek nou anders had genoemd? vraag ik me af. Wat als ik het nou eens... *Leghorn* had genoemd? Of *Tafelmanieren voor kinderen?* Of *Yes Yes Yes Man Man?* Dan had die verslaggever iets anders moeten zeggen...

Het is mijn eigen onzinnige versie van het Butterfly Effect.

De producenten hadden me een trailer gegeven die zo groot was als mijn oude appartement, met een plasmascherm en een eigen bad- en slaapkamer. Nog veel opwindender was het toen ik binnenkwam en mijn eigen regisseursstoel aantrof, met YES MAN aan de ene kant en DANNY WALLACE aan de andere. Ineens was ik een Hollywood-hotemetoot, met vrij letterlijk geen ervaring of nuttig doel.

Maar het was geweldig.

Ik ging zitten en keek toe terwijl Jim en Peyton de scènes doorliepen. Wat me het meest verbijsterde van alles was dat het eruitzag als een echte film. Het klinkt idioot, aangezien dat precies de reden was waarom iedereen er rondliep, maar zo verrassend en onwerkelijk voelde het nu eenmaal. Al snel leerde ik iedereen kennen die hier werkte. Jims potige Israelische beveiligingsmedewerker, Dotan, die me kortweg 'Wallace' noemde. Jims met een Oscar bekroonde visagist, Billy. De mensen van de kleding. De kerels die de camera's bedienden. Iedereen was gewoon zo... aardig.

**CUT TO:**

**EXT. STAGE 23, STUDIO´S VAN WARNER BROS STUDIOS, LA. DAG.**

Een groepje verveeld ogende toeristen zit in een klein elektrisch treintje. Een wanhopige gids probeert iets te vinden wat hij aan hen kan laten zien.

**GIDS**
Nou... Ehm... De staking van de scenarioschrijvers heeft duidelijk nogal veel effect gehad op de activiteit hier... Ik ben bang dat er niet zoveel gebeurt op dit moment.

**TOERIST (INNERLIJKE STEM)**
Dit is het stomste uitje dat ik ooit heb gemaakt.

**GIDS**
Ehm... dat daar is studio 23. Een van de films die daar zijn geschoten is de klassieker *Wild, Wild West* uit 1999, met Will Smith.

**TOERIST 2 (INNERLIJKE STEM)**
Al deze gebouwen zien er precies hetzelfde uit. Ik maak mezelf zo van kant. Maar eerst wil ik mijn geld terug.

Ineens verschijnt uit het niets de Americaanse filmster JIM CARREY. Hij ziet de verveling op de gezichten van de toeristen. Hij komt in actie en komt op de elektrische trein af rennen, schudt eraan met zijn handen, deelt high-fives aan de vreemdelingen uit terwijl ze proberen foto's van hem te maken. Hij blijft een paar minuten bij hen, geeft antwoord op hun vragen, maakt hen aan het lachen en gaat met hen op de foto. De elektrische trein komt langzaam weer op gang. De toeristen pakken hun mobieltjes en beginnen hun vrienden en familie sms'jes te sturen. Binnen enkele minuten weten duizenden wereld over de hele wereld van deze gebeurtenis.

Later die dag – een dag die uitzonderlijk warm was – verscheen er ineens een ijswagen uit het niets, die onbeperkt gratis ijs uitdeelde aan de cast en het team. Jim had de wagen gekocht voor die ene dag en het aan de productie gedoneerd. Op andere dagen liep ik rond over het terrein met Richard Zanuck, de legendarische producent van *Jaws* en *Butch Cassidy*, luisterend naar en lachend om zijn verhalen. Ik ging uit lunchen met Tiffany, hing rond met Rhys Darby, of maakte grappen met Zooey Deschanel – die, zo realiseerde ik me ineens, dezelfde soort kleren en hetzelfde kapsel had als Lizzie. Ik nam achter de schermen een aantal interviews op voor de dvd en liep te geinen met het team, en toen, op een dag, was het tijd voor mijn eigen debuut op het witte doek...

### INT. DE BIGFOOT-HUT, l.a. NACHT.

ROONEY en TILLIE staan bij de bar en maken zich klaar voor hun scène. Naast hen staat een man die eruitziet alsof hij hier niet helemaal thuishoort. Hij is de enige man die uit een Engels bierglas staat te drinken. Het is DANNY, die zich voorbereid op zijn rol als MAN IN KROEG. Hij ziet er wat vreemd uit. De Amerikaanse filmster JIM CARREY benadert Danny, legt zijn hand op diens schouder en kijkt hem bezield in diens ogen.

**JIM CARREY**
Klaar?

**DANNY**
Ja. Bereid je maar voor. Je staat op het punt om getuige te worden van iets heel krachtigs.

**JIM CARREY**
Eerste keer is gratis, kerel. Je krijgt de smaak wel te pakken. Dit is nog maar het begin.

**DANNY**
Probeer het moois maar niet van mijn optreden af te kijken. Dat zal je lastig vallen.

**JIM CARREY**
Breek een been, man.

Ik neem mijn positie in op de set waar ik voor de tweede maal mijn opwachting in de gastrol van MAN IN KROEG zal maken. Ik heb besloten dat figurant zijn heel makkelijk is. Het enige wat je hoeft te doen is een beetje staan en doen alsof je praat. Maar ik neem geen enkel risico. Ik heb een overtuigend achtergrondverhaal voor mezelf bedacht (mislukte chiropractor, geen kinderen, mogelijk homoseksueel), zodat ik nog meer intensiteit kan uitstralen tijdens wat, zoals ik al aan Jim heb laten doorschemeren, een zeer dramatisch optreden zal worden. Ik wordt tegenover een klein, nerveus Japans meisje gezet en pak mijn pint maltbier op. Waarom is ze zo nerveus? Dit moet toch makkelijk zijn.
En dan krijgt iemand een idee.
'Mogen we je een microfoon ophangen?' vraagt een vriendelijk uitziende man genaamd Jonathan. 'Voor wat extra bonusmateriaal voor op de dvd… als we je een microfoon geven dan kunnen we horen wat je tussen de verschillende takes in zegt.'
Ik stem in en kreeg een microfoon op. En dan glimlach ik. Ik heb een geweldige grap bedacht.
'Luister,' fluister ik snel tegen het meisje. 'Die kerels hebben net een microfoon bij me opgehangen, dus ik ga nu tussen de takes in doen alsof ik heel arrogant en belangrijk en acteurderig ben, zodat het lijkt alsof ik denk dat dit hier op de achtergrond in een scène in de kroeg wel eens het begin van een spetterende Hollywood-carrière is, oké? Maar je moet me niet serieus nemen!'
Ik glimlach opnieuw en het meisje knikt, een beetje verward. Ik kijk op en krijg een goedkeurende blik van Jonathan.
'Eigenlijk,' zeg ik luid, terwijl Peyton het shot voorbereid, 'is dit een ontzettend belangrijk moment voor me. Misschien ziet het er wel uit alsof ik op de achtergrond sta in deze scène, maar eigenlijk draait het op dit moment allemaal om mij. Ik zal mijn optreden iets moeten afzwakken, want ik wil de andere sterren nu even niet afleiden. Deze ogen hier zijn bijna radioactief. Mensen zijn heel enthousiast over mijn acteerprestaties. Iedereen heeft het erover. Er begint zich buiten vast al een rij agenten te vormen.'
Het meisje kijk bezorgd over mijn schouder. Dit is goed. Zij acteert ook.

En we zijn nog niet eens aan de scène begonnen.

'Die staking van de scenarioschrijvers heeft in mijn voordeel gewerkt,' zeg ik. 'Ik heb geen schrijvers nodig. Ze remmen me af. Ze leggen grenzen op. Ik werk buiten die grenzen. Ik heb zelfs twee schrijvers neergeschoten.'

En dan roept Peyton: 'Oké, allemaal klaar...'

Het is nu tijd om mijn mond te houden. Ik kijk Jonathan aan, en hij glimlacht en steekt twee duimen naar me op. Hij heeft genoten van mijn briljante grap. Nu hoef ik alleen maar te doen alsof ik zachtjes een gesprek met het meisje voer, terwijl de echte acteurs hun ding doen. Maar het meisje kijkt me nu echt heel vreemd aan.

'Je... bent... erg...' – het kost haar moeite om het juiste woord te vinden – '... zelfverzekerd...'

Ik lach, maar zij niet. En dan heb ik het ineens door: haar Engels is niet zo goed. Ze heeft blijkbaar mijn uitleg aan het begin niet begrepen. Nu gelooft ze dat ik echt de ster van de film ben.

'O, wacht even...' zeg ik, terwijl ik haar mijn microfoon probeer te laten zien.

'En actie!' roept Peyton.

De scène begint. En ik moet tegenover een meisje zitten dat denkt dat ik de meest getikte figurant van Amerika ben. En toch. Ik moet me concentreren. Ik mag me hierdoor niet van mijn stuk laten brengen. En dus begin ik allerlei woorden te vormen met mijn mond. Maar ik weet niet meer wat ik zeg. Ik kan niet nadenken. Ik begin onzin te uit te kramen.

'Er was eens een kind met een gezicht dat op een mossel leek... Ik ben eens achter een eend aan gelopen naar het gerechtsgebouw omdat ik dacht dat hij een van mijn potloden had gestolen... Ik vraag me af of er ooit eens iemand geboren zal worden die kan zwemmen...'

Dit is verschrikkelijk! denk ik. Wat zeg ik nu? Maar ik kan niet ophouden.

'Ik heb ooit eens een kanon afgeschoten... Een eierschaal is een handige prullenbak voor een hamster...'

'En... cut!' brult Peyton. 'Druk maar af!'

Iedereen lijkt tevreden te zijn over hoe de scène verliep. Ik niet. Vooral omdat ik me nogal bezorgd maak dat er mensen naar de film zullen kijken die kunnen liplezen en die zullen aannemen dat ik geestelijk gestoord ben.

'Je was heel erg... goed...' zegt het meisje, terwijl ze opstaat om weg te gaan.

*Maar ik had een microfoon op!* wil ik schreeuwen.

'Zo goed was je ook weer niet,' zegt de figurant die achter me zit.

'Maar ik droeg een microfoon!' zeg ik, een beetje te hard.
Ik word vreemd aangestaard.

**INT. BIGFOOT-HUT. LATER.**

TIFFANY begeeft zich naar DANNY met een verwarde blik op haar
gezicht.

**TIFFANY**
Wat was dat in vredesnaam over die hamsters?

DANNY zwijgt.

De volgende ochtend loop ik door een buitenwijk van LA richting een
gebouw waar nu gedraaid wordt. Maar voordat ik ernaartoe kan, merk ik
op dat er brandweerwagens staan. En politieauto's. En een of andere gigantische afzetting. Ik bedenk me dat er iets ernstigs moet zijn gebeurd.
Maar als ik beter kijk, realiseer ik me dat het niet zo is – dit is allemaal
voor de film. Ze hebben hele straten afgezet. Ik sta paf. Dit mochten we
bij de BBC nooit als we komische radioprogramma's maakten.
Ik zwaai met mijn pasje naar iemand en loop in de richting van het gebouw... Ik kijk op, en op vijf verdiepingen boven me staat Jim Carrey met
een akoestische gitaar in zijn armen een prachtig liefdeslied te zingen.
Het is de scène waarin hij een depressieve latino probeert over te halen
om niet te springen.
Nogmaals: sorry dat dit in het boek niet gebeurt.
Mijn mobieltje rinkelt.
Ik neem op.
'Hai!' zegt de persoon aan de andere kant van de lijn. 'Waar ben jij?'
'Ik ben LA!' zeg ik blij. 'Ik sta naar Jim Carrey te kijken, die op de vijfde
verdieping staat met een akoestische gitaar en een prachtig lied zingt
voor een gedeprimeerde latino die op het punt staat om te springen.'
'O...' zegt hij. Er valt een stilte. 'Is dat... voor de film?'
Ik weet niet echt wat ik moet zeggen.
'Nee,' zeg ik. 'Het is gewoon een heel vreemd toeval.'

Later, als de zon alweer ondergaat om plaats te maken voor een nieuwe
avond, neem ik een foto van Rooney, gespeeld door Danny Masterson,
en stuur hem naar Wag, met de tekst: DIT BEN JIJ! Wag belt op en lacht
twee minuten uitbundig.

En dan draai ik me om en word ik voorgesteld aan een prachtig uitziende vrouw die breed naar me lacht.

'Dit is Molly,' zegt Tiffany. 'Zij speelt Jims ex.'

'Hallo!' zeg ik. En dan realiseer ik me ineens − potverdries zeg! Het is Molly Sims! Actrice! Model! Ster uit de badpakkenedities van *Sports Illustrated* van 2000, 2001, 2002, 2004 en 2006! (Dat moest ik opzoeken hoor − eerlijk waar). We beginnen te kletsen, maar eigenlijk denk ik: Wat zou Hanne hiervan vinden? En dus stuur ik haar sms'je.

MOLLY SIMS SPEELT JOUW PERSONAGE, toets ik in. *LAAT EVEN WETEN OF JE DAT GOED VINDT. NET OF IK HAAR NOG VOOR DE THEE KAN WEGSTUREN ALS DAT NIET ZO IS.*

Haar antwoord komt vrijwel onmiddellijk.

IK HEB HET EVEN OVERWOGEN. SUPERMODEL MOLLY SIMS LIJKT ME PRIMA.

Ik ben opgelucht.

Daarna kijk ik toe terwijl Jim, Molly en de anderen de scène draaien. Het is de scène waarin Carl voor het eerst in tijden zijn ex tegen het lijf loopt... samen met een nieuwe man. In het boek eindigt dit met een afspraakje voor drie − een gegeven dat in iedere versie van het script is gehandhaafd, behalve de allerlaatste. In de film eindigt het met een buitengewoon ongemakkelijke exit van Carl via een bar.

Jim en Peyton filmen de scène drie of vier keer... maar het is duidelijk dat er op een of andere manier iets meer energie nodig is. Bij de vijfde take probeert Jim iets nieuws... waarbij hij zichzelf een eind de lucht in lanceert en plat op zijn rug eindigt. Het ziet er verschrikkelijk pijnlijk uit. Maar het is vreselijk grappig.

Even daarna komt hij aanlopen met een reusachtige zak ijs tegen zijn ribben gedrukt.

'Man... dat doet best een héééééél klein beetje pijn,' zegt hij.

'Dat zag er waarzinnig uit,' zei ik. 'Maar ook enorm pijnlijk.'

'Soms moet je er gewoon voor gaan,' zei hij. 'Tijdens elke film die ik heb gedaan, was er wel een keer een moment dat een stemmetje in mijn achterhoofd zei:"probeer het maar..." en dat doe ik dan.'

Nog geen minuut later hebben we het, om redenen die ik nog steeds niet helemaal begrijp, over *American Idol* en *Celebrity Mastermind*.

Jim hinkelt weg, om niet lang daarna van zijn dokter te horen dat hij een paar ribben heeft gebroken.

Ik hoop echt dat ze dat hebben opgenomen.


Het is mijn verjaardag en Lizzie komt naar LA. We gaan naar de set, maar Jims ribben blijken hem nog te veel pijn te bezorgen. Er zal vandaag niet worden gefilmd. Ik stel Lizzie aan iedereen voor, we kletsen met Bradley Cooper en Molly Sims, daarna halen we Kraft Services leeg en jatten we bagels, maar dan herinner ik me dat het mijn verjaardag is. We besluiten naar het centrum te gaan. Tiffany boekt een kamer voor ons in het Chateau Marmont, alsof we een stel machtige Hollywood-bonzen zijn, en we bestellen een fles champagne en kijken toe terwijl Terence Stamp voorbijwandelt en terwijl Dawn uit *The Office* met een flamboyante Australier staat te praten. John Meyer staat vlakbij, Anna Friel slentert rond, en een paar van de kerels van *Superbad* bestellen een biertje.

We beginnen te giechelen, maar dan herinneren we ons dat we machtige Hollywood-bonzen zijn, dus we houden weer op met giechelen, zetten onze zonnebrillen op en zien er weer cool uit.

Al snel komt mijn eerste bezoek aan Hollywood ten einde. Ik heb het gevoel dat ik een paar geweldige nieuwe vrienden heb gevonden. Al over een paar weken zal ik weer terugkomen om nog meer draaidagen bij te wonen, en ik zal ook terugkomen voor het eindfeest … maar het is toch rot om te gaan. Het voelt zo vreemd dat een klein avontuur van mij tot zoiets groots heeft geleid.

Ik zeg gedag tegen Tiffany, en tegen Katterli, en tegen Marty, en tegen iedereen die ik er heb leren kennen en ga er vandoor.

Op weg naar de auto kom ik Jim tegen.

'Zo, jij gaat er vandoor?'

'Inderdaad,' zeg ik. 'Bedankt voor alles.'

We schudden elkaar de hand en nemen afscheid. Dan stapt Jim in zijn grote SUV en brengt Dotan hem weg.

Terwijl ik naar het hek loop, merk ik op dat een groepje toeristen om me heen stil wordt. Ik besluit het te negeren, maar het lukt me niet, dus ik kijk op. Ze kijken geschokt langs me heen. Een van hen wijst. Iemand anders neemt een foto. En weer een ander zegt: 'Is dat…?'

Ik kijk om me heen. Jim Carrey kijkt me aan vanuit het raampje van zijn SUV.

'En denk erom, Danny!' roept hij, een beetje te hard. 'ALS JE OOK MAAR IETS VAN ME NODIG HEBT DAN HOOR IK HET WEL, HÈ! JE HOEFT ME MAAR TE BELLEN, HOOR!'

Hij maakt een telefoongebaar met zijn hand; dan schiet zijn raampje omhoog en is hij weg.

Ik lach, maar als ik me omdraai, kijkt de groep toeristen me na met hun monden wijdopen. Ik glimlach en schuifel weg. Dan realiseer ik me dat Jim het alleen maar deed om mij voor paal te zetten. Ik glim-

YES MAN — DE FILM

lach weer, maar nu met een boei van een hoofd en een beetje bezweet. 'Wie is die kerel?' zegt een van de toeristen, en ik zet het op een lopen.

Een paar weken later zit ik in mijn studeerkamer in Londen, omgeven door rekwisieten uit de film. Het draaien zit erop, maar Tiffany heeft me allerlei souvenirs gestuurd. Ik heb nu een *Yes Man*-tas. Een *Yes Man*-agenda. Een *Yes Man*-flesopener. Jim heeft een *Yes Man*-badjas gedoneerd. Ik zie eruit alsof ik zo naar college ga.
En dan trek ik mijn badjas uit, want de taxi is er. Vandaag is de grote dag.

**CUT TO:**

**INT. WARNER BROS HOOFDKANTOOR, LONDEN. DAG.**

DANNY zit in een donkere bioscoop, naast ROSIE van Heyday. Ze ziet dat er geen mosterd op zijn shirt zit en werpt hem in stilte een goedkeurende blik toe. De gordijnen schuiven dicht voor het scherm. De lichten gaan langzaam aan. Ze hebben zojuist de eerste montage bekeken van de nieuwste Warner Bros-komedie, *Yes Man*.

**ROSIE**
Dus... Wat denk je ervan?

**CUT TO:**

**EXT. LONDEN. OVERDAG.**

DANNY loopt over straat. Hij haalt zijn telefoon tevoorschijn. Hij belt LIZZIE. Ze neemt op.

**DANNY**
Hallo daar! Kom je zo naar de kroeg?

**CUT TO:**

**INT. DE KROEG, NOORD-LONDEN. AVOND.**

DANNY, LIZZIE, WAG en IAN zijn diep in gesprek. Ze lachen. DANNY beschrijft de film iets gedetailleerder dan goed is. Hij doet alsof hij

een stunt op een motor doet. Plotseling begint zijn telefoon te rinkelen. Het is TIFFANY. Ze is samen met PEYTON aan de lijn.

**TIFFANY (buiten beeld)**
Hé, Ja-man... Nou, vond je het wat?

DANNY ademt diep in. En dan glimlacht hij.

**DANNY**
Ja.

Zo, hierbij dus. Nog een ja-gebaseerd avontuur dat bewijst wat er kan gebeuren als je in het diepe springt en besluit om ja te zeggen..
Ik hoop dat je van dit boek hebt genoten. En ik hoop dat je van de film
hebt genoten, als je hem hebt gezien. Het spijt me als de MAN IN KROEG
het voor je verpest heeft, omdat hij verschrikkelijk slecht was, of omdat
hij zo prettig was om naar te kijken dat je de bioscoop uit liep of de dvd
weg hebt gelegd met de gedachte: 'Tja, dat is allemaal goed en aardig...
maar hoe liep het eigenlijk af met de MAN IN KROEG? Hoe zit het met
díe kerel?'
Dat is onvermijdelijk. Ik denk dat Jim Carrey dat ook wel weet.
Maar het mooie is: het verhaal van die kerel ken je al.
En hier houdt het op.
Voor nu tenminste.
*Si a Todo.*

## *Danny wil graag bedanken:*

Ian, Hanne, Wag en Lizzie, Jake Lingwood en iedereen van Ebury, Simon Trewin, Sophie Laurimore, Jago Irwin en iedereen van PFD, Ryan Fischer-Harbage en iedereen van Simon&Schuster, Daniel Greenberg, Sarah Bennie, de bekroonde Stine Smemo, Di Riley, Claire Kingston, Dawn Burnett en Little Hannah Telfer, Bob Glanville, dr. Frank Cottrell Boyce (die Zwitser zou willen zijn), Mike Gayle (omdat hij Mike Gayle is), Howie en Liz van UTA, Andrew Collins, Espen Tarnesvik, Dominant Joly, Marc Gehring, geluidstechnicus Ricky, Jonathan Davies, Karl Pilkington (blijf altijd bestaan), Paul Lewis (die – zo moet ik om juridische redenen benadrukken – sinds 1995 niemand meer heeft gepest), Xavier McMahon en familie, de brutale Kieran Harte, Gareth Jones, Dan Glew en iedereen van Cactus TV (bedankt dat ik er even tussenuit mocht), Daisy Gates, Lisa Thomas en iedereen van Karushi, Lee Phillips en LeafStorm, James@TwoAssociates, Charlie, Matt en James van Busted (!), mijn wonderbaarlijke JA!-club (wij verbeteren de wereld, elke vrijdag een stapje verder!), de eerbiedwaardige Samten Kelsang en iedereen van het uitmuntende, waar-voor-je-geld Losang Dragpa Centre, hypnotiseur Hugh Lennon en Hypnohond Murphy, Arlene (voor de wontons), soldaat Dean, Ian Critchley, Myfanwy Moore, Graham Smith, John Pidgeon en iedereen van de BBC (nog steeds de beste werkplek ter wereld).
En mijn bijzondere dank voor mijn pa en ma, en voor Greta Elizabeth McMahon, omdat ze het samen zo geweldig hebben.